D1730011

Le Labyrinthe littéraire de Mohamed Mbougar Sarr

Francopolyphonies

Collection dirigée par / Series edited by

Kathleen Gyssels
Christa Stevens

VOLUME 36

The titles published in this series are listed at *brill.com/fpph*

Le Labyrinthe littéraire de Mohamed Mbougar Sarr

Edité par

Sarah Burnautzki
Abdoulaye Imorou
Cornelia Ruhe

BRILL

LEIDEN | BOSTON

Nous remercions la Deutsche Forschungsgemeinschaft (DFG) pour son soutien financier aux frais de publication dans le cadre du programme de financement « Open Access Publikationskosten », ainsi que l'université de Heidelberg, l'université de Mannheim et la Gerda Henkel Stiftung.

Illustration de couverture : Photographie par © Denis Allard/Leextra.

Library of Congress Cataloging-in-Publication Data

Names: Burnautzki, Sarah, editor. | Imorou, Abdoulaye, editor. | Ruhe, Cornelia, editor.
Title: Le labyrinthe littéraire de Mohamed Mbougar Sarr / edité par Sarah Burnautzki, Abdoulaye Imorou, Cornelia Ruhe.
Description: Leiden ; Boston : Brill, 2024. | Series: Francopolyphonies, 1574-2032 ; volume 36 | Includes bibliographical references and index.
Identifiers: LCCN 2024032778 (print) | LCCN 2024032779 (ebook) | ISBN 9789004710887 (hardback ; acid-free paper) | ISBN 9789004710894 (ebook)
Subjects: LCSH: Sarr, Mohamed Mbougar, 1990—Criticism and interpretation. | LCGFT: Literary criticism. | Essays.
Classification: LCC PQ3989.3.S2848 Z75 2024 (print) | LCC PQ3989.3.S2848 (ebook) | DDC 843/.92—dc23/eng/20240828
LC record available at https://lccn.loc.gov/2024032778
LC ebook record available at https://lccn.loc.gov/2024032779

Typeface for the Latin, Greek, and Cyrillic scripts: "Brill". See and download: brill.com/brill-typeface.

ISSN 1574-2032
ISBN 978-90-04-71088-7 (hardback)
ISBN 978-90-04-71089-4 (e-book)
DOI 10.1163/9789004710894

This book is printed on acid-free paper and produced in a sustainable manner.

Printed by Printforce, the Netherlands

Table des matières

Polyphonie et intermédialité

Interlude

Le labyrinthe de l'intertextualité

Remerciements

Les articles réunis ici ont été présentés lors d'un colloque organisé à l'université de Mannheim en mai 2023. Si ce colloque a pu se dérouler dans les meilleures conditions et a été aussi fructueux, c'est parce qu'il a pu bénéficier du soutien de la Deutsche Forschungsgemeinschaft (DFG – German Research Foundation, Project 521990808) ainsi que de celui des universités de Heidelberg et de Mannheim. Pour l'organisation logistique du colloque, nous avons pu compter sur l'aide efficace des étudiantes du Romanisches Seminar – surtout celle de Marie Abels, Anna-Lena Hauser et Ilka Truelsen, ainsi que sur celle de Birgit Olk, sans laquelle ce colloque n'aurait pas été possible. Nous les en remercions chaleureusement, de même que le professeur Augustine Heldfred Asaah, qui a assuré un lectorat soigneux des articles. Pour la publication en Open Access, nous avons bénéficié du soutien du programme « Open Access Publikationskosten » de la DFG ainsi que de celui des universités de Heidelberg et de Mannheim et de la Gerda Henkel Stiftung.

Enfin, nous aimerions terminer en évoquant le grand plaisir que nous avons pris aux vives discussions qui ont eu lieu au cours des deux journées du colloque. Isabel Kupski, Réassi Ouabonzi, plus connu sous le nom de Gangoueus, et Raphaël Thierry nous ont rejoint pour une soirée de dialogue animée autour du monde de l'édition des littératures africaines en français. Pour notre plus grand plaisir, Mohamed Mbougar Sarr nous a rejoint pour une soirée de clôture pleine d'érudition, d'humour et de complicité.

Notes sur les contributeurs et contributrices

Joanne Brueton

est professeure de littérature française des xxᵉ et xxiᵉ siècles à l'université de Londres à Paris. Ses principaux domaines de recherches portent sur la théorie littéraire appliquée à l'œuvre de Jean Genet (*Geometry in Jean Genet : Shaping the Subject*, 2022), de Samuel Beckett, et de Stéphane Mallarmé (*Le compas et la lyre : regards croisés sur les mathématiques et la poésie*, 2018), ainsi que la poétique décoloniale des auteurs maghrébins comme Abdelkébir Khatibi, Kateb Yacine, les poètes de la revue marocaine *Souffles*, Abdellah Taia, et l'œuvre dramatique d'Aimé Césaire (2024).

Sarah Burnautzki

est titulaire d'un doctorat en littérature française et en anthropologie sociale de l'université de Heidelberg et de l'École des Hautes Études en Sciences Sociales, Paris. Depuis 2020, elle est professeure junior de littérature française, espagnole et portugaise à l'université de Heidelberg. Elle est spécialiste de Marie NDiaye et de Yambo Ouologuem, sur lesquels elle a publié plusieurs articles. Sa monographie *Les Frontières racialisées de la littérature française. Contrôle au faciès et stratégies de passage*, parue en 2017 chez Honoré Champion, étudie la violence symbolique de la racialisation dans l'espace littéraire français. Ses recherches portent notamment sur les théories postcoloniales, les théories sociologiques de la littérature, les *critical race studies*, les littératures des diasporas africaines. Une deuxième monographie, sur Machado de Assis, est en préparation.

Valérie Dusaillant-Fernandes

est professeure agrégée des xxᵉ et xxiᵉ siècles, à l'Université de Waterloo, Ontario, Canada. Spécialiste des littératures française et francophone (Afrique, Asie), ses recherches portent principalement sur les expériences traumatiques personnelles ou collectives (*Écrire les blessures de l'enfance. Inscription du trauma dans la littérature contemporaine au féminin*, Peter Lang, 2020), sur toutes les formes de la répétition (*La répétition dans les textes littéraires du Moyen Âge à nos jours*, avec Loula Abd-Elrazak, Peter Lang, 2020), sur l'engagement et la transmission.

Susanne Gehrmann

est docteure ès lettres de l'université de Bayreuth et professeure de littérature et de cinéma africains à l'université Humboldt de Berlin. À la croisée des études romanistes, africanistes et comparatistes, elle s'intéresse à l'histoire littéraire par le prisme d'études du genre (dans le double sens), aux entrecroisements des discours post/coloniaux, aux représentations de la violence et aux esthétiques intermédiatiques.

Julia Görtz

est assistante en lettres romanes à l'université de Mannheim et doctorante à l'Université de Würzburg. Sa thèse de doctorat porte sur les conséquences du changement de langue sur les œuvres littéraires de deux autrices d'origine albanaise, Ornela Vorpsi et Bessa Myftiu. Ses domaines de recherche sont la littérature et les théories transculturelles et postcoloniales ainsi que la représentation littéraire de l'espace et de la mémoire. Elle travaille sur les littératures et médias (bandes dessinées, films, séries) francophones et italophones.

Kathleen Gyssels

est professeure de littérature et de culture postcoloniales francophones à l'université d'Anvers. Ses publications portent sur les auteurs et les sujets africains américains, caribéens et francophones dans une perspective largement comparative et interdisciplinaire. Ses recherches actuelles ont étendu son champ d'action à des questions conflictuelles, telles que les lois mémorielles et les guerres de la mémoire dans la République française et en Europe. Dans des publications récentes, elle aborde l'invisibilité de la présence juive dans la « pensée archipélique », tant dans les théories que les fictions ; de même que l'absence de musées et de statues pour les héros et héroïnes « autochtones » (ce qu'elle appelle dans un projet en cours le concept « Memory 3D » : du roman à la statue, de la statue au musée, donnant l'exemple de Solitude d'après le roman éponyme d'André Schwarz-Bart).

Abdoulaye Imorou

est Senior lecturer à l'Université du Ghana. Il est lauréat de la cohorte 2020-2023 du programme postdoctoral PAPA (Pilot African Postgraduate Academy) du centre de recherche Point Sud de Bamako. Ses travaux portent, entre autres, sur le statut de la littérature africaine francophone, la globalisation de la critique littéraire et les représentations littéraires des conflits. Certains de ses travaux sont consultables sur sa page Academia : https://ugh.academia.edu /AbdoulayeImorou.

Gabriëlle Kamphuis

est étudiante en master d'études littéraires à l'université Radboud de Nimègue. Ses recherches actuelles portent sur les femmes littéraires queer et féministes à Paris au début du XXᵉ siècle.

Isabel Kupski

a d'abord été éditrice pendant huit ans aux éditions Neue Kritik à Francfort sur le Main, puis éditrice pendant vingt ans au sein du lectorat international des éditions S. Fischer à Francfort, avec une spécialisation en littérature française. Depuis janvier 2022, elle est scout littéraire en France pour les éditions Rowohlt de Hamburg et Berlin.

Émile Lévesque-Jalbert

est doctorant au département de Langues et Littératures Romanes de l'université Harvard. Ses principaux domaines de recherches portent sur la littérature française et francophone du XXe et XXIe siècle, les humanités environnementales ainsi que les arts littéraires.

Catherine Mazauric

est professeure émérite de littérature contemporaine à Aix Marseille université. Ses principaux domaines de recherches portent sur les littératures africaines de langue française, les relations entre littérature et migrations, les écritures migrantes, ainsi que sur la théorie et l'enseignement de la lecture littéraire.

Bernard De Meyer

est professeure des universités en poste à l'université de KwaZulu-Natal, Pietermaritzburg, Afrique du Sud. Spécialiste des littératures francophones d'Afrique, ses recherches portent principalement sur les rapports entre d'une part l'écrivain et d'autre part le canon et le monde de l'édition, et plus généralement sur le positionnement de l'écrivain contemporain dans un espace sous-tendu par la décolonialité et le *global turn*.

Alicia C. Montoya

est professeure de littérature française à l'université Radboud (Nimègue, Pays-Bas). Elle dirige actuellement un projet financé par le Conseil néerlandais pour la recherche (NWO), intitulé *Civic Fictions : Modelling Book-Reader Interactions in the Age of Revolution, 1760-1830*. Ses principaux domaines de recherche portent sur l'histoire du livre, les Lumières européennes, et les femmes auteures et leur réception.

Réassi Ngangoué Ouabonzi

pour l'état civil, *Gangoueus* pour ses activités en lien avec les littératures comprenant l'animation du blog littéraire *Chez Gangoueus* depuis 2007, de l'émission littéraire *Les lectures de Gangoueus* (130 épisodes depuis 2012), de la plateforme de critiques littéraires *Chroniques littéraires* (depuis 2019), et consultant littéraire sur des événements littéraires. Il est avant tout un lecteur.

Oana Panaïté

occupe la chaire Ruth N. Halls Professor en études françaises et francophones Indiana University – Bloomington (États-Unis) ou elle dirige aussi le Département de français et d'italien. Parmi ses publications, on compte des ouvrages sur la question des *littératures-mondes en français* (2012), *la fortune coloniale de la fiction contemporaine* (2017) et *la nécrofiction ou les tombeaux narratifs contemporains* (2022 ; les deux derniers en anglais). Une étude critique (en collaboration avec Étienne Achille) sur « l'écrire-blanc » et la race dans la littérature hexagonale est en cours de parution aux Presses Universitaires d'Oxford.

Cornelia Ruhe

est professeure des littératures francophones et hispanophones à l'Université de Mannheim (Allemagne). Ses principaux domaines de recherche portent sur les littératures et le film contemporain (*Die Filme Fatih Akıns*, 2022, édité avec Th. Wortmann), surtout de langues espagnole et française (*Au-delà de la littérature fantastique et du réalisme magique/Más allá de la literatura fantástica y del realismo mágico*, 2022, édité avec S. Burnautzki et D. Kuschel), sur l'intertextualité et sur la sémiotique de la culture, sur la mémoire culturelle et sur l'histoire de la violence (*La mémoire des conflits dans la littérature française contemporaine*, 2020).

Lena Seauve

a étudié le français, l'allemand et les sciences culturelles aux universités de Zurich et à la Humboldt-Universität zu Berlin. Depuis 2008, elle a été assistante de recherche à l'Institut d'études romanes auprès de Helmut Pfeiffer et de Marie Guthmüller ; depuis 2022, elle dirige son propre projet de recherche financé par la DFG. Ses recherches et son enseignement portent sur la théorie de la narration et de la réception, la littérature narrative du XVIIIe au XXIe siècle, la littérature de la Shoah et des témoins et la représentation de la violence dans la littérature.

Aliou Seck

est enseignant-chercheur en littérature africaine écrite à l'université Cheikh Anta Diop de Dakar (Sénégal). Ses recherches portent sur le roman africain, l'hybridité générique / linguistique, l'intermédialité ainsi que sur les cultures urbaines (le slam francophone en particulier).

Raphaël Thierry

est un agent littéraire français, fondateur de l'Agence littéraire Ægitna en 2023, représentant notamment les Éditions Présence Africaine et des auteurs de divers pays et langues à travers le monde. Docteur en Littératures Comparées des universités de Lorraine et de Yaoundé 1, il est chercheur et conférencier spécialisé dans les dynamiques littéraires et éditoriales du continent africain. Il a publié différents ouvrages et articles sur le sujet. Il enseigne actuellement en Master "Edition" à l'Université Lumière-Lyon 2 et à l'Université Paris 13 Villetaneuse. Ses publications sont disponibles sur Academia : https://univ-lorraine.academia.edu/Rapha%C3%ABlThierry.

Tessa van Wijk

est étudiante en master de recherche en études littéraires à l'université Radboud de Nimègue. Ses principaux domaines de recherche portent sur les femmes écrivaines, la presse féminine et féministe, ainsi que sur la littérature (post-)coloniale.

Entrer dans le labyrinthe littéraire de Mohamed Mbougar Sarr

Sarah Burnautzki, Abdoulaye Imorou et Cornelia Ruhe

Le prix Goncourt 2021 pour *La plus secrète Mémoire des hommes*[1] ne fait que confirmer la carrière impressionnante de Mohamed Mbougar Sarr depuis ses débuts en 2014 : c'est un auteur au talent exceptionnel, d'une grande érudition et qui ne recule pas devant les sujets à envergure politique.

Depuis ses débuts avec la nouvelle « La Cale »[2], qui ose la descente dans une cale de bateau négrier et qui a obtenu le prix Stéphane-Hessel, les textes de Mohamed Mbougar Sarr connaissent un succès qui ne se dément pas auprès du public et de la presse. Son premier roman, *Terre ceinte*, publié en 2015, inspiré d'un fait réel, la lapidation d'un jeune couple par des fondamentalistes religieux à Tombouctou, est tissé d'une histoire de violence, de résistance et de liberté[3]. Le deuxième roman, *Silence du chœur*, sorti en 2017[4], évoque l'immigration africaine en Europe à travers le prisme d'un roman qui multiplie et entrelace les perspectives et les récits. Les deux romans ont remporté des prix littéraires de grand renom – le prix Ahmadou-Kourouma, le grand prix du roman métis et le prix du roman métis des lycéens pour *Terre ceinte* ; le prix du roman métis des lecteurs, le prix littéraire de la Porte Dorée et le prix Littérature-monde pour *Silence du chœur*. Son troisième roman *De purs hommes*[5], qui traite de l'homophobie au Sénégal, a suscité une vive polémique dans le pays d'origine de l'auteur où certains ont cru bon d'annoncer sur les réseaux sociaux qu'ils retireraient leurs félicitations au Goncourt en raison de son « apologie de l'homosexualité »[6].

Enfin, en 2021, le jury du prix Goncourt, chargé de récompenser le « meilleur ouvrage d'imagination en prose », a choisi *La plus secrète Mémoire des hommes*, un roman inspiré par l'ascension littéraire extraordinaire de l'écrivain malien

---

1 Mohamed Mbougar Sarr, *La plus secrète Mémoire des hommes*, Paris/Dakar, Philippe Rey/Jimsaan, 2021.
2 Mohamed Mbougar Sarr, « La Cale », *Cadrans* 27 avril 2014.
3 Mohamed Mbougar Sarr, *Terre ceinte*, Paris, Présence Africaine, 2015.
4 Mohamed Mbougar Sarr, *Silence du chœur*, Paris, Présence Africaine, 2017.
5 Mohamed Mbougar Sarr, *De purs hommes*, Paris/Dakar, Philippe Rey/Jimsaan, 2018.
6 Jérémie Vadaux, « Mohamed Mbougar Sarr au cœur d'une polémique homophobe au Sénégal », *Libération* 3 décembre 2021.

© SARAH BURNAUTZKI ET AL., 2025 | DOI:10.1163/9789004710894_002

Yambo Ouologuem, surpassée seulement par sa chute littéraire désormais légendaire et qui offre une métaréflexion littéraire subtile, détaillée et lucide sur l'histoire de la littérature africaine ainsi que sur ses imbrications avec le milieu littéraire parisien.

Terre ceinte a déjà été traduit en anglais et italien avant que l'auteur ne reçoive le Prix Goncourt pour son quatrième roman ; depuis, le texte a été traduit en portugais (Brésil) et polonais[7], les traductions espagnole et arabe sont en cours. Les droits de traduction de *La plus secrète Mémoire des hommes* ont été vendus à un prix élevé dans plusieurs pays quelques semaines avant même la remise du Goncourt[8], portant ainsi le succès de l'auteur au niveau international.

Au-delà des romans, Mohamed Mbougar Sarr intervient également de façon remarquable dans des blogs, la presse écrite ou encore des ouvrages collectifs. On se souvient du blog *Choses Revues* qu'il a animé dès 2010 et dans lequel il a fait ses armes, mais aussi de l'ouvrage collectif *Politisez-vous !* où il participait à la redéfinition de l'engagement politique[9].

Malgré ces succès incontestables, l'œuvre de Mohamed Mbougar Sarr n'a, à ce jour, pas encore retenu toute l'attention de la critique universitaire à laquelle notamment le dernier roman fait pourtant de nombreux clins d'œil. Nourris d'un savoir académique auquel ils rendent hommage, les romans de Sarr abordent les thèmes politiques de la résistance et de l'engagement contre des régimes totalitaires et des idéologies oppressantes, mais aussi la question de l'exil. Une partie importante de son œuvre est en outre consacrée,

---

7   Mohamed Mbougar Sarr, *Terra violata*, trad. par Alberto Bracci Testasecca, Roma, Edizioni e/o, 2019 ; *Brotherhood*, trad. par Alexia Trigo, New York, Europa Editions, 2021 ; *Terra Silenciada*, trad. par Carla M.C. Renard, Rio de Janeiro, Malê Editora 2023 ; *Bractwo*, trad. par Jacek Gizczak, Artrage 2022.

8   Depuis, le roman a été traduit ou est en train d'être traduit en albanais, allemand, anglais, arabe, arménien, bulgare, catalan, chinois (simplifié), coréen, croate, danois, espagnol, finnois, galicien, grec, hindi, hongrois, hébreu, italien, japonais, lituanien, macédonien, malavalam (Inde), néerlandais, norvégien, polonais, portugais (Brésil et Portugal), roumain, russe, serbe, slovène, suédois, tchèque, turque et ukrainien. Dans la foulée, le deuxième roman a été traduit en italien et anglais, les traductions arabe et polonaise sont en cours, le troisième roman a été traduit en espagnol, catalan, néerlandais, portugais (Brésil) et japonais, les traductions anglaise, italienne, turque, hongroise et arabe sont en cours. La nouvelle « La Cale » a été traduit en allemand, « Der Laderaum », *Delfi. Magazin für neue Literatur* 1 (2023), 114-129, trad. par Holger Fock et Sabine Müller.

9   Ouvrage collectif (Hamidou Anne, Ndeye Aminata Dia, Youssou Owens Ndiaye, Fary Ndao, Racine Assane Demba, Fanta Diallo, Fatima Zahra Sall, Mohamed Mbougar Sarr, Abdoulaye Sène, Tabara Korka Ndiaye), *Politisez-vous !* Sunnyvale, United Press of America, s. a.

non seulement depuis son dernier roman en date, mais aussi depuis ses tout débuts littéraires, au rôle de l'auteur et de la littérature, au rapport entre le réel et la fiction, à l'intertextualité et, ceci surtout dans *La plus secrète Mémoire des hommes*, à la problématique du champ littéraire francophone. En mêlant savamment ces sujets, Mohamed Mbougar Sarr nous entraîne dans un labyrinthe qui peut déboucher, selon la direction qu'on choisit d'emprunter, tout aussi bien sur la politique en littérature que sur la politique de la littérature.

1   Penser le roman à travers la métaphore du labyrinthe

> D'un écrivain et de son œuvre, on peut au moins savoir ceci : l'un et l'autre marchent ensemble dans le labyrinthe le plus parfait qu'on puisse imaginer, une longue route circulaire, où leur destination se confond avec leur origine : la solitude[10].

C'est avec ces mots que commence *La plus secrète Mémoire des hommes*. D'après la date du 27 août 2018, il s'agit d'une note ou d'un journal intime rédigé par le personnage principal du roman, Diégane Latyr Faye, que nous ne connaissons pas encore à ce stade. Ce que nous pouvons voir, en revanche, si nous examinons de plus près la première phrase du roman, c'est qu'elle contient une poétique en miniature et qu'elle dévoile le secret de la littérature en nous faisant savoir dès le début *ce qu'est la littérature* : une marche dans un labyrinthe aux formes parfaites. Un passage circulaire, sans début ni fin, car le point de départ et le point d'arrivée ne font qu'un. Il en résulte que dans le labyrinthe de la fiction, aucun chemin ne mène au but, car il n'y a pas de but, seulement la traversée du labyrinthe ou la lecture de la fiction. Ce n'est donc pas un hasard que le roman se termine par le chapitre « La solitude de Madag », reprenant ainsi le thème de la solitude comme point de départ et d'arrivée de la fiction. De cette manière énigmatique et poétique, le labyrinthe est introduit comme une métaphore centrale dans le roman. En même temps, dans l'acte de lecture de cette phrase, s'accomplit de manière performative et métaphorique notre entrée dans le labyrinthe, à savoir dans la fiction.

La première phrase du roman n'est pas la seule à faire référence à l'idée de labyrinthe. Le titre du roman légendaire de T.C. Elimane *Le Labyrinthe de l'inhumain* contient lui aussi la métaphore du labyrinthe et est donc conçu comme une mise en abyme, un labyrinthe dans le labyrinthe, ce qui permet

---

10   Sarr, *La plus secrète Mémoire*, 15.

d'orienter notre regard ou, métaphoriquement, notre « chemin » encore plus profondément dans le labyrinthe de la fiction.

En suivant la métaphore conceptuelle du « labyrinthe », nous voudrions évoquer ci-dessous trois dimensions labyrinthiques différentes du roman : la première est celle de l'expérience de lecture, qui peut être décrite comme un parcours dans un labyrinthe ; la deuxième se rapporte à la composition thématique et esthétique du texte, qui semble reposer sur une poétique du labyrinthe ; la troisième dimension est celle de l'intertextualité : sur le chemin à travers le labyrinthe apparaissent une multitude d'autres textes, dont les relations complexes forment également un système de renvois semblable à un labyrinthe.

2   Le labyrinthe comme métaphore de l'expérience de lecture

Tandis que nous, lectrices et lecteurs, suivons l'intrigue du roman et nous nous identifions au jeune auteur, une aventure mystérieuse se déroule sous nos yeux, à l'instar d'une « quête » : un livre que l'on croyait perdu réapparaît et fascine chaque lectrice et lecteur. On attribue au roman *Le Labyrinthe de l'inhumain* un potentiel inouï d'immersion quasi absolue. Il s'agirait d'une expérience de lecture radicale, quasi magique, qui aurait le pouvoir de changer la vie et la réalité à jamais. L'autrice Siga D. met carrément en garde Faye contre la lecture, l'entrée métaphorique dans le labyrinthe de la fiction, en raison du risque de se perdre au moment de l'immersion :

> Je t'envie, mais je te plains aussi. Je t'envie signifie : tu vas descendre un escalier dont les marches s'enfoncent dans les régions les plus profondes de ton humanité. Je te plains signifie ; à proximité du secret, l'escalier se perdra dans l'ombre et tu seras seul, privé du désir de remonter car il t'aura été montré la vanité de la surface, et incapable de descendre car la nuit aura enseveli les marches vers la révélation[11].

Le mystère du roman et le mystère de son auteur font avancer l'intrigue, mènent sur différents continents ainsi que dans le passé. La tension de l'énigme qui n'est pas sans évoquer le roman policier, crée une force d'attraction irrésistible, une emprise qui entraîne la lectrice ou le lecteur toujours plus loin dans le labyrinthe de la fiction. En raison du fort effet de réalité, il se produit une

---

11   *Ibid.*, 48.

immersion qui n'est pas sans rappeler l'expérience de perdition décrite par
Siga D. pour la lecture du roman d'Elimane. Ce qui nous amène déjà à la deuxième dimension labyrinthique, que nous aimerions appeler la poétique du
labyrinthe de Sarr.

3   « Le labyrinthe le plus parfait qu'on puisse imaginer »

La métaphore conceptuelle du labyrinthe est manifestement à la base de la
construction du roman *La plus secrète Mémoire des hommes*, en tant que principe thématique et esthétique. Au niveau de l'histoire, la quête tortueuse de
l'écrivain Faye, à la recherche de son modèle littéraire T.C. Elimane, forme un
labyrinthe. Faye se met à la recherche d'Elimane et suit sa piste non moins
enchevêtrée, qui croise dans le passé de nombreux autres écrivain·e·s et
laisse entrevoir le parcours impressionnant et amer de l'auteur mystérieux,
tandis que dans le présent de la recherche, Faye est lui aussi accompagné de
plusieurs écrivain·e·s. C'est ainsi que se reflètent les parcours de vie des deux
auteurs sénégalais.

Au niveau du discours, on peut également constater que la métaphore du
labyrinthe est d'une importance capitale pour la construction du roman. La
construction des chapitres du roman laisse apparaître à la fois une structure
ordonnée et irrégulière. Le texte est divisé en trois livres, dont le premier et
le troisième comportent chacun deux parties. Seul le deuxième livre déroge à
cette règle et comporte trois parties ; la structure des chapitres est rendue plus
complexe par quatre sections de texte en partie très courtes, appelées « biographèmes », dont une dans le premier livre, deux dans le deuxième livre et
une dans le troisième livre. Les « biographèmes » sont des notes du mystérieux
auteur Elimane, un flux de conscience de sa mère, un long chapitre sur le destin de Charles Ellenstein et, pour finir, un bref échange de lettres entre Elimane
et sa mère. Au sein des chapitres, les voix narratives changent régulièrement.
Outre Faye, Siga D., Elimane lui-même et Musimbwa, l'ami de Faye, s'expriment à la première personne dans des notes, des lettres, des courriels et des
messages textuels. Il en résulte une polyphonie des perspectives narratives qui
augmente l'effet de réel de la narration[12]. En même temps, la pluralité de voix
donne aussi l'impression de multiplier les sentiers qui s'entrecroisent de plus
en plus à travers le labyrinthe du texte.

---

12 Ces stratégies de multiplications des perspectives et des genres textuels mobilisés se
    trouvent aussi dans les trois premiers romans de l'auteur. Voir à ce sujet et pour *Silence du*
    chœur l'article de Julia Görtz dans ce volume, 141-163.

4   Le labyrinthe de l'intertextualité

Les imbrications textuelles s'étendent toutefois au-delà du roman et entrent en dialogue avec les textes d'autres auteur·e·s. Un roman avec lequel *La plus secrète Mémoire des hommes* présente des affinités thématiques et esthétiques particulièrement nombreuses est certainement *Los Detectivos salvajes*[13] de Roberto Bolaño que Sarr cite dans le paratexte et qui utilise également la figure de pensée du labyrinthe.

Dans l'une de ses nouvelles posthumes, « Laberinto », tirée du recueil *El Secreto del mal*[14], Bolaño commence la narration par une description minimaliste d'une photo de groupe réelle des années 1970 prise dans un café parisien, mais qui n'est pas représentée dans le récit. Sur la photo, on voit, selon la description du narrateur, les membres suivants du comité de rédaction de la revue parisienne *Tel Quel* : Jacques Henric, Jean-Joseph Goux, Philippe Sollers, Julia Kristeva, Marie-Thérèse Réveillé, Pierre Guyotat, ainsi que, probablement, Carla et Marc Devade. À partir de la description réaliste, voire méticuleuse des personnes représentées sur la photographie dans tous leurs détails, le narrateur de Bolaño développe différentes séquences narratives qu'il poursuit sur le plan purement imaginaire en dépeignant les multiples facettes de ce que la photo ne représente pas[15]. Ainsi, sur le fond du caractère prétendument documentaire de la photo, les descriptions précises et l'imagination se confondent et se pénètrent toujours plus profondément dans la texture de la fiction.

Ce que Bolaño fait de manière très habile avec la photo de groupe de la rédaction parisienne de *Tel Quel*, c'est-à-dire faire de la « réalité » minutieusement représentée par la langue le point de départ de la fiction, correspond à la fictionnalisation par Sarr du matériel d'archives sur Yambo Ouologuem et son livre *Le Devoir de violence*[16]. Sarr a lui aussi visiblement pris comme point de départ les commentaires de lecture authentiques des éditions du Seuil et les

---

13   Roberto Bolaño, *Los Detectivos salvajes*, Barcelona, Anagrama, 1998.

14   Roberto Bolaño, « Laberinto », dans idem, *El Secreto del mal*, Barcelona, Anagrama, 2007, 65-89.

15   Fernando Moreno, « Los laberintos narrativos de Bolaño », dans idem, *Roberto Bolaño. La experiencia del abismo*, Boecillo, Ediciones Lastarria y de Mora, 2011, 362-373.

16   Pour une analyse du passage tumultueux de Yambo Ouologuem dans le champ littéraire parisien, voir Sarah Burnautzki, *Les Frontières racialisées de la littérature française. Contrôle au faciès et stratégies de passage*, Paris, Honoré Champion, 2017. Pour un aperçu de ses altercations avec Le Seuil, voir Sarah Burnautzki, « Yambo Ouologuem au seuil des Éditions du Seuil », *Fabula / Les colloques, L'œuvre de Yambo Ouologuem. Un carrefour d'écritures (1968-2018)* (2019).

commentaires de critiques littéraires parisiens à l'occasion de la publication du roman *Le Devoir de violence*. C'est ainsi qu'il dote la réception dévastatrice du roman imaginaire *Le Labyrinthe de l'inhumain* d'un niveau de référentialité extrêmement fort, mais en même temps, grâce au rapport pseudo-authentique à la réalité, cela lui permet de plonger d'autant plus profondément dans l'univers fictionnel d'intrigues secondaires stupéfiantes, de fausses pistes, d'impasses et d'énigmes insolubles. Comme dans le cas du récit du « labyrinthe » de Bolaño, les chemins à l'intérieur du labyrinthe s'ouvrent, se multiplient et se ramifient dans le roman de Sarr, le tissu de renvois directs et indirects aidant, au fur et à mesure que chaque histoire supplémentaire est introduite dans le récit. Au moment de son introduction, l'histoire de T.C. Elimane se déploie d'abord comme une fabuleuse légende, ensuite par le truchement de documents d'archives. Puis les niveaux référentiels s'enrichissent d'une fiction vertigineuse. Jusqu'à ce que, finalement, la poétique du labyrinthe mène au point final, c'est-à-dire au point de départ de la fiction, et que le « labyrinthe le plus parfait qu'on puisse imaginer », renvoie à lui-même et aux possibilités langagières de construction de mondes imaginaires[17].

Bibliographie

Ouvrage collectif, *Politisez-vous !* Sunnyvale, United Press of America, s. a.

Bolaño, Roberto, *Los Detectivos salvajes*, Barcelona, Anagrama, 1998.

Bolaño, Roberto, « Laberinto », dans idem, *El Secreto del mal*, Barcelona, Anagrama, 2007, 65-89.

Burnautzki, Sarah, *Les Frontières racialisées de la littérature française. Contrôle au faciès et stratégies de passage*, Paris, Honoré Champion, 2017.

Burnautzki, Sarah, « Yambo Ouologuem au seuil des Éditions du Seuil », *Fabula / Les colloques, L'œuvre de Yambo Ouologuem. Un carrefour d'écritures (1968-2018)* (2019), https://www.fabula.org/colloques/document6018.php (consulté le 15 décembre 2023).

Moreno, Fernando, « Los laberintos narrativos de Bolaño », dans idem, *Roberto Bolaño. La experiencia del abismo*, Boecillo, Ediciones Lastarria y de Mora, 2011, 362-373.

Sarr, Mohamed Mbougar, « La Cale », *Cadrans* 27 avril 2014, https://cadrans.org/2014 /04/27/la-cale/ (consulté le 10 novembre 2023).

Sarr, Mohamed Mbougar, *Terre ceinte*, Paris, Présence Africaine, 2015.

Sarr, Mohamed Mbougar, *Silence du chœur*, Paris, Présence Africaine, 2017.

---

17   Voir Moreno, « Los laberintos narrativos de Bolaño ».

Sarr, Mohamed Mbougar, *De purs hommes*, Paris/Dakar, Philippe Rey/Jimsaan, 2018.

Sarr, Mohamed Mbougar, *La plus secrète Mémoire des hommes*, Paris/Dakar, Philippe Rey/Jimsaan, 2021.

Vadaux, Jérémie, « Mohamed Mbougar Sarr au cœur d'une polémique homophobe au Sénégal », *Libération* 3 décembre 2021, https://www.liberation.fr/international/afrique/mohamed-mbougar-sarr-au-coeur-dune-polemique-homophobe-au-senegal-20211203_UAA266LHRVFYNIFYZHT4UHETHM/ (consulté le 20 décembre 2023).

Interlude

∵

La part de la Critique

Mohamed Mbougar Sarr

Une lectrice hongroise, au cours d'une passionnante conversation autour de *La plus secrète Mémoire des hommes*, me confia qu'elle n'y voyait qu'une seule question capitale, toutes les autres lui paraissant subsidiaires : qu'est-ce que lire un roman ?

Devant ma timide tentative de relativisation (« je comprends, mais j'ose espérer qu'il y a tout de même autre chose … »), elle continua avec une hardiesse flamboyante et lapidaire, sans plus prêter la moindre attention à mes commentaires : « Je crois que votre roman ne parle que de ça : comment lire, comment interpréter, comment faire parler un livre en nous ? Diégane Latyr Faye ne veut pas être écrivain. Il est peut-être doué, mais écrire des romans ne l'intéresse pas ('Vous y allez un peu fort …'). Ce qu'il aime, ce qu'il aime vraiment, c'est parler des livres, commenter les œuvres. Il n'est vivant et charmant qu'à ce moment-là. S'il avait écrit un essai sur la littérature plutôt que le roman *Anatomie du vide*, Aïda ne l'aurait jamais quitté ('Là, vous exagérez …'). Diégane veut être un lecteur professionnel. Sa vraie vocation, c'est critique littéraire. » Elle s'est tue un instant, a regardé le Danube comme si elle cherchait dans le fleuve la confirmation de ce qu'elle venait de dire ou allait dire. La dramatisation était parfaite. Elle me regarda à nouveau et conclut : « Vous aussi, peut-être ».

Je ne sais plus ce que je lui ai répondu (il était tard, la journée avait été longue, j'étais fait ou sur le point de l'être), mais son avis avait été assez provocateur, séduisant, vif, pour que j'y repense les jours, semaines, mois qui suivirent. Et aujourd'hui encore. Alors ? *La plus secrète Mémoire des hommes* est-il un essai sur la lecture déguisé en roman, et son auteur, un critique littéraire (dé)masqué ?

Lorsque je songe à ma relation à la Critique, le mot qui m'apparaît tout de suite est : nécessité. Toutes les formes de Critique (c'est pour signaler cette diversité dont Thibaudet, au siècle dernier, a dressé, plus que la typologie, la physiologie, que je mets une majuscule au mot) me paraissent nécessaires pour approcher au plus près l'introuvable vérité d'un livre, ce qui est déjà beaucoup. Je crois qu'il existe ou doit exister, dans chaque roman, un sens enfoui, définitivement perdu et que rien ni personne (pas même l'auteur, qui l'y a pourtant placé) ne peut révéler, déterrer, retrouver. C'est la part de l'absolue disparition, sans laquelle aucune création ne me paraît possible. Mais la zone

© MOHAMED MBOUGAR SARR, 2025 | DOI:10.1163/9789004710894_003

de ce secret, les coordonnées les plus proches de son emplacement existent et peuvent être repérées. La quête de ces indices, la cartographie précise du pourtour du secret, incombent aux Lecteurs. Cette responsabilité à l'égard du livre et à l'égard de la communauté qu'ils forment est leur responsabilité. Voilà, tout aussi nécessaire, la part de la Critique. Elle doit la prendre.

Qu'elle soit – et je reprends ici les grandes catégories de Thibaudet – spontanée (faite par de simples lecteurs), professionnelle (soit commise par les journalistes, soit développée par des professeurs) ou magistrale (écrite par des pairs écrivains reconnus comme maîtres dans le métier), toute Critique me semble, à sa manière spécifique, avec les outils, le langage, la méthode, le ton qui lui sont propres, devoir aider à comprendre ce qui peut l'être d'un roman. À souligner du même coup, donc, qu'il y a et qu'il subsistera toujours, dans chaque roman, de l'illisible ou de « l'illu ». Tel est le paradoxe de toute Critique : éclairant une œuvre, elle met aussi en lumière l'endroit où la lumière est impossible ou vaine, du moins. Et peut-être la recherche de ce paradoxe est-elle sa tâche : trouver l'endroit où son discours s'arrête et dit : je ne peux aller plus loin, car au-delà, il n'y a plus de discours possible, mais des sensations nues, qu'on ne peut pas lire, mais qui nous lisent.

J'attends et espère de toute critique qu'elle me prépare le mieux possible à ces sensations nouvelles, que seules procurent les profondeurs ultimes des livres. Cette espérance concerne les livres des autres, mais elle s'attache aussi, et j'y reviendrai, aux miens.

Tout ce qui précède dit, sans chercher à en dégager la source, mon intérêt pour la Critique.

Je crois appartenir, dans la famille des écrivains, à la branche de ceux qui, d'une manière ou d'une autre, prêtent attention à la Critique. L'autre n'en a pas grand-chose à faire et cette indifférence, parfois, s'exprime dans le meilleur des cas. Dans le pire, cette espèce de romanciers tient en horreur la critique, si elle ne la méprise pas tout bonnement. Je compte quelques amis parmi ces écrivains ; d'autres, (et il s'en trouve de fameux), l'ont dit ou écrit. Beaucoup se demandent à quoi leur servirait de faire l'effort de lire les critiques commises à leur sujet, ou au sujet d'œuvres dont l'écriture leur a déjà exigé temps et énergie. Certains évitent les critiques universitaires et fuient colloques, journées d'études, ouvrages académiques où leurs livres pourraient faire l'objet de commentaires. Pour quelle raison devraient-ils assister à leur propre autopsie, au spectacle de leur dissection lente, plus ou moins érudite, quelquefois assommante ? Pourquoi accepteraient-ils de s'entendre révéler des processus souterrains, des tropes personnels, des obsessions, des tics, des ascendances dont ils préféreraient garder inconscientes et inconnues les manifestations ? J'en connais qui considèrent que le travail de la Critique – de la critique universitaire singulièrement – est un travail intellectuel, qui s'opposerait par conséquent au travail de la création, plus sensible. Il y en a, enfin, pour qui la critique serait trop souvent l'expression d'un ressentiment ou d'un rattrapage, reprenant ainsi le vieux cliché du critique qui serait un créateur raté.

En ce qui me concerne, c'est précisément pour les raisons que ces écrivains ont de se méfier de la Critique (universitaire, surtout) que j'aime, estime, attends cette dernière. Je n'en suis pas, Dieu merci, à lire toutes les critiques spontanées de lecteurs. La névrose de l'auteur qui va regarder avec angoisse si sa note de 3,2 étoiles est miraculeusement passée à 4,1 sur *Babelio* m'est pour l'heure épargnée. Je ne guette pas non plus toutes les critiques de la presse. Je vois bien que le manque d'espace les empêche de creuser un peu les choses. Je lis en revanche presque tous les articles universitaires qu'on me signale sur mes livres. Plus généralement, j'essaie de lire beaucoup de théorie littéraire et de production académique sur les livres qui m'intéressent.

C'est que l'université a constitué pendant quelques années mon monde, mon quotidien ; et n'eût été la séduction puissante et de plus en plus jalouse de l'écriture romanesque, j'aurais certainement continué à y travailler. Encore que ma propre paresse eût sans doute fait de moi un chercheur intermittent, baroque, à la rigueur flottante (voilà le stigmate renversé et le chiasme accompli : et si j'étais devenu écrivain parce que je n'avais su être critique ? Et si ce n'étaient pas les universitaires les écrivains ratés, mais le contraire ?). Outre cette explication biographique, toutefois, j'ai la conviction que la théorie et la critique forment un continuum de l'œuvre. Elles l'accompagnent, bien sûr, en ne cessant de la relire et de la questionner. Mais en la soumettant à l'interprétation, en la dépliant sans cesse, je crois que la critique finit toujours par créer – et non plus seulement découvrir – un réseau de sens neufs. C'est pour cela que le récurrent antagonisme création/critique m'a toujours paru superficiel ; je crains en tout cas de ne l'avoir jamais vraiment compris. D'un côté, je crois au roman comme geste critique : tout roman est un méta-roman, non parce qu'il se commente lui-même comme tel ou tel roman particulier, mais dans la mesure où il constitue une définition performative du roman comme genre. Un écrivain pourrait ne pas dire ce qu'est pour lui un roman qu'il le dirait tout de même dès lors qu'il en écrirait un. Il me semble par conséquent illusoire de croire que la création littéraire est tout à fait découplée du discours théorique qui le concerne : elle est à sa source. D'un autre côté, me fascine toujours la capacité de certaines critiques, à partir d'un livre, de créer, non pas d'autres livres, mais d'autres manières de lire le même livre. Je lis les critiques avec une excitation quasi semblable à celle qui préside à la découverte des romans. Cette curiosité qui tient en une question : que vais-je comprendre de neuf ?

Le revers (ou la condition) de cette passion, de ce désir de nouveauté, est l'exigence. J'aime la critique ; j'attends par conséquent beaucoup d'elle. Je reçois toujours les critiques spontanées avec une certaine distance : j'ai toujours estimé qu'elles n'avaient que peu à voir avec moi, et constituaient des sortes d'autoportraits de lecteurs. Qu'un lecteur ait aimé ou détesté un de mes livres ou non est son affaire, pas la mienne, même si je n'aurais pas l'hypocrisie de soutenir qu'une note de lecture enthousiaste ne me fasse pas plaisir et ne flatte pas mon ego, au moins quelques instants. La subjectivité du goût, donc sa relativité, m'a convaincu il y a bien longtemps déjà qu'il n'y avait pas grand sens à se réjouir ou se morfondre plus que de raison lorsque des lecteurs vous encensaient ou vous éreintaient. C'est d'eux-mêmes, plus que de moi, qu'ils parlent. La chose est un peu différente lorsqu'il s'agit de la critique universitaire. Impossible, là, de la lire avec distance ou ironie. Je m'y engage. Je la prends au sérieux, réfléchis avec elle, émets des hypothèses et des réserves, la juge parfois. Je ne le fais pas comme un écrivain qui réagirait et abuserait de son *auctoritas* (la critique me soumet à sa lecture acérée, donc je me venge en la soumettant à mon regard, moi le maître et possesseur absolu de l'œuvre). Je le fais plutôt en lecteur qui espère qu'au bout de cette conversation, son intelligence du livre aura été accrue.

On pourrait me rétorquer qu'il y a là inégalité : qu'étant auteur, je ne peux en même temps être critique de mon propre livre. On aurait raison. Mais il s'agit moins de formuler la critique de mon livre (bien que je la fasse en permanence, et plus impitoyablement qu'aucun autre, peut-être) que de voir, dans la critique qui en est faite, si une intuition théorique me surprend et décille mes yeux. Je vais le dire avec une sincérité qui pourrait passer pour de l'arrogance ou de la prétention, mais tant pis : les critiques qui ne m'apprennent rien sur mon propre travail me déçoivent toujours un peu. De ce point de vue, je dois dire que la réception universitaire de *La plus secrète Mémoire des hommes* m'a particulièrement réjoui : tout ce qui s'est écrit sur ce roman et que j'ai pu lire a jeté, par-delà les goûts (« j'aime/j'aime pas ») des auteurs, une lumière neuve sur le paysage du roman.

Il est temps de répondre à mon interlocutrice hongroise. Mon roman parle-t-il depuis la critique littéraire ? S'adresse-t-il à la critique littéraire ? Est-il une ode à l'inlassable labeur des critiques ? Rappelons d'abord que le sort réservé à cette noble corporation n'y est pas des plus enviables, en apparence du moins, puisque tous les critiques (ou presque) qui ont eu affaire au *Labyrinthe de l'inhumain*, finissent dans des circonstances funestes et non élucidées. On a connu de plus douces déclarations d'amour à une profession.

Je me rappelle aussi la première section de *2666* de Bolaño, auteur qui a tant compté pour moi dans le projet de mon roman. Cette section est intitulée

« La partie des critiques ». Quatre universitaires européens se lancent, entre le Vieux Continent et le Mexique, sur les traces de Benno von Archimboldi, énigmatique, mythique, génial écrivain allemand. L'enquête des quatre profs est une épopée comique et jubilatoire, Bolaño tournant en dérision le ridicule que peut revêtir l'académie. Mais l'hommage au travail critique perce sous la satire. Les critiques appartiennent à la même famille que Bolaño, la famille des lecteurs.

Il me serait difficile de nier un salut adressé aux critiques dans *La plus secrète Mémoire des hommes*. Le roman porte manifestement un certain désir théorique ou critique ; désir lié à ma réflexion, comme écrivain africain, sur la littérature africaine.

Au début des années 2000, répondant aux questions du critique littéraire Boniface Mbongo-Mboussa, le romancier togolais Kossi Efoui déclara : « la littérature africaine n'existe pas ». La phrase est lapidaire et volontiers provocatrice ; elle a par conséquent suscité de nombreux commentaires, lectures, critiques. J'y ai souvent pensé, ne sachant si j'étais d'accord avec Efoui ou résolument contre, les deux points de vue me semblant chacun tout à fait pertinent. J'en suis arrivé à une position intermédiaire : la littérature africaine ne pouvait exister si elle était une assignation, si elle était définie, de l'extérieur ou de l'intérieur (il ne faut jamais oublier que les assignations sont toujours doubles, exogènes et endogènes), par un imaginaire, des clichés, des réductions, des regards, des rêves préconçus et n'ayant aucun rapport avec la recherche singulière des œuvres et des écrivains. C'est le piège de l'essentialisation qu'il fallait éviter et réfuter. Par la négative (ou par une forme de tautologie) donc, il me semblait que Kossi Efoui disait ceci : la littérature africaine doit exister comme littérature d'abord.

Ce « comme littérature d'abord » est bien évidemment tout le problème théorique. C'est par conséquent lui que j'ai essayé de poser et déplier dans le roman, par le roman, à travers la trajectoire d'Elimane, mais aussi celles de tous les écrivains africains ou latino-américains, de tous les critiques européens, de tous les éditeurs juifs qui ont suivi sa trace. Mettre en scène, par des situations romanesques et des personnages plutôt que par le discours, quelques grands problèmes traditionnels et contemporains (ce sont parfois les mêmes) de la littérature dite africaine : c'était l'un des enjeux de l'écriture de *La plus secrète Mémoire des hommes* ; ma tentative, depuis le roman, d'avancer dans ma réflexion sur ce sujet, qu'il ne faut pas fuir.

Du reste – je ne m'étendrai pas trop sur cet aspect – une grande partie des notes de la thèse que je préparais sur Ouologuem, Kourouma et Malick Fall est passée dans le roman. Cette sorte d'alchimie, ce passage du pur travail universitaire à la pure écriture de fiction n'a pas supprimé la charge théorique du roman. Certains le lui ont reproché. Trop de réflexions sur la littérature, trop de références obscures et élitistes (Edmond Teste ?), trop d'arsenal littéraire (biographèmes ?) trop de mises en abîme, trop de … Que leur répondre, sinon qu'un roman ne pouvait faire penser qu'en tentant lui-même de penser ? Je crois à une « pensée du roman » ; et cette pensée du roman n'exclut pas nécessairement le récit, le plaisir de la narration, des situations, des épisodes, des personnages, des intrigues, des imbroglios, des coups de théâtre. Bien au contraire, elle s'appuie sur tout cela pour se déployer. Mais je veux assumer l'idée du roman comme lieu de pensée spécifique. Je veux l'assumer, au moins comme ambition, comme intention.

L'impétueuse lectrice hongroise a (en partie) raison, peut-être : mon roman porte moins sur le désir d'écrire que sur la dévoration collective de la lecture. Il pose au fond une question théorique assez simple : à qui s'adresse notre lecture ? Autrement dit, pour qui lit-on ? Je préfère de loin cette question à pour qui écrit-on ?, qui ne manque pas d'intérêt mais qui prête peut-être plus de pouvoir aux intentions de l'écrivain qu'elles n'en possèdent. Il me semble que c'est dans l'adresse de notre lecture qu'un livre prend sens. *La plus secrète Mémoire des hommes* est l'histoire des divers effets d'un livre sur ses lecteurs ; mais le roman est surtout la somme des récits, à des époques et lieux différents, de ces lecteurs se racontant leur expérience de la lecture d'un même livre. Il s'agit, en somme, du tableau romanesque d'une lecture commune. Pour qui lit Diégane ? Pour qui lit Musimbwa ? Et Siga D. et Brigitte Bollème ? Ellenstein ? Tous les autres ? Réponse : chacun et chacune pour chacun et chacune. C'est parce qu'ils s'adressent les uns aux autres, mais comme lecteurs, comme lectrices, que le roman existe. Et par roman, j'entends aussi bien *Le Labyrinthe de l'inhumain* que *La plus secrète Mémoire des hommes*.

Je crois que la critique littéraire, comme geste de lecture d'abord, est une adresse : aux livres d'abord, bien sûr, mais aussi aux autres lectures qui lui ont permis et lui permettront d'exister. On écrit sur un livre parce qu'on l'a lu, c'est évident (encore qu'on parle parfois très bien voire mieux des livres qu'on n'a pas lus) ; mais tout aussi évident est ceci : on a lu un livre parce qu'il a été lu, et parce qu'on sait que d'autres le liront, qui trouveront peut-être dans notre lecture, une lecture antérieure à la leur, donc, l'opportunité d'une secrète conversation des lectures. Et c'est peut-être au fond ce que toute critique tente d'établir : une communication, un trou de ver entre le passé et l'avenir au sein d'une histoire de la lecture.

Je voudrais terminer ce propos un peu chaotique sur la critique et la théorie littéraires en leur exprimant ma gratitude. Je crois que je ne parviendrai jamais vraiment à être un bon critique, mais il est certain qu'au fil des années et des livres je crois être devenu un meilleur écrivain, c'est-à-dire un meilleur lecteur, en en lisant.

Engagement et résistance

∴

Masculinités en question. De *Terre ceinte* à *De purs hommes*

Catherine Mazauric

Résumé

Les trois premiers romans de Mohamed Mbougar Sarr font du genre une question cruciale et la problématisent en interrogeant constructions, représentations et expériences de la masculinité. Au modèle figé de masculinité conventionnelle s'associent des masculinités plurielles vécues de manière complexe. Si l'univers social dépeint demeure régi par des normes de genre peu transgressées, le personnel romanesque oscille quant à lui entre incarnations de cette norme et subtiles compositions de genre. Le prisme de la violence masculine, présente sous différentes formes dans les trois romans, induit un questionnement éthique portant notamment sur la vulnérabilité et l'agentivité. Tout en préservant la gravité du propos, l'humour présent dans *Silence du chœur* et *De purs hommes* contribue à nuancer et pluraliser les perspectives.

Mots-clés

Mohamed Mbougar Sarr – *Terre ceinte* – *Silence du chœur* – *De purs hommes* – genre – masculinités – représentations – sexualités – violence

La question des masculinités est abordée ici à travers les trois premiers romans de Mohamed Mbougar Sarr. À peu d'années près contemporaines, les intrigues de ces fictions se situent approximativement entre 2008 (année de diffusion de la vidéo à la base de *De purs hommes*[1]) et 2015 (année en laquelle l'Europe a perçu l'apogée de la « crise migratoire » dépeinte dans *Silence du chœur*[2]), *Terre ceinte*[3] se déroulant dans un pays d'imagination, démarqué du Nord Mali de 2012 sous la férule djihadiste. Un autre élément crucial les rapproche : la violence de masse ou de groupe, son surgissement, ses mécanismes

---

1   Mohamed Mbougar Sarr, *De purs hommes*, Dakar/Paris, Jimsaan/Philippe Rey, 2018.
2   Mohamed Mbougar Sarr, *Silence du chœur*, Paris, Présence Africaine, 2017.
3   Mohamed Mbougar Sarr, *Terre ceinte*, Paris, Présence Africaine, 2014.

de perpétuation. Dans des contextes différents, il s'agit du moteur narratif – en termes de tension narrative mais aussi de questionnement interprétatif – de ces trois romans : violence djihadiste de la « Fraternité » dans *Terre ceinte* ; violence xénophobe, communautariste et masculiniste, proprement fasciste – les chemises noires des voyous siciliens le rappellent – dans *Silence du chœur* ; violence homophobe dans *De purs hommes*. Ces violences sont perpétrées exclusivement par des hommes, sur des femmes et sur d'autres hommes, que ceux-ci soient perçus comme « autres » ou rivaux[4] ou que leur comportement représente, aux yeux des détenteurs de la force, une transgression de la norme sexuelle[5] ou hétérosexuelle[6]. L'exercice de la violence s'identifie ou se superpose donc à la norme dominante de la masculinité. Celle-ci fait cependant l'objet d'une mise en perspective au moins double. Considérée comme légitime par ceux qui en usent : Abdel Karim (*Terre ceinte*), Mangialepre et ses sbires (*Silence du chœur*), les déterreurs de dépouilles (*De purs hommes*), elle est estimée illégitime non seulement par celles et ceux qui la subissent : Ndey Joor Camara et son époux, les mères éplorées dans *Terre ceinte*, les *ragazzi* dans *Silence du chœur*, etc., mais aussi par celles et ceux qui l'observent et deviennent de potentielles victimes sous sa menace : Rama et Angela, puis Ndéné Gueye dans *De purs hommes*, les militantes et militants associatifs d'Altino dans *Silence du chœur*. L'axiologie constituée autour de la violence masculine forme ainsi l'une des principales variables déterminant la mobilité des voix et modes narratifs[7], et conséquemment le positionnement moral du lecteur, amené à se moduler au fil de ces variations de perspective.

Or, à côté de personnages masculins en quête d'eux-mêmes ou en crise, pétris de paradoxes sous un masque social figé, les personnages féminins, aussi complexes et nuancés soient-ils, incarnent densité et cohérence : Rama par exemple dans *De purs hommes*, qui reproche à Ndéné Gueye ses atermoiements, est entière dans son intransigeance morale comme dans sa sexualité épanouie. La masculinité, en revanche, procède d'une confusion initiale et d'une problématique que la fiction s'attache à explorer, de concert avec la relation que chaque personnage entretient avec sa propre obscurité, liée à sa performance de genre. C'est le cas même pour Abdel Karim, le chef de la « Fraternité » dans *Terre ceinte*, qui, conjuguant physique impressionnant et intellect raffiné, n'a rien d'une brute épaisse.

---

4 Sarr, *Silence du chœur*.

5 Sarr, *Terre ceinte*.

6 Sarr, *De purs hommes*.

7 Au sens de Gérard Genette, « Mode » et « Voix », dans *Figures III*, Paris, Seuil, coll. « Poétique »,
   1972, 183-267.

Ces trois romans envisagent la masculinité comme une identité politique, un dispositif de savoir-pouvoir recouvrant des manières d'être et d'agir associées à la domination. Qu'il s'agisse d'une occupation djihadiste au Sahel, de violences racistes en Sicile ou d'exactions homophobes en une société sénégalaise naguère moins répressive, la normativité du genre constitue l'une des principales sources de violence. Cette dimension politique s'adosse à un plan psychique plus intime. Interrogeant, dans la lignée de travaux psychanalytiques, la genèse du processus meurtrier chez les jeunes hommes, Klaus Theweleit[8] estime que la violence fasciste découle des fantasmes du corps morcelé et de l'angoisse associée au corps féminin. La vision patriarcale de la société promue par un « Al Quayyum » dans *De purs hommes* ou un Abdel Karim obsédé par Ndey Joor dans *Terre ceinte* reposerait ainsi avant tout sur une hantise du féminin qui se traduit par une forclusion chez l'un, une fascination cachant mal le désir chez l'autre. Cette hantise s'inscrit d'ailleurs, polysémie comprise, dans les titres *Terre ceinte* et *De purs hommes*.

1   Masculinité hégémonique et masculinités plurielles

La masculinité conventionnelle recouvre des normes et des pratiques hégémoniques présentées comme stables et immuables. Raewyn Connell la définit comme un ensemble de pratiques rendant possible la domination masculine, auxquelles s'opposeraient, ou à côté desquelles existeraient des masculinités « alternatives »[9]. Critiquant ce modèle, Demetrakis Z. Demetriou propose, à travers la notion de « bloc hybride », de le complexifier en reconnaissant diverses formes de masculinités imbriquées, unifiées dans des pratiques qui finissent d'une manière ou d'une autre par assurer la reproduction du patriarcat[10].

2   Alternative, imbrication et fraternités

Cette imbrication est sensible chez certains personnages, pourtant les moins suspects de déroger à la norme patriarcale. Abdel Karim Konaté dans *Terre ceinte*, chef despotique de la « Fraternité », semble un parangon de masculinité hégémonique : « colosse », « géant », « crâne chauve offert à l'ardeur du

---

8   Klaus Theweleit, *Fantasmâlgories*, trad. par Christophe Lucchese, Paris, L'Arche, 2016.
9   Raewyn Connell, *Masculinités. Enjeux sociaux de l'hégémonie*, trad. par Claire Richard, Clémence Garrot, Florian Voros, Marion Duval et Maxime Cervulle, Paris, Amsterdam, 2014.
10   Demetrakis Z. Demetriou, « La masculinité hégémonique : lecture critique d'un concept de Raewyn Connell », trad. par Hugo Bouvard, *Genre sexualité & société* 13 (2015).

soleil », « voix puissante » qui « domine la foule ». Sa force virile, anaphore aidant, s'identifie à la puissance des éléments :

> C'était un homme du désert, un homme du soleil tyrannique, un homme des tempêtes de sable, un homme des visages brûlés et des étendues arides, un homme des nuits froides et silencieuses[11].

Parangon de puritanisme aussi, s'estimant investi d'une mission, d'un sacerdoce, il est persuadé d'incarner « l'idée du Devoir » et la Loi-même[12]. Mais sa nature est en réalité plus complexe, sa pensée plus ambiguë, comme en témoigne un portrait fouillé qui peint moins un fanatique que « l'incarnation du fanatisme dans ce qu'il [a] de plus dangereux »[13]. Alors que la voix narrative établit ici l'axiologie ferme du roman, le personnage figure plutôt le mystère moral sur lequel achoppe la compréhension du phénomène djihadiste. Ses spéculations intellectuelles sur un islam radical ou modéré sont retracées, de même que le trouble considérable qu'il ressent en présence de Ndey Joor, à qui il vient présenter ses excuses après qu'elle a été violentée par ses miliciens. Cette femme, mariée à un homme qu'elle aime, possède sur le chef de milice un véritable ascendant, alors même que les « compères » de celui-ci ont failli la tuer. On rencontre une ambivalence similaire chez Maurizio Mangialepre dans *Silence du chœur*, qui, bien que meneur d'hommes apparemment tout-puissant, apparaît en fin de compte mené par sa passion pour la 'femme puissante' qu'il n'a cessé d'aimer. Dans *De purs hommes* en revanche, les incarnations du patriarcat, si elles peuvent subir des revers, comme l'imam ou le père du narrateur, ne se trouvent pas en butte à la puissance des femmes. Seul Ndéné Gueye subit l'ascendant de Rama et d'Angela. Quant au tragique retournement final touchant le *jotalikat*, il n'a pour source que l'intolérance à l'égard de sa sexualité et de sa vie amoureuse, jusqu'alors soigneusement masquées par ses virulentes diatribes homophobes en chaire.

D'un côté, l'univers social dépeint dans *De purs hommes* demeure régi par des normes de genre que peu se hasardent à transgresser ouvertement. De l'autre, le personnel romanesque oscille entre incarnations de la norme et subtiles compositions de genre. C'est dans *Terre ceinte* que se déploient les éthopées et descriptions physiques les plus chargées de signification à cet égard : deux jeunes hommes par exemple, Idrissa, dix-sept ans, « grand, mince – fin, se plaisait-il à dire – et dont les traits étaient harmonieux », doté d'« yeux très clairs », dont

---

11   Sarr, *Terre ceinte*, 129.

12   *Ibid.*, 89-91.

13   *Ibid.*, 89.

« le contraste [...] avec la noirceur de sa peau conférait à son regard une intensité étrange, déterminée et mélancolique à la fois »[14], resté auprès de ses parents, et Ismaïla son aîné, disparu dans la tourmente djihadiste, représentent deux faces de la difficulté à devenir homme. Déthié, ami de jeunesse de Malamine, possède un physique plutôt discret, voire ingrat, mais c'est un grand orateur et un ardent meneur d'hommes, tout comme le Père Badji, vieux renégat septuagénaire à la stricte hygiène de vie. Les personnages féminins ne sont pas en reste, notamment Codou, épouse de Déthié, un « ange dans un corps de femme » qui, sous des dehors de douceur et de timidité, cache un caractère « calme et égal », une « pensée profonde » et la « justesse des idées », « parl[ant] peu mais bien », « pens[ant] toujours et toujours juste »[15]. Aux yeux du protagoniste Malamine dont les pensées sont relayées, ses « six amis » résistants, hommes et femmes, incarnent égalitairement et de concert, à rebours de certains stéréotypes genrés, « une part de l'Homme » et de ses valeurs :

> Déthié était la Liberté. Codou était la Justice. Madjigueen Ngoné était l'Égalité. Vieux était le Refus. Alioune était la Beauté. Le Père Badji était le Mystère. Tout cela constituait l'Homme[16].

Dans *Silence du chœur*, la bipartition genrée, plutôt spectaculaire et très normée, s'accompagne de sa subversion par le jeu des clichés culturels et références parodiques[17] : « vraies femmes de Sicile »[18], « mamas aux complexions de caryatide, hommes au verbe haut » qu'on voit « au café »[19], etc. Dans la bouche du bien nommé Matteo Falconi[20] s'exprime une virilité parodique rappelant la dérision comique du western spaghetti :

> Fallait voir mes hommes, fallait ! [...] tous tendus, raides, le doigt crispé sur la gâchette, la caressant dangereusement, mes hommes. De vraies bonnes érections matinales. Un pet de travers d'un des ragazzi et je suis sûr que mes gars déchargeaient et le trouaient comme un bon gruyère *francese*[21].

---

14   Sarr, *Terre ceinte*, 20.

15   *Ibid.*, 53.

16   *Ibid.*, 58.

17   Celles-ci procèdent également du retournement critique de la vision ethnographique, appliquée ici à la Sicile et ses représentations.

18   Sarr, *Silence du chœur*, 74.

19   *Ibid.*, 17.

20   Prosper Mérimée, « Mateo Falcone », dans idem, *Colomba et dix autres nouvelles*, Paris, Gallimard, coll. « Folio », 1964 [1829].

21   Sarr, *Silence du chœur*, 74.

Mangialepre et ses sbires, décrits en termes stéréotypés, incarnent deux formes de masculinité traditionnelle : l'intellectuel au physique chétif mais au verbe « viril » qui maintient son ascendant sur des hommes frustes. Quant à ces derniers, notamment les deux colosses jumeaux très cinématographiques, « habillés en noir de la tête aux pieds » avec des chemises qui semblent « sur le point de craquer »[22], ce sont des montagnes de muscles avec un petit pois dans la tête. Le recours au discours indirect libre met ironiquement à distance la diatribe xénophobe de Mangialepre, pris au piège de sa propre rhétorique, imaginant l'invasion de la cité par les « étrangers » et jurant « qu'il les combattrait jusqu'à sa mort » parce qu'« il ne laisserait pas Sabrina et son association l'emporter »[23].

La question de la réunification d'un monde binarisé est au centre du roman. En sus de la séparation entre arrivants et autochtones ou supposés tels et de la différence des genres au sein d'une société de part en part hétérosexuelle, un autre axe assure la répartition binaire d'un personnel romanesque en grand nombre (tout un village et même une petite ville, où il y a donc « de tout »), à savoir l'âge : d'une part les *ragazzi* (garçons) et assimilés (le médecin passionné de foot, qui reste ainsi un garçon), d'autre part les patriarches, poreux à l'altérité (Padre Bonniano, Giuseppe Fantini le Poète). Cela donne lieu à des performances viriles différenciées selon leurs terrains : de la confrontation physique au bar, dans la rue ou à l'occasion de matches de foot à la réalisation du Poème. Camaraderie des *ragazzi*, de l'équipe de foot, de la bande de Mangialepre... autant de sociabilités masculines très présentes dans le texte, sans qu'une éventuelle dimension homosexuelle latente n'apparaisse. On observera d'ailleurs que la sexualité, en l'occurrence hétéronormée, fait l'objet dans le roman d'un traitement plutôt humoristique (l'œuvre du couple d'artistes, l'initiation de Matteo Falconi par une splendide rousse), tandis que sont mis en avant sentiment amoureux platonique et amitié.

Quant aux *ragazzi*, d'abord perçus comme des envahisseurs pénétrant la ville, ils courent le risque d'une dévirilisation par l'attente et la dépendance. À force de « bay[er] aux corneilles », ils se sont en effet mués, à la fin du roman, en « modernes et masculins Pénélope » que « même les femmes siciliennes semblent avoir abandonnés » :

> Peu d'entre elles s'approchaient désormais de leurs conciles d'oisifs ; et la réaction toute mâle de faire quelque commentaire grivois au passage d'une jolie femme en riant grassement, ce plaisir-là même, leur était ôté, refusé. Ils attendaient[24].

---

22   *Ibid.*, 63.
23   *Ibid.*, 69.
24   *Ibid.*, 247.

Tandis que le monde humain est ainsi fortement clivé par la provenance, l'âge et le genre, les entités non-humaines oscillent. Pour les Siciliens, le volcan est une figure féminine, sa colère engendrera le cataclysme final sauvant les *ragazzi* et l'association qui les appuie d'un massacre annoncé. L'allégorie du fleuve destructeur dont Catane a été préservée est un éphèbe à la chevelure bouclée, l'amène Amenano. La statue de la déesse Athéna est parée de valeurs viriles. La *Trinacria*, « tête de Gorgone à la fourmillante chevelure de serpents, auréolée d'épis de blé et de trois jambes humaines »[25], happe Jogoy dans un puits de sommeil après un assaut chimérique et monstrueux : des vipères qui menacent de jaillir de l'affiche représentant Méduse, des « jambes arrachées » qui tournoient « comme une hélice de chair détraquée »[26]. Or Méduse, une immortelle, figure une féminité hostile et destructrice, « en lutte inévitable » avec une virilité « obligatoire, envahissante, colonisatrice »[27]. Il existe « deux irreprésentables », écrit encore Cixous : « la mort et le sexe féminin »[28].

De purs hommes instaure un trouble dans le genre dont Samba Awa Niang, porteur d'un prénom double, offre l'exemple paradigmatique, tandis que la masculinité agressive du *jotalikat* va se révéler parade[29] et couverture. L'ensemble du roman constitue une terrible démonstration de la réduction de la polysémie complexe du *góor-jigéen* à une pratique sexuelle violemment condamnée et réprimée[30]. Or, comme l'illustrent les deux premiers romans, le dépassement de la binarité passe par l'assomption, par-delà les sexes et le genre, de la condition humaine.

Dans *Terre ceinte* se confrontent deux principes de légitimité : celui des dji-hadistes qui se prétendent investis par la Loi, réunis dans une « Fraternité » masculine auto-dénommée et excluante, « régime autoritaire » reposant sur « l'extinction de la parole et du langage » ; celui des sept camarades (cinq hommes et deux femmes) qui forment une fraternité authentique fondée sur la confiance réciproque, démarquée de la représentation de la Résistance[31]. Le départ est établi entre le virilisme brutal de la « Fraternité » et les valeurs d'humanité, soit entre *vir* (qui renvoie au masculin) et *homo* (qui concerne la

---

25   *Ibid.*, 18.

26   *Ibid.*, 18.

27   Hélène Cixous, *Le Rire de la Méduse et autres ironies*, Paris, Galilée, 2010, 40.

28   *Ibid.*, 54.

29   Il faut entendre « parade » comme mise en scène d'une identité (ici de genre), déploie-ment d'un « dispositif de signes – mots, images, corps, ou vêtements – dans le processus de l'invention de l'identité ». Voir Lydie Moudileno, *Parades postcoloniales. La fabrication des identités dans le roman congolais*, Paris, Karthala, coll. « Lettres du Sud », 2006, 14.

30   Voir Christophe Broqua, « *Góor-jigéen* : la resignification négative d'une catégorie entre genre et sexualité (Sénégal) », *Socio* 9 (2017), 163-183.

31   En une dette assumée envers Joseph Kessel, voir Marie Lechapelays, « Mohamed Mbougar Sarr, l'écrivain qui colle à la peau de la littérature », *Le Monde Afrique* 31 mars 2017.

gens humaine), les deux mots latins que le français a réduits à un seul, avec les confusions que l'on sait[32]. Le texte souligne cette ambivalence : « Ils étaient là… Cela suffisait à refroidir un cœur d'homme, à apeurer une âme d'homme, à séparer un peuple d'hommes »[33]. Dans *Silence du chœur*, Jogoy écrit qu'il a trouvé une forme de paix au marché aux poissons de Catane, là où s'unissent, en un langage universel sans plus de mots, les rives de la Méditerranée et les significations des « *vir* » et « *homo* » latins :

> Dans l'extraordinaire criée matinale, les harangues en sicilien se mêlent à des onomatopées inspirées. Ce grand chœur populaire et fraternel fait écho à la rumeur proche d'Amenano. J'ai passé de nombreuses heures là, avec le grand Thialky[34]. Il me disait que cela lui rappelait l'époque où il avait été poissonnier. Pendant ces instants, s'effaçait la solitude de l'exil. J'étais avec des hommes[35].

Mais ce même « chœur populaire et fraternel » fera silence lors de la tuerie d'Altino.

3   Figures patriarcales et contrôle des affects

Le « bloc hybride » assurant la reproduction du patriarcat procède notamment d'une répartition hiérarchisée du pouvoir parmi les hommes, décrite dans les trois romans. Dans leur introduction à un volume consacré aux masculinités en Afrique, Christophe Broqua et Anne Doquet[36] insistent sur l'autocontrôle des affects, la régulation du corps, la réserve et la maîtrise émotionnelle, dont on peut toutefois remarquer qu'elles ne sont pas l'apanage des hommes, dans

---

32   Éliane Viennot, *En finir avec l'homme. Chronique d'une imposture*, Paris, éditions iXe, 2021.

33   Sarr, *Terre ceinte*, 38.

34   Sobriquet du « guide » de Jogoy lors de sa première année passée comme marchand ambulant à Catane. « Thialky Boy Hawaï ! Voyez-le plutôt : quarante ans, petit, moins de cinquante kilos tout trempé, maigre, mais une de ces gouailles ! Cette faconde ! C'est un mélange de Wolof Njaay et de Kocc Barma, de Balla Fasséké et de Soundjata, de Diogène et de Démosthène, à la fois mendiant et orgueilleux, errant et magnifique, cynique et noble, grotesque et sublime, bonimenteur et orateur, bretteur et philosophe, bouffon et roi, griot et empereur, parrhésiaste et sage. Il me disait qu'il avait appris tout cela dans les rues de la banlieue dakaroise de Guédiawaye (transformé en Hawaï), où il avait grandi et exercé tous les métiers du monde », Sarr, *Silence du chœur*, 259.

35   Sarr, *Silence du chœur*, 264.

36   Christophe Broqua et Anne Doquet, « Penser les masculinités en Afrique et au-delà », dans idem (ed.), « Masculin pluriel », *Cahiers d'études africaines* 209-210 (2013), 9-41.

la mesure où il s'agit plus généralement de valeurs cardinales dans l'éthique sénégalaise. Cette égalité dans le contrôle entre hommes et femmes, allant à l'encontre de l'idéologie de la « Fraternité », est manifeste dans *Terre ceinte*, où s'affirme le courage tranquille des femmes. Dans *De purs hommes*, le père du narrateur, soutenu par sa discrète épouse, supporte sa disgrâce avec stoïcisme. En revanche dans *Silence du chœur* règne un trop-plein émotionnel qui s'épanche tant chez Mangialepre, régi par ses passions funestes, que chez Fousseyni Traoré, un très jeune homme rongé par le deuil de l'un de ses compagnons de route. Et si Lucia admire Fousseyni comme un « héros », ce n'est pas parce qu'elle verrait en lui « un surhomme », mais parce qu'il « a été forcé de supporter ce qu'il y avait de plus noir en lui »[37]. La catharsis théâtrale permet à Fousseyni de s'affranchir, dans le temps du jeu, du poids d'une virilité bridant les émotions. « Tu as le droit de pleurer »[38], lui dit Lucia quand s'achève l'intermède.

Les *ragazzi* oscillent ainsi entre deux modèles de masculinité : vulnérables en tant que réfugiés, ils « entrent de plain-pied dans le cercle de méfiance »[39] créé par la compétition viriliste qu'imposent les Calcagno, et « subissent » une violence auto-entretenue en même temps qu'ils en viennent à l'« exercer »[40]. Hampâté, le « géant splendide et fort, dont le physique avantageux et puissant contrast[e] vivement avec sa nature d'une grande douceur », caractérisé par « une volonté de s'effacer en toute circonstance, alors même que son physique comme son caractère le distinguent naturellement »[41], incarne cette ambivalence, qui se traduira tragiquement par sa mort dans l'ambulance après la rixe fatale. Une autre forme d'ambivalence marque les djihadistes de *Terre ceinte*, dépeints en êtres de liminalité, se protégeant sans doute de l'angoisse de la fragmentation en adhérant à des projections idéologiques et fantasmatiques d'eux-mêmes.

4   La masculinité comme problème(s)

En épigraphe à son ouvrage consacré à la « crise de la masculinité » comme « mythe tenace », Francis Dupuis-Déri cite un propos d'Abigail Solomon-Godeau : « [L]a masculinité, de quelque manière qu'elle soit définie, est

---

37   Sarr, *Silence du chœur*, 235.
38   *Ibid.*, 235.
39   *Ibid.*, 277.
40   *Ibid.*, 277.
41   *Ibid.*, 283.

toujours en crise »[42]. Plus loin, et plus spécifiquement à propos des jeunes hommes musulmans aux yeux des sociétés occidentales et des gouvernements autoritaires, il note que « le discours de la 'crise de la masculinité' peut servir à justifier la répression contre l'homme considéré comme étant en crise et de ce fait perçu comme une menace »[43]. Or, observe de son côté Norman Ajari, le présupposé d'un privilège associé à la masculinité par-delà les frontières de classe et de race ne permet ni de penser ni d'énoncer une condition masculine noire marquée par l'indignité, la violence subie et une vulnérabilité que *Silence du chœur*, s'agissant des *ragazzi*, donne à saisir :

> On les exclut, ou plus précisément on les violente et les caricature, en leur assignant une place dans une société vouée à demeurer inchangée. Leur souffrance est le prix à payer pour la perpétuation de la banalité du quotidien[44].

5   Vulnérabilités masculines et agentivité

On pourrait dès lors lire ces trois romans (et le suivant) comme la poursuite d'un effort pour mettre fin à ce que le même Norman Ajari, à la suite de Sylvia Wynter, nomme « la condamnation narrative des hommes noirs »[45]. Le paradigme racial et/ou de l'autochtonie est structurant dans *Silence du chœur*, surtout s'agissant des hommes, car les femmes européennes peuvent aller et venir de part et d'autre de cette césure. La vulnérabilité des racisés, désignés comme « *ragazzi* » selon une forme d'antiphrase (ce sont des gars, mais pas du coin), est renforcée par leur jeunesse. Les dépeindre, au terme d'une interminable attente d'inclusion, comme de « modernes Pénélope », c'est insister sur l'enjeu que représente pour ces jeunes gens pleins de vigueur, mais hantés par les traumas de l'exil, la récupération d'une agentivité propre. Salomon et ses compagnons, mués en chœur tragique, y accèdent lorsqu'ils exposent les corps des victimes de la rixe sur la place de la ville. Quant à Jogoy, il n'est plus un *ragazzo*, mais il illustre la condition tragique accompagnant le sort de l'homme noir. Objet de méfiance pour les migrants récemment arrivés car ceux-ci estiment

---

42   Francis Dupuis-Déri, *La Crise de la masculinité. Autopsie d'un mythe tenace*, Paris, Éditions du remue-ménage, 2018, n. p.

43   *Ibid.*, 139.

44   Norman Ajari, *Noirceur. Race, genre, classe et pessimisme dans la pensée africaine-américaine au XXIᵉ siècle*, Paris, Divergences, 2022, 97.

45   *Ibid.*, 97.

qu'il a franchi la frontière entre « nous » et « eux », souffrant, comme le jeune Fousseyni, de la honte du survivant, il contredit la trajectoire de réussite factice assignée au migrant qui « s'en sort » en « s'intégrant », ne trouvant d'autre échappatoire que celles de la tragédie ou du retour à la case d'initiation *sereer*.

6   Cristallisation polémique et violence homophobe

Paru en 2018, *De purs hommes*, basé sur la circulation réelle, en 2008, d'une vidéo montrant l'exhumation du corps d'un homme au motif de son homosexualité supposée, met en évidence l'historicité récente et la dimension politique des exactions homophobes au Sénégal, ce qui, en 2021, a valu à l'auteur une virulente campagne de dénigrement et de haine[46] dans son pays. Broqua et Doquet[47] ont de leur côté insisté sur la complexité de la répartition des rôles genrés en Afrique de l'Ouest, à travers les masculinités féminines et les statuts sociaux liés aux comportements homosexuels ou aux parcours transgenres. À cette complexité et cette fluidité inscrites dans la tradition, le djihadisme dépeint dans *Terre ceinte* oppose une réaction puritaine exacerbée qui contrevient à la plus élémentaire humanité : alors que celle-ci vient de faire un malaise, Ismaïla, en voie de radicalisation, hésite ainsi à toucher sa mère pour lui venir en aide[48]. Patrick Awondo insiste pour sa part sur le glissement sémantique qui s'est produit d'une catégorie ambiguë du genre (*góor-jigéen*) à « homosexuel » ou « *gay* »[49]. C'est sur ce glissement sémantique porteur de normativité discriminante et de violence que s'édifie l'intrigue de *De purs hommes*.

Comme l'ont documenté Awondo et *Human Rights Watch*, la radicalisation de l'homophobie au Sénégal est récente (elle remonte à une quinzaine d'années), ce qui contredit bien sûr les discours de la tradition assénés par certaines autorités ou groupes de pression. Avant 2008[50], le Sénégal était en effet connu comme l'un des pays les plus tolérants en Afrique à l'égard de l'homosexualité. Il était certes risqué de « s'afficher », comme M. Coly, dans le roman, le reproche à certains. On s'exposait à des jets de pierre, écrit Awondo, mais non au déferlement de violences décrit par le roman. Mohamed Mbougar Sarr a relaté à plusieurs reprises avoir été particulièrement marqué, alors qu'il

---

46   Felwine Sarr, « Écrire au milieu des cris », *Sud Quotidien* 22 novembre 2021.

47   Broqua et Doquet, « Penser les masculinités ».

48   Sarr, *Terre ceinte*, 204.

49   Voir Patrick Awondo, Peter Geschiere *et al.*, « Une Afrique homophobe ? Sur quelques trajectoires de politisation de l'homosexualité : Cameroun, Ouganda, Sénégal et Afrique du Sud », *Raisons politiques* 49 (2013), 95-118.

50   *Ibid.*, 97.

était lycéen, par la vidéo dont le visionnement par Ndéné Gueye entraîne une crise chez le narrateur-protagoniste de *De purs hommes*. Awondo rappelle encore que des vidéos d'exhumation « sauvage » de corps de personnes supposées homosexuelles par des foules en colère, il en existe plusieurs, à la même époque[51], lorsque l'homosexualité au Sénégal est criminalisée, tandis que parallèlement en Occident s'affirment visibilité et fierté gay et que le mariage pour tou·te·s prend son essor (en 2013 en France). Cette radicalisation progressive est décrite dans le roman, nourri de faits réels : outre la vidéo d'exhumation, l'affaire dite « du sac à main »[52]. La condamnation véhémente et implacable de l'homosexualité procède d'un enjeu politique. L'homosexualité serait « un péché que les Blancs ont apporté »[53], comme le traduit dans le roman la circulaire anti-Verlaine à l'université. Amplifiant le phénomène, les médias et réseaux sociaux fracturent la frontière entre sphères privée et publique.

Le roman base sa dynamique sur le récit de la transformation d'un personnage masculin initialement hétéronormé, puis progressivement « hanté » par des sexualités considérées comme déviantes. Pas plus que son amante Rama, qu'Angela la militante, que le mort anonyme lui-même, ou encore que son mentor M. Coly ou Samba Awa Niang, Ndéné Gueye, dont la quête de savoir est retracée, n'est véritablement assignable. C'est probablement la grande leçon de ce roman, qui met en tension le point de vue hétérosexiste d'une société cherchant à expulser tout élément perçu comme corrupteur (jusqu'au ridicule de l'empoignade publique sur un sac à main), à côté du récit alternatif révélé par Samba Awa Niang, un pur produit de la tradition. Dès le troisième chapitre, le *sabar* au quartier pose les termes de l'interrogation critique à laquelle Ndéné Gueye, jusqu'alors fermé à ces questionnements, doit se confronter. Quant à Samba Awa Niang, c'est un personnage aussi apollinien que dionysiaque (maître des cérémonies et des dépenses), et surtout tragique, car il sait que sa condition assumée de *góor-jigéen* peut d'un moment à l'autre le conduire à la mort. Tandis que M. Coly a pu passer la plus grande partie de sa vie et de sa carrière comme homosexuel caché avant d'être violemment 'démasqué', Samba Awa Niang est la personne par qui le trouble dans le genre arrive :

---

51   Et derechef en 2023, dans un contexte de grande tension politique à l'échelle nationale. Voir Mohamed Mbougar Sarr, « Qui a brûlé le cadavre de C. F. ? », *Seneplus* 2 novembre 2023.

52   Sur « l'affaire » réelle à l'origine de l'épisode et son traitement romanesque, voir Thomas Muzart, « Du fait divers à la fiction. Homosexualité spectrale chez Mohamed Mbougar Sarr », *Revue critique de Fixxion française contemporaine* 24 (2022).

53   Sarr, *De purs hommes*, 55.

Le travestissement est subversif dans la mesure où il met en lumière la structure imitative par laquelle le genre hégémonique est lui-même produit et conteste par là la prétention de l'hétérosexualité à la naturalité et au statut d'origine[54].

L'ensemble de ces performances et pratiques liminaires, tolérées voire intégrées jusque dans les années 2000, est brutalement condamné par le regain d'intolérance aux motifs variés, mais contagieux, que personnifient les figures patriarcales du roman.

7   Un précédent d'exhumation polémique

Or, la scène d'exhumation atroce qui obsède le narrateur de *De purs hommes* possède un précédent romanesque et cinématographique. L'enjeu n'est pas lié à l'homosexualité et l'homophobie, mais le fort conflit, qui s'affiche confessionnel, est lui aussi très politique. Dans *Guelwaar*, film puis roman de Sembène Ousmane[55], un certain Pierre Henri Thioune, appelé tantôt « yefer » (mécréant, infidèle), tantôt « kérétiane » (chrétien), a été enterré par erreur, à la suite d'une confusion survenue à la morgue de l'hôpital, dans un cimetière musulman. Les chrétiens veulent récupérer la dépouille de leur parent et donc la faire exhumer ; les musulmans du village où elle a été enterrée par erreur refusent ce qu'ils considèrent comme un sacrilège. La situation, compliquée par un contexte politique inflammable, se détériore jusqu'au bord de l'affrontement décisif qui, contrairement à ce qui survient dans *Silence du chœur*, ne se produit pas, grâce à l'entregent et à l'intégrité d'un policier. Le conflit est d'autant plus vif que le décès de Pierre n'est pas « naturel », mais consécutif à des coups reçus ayant entraîné une hémorragie interne. Bien que les contextes et les enjeux diffèrent largement, l'obsession de la pureté est déjà soulignée par Sembène. La situation est inversée par rapport à celle de *De purs hommes*, car dans *Guelwaar* les musulmans refusent par principe qu'on déterre le corps, ce qui révèlerait le sacrilège constitué par la présence d'un non-musulman en terre consacrée. Finalement, l'exhumation a lieu et, le mort n'étant pas reconnu par les musulmans, les kérétianes ont gain de cause et peuvent emmener la dépouille de leur parent. La problématique du genre est par ailleurs loin d'être absente du récit de Sembène mais ne sera pas envisagée ici.

---

54 Hourya Bentouhami, *Judith Butler. Race, genre et mélancolie*, Paris, Amsterdam, 2022, 133.

55 Ousmane Sembène, *Guelwaar*, Paris, Présence Africaine, 1996.

Les deux romans relatent l'exhumation en termes crus, mais avec une différence : *Guelwaar* (d'abord un film, rappelons-le) met l'accent sur l'odeur
insoutenable, *De purs hommes* se focalise sur le regard. Ndéné Gueye est en
effet obnubilé par le visage et le sexe de l'homme déterré[56]. La « pure image
mentale qui coll[e] aux neurones » du narrateur-protagoniste[57] donne lieu à
une compulsion de répétition. Surgi à travers l'écran, le fantasme renforce sa
puissance[58]. Rapportons ce mécanisme au propos sur l'abject de Kristeva, « ce
'quelque chose' qui n'est ni sujet, ni objet, mais qui, sans cesse, revient, révulse,
repousse, fascine », en raison même de l'effondrement de la frontière entre
dedans et dehors[59]. L'exhumation du cadavre et l'assaut des sens qui s'ensuit,
c'est l'abjection qui tient lieu d'« autre » au sujet, « au point de lui procurer une
jouissance », car ainsi est franchie, par l'immersion dans les flux intérieurs des
corps, l'horreur des entrailles maternelles. Selon Kristeva, c'est le propos de
toute littérature :

> À y regarder de près, toute littérature est probablement une version de
> cette apocalypse qui me paraît s'enraciner, quelles qu'en soient les condi-
> tions socio-historiques, dans la frontière fragile ('borderline') où les iden-
> tités (sujet/objet, etc.) ne sont pas ou ne sont qu'à peine – doubles, floues,
> hétérogènes, animales, métamorphosées, altérées, abjectes[60].

Enfin, et c'est un point important, le roman de Sembène se déroule en milieu
sérère : tandis que Barthélémy, le « Français » immigré en perte de valeurs, ne
comprend pas ce qui relève pour lui d'une ségrégation entre les morts, ce sont
finalement les conciliabules entre frères de case, circoncis et initiés ensemble,
qui vont résoudre le conflit en évitant un massacre intercommunautaire. Cette
résolution passe aussi par une hybridité rappelée dès le début. L'invocation
double « O !... *Roog Ndew Seen* ! O !... *Roog Ngoor Seen* ! » souligne que le divin
(*Roog Seen*) se tient au-dessus des genres (trop humains). Une note de bas
de page de Sembène précise : « *Roog* : Dieu chez les Sereer. Il est homme et
femme, d'où l'appellation de *Ngoor* et de *Ndew* »[61]. Mais aucune de ces média-
tions n'aura subsisté dans le roman de Sarr.

---

56   Sarr, *De purs hommes*, 67-68.

57   *Ibid.*, 13.

58   Voir Jean-Luc Raharimanana, *Rêves sous le linceul* (Paris, Le Serpent à plumes, 1998), où le
       narrateur observe sur un écran de télévision l'accomplissement des tueries au Rwanda.

59   Julia Kristeva, *Pouvoirs de l'horreur. Essai sur l'abjection*, Paris, Seuil, coll. « Points », 1980, 65.

60   *Ibid.*, 245.

61   Fatou Diome le soulignera à son tour : « Roog Sène, que nul n'assigne à demeure puisqu'il
       est présent partout et nulle part, à la fois mâle et femelle, ses filles valant ses fils. Roi ou

8   Fluidifier les perspectives (male gaze, humour et
       commune humanité)

En guise de conclusion, on soulèvera d'abord brièvement la question du *male gaze*, aspect cinématographique ou littéraire de la masculinité hégémonique. Dans *De purs hommes*, ce *male gaze* hétérocentré est nettement identifié, soumis à la critique et déconstruit par Rama et Angela, puis par Samba Awa Niang et enfin par le narrateur lui-même, au fur et à mesure qu'il s'initie à des réalités moins binaires que celles que lui imposait sa vision du monde initiale. Dans *Terre ceinte* et malgré des changements de focale faisant accéder à l'intériorité de personnages idéologiquement opposés, une perspective omnisciente procédant d'un masculin (indûment) « générique » représente les femmes, aussi fortes et admirables soient-elles, comme des mères, des épouses, des amantes, voire des compagnes de lutte, mais non comme des sujets pleinement autonomes. À cet égard, peut-on observer une évolution dans *Silence du chœur*, un roman qui orchestre et exhibe sa polyphonie[62] ? Au sein du groupe des soixante-douze *ragazzi*, on jase à propos des femmes. Fousseyni commente :

> Je ne sais pas quel âge elle a, mais Bemba dit qu'elle est une 'petite-sœur'. Ça veut dire qu'elle est plus jeune que lui. Mais comme j'ignore aussi l'âge de Bemba, c'est compliqué. Rosa est une femme très grande, très mince. La première fois qu'on l'a vue, Bemba a dit qu'elle ressemblait à la tige d'une plante de mil, qu'elle avait les fesses plates comme la surface du fleuve Mali en saison sèche, qu'elle avait des seins creux comme une grotte du Bandiagara et qu'il fallait lui faire manger des ignames et du manioc[63].

Certes, ce passage montre le fossé culturel entre les Siciliennes et les *ragazzi* subsahariens. Mais le récit persiste à témoigner d'une certaine difficulté à embrasser la perspective des femmes (enjeu dont *De purs hommes*, puis le

---

reine, le même mot, o maad, d'un genre neutre. [...] en pays guelwar, on reconnaît [aux femmes] la même dignité que les hommes [...]. L'animisme donne ainsi une leçon de justice à certains ! Allez, une libation à Roog Sène, qu'il sauve l'âme des injustes phallocrates ! » Fatou Diome, *Marianne porte plainte !* Paris, Flammarion, coll. « Café Voltaire », 2017, 51.

62   Voir, sur la dimension politique de cette polyphonie, Mahaut Rabaté, « Enjeux politiques des voix chez Assia Djebar et Mohamed Mbougar Sarr », *Fabula / Les colloques, Livres de voix. Narrations pluralistes et démocratie*.

63   Sarr, *Silence du chœur*, 123.

quatrième roman se sont emparés). La lectrice qui écrit ces lignes a ainsi dû s'y reprendre à plusieurs reprises, noter avec soin les qualifications pour distinguer les personnages féminins membres de l'association et leurs caractéristiques, confondus qu'ils sont dans l'appréciation globale des *ragazzi*. Quant à la présentation du père d'Amedeo Bonianno, elle pourrait n'être pas reniée par un Sylvain Tesson : « Trop occupé par son amour de l'esprit et des livres, Giorgio Bonianno n'avait pas trouvé le temps de se consacrer dignement à l'amour des femmes »[64]. Bien sûr, il s'agit d'un couple des années 1930, bien sûr, le narrateur n'est pas l'auteur et l'on a là un bel exemple de polyphonie au sens bakhtinien du terme. Enfin, l'on peut estimer qu'il y a là comme ailleurs une once de parodie taquine. Et si, en termes de perspective, l'ordre genré du monde n'est pas mis en question, il l'est cependant par la représentation des conséquences funestes de différentes formes de masculinité dite toxique.

Malgré la gravité du propos, l'humour, discret ou absent de *Terre ceinte*, initie dans *Silence du chœur* un déploiement qui se poursuivra dans les romans publiés par la suite. Caricatures (du couple de *boomers* artistes dans *Silence du chœur*, du *jotalikat* dans *De purs hommes*, etc.) et parodies pourraient renvoyer à la théâtralité factice de la performance de genre. Une puissance comique réside dans la double harangue, cruellement drôle, du vieil imam et de son « haut-parleur humain » de plus en plus lapidaire : « Il faut les tuer tous ! résuma le *jotalikat* »[65]. Cette comédie oratoire, émaillée de didascalies jouissivement peu charitables, subvertit de façon radicale l'argumentaire de l'imam, condensé de plus en plus succinctement par son *jotalikat* qui en rajoute dans la pureté vengeresse. Dans ces deux romans, les fauteurs de violence voient leurs positions ébranlées par l'humour de la narration. Or, un humour humainement salvateur repose sur la possibilité de rire ensemble, non en meute de personnes ostracisées, mais de travers universellement partagés.

Ainsi, chacun des trois romans soulève à l'échelle humaine la question de l'ensauvagement, pour reprendre un terme césairien[66], en l'articulant à diverses assomptions de la condition masculine, qu'il s'agisse de la masculinité hégémonique et de son idéologie ou de masculinités en rupture marquées par la vulnérabilité. Passant de la fureur de *L'Iliade* à la fraîcheur initiatique d'un nouveau *ndût*, le destin de Jogoy, à l'issue de *Silence du chœur*, en livre un aporétique dernier mot.

---

64   *Ibid.*, 90.

65   Sarr, *De purs hommes*, 101.

66   Aimé Césaire, *Discours sur le colonialisme*, Paris, Présence Africaine, 1955.

Bibliographie

Ajari, Norman, *Noirceur. Race, genre, classe et pessimisme dans la pensée africaine-américaine au XXIᵉ siècle*, Paris, Divergences, 2022.

Awondo, Patrick, *Le sexe et ses doubles : (homo)sexualités en postcolonie*, Lyon, ENS éditions, 2020, https://books.openedition.org/enseditions/14564 (consulté le 17 décembre 2023).

Awondo, Patrick, Geschiere, Peter, et al., « Une Afrique homophobe ? Sur quelques trajectoires de politisation de l'homosexualité : Cameroun, Ouganda, Sénégal et Afrique du Sud », *Raisons politiques* 49 (2013), 95-118. https://www.cairn.info/revue-raisons-politiques-2013-1-page-95.htm (consulté le 17 décembre 2023).

Bentouhami, Hourya, *Judith Butler. Race, genre et mélancolie*, Paris, Amsterdam, 2022.

Broqua, Christophe, « L'émergence des minorités sexuelles dans l'espace public en Afrique », *Politique africaine* 126,2 (2012), 5-23, https://www.cairn.info/revue-politique-africaine-2012-2-page-5.htm (consulté le 17 décembre 2023).

Broqua, Christophe, « Góor-jigéen : la resignification négative d'une catégorie entre genre et sexualité (Sénégal) », *Socio* 9 (2017), 163-183, https://journals.openedition.org/socio/3063 (consulté le 17 décembre 2023).

Broqua, Christophe et Doquet, Anne, « Penser les masculinités en Afrique et au-delà », dans idem (ed.), « Masculin pluriel », *Cahiers d'études africaines* 209-210 (2013), 9-41. https://journals.openedition.org/etudesafricaines/17229 (consulté le 17 décembre 2023).

Césaire, Aimé, *Discours sur le colonialisme*, Paris, Présence Africaine, 1955.

Cixous, Hélène, *Le Rire de la Méduse et autres ironies*, Paris, Galilée, 2010.

Connell, Raewyn, *Masculinités. Enjeux sociaux de l'hégémonie*, trad. par Claire Richard, Clémence Garrot, Florian Voros, Marion Duval et Maxime Cervulle, Paris, Amsterdam, 2014.

Demetriou, Demetrakis Z., « La masculinité hégémonique : lecture critique d'un concept de Raewyn Connell », trad. par Hugo Bouvard, *Genre sexualité & société* 13 (2015), https://journals.openedition.org/gss/3546 (consulté le 17 décembre 2023).

Diome, Fatou, *Marianne porte plainte !* Paris, Flammarion, coll. « Café Voltaire », 2017.

Dupuis-Déri, Francis, *La Crise de la masculinité. Autopsie d'un mythe tenace*, Paris, Éditions du remue-ménage, 2018.

Genette, Gérard, *Figures III*, Paris, Seuil, coll. « Poétique », 1972.

Kristeva, Julia, *Pouvoirs de l'horreur. Essai sur l'abjection*, Paris, Seuil, coll. « Points », 1980.

Lechapelays, Marie, « Mohamed Mbougar Sarr, l'écrivain qui colle à la peau de la littérature », *Le Monde Afrique* 31 mars 2017, https://www.lemonde.fr/afrique/article/2017/03/31/mohamed-mbougar-sarr-l-ecrivain-qui-colle-a-la-peau-de-la-litterature_5103939_3212.html (consulté le 17 décembre 2023).

Mérimée, Prosper, « Mateo Falcone », dans idem, *Colomba et dix autres nouvelles*, Paris, Gallimard, coll. « Folio », 1964 [1829], 23-37.

Moudileno, Lydie, *Parades postcoloniales. La fabrication des identités dans le roman congolais*, Paris, Karthala, coll. « Lettres du Sud », 2006, https://www.cairn.info /parades-postcoloniales--9782845868410.htm (consulté le 17 décembre 2023).

Muzart, Thomas, « Du fait divers à la fiction. Homosexualité spectrale chez Mohamed Mbougar Sarr », *Revue critique de Fixxion française contemporaine* 24 (2022), *Violences sexuelles et reprises de pouvoir*, URL : http://journals.openedition.org/fix xion/2420 (consulté le 17 décembre 2023).

Rabaté, Mahaut, « Enjeux politiques des voix chez Assia Djebar et Mohamed Mbougar Sarr », *Fabula / Les colloques, Livres de voix. Narrations pluralistes et démocratie*, URL : http://www.fabula.org/colloques/document8069.php (consulté le 17 décembre 2023).

Raharimanana, Jean-Luc, *Rêves sous le linceul*, Paris, Le Serpent à plumes, 1998.

Sarr, Felwine, « Écrire au milieu des cris », *Sud Quotidien* 22 novembre 2021, https:// www.seneplus.com/opinions/les-hurlements-de-la-meute (consulté le 17 décembre 2023).

Sarr, Mohamed Mbougar, *Terre ceinte*, Paris, Présence Africaine, 2014.

Sarr, Mohamed Mbougar, *Silence du chœur*, Paris, Présence Africaine, 2017.

Sarr, Mohamed Mbougar, *De purs hommes*, Paris/Dakar, Philippe Rey/Jimsaan, 2018.

Sarr, Mohamed Mbougar, « Une solitude peuplée », *Hommes & migrations* 1324 (2019), 184-186, https://journals.openedition.org/hommesmigrations/8963 (consulté le 17 décembre 2023).

Sarr, Mohamed Mbougar, « Qui a brûlé le cadavre de C. F. ? », *Seneplus* 2 novembre 2023, https://www.seneplus.com/opinions/qui-brule-le-cadavre-de-cf (consulté le 17 décembre 2023).

Sembène, Ousmane, *Guelwaar*, Paris, Présence Africaine, 1996.

Theweleit, Klaus, *Fantasmâlgories*, trad. par Christophe Lucchese, Paris, L'Arche, 2016.

Viennot, Éliane, *En finir avec l'homme. Chronique d'une imposture*, Paris, éditions iXe, 2021.

Morts, sépultures et deuil. Les fictions thanatographiques de Mohamed Mbougar Sarr

Cornelia Ruhe

Résumé

Dans ses trois premiers romans, Mohamed Mbougar Sarr ne met pas seulement en scène des situations d'extrême violence, mais surtout le destin auquel sont voués les corps violentés et mis à mort, ou plutôt le destin qui leur est refusé et la manière dont ils deviennent des enjeux politiques. La mort et sa 'gestion' ne sont plus une affaire privée, célébrée par un cercle restreint, mais une question d'intérêt public. Le présent article examine la manière dont les romans de Mohamed Mbougar Sarr réussissent à illustrer comment des discours officiels fondés sur l'inégalité peuvent créer, diviser ou renforcer des identités collectives à travers leur gestion de la mort et du deuil. Pour ce faire, je m'appuierai sur les théories d'Achille Mbembe, de Judith Butler et de Michael Rothberg.

Mots-clés

Mohamed Mbougar Sarr – *Terre ceinte* – *Silence du chœur* – *De purs hommes* – thanatographies – *implicated subject* – violence – deuil

1 Mort violente, corps politiques

Un couple est accusé d'adultère ou plutôt de rapports sexuels prémaritaux. Nus et tremblants, ils sont exécutés devant une foule pleine d'excitation et d'approbation. Leurs corps sont destinés à la fosse commune.

Le chemin vers l'Europe de différents migrants originaires d'Afrique subsaharienne est jalonné de morts qui restent sans sépulture. Leur sort futur dans une petite ville de Sicile continuera d'être placé sous le signe de la mort.

Une foule furieuse profane une tombe toute fraîche, déterre le cadavre d'un jeune homme censé avoir été un homosexuel, trop impur pour être enterré dans un cimetière musulman, et le ramène à sa mère.

Ces histoires de morts, d'hommes et de femmes auxquels on refuse une sépulture formelle et suivant les rites de la religion sont le sujet des trois premiers romans de Mohamed Mbougar Sarr, ils en forment soit l'ouverture choquante – dans le cas de *Terre ceinte*[1] et de *De purs hommes*[2] – soit le motif dominant dans *Silence du chœur*[3]. Bien qu'en apparence ces trois romans se caractérisent surtout par le fait qu'ils changent à chaque fois radicalement de contexte, de ton et de sujet, ils sont, si on les considère d'une perspective plus abstraite, tous unis par le fait d'aborder la violence sous différents angles : violence extrême et ouverte du djihadisme dans *Terre ceinte*, violence structurelle et homophobe dans *De purs hommes*, violence structurelle et raciste dans *Silence du chœur*.[4]

Au-delà de ce parallèle que les trois œuvres partagent avec bon nombre de textes de la littérature contemporaine de langue française, imprégnés de guerre et de violence[5], le dénominateur commun des romans de Sarr est, comme le suggèrent les scènes déjà évoquées, plus spécifique encore : les corps et le destin auquel ils sont voués ou plutôt qui leur est refusé et la manière dont ils deviennent des enjeux politiques. La mort et sa 'gestion' ne constituent plus une affaire privée, célébrée par un cercle restreint, mais une question d'intérêt public, surtout dans les cas où déjà la mise à mort a été violente.

Ce que j'aimerais démontrer dans ce qui suit, c'est la manière dont les romans de Mohamed Mbougar Sarr, bien que situées dans des lieux aussi divers que le pays subsaharien fictif de Sumal (derrière lequel se cache le Mali), l'Italie et le Sénégal réussissent à illustrer comment les discours officiels fondés sur l'inégalité peuvent créer, diviser ou renforcer des identités collectives à travers leur gestion de la mort et du deuil. À différents niveaux, Sarr nous introduit avec ses trois romans dans les mécanismes de ce qu'Achille Mbembe appelle les « sociétés d'inimitié »[6], des systèmes qui « ne peuvent fonctionner qu'à l'état d'urgence »[7] et s'arrogent ainsi le droit de décider de la vie et de la mort de leurs citoyens – tout comme le font les différentes sociétés dans ces trois romans de Sarr.

1 Mohamed Mbougar Sarr, *Terre ceinte*, Paris, Présence Africaine, 2014. Le roman a obtenu le Prix Ahmadou Kourouma et le Grand Prix du Roman Métis en 2015.
2 Mohamed Mbougar Sarr, *De purs hommes*, Paris/Dakar, Philippe Rey/Jimsaan, 2018.
3 Mohamed Mbougar Sarr, *Silence du chœur*, Paris, Présence Africaine, 2017, 389. Le roman a été couronné par le Prix littéraire de la Porte Dorée et le Prix « Littérature Monde » en 2018.
4 Comme Tessa van Wijk le montre dans sa contribution dans ce volume (58-74), l'on pourrait y ajouter « La cale », la première nouvelle de Sarr, qui est, elle aussi, une fiction thanatographique.
5 Voir Cornelia Ruhe, *La Mémoire des conflits dans la fiction française contemporaine*, Leiden/Boston, Brill/Rodopi, 2020.
6 Achille Mbembe, « La société d'inimitié », dans idem, *Politiques de l'inimitié*, Paris, La Découverte, 2018, 69-103.
7 Achille Mbembe, « Nécropolitique », *Raisons politiques* 21,1 (2006), 29-60, 29.

2   Violence, ambivalence et deuil

J'appelle thanatographies les fictions[8] qui, comme celles de Mohamed Mbougar Sarr, font place à « l'expérience de morts violentes qui ont mis à l'écart la mort normale, la mort humaine »[9]. Au cœur de ces textes se trouvent toujours une ou plusieurs morts violentes qui ont eu lieu soit dans le contexte d'événements ayant un impact collectif tels que les guerres, les génocides, les attaques terroristes, soit en raison de la violence ou de l'inégalité structurelle. En tant que moyen de réflexion sociale, la fiction peut assumer la fonction de « privileged site in which the phenomena latent in contemporary society emerge and can be explored »[10] : à une époque où non seulement les positions entre le Nord et le Sud de la planète, mais aussi celles entre l'Est et l'Ouest, se durcissent à nouveau, les fictions thanatographiques jouent un rôle central dans l'imaginaire collectif en ce qu'elles fournissent une archive de connaissances sur la manière dont la mort violente et le deuil peuvent être traités. Afin de comprendre l'impact du deuil, il est nécessaire d'examiner la façon dont la fiction traite la mort violente et comment elle transcende ou perpétue les dichotomies prévalentes.

Les textes de Sarr mettent leurs protagonistes face à des situations où, pour des raisons à chaque fois différentes, le discours public recourt à une rhétorique qui divise et qui instrumentalise la mort (et les morts). Achille Mbembe propose que c'est ici que s'exprime la souveraineté, car « l'expression ultime de la souveraineté réside largement dans le pouvoir et la capacité de dire qui pourra vivre et qui doit mourir »[11]. Dans *Precarious Life*[12] et *Frames of War*[13], Judith Butler développe un point de vue semblable en montrant que la manière dont le discours public aborde et encadre la mort violente dans des contextes politiques considérés – et parfois construits – comme des crises est étroitement liée à la volonté de commettre d'autres violences. La première tâche de ce discours est la création d'un binarisme dont l'apparence essentialiste et inéluctable est fondamentale. Je soutiendrai dans ce qui suit que dans ses textes, Sarr

---

8   Voir Cornelia Ruhe, « Thanatographical fiction. Death, mourning and ritual in contemporary literature and film », *Memory Studies* 2023 (online first), 1-17.

9   Renate Lachmann, « Danilo Kiss Thanatographien : Non omnis moriar », *Wiener Slawistischer Almanach* 60 (2007), 433-454, 433, ma traduction.

10   Fiona Barclay, *Writing Postcolonial France : Haunting, Literature, and the Maghreb*, Lanham, M/Boulder, CO, Lexington Books, 2011, xii.

11   Mbembe, « Nécropolitique », 29.

12   Judith Butler, *Precarious Life. The Powers of Mourning and Violence*, London/New York, Verso Books, 2020 [¹2004].

13   Judith Butler, *Frames of War : When Is Life Grievable ?* London/New York, Verso Books, 2016 [¹2009].

illustre systématiquement que ce binarisme nécropolitique trouve son triste apogée dans la mort violente et les funérailles manquées ou refusées.

Les différentes religions prévoient chacune un rituel pour les décès afin d'atténuer la douleur des proches et de l'assistance. Ce rituel, qui est généralement immuable et intemporel, est destiné à donner un cadre au deuil qui est à la fois conventionnalisé et commun à tous. De la sorte, le rituel accorde au deuil une place précise, tout en le canalisant. Il en est un élément central, une étape à travers laquelle toute personne ayant perdu un proche devra passer pour pouvoir passer outre. Il est une tentative « of being with the dead » qui va au-delà d'un « cultural-colonial discourse » hiérarchique ou même binaire[14]. Il s'agit plutôt d'un dilemme transculturel qu'il faut prendre en compte, car « [t]he living will always have to find a way to respond to the dead »[15]. Le rituel religieux est certes la variante la plus répandue et qui permet, grâce à son caractère conventionnalisé, de se sentir comme partie intégrante d'une entité plus large, et, potentiellement, globale, car ce que nous partageons ou partagerons tous, c'est notre vulnérabilité[16]. À l'inverse, il est clair que le refus d'un rituel isole et exclut. Le refus impose ou renforce une distinction entre 'nous' et 'les autres', distinction qui peut facilement être exploitée politiquement : la politique distingue entre ceux dignes d'être pleurés (*grievable*) et ceux qui ne le sont pas (*ungrievable*) pour légitimer une hostilité fondée sur le binarisme qui en découle[17]. Les fictions thanatographiques commentent et accompagnent ce genre de mécanisme.

3   Morts sans sépulture – *Terre ceinte* (2014)

Au pays fictif de Sumal, dans la ville de Kalep, les intégristes islamistes ont pris le pouvoir et introduit la charia. La violence qu'ils infligent aux citoyens est légitimée par une interprétation fondamentaliste du Coran. Exercée ouvertement, cette violence est normalisée et aide à maintenir le régime de terreur. La 'loi' et la manière dont on la suit ou transgresse déterminent l'appartenance à la catégorie non seulement des 'bons musulmans' et par voie de conséquence,

---

14   Hans Ruin, *Being with the Dead. Burial, Ancestral Politics, and the Roots of Historical Consciousness*, Stanford, CA, Stanford UP, 2019, 69.

15   *Ibid.*, 82-83.

16   Butler, *Precarious Life*, 32.

17   « […] the differential allocation of grievability that decides what kind of subject is and must be grieved, and which kind of subject must not, operates to produce and maintain certain exclusionary conceptions of who is normatively human : what counts as a livable life and a grievable death ? », Butler, *Precarious Life*, 10.

ceux qui auront droit à la vie, à une mort digne et à une tombe. Le roman établit deux rhétoriques diamétralement opposées : la rhétorique nécropolitique des intégristes, auxquels le texte donne souvent la parole par le biais de leur représentant Abdel Karim, et celle des résistants, dont la perspective, plutôt modérée, est épaulée par le narrateur.

Au début du roman, la manière dont le narrateur décrit la première apparition du jeune couple accusé de rapports sexuels avant le mariage rend clair que la maltraitance qu'ils ont subie et continuent à subir est destinée à les déshumaniser : « On ouvrit le coffre d'une voiture, et on en tira deux formes qui ressemblaient à des corps humains »[18]. Les fondamentalistes les ont « soumis aux pires sévices », comme le souligne la voix narrative[19]. Le fait de les transporter dans le coffre comme des objets souligne le mépris qu'on porte à ceux que les islamistes désignent comme des « impur[s] »[20]. C'est ainsi que lorsqu'ils sont présentés à la foule rassemblée pour leur exécution publique, même le narrateur ne trouve au couple plus qu'une lointaine ressemblance avec des êtres humains, il ne voit plus que des « corps humains »[21].

Dans la logique du binarisme féroce que les islamistes ont établi au Sumal, les deux jeunes gens sont réduits à l'état de chose « impure »[22]. Au moment de leur exécution, ils sont mis sur le même plan que les chiens de la ville, qui ont tous déjà été exécutés, car ils seraient des « animaux sataniques »[23]. Leur réification délibérée et leur assimilation aux animaux diabolisés ont pour but de justifier leur mise à mort violente devant la foule ainsi que le refus de leur accorder une sépulture digne. Selon Judith Butler, c'est en de telles situations que se révèle la perfidie de ce genre de discours scindant :

> Ungrievable lives are those that cannot be lost, and cannot be destroyed, because they already inhabit a lost and destroyed zone ; they are, ontologically, and from the start, already lost and destroyed, which means that when they are destroyed in war, nothing is destroyed[24].

---

18   Sarr, *Terre ceinte*, 15.
19   *Ibid.*, 16.
20   *Ibid.*, 16.
21   *Ibid.*, 15.
22   *Ibid.*, 16, 18.
23   *Ibid.*, 23. Ce ne sont pas uniquement leurs morts violentes qui les unissent, mais aussi le fait de ne pas avoir été enterré, comme Idrissa l'explique à sa petite sœur : « On les a [les chiens] tous tués, brûlés et entassés à la sortie de la ville, vers le sud. On peut encore y voir les monceaux calcinés de leurs cadavres » (*ibid.*).
24   Butler, *Frames of War*, xix.

En les déshumanisant avant leur mort, les islamistes tentent de faire passer le message à leur public que les condamnés ne font déjà plus partie des leurs et que même pour leurs parents, il ne vaut pas la peine de s'apitoyer sur leur sort ni de garder leur mémoire – ou de leur accorder une tombe.

Cependant, les djihadistes ne se contentent pas de déshumaniser les prétendus criminels lors d'exécutions publiques et par le biais de leurs discours. Leurs autres châtiments ont le même effet : en coupant des mains, bras ou jambes, ils créent tout un peuple de mutilés que l'un des résistants, l'infirmier Alioune, regarde avec un regard non dénué de compassion et implicitement critique des islamistes :

> Il regardait tous ces hommes mutilés, et qui gémissaient à ses pieds, et songeait qu'un jour, eux aussi avaient peut-être applaudi – geste banal, désormais impossible pour certains d'entre eux – à une mutilation [...]. [I]ls étaient là, douloureux, monstrueux, 'quasimodesques', transformés à jamais par ceux-là mêmes qu'ils avaient autrefois soutenus[25].

Les châtiments en tant qu'application de la loi des islamistes déshumanisent ceux qui les subissent, en font, comme le souligne le narrateur, des monstres qui habitent dès lors « a lost and destroyed zone » et dont l'humanité est devenue contestable, ce qui facilitera plus tard leur anéantissement. En même temps, cette scène met en évidence que la transition entre bon islamiste et 'monstre' peut survenir rapidement, alors que le passage du résistant potentiel au partisan des islamistes se fait de manière lente et graduelle, comme dans le cas d'Ismaïla, le fils ainé des résistants Malamine et Ndey Joor[26].

Toutefois, en tant que spectacle, les mutilations et les exécutions, dont la fréquence est soulignée dans le roman, ne servent pas seulement à établir la loi du plus fort et à faire peser une menace constante sur tous ceux qui oseraient s'opposer aux djihadistes – elles servent également à attiser la résistance :

> Mais chaque fois que son indignation faiblissait, une nouvelle exécution publique avait lieu, et [Malamine] y allait, bien que ce spectacle lui répugnât. Mais de chaque pierre lancée, de chaque balle tirée, de chaque cri de la foule, de chaque rictus des bourreaux, de chaque plainte d'un supplicié, et de chaque mort, il tirait une force nouvelle[27].

---

25   Sarr, *Terre ceinte*, 98.
26   *Ibid.*, 262-264.
27   *Ibid.*, 61-62.

Alors que pour les intégristes, le comportement de leurs victimes justifie qu'ils les traitent de manière déshumanisante, pour le petit groupe de résistants duquel Malamine fait partie, ce sont ces mises en scène publiques qui prouvent l'inhumanité des islamistes.

La logique binaire des djihadistes atteint son paroxysme dans leur refus d'enterrer les victimes de leurs exécutions : elles sont destinées à la fosse commune. Sadobo, la mère de Lamine Kanté, le jeune homme exécuté au début du roman, constate donc amèrement que pour son fils, il n'y aura « pas de tombe. Je n'aurai aucune tombe pour célébrer sa mémoire et où aller pleurer. Aucune pancarte à son nom. Il a disparu. [...] Sans tombe, sa mémoire est vouée à l'oubli »[28]. Le rituel qui pourrait honorer la mémoire du fils et aussi réintégrer sa mère en deuil dans la communauté, est refusé. La possibilité même d'avoir un lieu où se recueillir et pleurer son fils lui est refusée. La rhétorique des djihadistes sépare aussi les parents de Lamine Kanté, ce qui permettra au moins l'émancipation de sa mère du père violent. Au lieu de former une communauté de deuil, le couple des parents se dissout à la suite de la mise à mort du fils. En même temps, le fait que les deux mères entament un dialogue épistolaire qui porte sur la vie, la mort et les sépultures de leurs enfants, les unit – la solitude de la mère de Lamine en est soulagée. Elle formera, avec les parents d'Aïda, une toute petite communauté de deuil.

À la différence de leur dirigeant Abdel Karim, la compassion anime certains djihadistes. À l'aide de ce groupe, la mère d'Aïda, la jeune femme exécutée, réussira à la faire enterrer, bien que cela doive prendre place dans le secret le plus absolu :

> On lui a accordé le droit d'avoir une tombe et d'être enterrée dans le cimetière musulman. Ils ont dit que c'est parce que j'avais supplié, et que ça les a émus. C'est vrai que j'ai supplié comme une mendiante. Comme une chienne. D'habitude ils mettent les corps des accusés d'adultère dans une fosse qu'ils ont creusée dans le désert. Je ne voulais pas qu'Aïda finisse là-bas, à la merci des charognards autour d'autres corps en train de pourrir. Mais ils ont exigé que ce soit fait la nuit à l'abri des regards[29].

Le rituel même est tronqué, bien qu'il y ait un enterrement dans un coin du cimetière, des funérailles 'normales' lui sont refusées. Ni congrégation, ni fossoyeurs, ni cercueil, ni même les cordes pour descendre la défunte dans

---

28   *Ibid.*, 118.
29   *Ibid.*, 89.

la tombe : les parents enterrent leur fille seuls et au beau milieu de la nuit. Cependant, même l'impossibilité quasi totale de respecter la tradition ne peut empêcher les parents de créer leur propre rituel : le drap de percale blanche prévu pour le mariage d'Aïda lui sert de linceul. À défaut d'une pelle, ils prennent le sable par poignée pour le jeter sur le corps et refermer la tombe. C'est ainsi que « [c]haque poignée de sable était un adieu »[30]. Pour ne pas vouer sa mémoire à l'oubli, les parents plantent « une simple pancarte en bois, au-dessus de la tombe. La première tempête de sable l'emportera au loin. À Gassama. 1993-2012 »[31]. Tout comme le rituel, la 'pierre tombale' paraît improvisée et rudimentaire. Elle est exposée aux vents et semble donc éphémère aux yeux de la mère – mais elle se révélera, comme le lectorat l'apprendra à la fin du livre, étonnamment durable, voire résistante aux intempéries comme aux islamistes[32].

Il ne pourrait y avoir de contraste plus évident de cette tombe humble et improvisée à celle du « défunt capitaine Abel Karim Konaté [...] célébré comme un martyr, et cité en exemple » après sa mort violente aux mains de la foule qui se révolte enfin – « [o]n lui dressa, dans le centre-ville de Kalep, un magnifique tombeau monté sur un catafalque en marbre poli »[33].

La relation aux morts est censée servir « as a foundation for sociality as such »[34] ou d'aider « to reorder community »[35]. À travers son roman, Sarr montre à quel point les islamistes se servent de la particularité du lien avec les morts pour imposer à la ville de Kalep leur idée de communauté qui, au lieu d'unir, désintègre et défigure. C'est la violence des exécutions et des inhumations refusées qui produit la révolte, comme le narrateur le souligne à plusieurs reprises, une révolte qui aura elle-même recours à la violence. Le groupe de résistants se retrouve donc dans une situation où, bien que plus victimes que bourreaux, ils se trouvent être eux-mêmes impliqués dans le cercle vicieux de la violence.

Ce n'est que la mère d'Aïda, qui réussit à enterrer sa fille, bien qu'à grande difficulté, qui refuse de faire partie de la révolte et qui en souligne ainsi la vanité : « Tu veux te battre pour que ton fils ne soit pas mort en vain ? Mais il est mort en vain. Mort pour rien. Mort absurdement. Comme ma fille. Rien

---

30   *Ibid.*, 92.
31   *Ibid.*, 92.
32   Sarr, *Terre ceinte*, 352.
33   *Ibid.*, 353.
34   Ruin, *Being with the Dead*, 3.
35   Katherine Verdery, *The Political Lives of Dead Bodies : Reburial and Postsocialist Change*, New York, Columbia UP, 1999, 108.

ne les ramènera. Ni le sang que tu verseras ni les larmes »[36]. Elle est la seule à savoir s'extirper de l'engrenage de la violence et à ne pas finir impliquée elle aussi dans une rhétorique clivante, peut-être, comme le suggère la situation, parce qu'elle a pu faire le deuil de sa fille.

4   La mort omniprésente – *Silence du chœur* (2017)[37]

Le mouvement migratoire à travers la Méditerranée, la prétendue 'crise migratoire' et ses répercussions non seulement pour les pays africains, mais surtout pour l'Europe, se trouve au centre du deuxième roman de Mohamed Mbougar Sarr. La rhétorique du 'nous' en opposition aux 'autres' est représentée d'un côté par l'association pour l'accueil des réfugiés et, d'un autre, par un groupement d'extrême droite qui s'oppose à leur accueil. Même les membres de l'association ne réussiront pas vraiment à abolir ce binarisme. La mort est omniprésente dans un texte dont la narration commence par l'arrivée d'un groupe de soixante-douze migrants dans la petite ville sicilienne (fictive) d'Altino, qui n'en est pas à son premier accueil de « ragazzi », comme le texte désigne les migrants[38]. Pour Jogoy, le jeune traducteur, lui-même migrant et le seul survivant d'un naufrage, les nouveaux arrivés endormis ne sont déjà presque plus que des « corps étendus entre lesquels la petite équipe médicale circulait comme au milieu d'un labyrinthe de tombes »[39]. Plus encore que le « Prologue/Épilogue » qui précède cette première partie du texte, ce début place les migrants sous le signe de la mort. L'Europe les accueille dans son royaume des morts : lorsque Jogoy, le jeune migrant devenu traducteur, foule pour la première fois le sol européen, c'est sur une plage nudiste[40]. Comme au paradis biblique, tout le monde y est nu et malgré le fait d'être entièrement habillé, Jogoy y est bien accueilli – alors que la suite relève plutôt de l'« enfer collectif »[41].

Même avant leur arrivée en Europe, le périple des différents « ragazzi » que le texte illustre par petits aperçus est littéralement jonché de morts dont la plupart ne recevront aucune sépulture digne de ce nom : le désert que nombre

---

36   Sarr, *Terre ceinte*, 351.

37   À propos de ce roman, voir aussi les contributions de Julia Görtz (141-163) et Lena Seauve (164-178) dans le présent volume.

38   Sarr, *Silence du chœur*, 19 et passim.

39   *Ibid.*, 16.

40   *Ibid.*, 108. – Sarr reprend ici l'une des premières scènes d'*Eden à l'Ouest*, film de Constantin Costa-Gavras de 2009.

41   Sarr, *Silence du chœur*, 237.

de migrants doivent traverser pour atteindre la côte est parsemé de dépouilles humaines :

> des lambeaux de chairs accrochés aux fémurs humains qui émergeaient des sables, des crânes d'hommes semés sur leur route comme des balises pour l'outre-monde, des compagnons tombant de soif et abandonnés, des odeurs de charognes humaines en décomposition, de l'insoutenable blancheur des ossements décharnés[42].

Personne ne prend soin de leurs enterrements qui ne serviront qu'à ralentir le mouvement des voyageurs. Même les migrants qui ont le malheur de tomber d'un camion comme Adama, le compagnon de voyage de Fousseyni, sont abandonnés à leur sort[43]. Cependant, le désert ne sera que le premier cercle de l'enfer à traverser, avant qu'ils n'arrivent en Libye, « la grande géhenne humaine »[44] et qu'ils n'aient à affronter ensuite, troisième cercle de l'enfer, « l'océan hostile, [...] l'océan féroce, [...] l'océan denté, [...] l'océan hanté, [...] l'océan de fer ganté »[45].

Pour Jogoy, le passage de la mer s'annonce d'abord prometteur. Atab, le navigateur censé piloter le bateau de Jogoy et de ses compagnons, est un « géant », qui « donnait l'impression d'être invincible » et qui, surtout, s'est bâti la réputation d'être « le plus chanceux » parmi tous ceux de sa profession[46]. Alors que son nom résonne avec l'Ahab de Herman Melville, sa stature et son métier de passeur le rapprochent surtout d'un autre batelier légendaire et gigantesque, en l'occurrence, saint Christophe, patron des voyageurs. Sous ce rapport, l'assassinat inquiétant d'Atab quelques jours avant le départ prévu du groupe de Jogoy signifie implicitement que la protection divine de tout voyageur qui s'apprête à franchir la Méditerranée n'est plus assurée, qu'ils sont livrés à eux-mêmes.

Le navigateur inexpérimenté qui leur est ensuite assigné est effectivement incapable de remplir son rôle de passeur – le bateau se perd et le jeune homme est jeté par-dessus bord, ce que Jogoy désigne comme « notre meurtre originel, le crime fondateur de notre errance »[47]. Bien que Jogoy soit le seul survivant de ce bateau qui fera finalement naufrage, lorsqu'il touchera terre sur une plage

---

42   *Ibid.*, 190-191.
43   *Ibid.*, 235.
44   *Ibid.*, 191.
45   *Ibid.*, 191.
46   *Ibid.*, 103.
47   *Ibid.*, 106.

sicilienne, il « n'étai[t] plus qu'un mort qu'on tentait de ramener à la vie »[48]. Quelques jours plus tard, la mer rend les corps de ses compagnons de route, « trente-sept corps échoués sur la plage, régurgités par un océan si gavé d'humains qu'il avait le luxe d'en rendre certains »[49]. Même l'immense cimetière qu'est devenue la Méditerranée ne peut plus accueillir autant de corps. Alors que le texte ne donne aucune information sur le sort de ces trente-sept morts, au moins il nous apprend que quelques jours plus tard, « les autorités avaient érigé un monument aux morts » avec une plaque sur laquelle « un *in memoriam* comme il faut était écrit »[50].

La Sicile est ainsi présentée comme le pays de la mort où même le père Bonianno, qui aide les migrants à peaufiner leurs histoires pour les commissions qui décideront de leur droit d'asile, est désigné par son ami, l'écrivain Fantini, comme étant « Charon, le nocher de l'Achéron »[51], qui ne fait que transporter ceux qui sont déjà morts en enfer. Alors que l'association est censée donner une nouvelle vie aux migrants, elle ne réussira pas à les extirper de cette « lost and destroyed zone »[52] dans laquelle les expériences traumatiques de leurs périples les ont confinés.

Tout comme la tombe du dirigeant Abdel Karim dans *Terre ceinte* tranchait avec l'absence de sépulture pour la plupart de ses victimes et bien que *Silence du chœur* décrive le père Bonianno comme un homme dévoué à l'accueil des migrants, sa mort (naturelle) et surtout son inhumation servent pareillement de contraste prononcé au destin de la plupart des « ragazzi » :

> Conformément à ses ultimes volontés, que révéla un testament rempli de fantaisie, Amedeo Bonianno fut enterré quelques jours plus tard en Suisse, entre son père Giorgio Borghese Bonianno et sa mère Sylvie Morand. Fantini et quelques autres membres de l'association s'occupèrent de toutes les formalités et accompagnèrent sa dépouille. Le poète lut la plus belle oraison funèbre que l'on eût jamais prononcée depuis celle que Victor Hugo dit à l'enterrement de Balzac. [...] On veilla aussi à ce que ses consignes quant au déroulement de sa cérémonie mortuaire fussent respectées. [...] Sur sa tombe, il demanda qu'on gravât l'épitaphe suivante : 'Moins homme d'église qu'homme'[53].

---

48   *Ibid.*, 109.
49   *Ibid.*, 133.
50   *Ibid.*, 134.
51   *Ibid.*, 203.
52   Butler, *Frames of War*, xix.
53   Sarr, *Silence du chœur*, 240.

La mémoire du père Bonianno est honorée, « une sorte de souvenir collectif se formait »[54] et la ville entière constitue une communauté de deuil. Le rituel soigneusement accompli sert ainsi, dans le sens de Hans Ruin, de « foundation for sociality », mais non pas de « sociality as such »[55], car les « ragazzi » restent exclus de cette communauté, non seulement parce qu'ils ne participent pas aux différentes cérémonies qui honorent la vie et la mort du père Bonianno, mais aussi parce qu'on n'apporte pas la même attention ou les mêmes soins à leur mort et à celle de leurs compagnons de route : faute de tombe et même de sépulture, leur deuil ne pourra pas être fait et même la mémoire de leurs derniers moments risque de tomber dans l'oubli[56]. Personne ne connaîtra les noms des trente-sept migrants morts lors du naufrage auquel seul Jogoy a survécu, le « in memoriam » des monuments aux morts érigés en leur honneur restera donc vain. Ainsi, bien que le roman brosse un portrait bienveillant des membres de l'association dévouée à l'accueil des migrants dont le père Bonianno faisait partie, cette association même, malgré tous ses efforts, participe, sans le savoir, à la perpétuation de la distinction entre ceux qui pourront être pleurés et ceux qui en seront jugés indignes.

Cependant, le roman montre aussi de manière fort habile que ces morts sans sépultures ne hantent pas uniquement les autres « ragazzi », mais que leur destin incertain concerne tout aussi bien la société européenne ou, dans ce cas, celle de la ville d'Altino. Lorsque la situation entre les habitants de la ville et les migrants commence à dégénérer, la ville s'éveille en proie à une terrible odeur qui s'avère celle de la « fosse septique » de la ville qui « a été ouverte et [dont] les canalisations ont été trouées »[57]. Les coupables de ce sabotage ne seront jamais trouvés, mais l'odeur intolérable, comme d'une « charogne infâme au ventre ouvert »[58], « nos propres déchets que nous sentons »[59], est comme la matérialisation de ce que Michael Rothberg appelle l'implication – bien que les habitants de la ville ne soient pas individuellement coupables de la mort d'un ou de plusieurs migrants, ils profitent de l'inégalité structurelle qui déclenche la migration et mène à la mort de nombreux migrants :

---

54 *Ibid.*, 245.
55 Ruin, *Being with the Dead*, 3.
56 Ainsi, Fousseyni ne peut que spéculer sur ce qui est arrivé à son ami Adama après qu'il est tombé du camion : « Adama tomba. A-t-il survécu à sa chute ? A-t-il été capturé par les vendeurs d'esclaves ? Qu'importe. Dans l'un ou l'autre cas, il était perdu. Tel est le récit de sa mort », Sarr, *Silence du chœur*, 235.
57 Sarr, *Silence du chœur*, 274.
58 *Ibid.*, 271.
59 *Ibid.*, 274.

Foregrounding implication instead of victimhood or perpetration allows us to emphasize the dynamic interplay between subjectivity, structural inequality, and historical violence ; supplement absolutist moral ascriptions with more nuanced accounts of power ; and above all, leave behind the detached and disinterested spectators who dominate discussions of distant suffering in favor of entangled, impure subjects of historical and political responsibility. The implicated subject, we will see, is a transmission belt of domination[60].

L'odeur oppresse la ville entière et concerne tout le monde, migrants comme autochtones. Elle les sort de leur position confortable d'observateurs et illustre ainsi que les morts non enterrés que produit la migration – elle-même produite par une inégalité structurelle qui a ses racines dans la violence historique du colonialisme – continueront de hanter toute société concernée et incapable de trouver une manière « to respond to the dead »[61].

La fin dramatique du roman ne fait qu'illustrer encore une fois la dichotomie entre ceux dignes d'être enterrés et pleurés et ceux qu'on abandonne à leur destin. Tandis que les « ragazzi » fêtent, avec les habitants de la ville qui leur sont favorables, le résultat d'un match de foot qu'ils ont gagné contre une ville voisine, ils sont attaqués par un groupe d'extrême droite proche de plusieurs dignitaires de la ville. Les trois femmes et trois hommes morts à l'issue de cet affrontement et exposés aux regards de tous sur la place centrale de la ville sont des habitants d'Altino. Les migrants sont tout de suite soupçonnés de les avoir tués. Le maire, lui-même profiteur de l'extrême droite dont on ne soupçonne pas la responsabilité et pour laquelle ces morts sont « une aubaine »[62], s'occupe de ce que « les corps des victimes soient mis en sûreté »[63], même lorsque l'éruption de l'Etna menace. Il n'en est pas de même des migrants ni de leurs opposants, les « ultras », qui s'affrontent malgré le danger qui pèse sur la ville – leurs corps seront abandonnés à leur destin et laissés sans sépulture. Seul Fousseyni sera sauvé par Lucia, son amie de l'association, et c'est ce secours *in extremis* qui donne l'espoir qu'une nouvelle communauté pourrait se former qui traiterait les hommes – et les morts – en égaux.

---

60   Michael Rothberg, *The Implicated Subject : Beyond Victims and Perpetrators*, Stanford, CA, Stanford UP, 2019, 35.
61   Ruin, *Being with the Dead*, 82-83.
62   Sarr, *Silence du chœur*, 316.
63   *Ibid.*, 399.

5   Exhumer et exclure – *De purs hommes* (2018)[64]

Le troisième roman de Mohamed Mbougar Sarr, *De purs hommes*, traite de l'homophobie dans son pays natal, le Sénégal, un sujet pour lequel l'auteur a été très fortement critiqué, au point que sur les médias sociaux, certains ont retiré leurs félicitations pour le prix Goncourt décerné à son quatrième roman, *La plus secrète Mémoire des hommes*, en 2021[65]. Son troisième texte s'ouvre sur la description d'une vidéo virale montrant une foule en colère profanant la tombe d'un jeune homme – un clip similaire a en effet circulé sur les médias sociaux au Sénégal dans les années 2008/09. La foule suppose que le jeune homme est homosexuel et lui refuse donc le droit d'être enterré dans un cimetière musulman, car elle prétend que les *góor-jigéens* (terme sénégalais désignant un homosexuel mâle) sont trop impurs pour être enterrés dans une terre sacrée. Choqué par la violence de la vidéo, le narrateur-protagoniste, professeur de littérature française dans une université de Dakar, surmonte sa propre homophobie en se renseignant sur les racines historiques et coloniales de la perception de l'homosexualité au Sénégal. Le protagoniste tente d'abord de comprendre ce qui s'est passé, puis de s'assurer que le jeune homme trouve une nouvelle sépulture, découvrant au passage des émotions qui pourraient signaler son propre désir homosexuel refoulé.

Comme dans *Silence du chœur*, ce n'est pas la guerre ni le terrorisme qui menace la vie et l'intégrité des personnes, mais une violence structurelle, qui, dans le cas de *De purs hommes*, est officiellement sanctionnée et dirigée contre les homosexuels ou les personnes présumées telles, instaurant un régime nécropolitique dont les causes peuvent être coloniales, mais qui continue d'avoir des conséquences pernicieuses sur le présent[66]. Alors que les responsables politiques comme religieux voient la 'cause' de l'homosexualité dans « the influence of dysfunctional Western practices »[67], dans son article très bien documenté « The Origins of Senegalese Homophobia » Babacar M'Baye montre que « it is not *homosexuality* but rather *homophobia* that was a colonial imposition »[68].

---

64   À propos de ce roman, voir aussi les contributions de Catherine Mazauric (21-38), Aliou Seck (109-124) et de Susanne Gehrmann (193-213).

65   Voir « LGBT : le prix Goncourt Mohamed Mbougar Sarr fait polémique au Sénégal », *Le Figaro* 7 novembre 2021 ainsi que Jérémie Vadaux, « Mohamed Mbougar Sarr au cœur d'une polémique homophobe au Sénégal », *Libération* 3 décembre 2021.

66   Voir Mbembe, *Necropolitics*.

67   Babacar M'Baye, « The Origins of Senegalese Homophobia : Discourses on Homosexuals and Transgender People in Colonial and Postcolonial Senegal », *African Studies Review* 56,2 (2013), 109-128, 110.

68   M'Baye, « The Origins of Senegalese Homophobia », 123.

Comme le montre la vidéo qui ouvre le roman, outre l'exclusion sociale, les abus et la violence physique, la forme la plus extrême que peut prendre cette violence est le refus d'un enterrement dans un cimetière musulman :

> Le *góor-jigéen* de la vidéo avait été déterré parce qu'il souillait un sol sacré. C'était au nom de la pureté qu'on l'avait exhumé. Une pureté qui n'était pas seulement celle du cimetière qu'il fallait préserver, mais aussi celle des âmes de tous les hommes qui le déterraient ou assistaient à l'exhumation. Et toutes les personnes qui avaient regardé la vidéo, et qui ne voulaient pas entendre parler d'homosexualité, s'étaient purifiées par procuration. Moi aussi, je m'étais senti purifié la première fois que j'avais vu la vidéo[69].

Ce que Sarr décrit est un acte de violence extrême qui ne peut que rester impuni et même être applaudi publiquement parce que la société sénégalaise décrite dans le roman ne considère pas les *góor-jigéens* (ou ceux qui sont supposés l'être) comme des humains. Tels que ceux qui dérogeaient à la loi islamiste dans *Terre ceinte*, ils sont exclus de la société. Les personnes qui ne correspondent pas à la matrice hétérosexuelle se voient refuser leur humanité et, par conséquent, le droit d'être pleurées ou même d'être enterrées[70]. En abordant le sujet, le roman tente non seulement de remédier à ce mal, mais aussi de fournir l'éloge funèbre manquant.

Sarr choisit de doter son roman d'un narrateur-protagoniste qui n'est ni victime ni auteur de violences homophobes, mais qui prend de plus en plus conscience qu'il est lui aussi impliqué dans la violence que la société ambiante qu'il soutient par son métier d'enseignant universitaire inflige aux homosexuels. Aussi apprend-il que dans le « dynamic interplay between subjectivity, structural inequality, and historical violence »[71], selon l'heureuse formule de Rothberg, il n'est qu'un rouage de plus dans l'engrenage. Le choc provoqué par la vidéo le conduit à la réflexion et, finalement, à un changement de position – « l'idée que cette purification ait eu pour condition la désacralisation, la profanation, par la violence, du corps d'un autre homme, me couvrait de honte »[72].

Par conséquent, le narrateur décide de se renseigner sur l'identité de la personne déterrée et de rendre visite à sa mère. Il apprend que les rumeurs sur la sexualité d'Amadou ont conduit au refus de tous les rituels d'inhumation :

---

69   Sarr, *De purs hommes*, 126.

70   « [I]f a life is not grievable, it is not quite a life ; it does not qualify as a life and is not worth a note. It is already the unburied, if not the unburiable », Butler, *Precarious Life*, 45.

71   Rothberg, *The Implicated Subject*, 35.

72   Sarr, *De purs hommes*, 126.

aucun membre masculin de la famille n'a voulu se charger du bain du corps, comme la tradition l'exige, de sorte que la mère éplorée d'Amadou a dû lui donner seule le bain funéraire. L'enterrement doit traditionnellement avoir lieu dans les 24 heures suivant le décès, mais comme l'imam a refusé de s'occuper des funérailles, deux jours après sa mort, le corps d'Amadou se trouvait toujours chez sa mère. Lorsqu'elle a finalement réuni assez d'argent pour payer deux fossoyeurs afin d'enterrer Amadou en secret au milieu de la nuit, leur empressement ne lui a pas permis de prononcer « un seul mot de prière »[73], rompant ainsi une autre tradition. Le lendemain, une foule en colère lui ramène « un cadavre en décomposition »[74], si bien qu'elle décide, contre toute tradition, de « prendre une pelle » et de l'enterrer en plein jour dans sa propre cour[75]. La mère ne sachant ni lire ni écrire, il n'y a pas de nom sur la tombe, pas même une pierre tombale ou symbolique[76].

Le narrateur décide alors de se charger lui-même d'accomplir le rituel qui, jusqu'ici, a été refusé à Amadou :

> Je sentais seulement, de manière confuse, qu'il restait quelque chose à accomplir, une tâche mystérieuse dont l'exécution seule atténuerait, puisqu'elle ne pouvait l'effacer, ce sentiment de honte que je ressentais déjà avant d'avoir entendu le récit de la vieille femme, et que ce dernier, loin de le dissiper, avait au contraire exacerbé[77].

En rendant trois visites successives à la mère d'Amadou, il reconstitue avec elle la période de deuil traditionnelle de trois jours. Après son départ pour la ville sainte de Touba, il lui promet de s'occuper de la tombe. Bien que l'idée d'inscrire une « épitaphe de sable » sur la tombe avec une branche lui traverse l'esprit, il choisit finalement de ne pas être « le profanateur de la tombe en l'arrachant à sa beauté virginale par son écriture »[78]. Dans *Terre ceinte*, les parents postent au moins une « pancarte en bois »[79] avec le nom de leur fille et les dates et s'opposent ainsi aux intégristes islamistes qui l'avaient vouée à l'oubli. L'absence de pierre et d'épitaphe dans *De purs hommes* semble être l'acceptation tacite de la condamnation de la société à ne pas le pleurer, et aussi acceptation de la « ungrievability ».

---

73   *Ibid.*, 133.
74   *Ibid.*, 134.
75   *Ibid.*, 134.
76   *Ibid.*, 135.
77   *Ibid.*, 137.
78   *Ibid.*, 188.
79   Sarr, *Terre ceinte*, 118.

En choisissant un narrateur universitaire qui, au début du roman, ne tolère l'homosexualité que dans le cadre de la littérature européenne qu'il enseigne, mais qui est par ailleurs complice d'une homophobie qu'il a intériorisée au point de la considérer comme normale, le texte établit une distance par rapport à son sujet. Cette distance est davantage accentuée par le fait que le narrateur n'assiste pas directement à l'enterrement, mais seulement par la médiation d'une vidéo amateur, une vidéo qui, sans être montrée, est tout de même décrite au lectorat. Cependant, Sarr déconstruit lentement cette distance en faisant comprendre à son protagoniste son implication dans la violence structurelle et en lui faisant rencontrer la mère du jeune homme exhumé. Peu à peu, le protagoniste finit par comprendre qu'il ne peut plus se considérer comme un « detached and disinterested spectator », au sens de Rothberg, et qu'il doit accepter le fait qu'il est lui aussi un « entangled, impure subject » qui porte « historical and political responsibility »[80]. Comme dans ses deux romans antérieurs, Sarr brouille les frontières entre innocence, complicité, responsabilité et culpabilité. Il invite son lectorat à suivre l'exemple de son narrateur-protagoniste et à se plonger dans une histoire négligée jusqu'à présent, pour explorer leur propre implication. La forme que Sarr donne à son texte permet une modération ou une « régulation des émotions » « ainsi qu'un dialogue entre l'auteur et le lecteur qui prend en compte les émotions et peut ainsi surmonter le fossé de la compréhension »[81].

6 Conclusion

Les trois romans traitent de situations où non seulement les vivants, mais aussi les morts se voient refuser des droits fondamentaux ou des rituels importants sur la base d'une rhétorique divisive fondée non pas sur l'idée que nous sommes ou seront tous touchés par le deuil, mais plutôt sur la violence et la vengeance. Au lieu d'accorder leur place convenue à ces morts, ils sont relégués vers un état de latence, de sorte que leur « ghostly presence »[82] continuera de hanter le présent comme signe d'un passé non assumé. Contrairement à d'autres fictions thanatographiques, chez Sarr, le refus de l'inhumation et le deuil différé ne mènent pas nécessairement à un moyen de briser le cercle de la violence ou à suggérer au moins l'idée d'une société qui tiendrait compte de la capacité

---

80   Rothberg, *The Implicated Subject*, 35.

81   Renate Lachmann, *Lager und Literatur. Zeugnisse des GULAG*, Konstanz, Konstanz UP, 2019, 473, ma traduction.

82   Barclay, *Writing Postcolonial France*, xx.

unificatrice du deuil. Ce n'est que dans *Terre ceinte* et *De purs hommes*, qui esquissent des situations où à travers des (ré-)enterrements la « foundation for sociality as such »[83] est posée, bien que sur la base d'une toute petite communauté de deuil.

Les romans de Sarr donnent à réfléchir sur l'imbrication du deuil et de la violence. Leurs protagonistes eux-mêmes ne sont pas tous facilement identifiables comme victimes ou bourreaux. Ils appartiennent plutôt à la catégorie plus floue des « implicated subject[s] »[84], au sens de Michael Rothberg. De plus, surtout les deux derniers romans offrent la perspective de protagonistes qui servent de substituts pour les lecteurs et lectrices, qui en viennent ainsi à réaliser leur propre implication dans des situations d'inégalité structurelle.

Les trois romans sont semblables à d'autres fictions thanatographiques en ce qu'ils se concentrent sur ceux qui sont affectés par les morts violentes et par l'absence ou le refus de l'inhumation. Face au nombre presque inhumain des victimes du djihadisme ou de la violence structurelle, les formes traditionnelles d'apaisement échouent. C'est alors que les fictions thanatographiques de Sarr interviennent pour montrer, de manière exemplaire, comment de nouvelles communautés de deuil peuvent émerger. Bien que moins optimistes que d'autres thanatographies, les romans de Sarr réussissent à faire revenir les morts de l'état de latence, qui déstabilise la cohésion sociale, pour les réintégrer dans la mémoire collective.

Bibliographie

« LGBT : le prix Goncourt Mohamed Mbougar Sarr fait polémique au Sénégal », *Le Figaro* 7 novembre 2021, https://www.liberation.fr/international/afrique/mohamed -mbougar-sarr-au-coeur-dune-polemique-homophobe-au-senegal-20211203_UAA 266LHRVFYNIFYZHT4UHETHM/ (consulté le 20 décembre 2023).

Barclay, Fiona, *Writing Postcolonial France : Haunting, Literature, and the Maghreb*, Lanham, M/Boulder, CO, Lexington Books, 2011.

Butler, Judith, *Precarious Life. The Powers of Mourning and Violence*, London/New York, Verso Books, 2020 [¹2004].

Butler, Judith, *Frames of War : When is Life Grievable ?* London/New York, Verso Books, 2016 [¹2009].

Lachmann, Renate, « Danilo Kiss Thanatographien : Non omnis moriar », *Wiener Slawistischer Almanach* 60 (2007), 433-454.

---

83   Ruin, *Being with the Dead*, 3.
84   Rothberg, *The Implicated Subject*, 28.

Lachman, Renate, *Lager und Literatur. Zeugnisse des* GULAG, Konstanz, Konstanz UP, 2019.

M'Baye, Babacar, « The Origins of Senegalese Homophobia : Discourses on Homosexuals and Transgender People in Colonial and Postcolonial Senegal », *African Studies Review* 56,2 (2013), 109-128.

Mbembe, Achille, « La société de l'inimitié », dans idem, *Politiques de l'inimitié*, Paris, La Découverte, 2018, 69-103.

Mbembe, Achille, « Nécropolitique », *Raisons politiques* 21,1 (2006), 29-60.

Rothberg, Michael, *The Implicated Subject : Beyond Victims and Perpetrators*, Stanford, CA, Stanford UP, 2019.

Ruhe, Cornelia, *La Mémoire des conflits dans la fiction française contemporaine*, Leiden/Boston, Brill/Rodopi, 2020.

Ruhe, Cornelia, « Thanatographical Fiction. Death, Mourning and Ritual in Contemporary Literature and Film », *Memory Studies* 2023 (online first), 1-17, DOI : https://doi.org/10.1177/17506980231188480.

Ruin, Hans, *Being with the Dead. Burial, Ancestral Politics, and the Roots of Historical Consciousness*, Stanford, CA, Stanford UP, 2019.

Sarr, Mohamed Mbougar, *Terre ceinte*, Paris, Présence Africaine, 2014.

Sarr, Mohamed Mbougar, *Silence du chœur*, Paris, Présence Africaine, 2017.

Sarr, Mohamed Mbougar, *De purs hommes*, Paris/Dakar, Philippe Rey/Jimsaan, 2018.

Vadaux, Jérémie, « Mohamed Mbougar Sarr au cœur d'une polémique homophobe au Sénégal », *Libération* 3 décembre 2021, https://www.liberation.fr/international/afrique/mohamed-mbougar-sarr-au-coeur-dune-polemique-homophobe-au-senegal-20211203_UAA266LHRVFYNIFYZHT4UHETHM/ (consulté le 20 décembre 2023).

Verdery, Katherine, *The Political Lives of Dead Bodies : Reburial and Postsocialist Change*, New York, Columbia UP, 1999.

Passer d'un monde à l'autre. La musique dans « La Cale »

Tessa van Wijk

Résumé

En 2014, Mohamed Mbougar Sarr publie son premier texte littéraire, intitulé « La Cale ». Dans cette nouvelle qui se déroule majoritairement dans la cale d'un bateau négrier, la musique joue un rôle central. La place importante que Sarr accorde à la musique dans cette nouvelle n'est pas surprenante si on examine ses autres ouvrages littéraires, dans lesquels la musique revient à plusieurs reprises, et si on considère le sujet de « La Cale » : l'esclavage. La musique est en effet un élément important dans l'Atlantique noir et pour les cultures des personnes réduites en esclavage. L'objectif de cet article sera d'étudier les fonctions de la musique dans « La Cale » et de montrer que Mohamed Mbougar Sarr s'inscrit dans une tradition littéraire plus vaste aussi bien avec la thématique de son texte qu'avec l'importance accordée à la musique. Pour ce faire, nous étudierons deux facettes de la musique dans « La Cale » : la musique comme forme de communication et la musique comme créatrice de nouvelles communautés. Afin de montrer comment Sarr participe à cette tradition textuelle, nous étudierons la façon dont la musique est présente dans deux autres romans traitant de l'esclavage : *La Mulâtresse Solitude* d'André Schwarz-Bart et *La Saison de l'ombre* de Léonora Miano. Cette analyse révélera que la nouvelle de Sarr a plusieurs points en commun avec les deux romans.

Mots-clés

Mohamed Mbougar Sarr – André Schwarz-Bart – Léonora Miano – « La Cale » – musique – écriture de l'esclavage

1 Introduction

En 2014, Mohamed Mbougar Sarr publie son premier texte littéraire, « La Cale ». Cette nouvelle est bien accueillie par le public ; elle reçoit le prix de la Jeune

Écriture Francophone Stéphane Hessel dans la catégorie « nouvelle »[1]. Le succès de ce texte, qui se déroule majoritairement dans la cale d'un bateau négrier,
se laisse sans doute expliquer, au moins en partie, par la façon originale dont il
s'inscrit dans une tradition artistique plus large, ce qui n'est pas surprenant si
on considère l'œuvre de Sarr dans son ensemble. Tous ses romans témoignent
en effet d'une exceptionnelle richesse intertextuelle[2]. « La Cale » s'insère plus
spécifiquement dans une tradition artistique associée avec le *Black Atlantic*.
Ainsi selon Paul Gilroy, la musique joue un rôle clé dans l'Atlantique noir et
les cultures des personnes réduites en esclavage. Comme elles ne parlent pas
toutes la même langue, le pouvoir expressif du langage est limité. Pour combler
ce vide, la musique va prendre une place cruciale, car la musique permet l'expression des émotions viscérales[3]. Contrairement au langage, elle a la « capacité
d'exprimer une image directe de la volonté des esclaves »[4]. En citant Glissant,
Gilroy explicite que la musique et la danse sont des formes de communication
importantes[5]. « Music [...] provides an enhanced mode of communication
beyond the petty power of words – spoken or written »[6], souligne-t-il. Ainsi, la
musique relie les communautés différentes de la diaspora atlantique[7].

« La Cale » n'est pas le seul ouvrage de Sarr dans lequel la musique est présente. Dans *La plus secrète Mémoire des hommes*, par exemple, le protagoniste
écoute la musique du groupe Super Diamono, son « groupe préféré »[8], et la
musique tango figure aussi dans le roman[9]. *Terre ceinte* contient une scène
dans laquelle « tous les damnés et oubliés de Kalep »[10] chantent le *Niani*, un
chant de résistance sénégalais[11]. Avec son titre, le roman *Silence du chœur* renvoie aussi à une forme musicale[12]. Dans *De purs hommes*, la musique prend une

---

1   Mohamed Mbougar Sarr, « La Cale », *Cadrans* 27 avril 2014.
2   Voir à ce sujet p. ex. les contributions de Bernard De Meyer, 247-260, Susanne Gehrmann,
     193-213, Sarah Burnautzki, 273-290, et Émile Levesque-Jalbert, 214-227, dans ce volume.
3   Paul Gilroy, *The Black Atlantic. Modernity and Double Consciousness*, Cambridge, Harvard
     UP, 1993, 74.
4   *Ibid.*, 74.
5   *Ibid.*, 75.
6   *Ibid.*, 76.
7   *Ibid.*, 102.
8   Mohamed Mbougar Sarr, *La plus secrète Mémoire des hommes*, Paris/Dakar, Philippe Rey/
     Jimsaan, 2021, 41.
9   *Ibid.*, 315.
10   Mohamed Mbougar Sarr, *Terre ceinte*, Paris, Présence Africaine, 2014, 146.
11   *Ibid.*, 145-147.
12   Mohamed Mbougar Sarr, *Silence du chœur*, Paris, Présence Africaine, 2017.

place centrale dans les performances des *góor-jigéen*[13]. Dans cet article, nous proposons alors d'étudier le rôle de la musique dans « La Cale » par le biais d'une étude intertextuelle de cette nouvelle avec deux romans qui traitent de l'esclavage, *La Mulâtresse Solitude* d'André Schwarz-Bart et *La Saison de l'ombre* de Léonora Miano. *La Mulâtresse Solitude* (1972), un roman sur Solitude, une femme née esclave, qui est devenue une figure importante dans la lutte contre l'esclavage en Guadeloupe[14], est un classique littéraire sur le sujet. De plus, on sait que Sarr est un lecteur attentif de Schwarz-Bart et qu'il se réfère à lui dans *La plus secrète Mémoire des hommes*. *La Saison de l'ombre* (2013), roman sur la disparition de douze hommes du clan Mulongo[15], a été publié seulement un an avant « La Cale » de Sarr. Dans ces deux romans, cependant, tout comme dans « La Cale », la musique joue un rôle primordial. Esther Eloidin parle même d'une « intermélodicité 'récituelle' »[16] dans *La Mulâtresse Solitude*, un terme qui décrit bien selon nous aussi l'un des traits distinctifs de l'œuvre sarrienne. Pour notre analyse, nous nous appuierons également sur quelques concepts importants comme la diaspora et l'hétérogénéité, que nous déploierons à l'aide de travaux de Robin Cohen et Yogita Goyal[17], ainsi que de notions de décalage et d'articulation de Brent Hayes Edwards[18].

2   Diaspora, hétérogénéité, décalage et *articulation*

Dans *Global Diasporas*, Robin Cohen discute de la signification de la diaspora et de ses différents types. Pour cet article, deux types de diaspora tels que définis par Cohen sont utiles : la *victim diaspora* et la *deterritorialized diaspora*[19]. Cohen définit *victim diaspora* comme « the idea of dispersal following a traumatic event in the homeland, to two or more foreign destinations »[20]. Dans notre cas, l'événement traumatique est l'esclavage. Pour ceux qui ont été violemment dispersés de leur pays d'origine, la mémoire de la patrie joue

---

13   Mohamed Mbougar Sarr, *De purs hommes*, Paris/Dakar, Philippe Rey/Jimsaan, 2018.

14   André Schwarz-Bart, *La Mulâtresse Solitude*, Paris, Seuil, 1972.

15   Léonora Miano, *La Saison de l'ombre*, Paris, Grasset & Fasquelle, 2013.

16   Esther Eloidin, « 'Biguine d'amour' : l'intermélodicité 'récituelle' dans *La Mulâtresse Solitude* », *RELIEF – Revue électronique de littérature française* 15,2 (2021), 80.

17   Robin Cohen, *Global Diasporas : An Introduction*, London, Routledge, 2008 ; Yogita Goyal, « Africa and the Black Atlantic », *Research in African Literatures* 45,3 (2014), v-xxv.

18   Brent Hayes Edwards, *The Practice of Diaspora : Literature, Translation, and the Rise of Black Internationalism*, Cambridge, Harvard UP, 2003, 11-15.

19   Cohen, *Global Diasporas*, 2-8.

20   *Ibid.*, 2.

un rôle crucial[21]. La *deterritorialized diaspora* concerne des groupes qui n'ont plus de liens clairs avec la patrie. Ils ont été déplacés plusieurs fois. Pourtant, il s'agit d'un peuple dispersé ayant autrefois une identité quasi commune. Selon Cohen, la diaspora peut aussi être créée par l'esprit et par des artefacts culturels. Elle n'a pas nécessairement de liens clairs avec un territoire ou un pays spécifique[22]. Dans les deux types de diaspora, la culture joue un rôle vital. Les diasporas « mobilisent une identité collective »[23]. Elles sont imprégnées de culture (par exemple la musique) et elles permettent une nouvelle créativité[24].

Sous ce rapport, la musique aide à créer des diasporas et à relier les communautés différentes de la diaspora africaine. Pourtant, il y aurait toujours des différences entre les personnes issues de la diaspora atlantique ou les différents membres des communautés africaines restés en Afrique. Yogita Goyal explique que le concept de diaspora peut être utile, mais qu'il faut le voir comme un « nœud » et non comme une union homogène. Il existe des différences au sein d'une diaspora ou d'une communauté. La diaspora et la nouvelle communauté ont ainsi un caractère hétérogène[25]. C'est pourquoi Brent Hayes Edwards propose les concepts de décalage et d'articulation pour mieux comprendre cette hétérogénéité de la diaspora. Le décalage concerne la différence : il s'agit d'un écart causé par les différences dans la diaspora, d'une différence qui ne peut être changée. Il faut donc reconnaître les différences, l'hétérogénéité et la diversité, parce que ce sont ces différences qui forment l'identité. L'articulation, à l'instar de la façon dont les différentes parties du bras, par exemple, sont reliées par la jointure (le *bodily joint* anglais), est le processus de créer une connexion à travers les vides et les différences, entre et par les différents langages, autorisant à la fois la connexion ainsi que la séparation et la différence[26].

Notre analyse du rôle de la musique dans « La Cale » et ses relations intertextuelles avec *La Mulâtresse Solitude* et *La Saison de l'ombre* se fera en deux parties. Premièrement, nous regarderons de plus près l'idée selon laquelle la musique est une forme de communication pour les personnes qui souffrent sous l'esclavage. Deuxièmement, nous étudierons la façon dont la musique aide à créer de nouvelles communautés entre les différentes personnes réduites en esclavage.

---

21   *Ibid.*, 3-4.
22   *Ibid.*, 7-8.
23   *Ibid.*, 7.
24   *Ibid.*, 7-8, 48, 58.
25   Goyal, « Africa and the Black Atlantic », XI, XVI.
26   Hayes Edwards, *The Practice of Diaspora*, 11-15.

3 La musique comme forme de communication

Selon Gilroy, la musique est parfois plus puissante que le langage[27]. « La Cale »
se déroule majoritairement dans la cale d'un bateau où, comme nous allons
le voir, la musique joue un rôle clé. La présence et l'importance de l'espace
de la cale dans la nouvelle de Sarr n'étonnent pas. Dans *La Poétique de la cale*,
Fabienne Kanor discute en effet de la présence de la cale dans des œuvres
d'art, dans la musique et dans la littérature. Elle explique que la cale ne cesse
de « tourmenter les peuples des peuples qui furent déportés »[28]. Pourtant, en
même temps, ils rencontrent beaucoup de difficultés en essayant de (d)écrire
la cale. Kanor résume ce problème ainsi :

> Peut-on raconter la Traversée ? Les trous – trous de mémoire, trous
> d'histoire – font partie intégrante du Passage et font de la cale un
> espace paradoxal. Je me répète : la cale est et n'est pas dans la mesure
> où l'on ne peut ni l'oublier (elle nous hante) ni l'imaginer (elle n'est pas
> concevable)[29].

Comme elle l'explique par la suite, la cale est omniprésente et très importante
dans la diaspora africaine :

> La cale n'est pas un lieu fixe, mais un organisme (re)vivant qui, du fait
> d'avoir traversé espace et siècles, s'est nourri des mémoires, des fan-
> tasmes, des luttes et des imaginaires de la diaspora noire. Les chercheurs
> Huey Copeland et Krista Thompson la rangent dans la catégorie des
> 'afrotropes'[30].

Dans un entretien avec Leah Dickerman, David Joselit et Mignon Nixon,
Copeland et Thompson expliquent ce que sont les « afrotropes » :

> [T]he recurrent visual forms that have emerged within and become
> central to the formation of African-diasporic culture and identity [...].
> afrotropes are often translated across various cultural domains as well as

---

27   Gilroy, *The Black Atlantic*, 74-76.
28   Fabienne Kanor, *La Poétique de la cale. Variations sur le bateau négrier*, Paris, Payot &
     Rivages, 2022, 14.
29   *Ibid.*, 95.
30   *Ibid.*, 337.

transmitted over time and space, accruing particular density at certain moments and seeming to volatilize out of sight at others[31].

En tant qu'afrotrope, la cale fait partie intégrante de l'identité de la diaspora. Alors, il semble logique qu'elle soit un élément déterminant dans plusieurs œuvres littéraires issues de l'Atlantique noir[32].

Avec sa nouvelle, Mohamed Mbougar Sarr s'inscrit donc dans cette tradition d'écriture sur la cale. Dans ce texte, la musique, plus particulièrement le chant, figure comme une forme de communication. Il est à noter que dans « La Cale », l'histoire est racontée à travers la perspective d'un homme européen. Dans *La Mulâtresse Solitude* et *La Saison de l'ombre*, l'histoire est au contraire racontée du point de vue des personnages noirs souffrant sous l'esclavage. Le protagoniste de « La Cale », Francis, est « aide-chirurgien » sur un navire négrier. Francis entre dans la cale après qu'on lui a demandé de « vérifier 'si la marchandise n'avait pas subi d'avanies majeures' ». C'est ainsi que Francis entre pour la première fois en contact avec les captifs réduits en esclavage :

> Dedans, la marchandise grouillait : des souffles, des souffles partout, des râles, des gémissements, des soupirs, des murmures, des cris de colère, de délire, de peur, de pitoyables geignements, des paroles, tantôt plaintives tantôt enflammées, dites dans une langue – s'agissait-il d'une langue ? – barbare accueillirent d'abord notre arrivée.

Les captifs sont décrits comme des objets, de la « marchandise », ou des animaux, mais nullement comme des êtres humains. De plus, il y a la question de la langue des captifs. Elle est qualifiée de « barbare » et d'incompréhensible. Après quelques instants, les captifs ne font plus de bruit et le silence règne dans la cale. Pourtant, ce silence est brisé lorsque des hommes travaillant sur le bateau trouvent une femme enceinte morte et que leur chef, Mark, leur ordonne « Prenez-la et jetez-la à la mer. Ça fera deux repas en un ». C'est à ce moment décisif qu'une captive se met à chanter :

> C'était une voix de femme. Je peux te dire, mon garçon, que je n'ai, jusqu'à présent, rien entendu qui fût aussi mélodieux, aussi suave, aussi beau. Elle chantait quelque chose que je ne comprenais pas, mais cette langue n'était pas celle, barbare, que j'avais entendue en pénétrant dans

---

31   Leah Dickerman, David Joselit et Mignon Nixon, « Afrotropes : A Conversation with Huey Copeland and Krista Thompson », *October Magazine* 162 (2017), 3.

32   Kanor, *La Poétique de la cale*, 213.

cet endroit ; c'était une langue étrangère, mais que je ressentais car elle s'adressait à mon cœur. C'était la langue de l'émotion, je la comprenais.

Ce chant et cette voix ont un grand effet sur Francis. Il ne considère plus la langue comme « barbare » et il commence à la comprendre. La scène montre que la musique permet aux captifs de transmettre une émotion aux esclavagistes (si ces derniers y sont ouverts). Le chant de la femme semble être une première forme de ce qui deviendra plus tard le *sorrow song*, comme l'appelle W.E.B. Du Bois[33] ; il reflète la douleur de la femme réduite en esclavage et il sert possiblement aussi à pleurer la femme enceinte. Comme le *sorrow song* est « the articulate message of the slave to the world »[34], il communique quelque chose à son public. Dans ce cas, ce n'est peut-être pas une parole compréhensible. Il est tout de même un chant reflétant la douleur et la souffrance des personnes réduites en esclavage.

En outre, nous pouvons mettre ce chant en relation avec ce que Paul Gilroy dit de l'importance de la musique pour les personnes souffrant dans un état d'esclavage. Il précise : « Music becomes vital at the point at which linguistic and semantic indeterminacy/polyphony arise amidst the protracted battle between masters, mistresses, and slaves »[35]. La musique joue alors un rôle essentiel dans ce conflit entre les esclavagistes et les captifs. Ceci est aussi le cas dans « La Cale ». Il y a un conflit entre les captifs et les hommes travaillant sur le bateau, à cause de la femme morte que les marins veulent jeter à la mer. Le chant lugubre de la femme dans la cale peut alors être considéré comme une forme de résistance, tout comme le chant *Niani* dans *Terre ceinte*. Il est toutefois possible de se demander à quel point il s'agit de résistance et non seulement d'une manière pour la personne libre réduite en esclavage de faire face à la situation difficile dans laquelle elle se trouve. Nous qualifions cette action de résistance, car il s'agit du refus d'accepter les terribles actions du pouvoir dominant, les hommes travaillant sur le bateau dans ce cas. Les marins semblent agir sans émotion et la captive y résiste en exprimant de l'émotion à travers son chant.

La cale et la musique ne figurent pas uniquement dans le texte de Sarr. Elles sont issues d'une longue tradition textuelle, dont font partie entre autres l'un des classiques de l'écriture de l'esclavage, *La Mulâtresse Solitude* d'André Schwarz-Bart, ainsi que le roman *La Saison de l'ombre* de Léonora Miano. Ces

---

33   W.E.B. Du Bois, « The Sorrow Songs », dans *idem, Souls of Black Folk : Essays and Sketches*, Chicago, A.C. McClurg & Co, 1903, 253.

34   *Ibid.*, 253.

35   Gilroy, *The Black Atlantic*, 74.

deux romans contiennent en effet des passages similaires dans lesquels des personnages chantent dans la cale, ce qui montre à quel point l'espace de la cale est un afrotrope. Dans *La Mulâtresse Solitude*, Bayangumay, la mère de Solitude, se trouve dans la cale. Autour d'elle, plusieurs personnes se plaignent, « chacun désirant se faire entendre »[36]. Pourtant, les seules paroles et les seules voix qui sont vraiment entendues, sont les paroles chantées et les voix qui les chantent. Bayangumay entend « une lumineuse consonance diola »[37], mais elle ne comprend pas sa signification : « le sens des paroles dites lui échappait »[38]. Elle entend aussi un groupe d'hommes qui chantent dans une langue étrangère. Soudain, Bayangumay entend la voix de Komobo, son ancien amant qui fait partie du même clan. La voix de Komobo a pourtant changé :

> Mais la voix d'aujourd'hui n'avait plus rien d'enfantin, elle résonnait sur un ton grave, proche de la raucité, et c'était comme si Komobo chantait avec son ventre plutôt qu'avec sa gorge, chantait des paroles tout à fait inconnues de Bayangumay et qui se confondaient avec les rumeurs de son sang, les battements désordonnés de sa poitrine[39].

Komobo ne chante plus avec une légèreté enfantine. Le chant prend maintenant un nouveau registre et se rapproche de la sorte d'une première forme de *sorrow song*. C'est la chanson d'un captif qui transmet une gravité et qui témoigne du malheur et de la souffrance. Bayangumay entend ensuite quelqu'un d'autre chanter. Cette voix transmet aussi la souffrance apportée par l'esclavage et elle traite de la mort, un autre thème récurrent dans les *sorrow songs*, selon Du Bois[40] : « et puis une autre voix se mit à chanter, à descendre les pentes de la servitude et de la mort, tandis que le fracas des chaînes marquait la chute de l'homme d'une certaine solennité »[41]. Pourtant, la musique ne sert pas seulement à exprimer la souffrance dans ce passage. Elle permet également la transmission d'un autre message. Bayangumay souhaite se signaler à Komobo, mais elle ne sait pas comment : « Comment, comment franchir le barrage de la honte, comment se signaler à Komobo sans qu'il ne vît, au travers de la nuit, l'état d'abjection infinie... ? »[42] Comme l'explique Gilroy, en tant que moyen de communication, le langage ne suffit pas aux personnes réduites en

---

36   Schwarz-Bart, *La Mulâtresse Solitude*, 43.
37   *Ibid.*, 43.
38   *Ibid.*, 43.
39   *Ibid.*, 44.
40   Du Bois, « The Sorrow Songs », 253.
41   Schwarz-Bart, *La Mulâtresse Solitude*, 44.
42   *Ibid.*, 45.

esclavage. La musique, en revanche, permet de bien exprimer des émotions fortes cachées. Elle est par conséquent une forme de communication plus puissante que le langage[43]. Alors, Bayangumay finit par chanter[44] pour se signaler à Komobo et elle ajuste les paroles « au rythme et à la mélodie du chant funèbre des absents »[45]. Le thème de la mort est présent dans cette chanson à travers sa mélodie et son rythme pris d'un « chant funèbre », évoquant ainsi la thématique du deuil qui donne son caractère spécifique aux *sorrow songs*.

Dans *La Saison de l'ombre*, le chant est également utilisé comme forme de communication dans la cale. « Les hommes aux pieds de poule »[46] ont installé les hommes captifs du clan Mulongo dans la cale en prenant « soin de les séparer »[47] pour empêcher la communication entre les captifs : « De cette façon, pensait-on, ils ne pourraient communiquer, fomenter quelque complot »[48]. Cette séparation spatiale empêche peut-être la communication à travers le langage. Toutefois, la musique peut bien agir comme forme de communication dans les cas où le pouvoir du langage est limité[49]. Alors, Mukate commence à chanter pour communiquer avec les autres hommes du clan : « *Il a chanté pour nous parler, proposant d'abandonner nos corps* »[50]. De cette façon, Mukate arrive quand même à proposer son plan aux autres hommes et ils arrivent à mener une action collective de suicide. Une action que nous pourrions considérer comme acte de résistance pacifique ultime. Les hommes refusent les plans du pouvoir dominant, c'est-à-dire des esclavagistes, et choisissent plutôt de mourir.

Un dernier passage illustrant l'idée selon laquelle la musique permet la communication vient de *La Saison de l'ombre*. Même si cette scène ne se déroule pas dans la cale, elle montre à nouveau à quel point la musique est présente dans la tradition des textes littéraires traitant de l'esclavage comme forme de communication dans laquelle s'inscrit Sarr avec « La Cale ». À un certain moment dans *La Saison de l'ombre*, les personnages Ebeise et Ebusi se trouvent dans un marécage. Essayant de s'en sortir et d'en dégager aussi Ebusi[51], Ebeise

---

43   Gilroy, *The Black Atlantic*, 74-76.
44   Les paroles chantées par Bayangumay sont les suivantes : « *O donnez-moi un message à porter aux ancêtres / Car mon nom est Bayangumay / Et je sortirai demain / Oui demain je sortirai du rang des bêtes* », Schwarz-Bart, *La Mulâtresse Solitude*, 45.
45   *Ibid.*, 45.
46   Miano, *La Saison de l'ombre*, 215.
47   *Ibid.*, 215.
48   *Ibid.*, 215.
49   Gilroy, *The Black Atlantic*, 74-76.
50   Miano, *La Saison de l'ombre*, 237. Italiques dans le texte original.
51   *Ibid.*, 233-234.

commence « à chanter pour se donner du courage »[52]. Il s'agit d'« un air sans joie, comme ceux que les femmes de son clan ont créés pour dire la nuit du grand incendie, la disparition des leurs, la réclusion de dix mères éprouvées dans une case isolée »[53]. La chanson est encore une *sorrow song* ; une chanson d'une personne malheureuse[54], « un air sans joie »[55]. Dans cet extrait, l'idée selon laquelle la musique permet la communication est aussi clairement illustrée. Les femmes du clan ont créé une mélodie pour communiquer un fait terrible : la disparition de leurs fils et de leurs maris. La charge communicative de la chanson devient encore plus claire à la fin de ce passage. La chanson interprétée par Ebeiṣe est en effet « faite pour que s'y joignent d'autres voix »[56] et ceci se produit : « Quelqu'un chante avec elle, épousant le rythme de la complainte improvisée, trouvant d'instinct les phrases qui manquent pour ponctuer les couplets »[57]. Il s'avère quelques phrases plus tard qu'il s'agit d'Eyabẹ. Elle reconnaît donc la chanson interprétée par Ebeiṣe et lui répond. Pourtant, cette chanson ne permet pas seulement la communication, elle témoigne aussi d'un lien qui se crée entre différentes personnes dans une nouvelle communauté en train de se constituer. La chanson qu'Ebeiṣe interprète provient de son clan et Eyabẹ, qui a les mêmes origines, la reconnaît et sait immédiatement de quelle manière elle peut se joindre au chant.

4　La musique comme créatrice de communautés

Cette fonction de la musique nous amène à la deuxième partie de notre analyse : la façon dont la musique aide à créer de nouvelles communautés entre des personnes qui souffrent sous l'esclavage. Comme le constate Robin Cohen, de nouvelles diasporas peuvent se créer en utilisant la culture au lieu de liens avec un pays ou un territoire particulier[58]. Bien évidemment, la musique fait partie intégrante de nombreuses cultures et l'idée selon laquelle elle contribue à la création de communautés pour des personnes aux origines ethniques et culturelles différentes, au sein de la diaspora atlantique/africaine, se remarque dans « La Cale ».

52　*Ibid.*, 234.
53　*Ibid.*, 234.
54　Du Bois, « The Sorrow Songs », 253.
55　Miano, *La Saison de l'ombre*, 234.
56　*Ibid.*, 234.
57　*Ibid.*, 235.
58　Cohen, *Global Diasporas*, 7-8.

Dans le navire négrier, l'idée de communauté est très présente et essentielle, car liée à la survie même des captifs. Kanor cite, à ce propos, Mary Elliott, conservatrice au National Museum of African American History and Culture de Washington : « Ceux qui tombaient dans la cale avaient l'idée de la communauté, comment la reformer, comment être plus forts ensemble pour s'en sortir ensemble »[59]. Dans le texte de Mohamed Mbougar Sarr, grâce à la musique, une communauté se construit dans la cale. Les origines des personnes capturées ne sont pas mentionnées, mais on peut supposer qu'elles n'ont pas toutes les mêmes racines. Significative à cet égard est la précision fournie par le narrateur européen, soulignant l'étendue géographique de la chasse aux esclaves : « Le soleil brilla tout au long de notre traversée vers les côtes africaines, où nous devions récupérer et ramener de la marchandise ». La « marchandise », mot utilisé pour désigner les personnes capturées et réduites en esclavage, n'est donc pas « obtenue » en une seule fois. En outre, le narrateur, Francis, parle de plusieurs « côtes africaines » et pas d'une seule côte. On le voit, la communauté qui se constitue dans la cale s'établit entre des personnes d'origines différentes.

Comme nous avons vu, pendant la traversée, une captive se met à chanter. Les événements autour de son chant montrent que les captifs dans la cale arrivent à former une communauté et rappellent la scène finale très rythmique et musicale de *Cahier d'un retour au pays natal* d'Aimé Césaire dans laquelle la révolte des personnes réduites en esclavage est métaphoriquement représentée[60]. Après l'ordre de Mark de jeter la femme enceinte à l'eau, mais avant que l'autre femme ne commence son chant, « quelque chose de proprement exceptionnel, possible uniquement dans cette cale-là, à ce moment-là, se produisit ». Francis raconte que les captifs « se sont levés comme un seul homme et ils nous ont encerclés ». Déjà, nous pouvons voir que les personnes capturées se sont unies. Grâce à la musique, ceci deviendra encore plus clair et la communauté deviendra encore plus forte et soudée. Le mouvement des personnes capturées est accompagné d'« un grand fracas de chaînes qui s'estompa cependant dès qu'ils furent sur pied ». Ce bruit énorme semble fonctionner comme une première note de la musique qui suivra quelques instants plus tard. De nombreux captifs encerclent les marins et après un moment de silence, la femme déjà évoquée se met à chanter. Le chef des hommes travaillant sur le bateau, Mark, réagit à ce chant en tirant sur les captifs. Pourtant, au lieu d'arrêter la chanson, d'autres voix se joignent à celle de la femme :

---

59   Kanor, *La Poétique de la cale*, 378.
60   Aimé Césaire, *Cahier d'un retour au pays natal*, Paris, Présence Africaine, 1983, 61-65.

Mark chargea encore, tira, un autre corps tomba. Le chant ne s'arrêtait pas. Bientôt, ce ne fut plus une voix, mais celle de tous les hommes autour de nous qui reprirent l'hymne ; et l'immense voix humaine emplissait la cave et la transformait en ciel.

La musique lie les différentes personnes souffrant dans un état d'esclavage ; elle fait de toutes les voix, une seule « immense voix humaine ». Cette fusion des voix et l'idée de chanter ensemble sont aussi présentes dans le roman *Silence du chœur* de Sarr. Le mot « chœur » reflète également l'unification de plusieurs voix dans la diversité, car il s'agit d'un roman polyphonique, qui fait apparaître à la fois les différences entre les migrants africains et leur sort commun. À l'exception de Francis, les hommes du bateau quittent la cale et la musique continue. La femme termine seule le chant. Les autres ne chantent plus, mais accompagnent la femme autrement :

> La voix de la femme qui avait ouvert le chant le ferma en psalmodiant des paroles mystérieuses, comme des incantations. Et tandis qu'elle proférait sa litanie, les autres frappaient le sol de leur talon, créant un rythme d'une étrange beauté … Et soudain, comme ils s'étaient levés, ils se rassirent et observèrent de nouveau le silence.

Ainsi, dans « La Cale » de Sarr, nous voyons clairement se manifester l'idée de Gilroy selon laquelle la musique relie les communautés différentes de la diaspora atlantique[61], ainsi que celle de Cohen suivant laquelle une identité collective est mobilisée par les diasporas à travers la culture[62]. La musique dans ce passage permet aux captifs de devenir « un seul homme ». De plus, nous avons suggéré qu'elle peut être considérée comme une forme de résistance. Cette idée est confirmée par les pensées de Francis : « Quelque chose avait tourné, oui, tourné, comme dans une révolution ». Comme dans une révolution, ces personnes ont résisté au pouvoir dominant et cette résistance était possible grâce à la musique : « Ces gens-là refusaient parce qu'ils chantaient ; leur chant, c'était leur survie, et il suffisait à nier toute la laideur du monde ». Les captifs ont formé un bloc pour montrer leur désaccord et leur souffrance ; ils auraient pu tuer les esclavagistes, mais ont plutôt choisi de ne pas le faire et de résister pacifiquement, comme l'ont fait aussi les hommes du clan Mulongo qui se sont suicidés dans *La Saison de l'ombre*.

---

61   Gilroy, *The Black Atlantic*, 102.
62   Cohen, *Global Diasporas*, 7.

Les réminiscences littéraires sont sans doute plus significatives dans le cas de *La Mulâtresse Solitude*, car Sarr connaît bien l'œuvre de Schwarz-Bart. Dans le texte de Schwarz-Bart, on peut trouver un exemple clair de l'idée selon laquelle la musique aide à créer des liens et des communautés entre des personnes réduites en esclavage. Nous nous trouvons au moment de la première abolition de l'esclavage en Guadeloupe[63]. Malgré cette prétendue abolition, l'un des passages met en scène un groupe d'ex-esclaves qui sont ligotés à une corde « comme des esclaves que l'on traîne à une vente »[64]. Cette corde fonctionne comme un lien entre les captifs différents :

> Comme on donnait l'ordre de marche, la corde se tendit avec un craquement musical et Solitude ressentit une nouvelle fois, mais de façon plus profonde, essentielle, le lien que cette corde autour de son cou établissait avec ses semblables ; et, sans que nul ne s'en aperçût, un vague sourire s'esquissa sur le bord de ses lèvres[65].

La corde fait un son musical et de nouveau Solitude est liée à « ses semblables »[66]. Cependant, ce lien établi par cette corde n'est pas « tout à fait l'esclavage »[67] et Solitude se sent calme dans cette communauté de « citoyens »[68]. L'idée de cette communauté qui est formée par la musique est renforcée par la chanson sur laquelle les « citoyens » travaillent. La chanson est basée sur la Marseillaise et témoigne alors d'une intermélodicité[69] :

> *Allons enfants de la Guinée*
> *Le jour de travail est arrivé*
> *Ah telle est notre destinée*
> *Au jardin avant le soleil levé*
> *C'est ainsi que la loi l'ordonne*
> *Soumettons-nous à son décret*
> *Travaillons sans aucun regret*
> *Pour mériter ce qu'on nous donne*
> *A la houe citoyens formez vos bataillons*
> *Fouillons avec ardeur faisons de bons sillons*[70].

---

63   Eloidin, « Biguine d'amour », 83.
64   Schwarz-Bart, *La Mulâtresse Solitude*, 94.
65   *Ibid.*, 94.
66   *Ibid.*, 94.
67   *Ibid.*, 94.
68   *Ibid.*, 94-95.
69   Eloidin, « Biguine d'amour », 83-84.
70   Schwarz-Bart, *La Mulâtresse Solitude*, 95.

Les captifs se trouvent réunis par cette chanson en tant qu'« enfants de la Guinée » et par le fait qu'ils travaillent ensemble sur cette chanson. Une forme particulière de solidarité est alors créée. Donc, dans ce passage, nous pouvons de nouveau voir que la musique relie les personnes de la diaspora atlantique et que la culture joue un rôle crucial dans la création d'une identité collective.

La fonction de la musique comme lien qui crée de nouvelles communautés est aussi perceptible dans *La Saison de l'ombre*. Quand Eyabè rencontre pour la première fois les habitants du village Bebayedi, un village établi par des personnes d'origines différentes qui essaient d'échapper à l'esclavage, elle pense : « Ici, les gens n'ont pas de mémoire commune »[71]. Alors, elle ne voit pas le village comme une vraie communauté. Cependant, quelque chose va changer l'avis d'Eyabè sur ce village : la musique. Sur son lit de mort dans le village Bebayedi, Mutimbo demande à Eyabè de chanter pour l'accompagner à l'au-delà « [C]omme on fait chez nous [le clan Mulongo] »[72]. Eyabè est heureuse d'être là, parce que de cette façon, il y a quelqu'un qui connaît les « chants destinés à rythmer le passage d'un monde à l'autre »[73] des Mulongo.

Cet extrait décrit également ce qui se passe dans « La Cale ». Dans cette nouvelle, le chant est utilisé par les captifs pour « rythmer le passage » d'un continent à l'autre, ainsi que pour accompagner la femme enceinte du monde des vivants au monde des morts. Dans ce passage dans *La Saison de l'ombre*, Eyabè se rend compte du fait que les habitants du village ne pourraient pas interpréter ces chants, comme ils ne parlent pas la même langue, mais qu'elle pourra peut-être enseigner « la danse des morts »[74] aux femmes du village. Pourtant, le chant d'Eyabè attire une femme du village qui pousse un cri quand elle entre dans la maison et voit Mutimbo[75]. À ce moment, Eyabè se rend compte qu'« [e]lle ne sera pas la seule à porter le deuil de l'ancien, à le pleurer comme il sied, avant de remettre ses restes à la terre »[76]. Le cri de la femme attire d'autres habitants et le rituel de deuil est commencé. Eyabè ne comprend pas leur langue, mais ceci n'est pas important. Les habitants du village se mettent à chanter et ensuite à jouer des instruments pour accompagner les voix[77]. Maintenant, « [c]e qu'ils disent est accessible à qui sait écouter »[78]. Dans ce passage, la musique rattache donc des personnes souffrant sous l'esclavage les unes aux autres. Elles ne parlent pas la même langue, mais la musique

---

71   Miano, *La Saison de l'ombre*, 131.
72   *Ibid.*, 142. Italiques dans le texte original.
73   *Ibid.*, 142.
74   *Ibid.*, 142-143.
75   *Ibid.*, 142-145.
76   *Ibid.*, 145-146.
77   *Ibid.*, 145-147.
78   *Ibid.*, 147.

leur permet néanmoins de former cette communauté et de pleurer Mutimbo ensemble. Elles sont liées dans une communauté, une *victim diaspora*, par les horreurs et le trauma de l'esclavage atlantique[79]. Cette communauté n'est pas hétérogène. Il existe des différences, par exemple dans les langues parlées, comme l'expliquent Goyal et Hayes Edwards[80], mais la musique permet d'établir des connexions, des liens solidaires au-delà des différences et des écarts, tout en autorisant la séparation et la différence. Peut-être qu'on peut même dire que la musique est une forme d'*articulation*[81], concept que Hayes Edwards semble d'ailleurs développer davantage dans la suite de son œuvre critique, axée plus spécifiquement sur le jazz américain comme forme de langage.

Nous avons vu que la musique aide à créer de nouvelles communautés entre des personnes réduites en esclavage dans « La Cale » et que cette fonction de la musique est un élément récurrent dans plusieurs textes traitant de l'esclavage. Avec *La Mulâtresse Solitude* et *La Saison de l'ombre*, « La Cale » de Sarr fait partie d'une tradition littéraire qui donne une place cruciale à la musique. Pourtant, il est important de revenir sur l'idée évoquée au début de cet article : les communautés et les diasporas restent hétérogènes, malgré les liens qui les ont créées. Un passage de *La Mulâtresse Solitude* confirme l'existence de différences dans les communautés dans lesquelles on est lié par la souffrance et par le trauma de l'esclavage. Vers la fin du roman, Solitude rejoint une communauté de prisonniers, autrefois esclaves sous le joug colonial. Bien qu'elle devienne membre de cette communauté à l'Habitation du Parc, elle se sent toujours différente des autres femmes du groupe[82]. Cette différence est rendue visible dans sa manière de danser :

> Mais en dépit de ses efforts, les danses d'Afrique lui demeuraient étrangères, et elle avait beau s'enrouler étroitement dans un pagne, voici : chaque fois qu'elle s'essayait à la démarche des femmes Congo, elle surprenait l'éclat narquois d'un sourire. [...] Et puis les négresses étaient trop nombreuses et chacune avait sa démarche, ses propres entrechats, ses manières bien à elle de prononcer les phrases d'eau salée[83].

Solitude n'arrive pas à danser et à se comporter comme les autres femmes à l'Habitation du Parc. Chaque femme a sa propre manière de bouger, elles

---

79   Cohen, *Global Diasporas*, 2-3.
80   Goyal, « Africa and the Black Atlantic », XI, XVI ; Hayes Edwards, *The Practice of Diaspora*, 11-15.
81   Hayes Edwards, *The Practice of Diaspora*, 11-15.
82   Eloidin, « Biguine d'amour », 88.
83   Schwarz-Bart, *La Mulâtresse Solitude*, 112.

sont toutes différentes. Même si Solitude fait partie de la communauté, elle constate que les différences entre les gens ne disparaîtront pas. La communauté reste hétérogène mais solidaire. Comme l'explique Hayes Edwards, ce sont les différences qui constituent cette identité particulière qui est l'identité afro-atlantique moderne[84].

5 Conclusion

Avec « La Cale », Mohamed Mbougar Sarr s'inscrit dans une tradition littéraire des textes traitant de l'esclavage dans lesquels la musique et le navire négrier jouent un rôle important. Nous avons vu que la musique remplit plusieurs fonctions dans « La Cale » et que ces rôles se retrouvent aussi dans deux autres textes sur l'esclavage : le roman classique de l'esclavage, *La Mulâtresse Solitude* d'André Schwarz-Bart, et l'œuvre plus récente de Léonora Miano, *La Saison de l'ombre*. Premièrement, la musique permet la communication entre des personnages lorsque les formes de communication traditionnelles, comme le langage parlé, ne suffisent pas. Dans « La Cale », la captive qui chante transmet un message de souffrance et de douleur aux esclavagistes. En tant qu'afrotrope de base, la cale est omniprésente dans la diaspora africaine et d'autres textes littéraires issus de l'Atlantique noir. Il n'est alors pas surprenant que *La Mulâtresse Solitude* et *La Saison de l'ombre* contiennent des passages similaires à la nouvelle de Sarr qui se déroulent également dans une cale. Deuxièmement, nous avons constaté que la musique permet de former de nouvelles communautés de personnes souffrant sous l'esclavage malgré les différences qui existent entre eux. La musique est donc une forme d'*articulation*. Corollaire, dans « La Cale », la musique permet aux personnes captives de devenir « un seul humain ».

Bibliographie

Césaire, Aimé, *Cahier d'un retour au pays natal*, Paris, Présence Africaine, 1983.

Cohen, Robin, *Global Diasporas : An Introduction*, London, Routledge, 2008.

Dickerman, Leah, David Joselit et Mignon Nixon, « Afrotropes : A Conversation with Huey Copeland and Krista Thompson », *October Magazine* 162 (2017), 3-18.

Du Bois, W.E.B., « The Sorrow Songs », dans idem, *Souls of Black Folk : Essays and Sketches*, Chicago, A. C. McClurg & Co, 1903.

---

84   Hayes Edwards, *The Practice of Diaspora*, 12.

Eloidin, Esther, « 'Biguine d'amour' : l'intermélodicité 'récituelle' dans *La Mulâtresse Solitude* », *RELIEF – Revue électronique de littérature française* 15,2 (2021), 80-93, DOI : https://doi.org/10.51777/relief11436.

Gilroy, Paul, *The Black Atlantic. Modernity and Double Consciousness*, Cambridge, MA, Harvard UP, 1993.

Goyal, Yogita. « Africa and the Black Atlantic », *Research in African Literatures* 45,3 (2014), v-xxv.

Hayes Edwards, Brent, *The Practice of Diaspora : Literature, Translation, and the Rise of Black Internationalism*, Cambridge, MA, Harvard UP, 2003.

Kanor, Fabienne, *La Poétique de la cale. Variations sur le bateau négrier*, Paris, Payot & Rivages, 2022.

Miano, Léonora, *La Saison de l'ombre*, Paris, Grasset & Fasquelle, 2013.

Sarr, Mohamed Mbougar, « La Cale », *Cadrans*, 27 avril 2014, https://cadrans.org/2014/04/27/la-cale/ (consulté le 10 novembre 2023).

Sarr, Mohamed Mbougar, *Terre ceinte*, Paris, Présence Africaine, 2014.

Sarr, Mohamed Mbougar, *Silence du chœur*, Paris, Présence Africaine, 2017.

Sarr, Mohamed Mbougar, *De purs hommes*, Paris/Dakar, Philippe Rey/Jimsaan, 2018.

Sarr, Mohamed Mbougar, *La plus secrète Mémoire des hommes*, Paris/Dakar, Philippe Rey/Jimsaan, 2021.

Schwarz-Bart, André, *La Mulâtresse Solitude*, Paris, Seuil, 1972.

Agentivité des personnages et engagement littéraire. Voix et détours chez Mohamed Mbougar Sarr

Valérie Dusaillant-Fernandes

Résumé

Le roman *Terre ceinte* de Mohamed Mbougar Sarr, paru en 2014, a le mérite d'aborder une réflexion sur l'engagement face à l'indicible, plus précisément sur une résistance quotidienne menée par une élite d'intellectuels qui, par la prise de parole clandestine, tient tête à l'occupant pour ne pas la perdre. Dans cet article, nous proposons de saisir les marques de la résistance et de l'agentivité de certains protagonistes soumis au pouvoir totalitaire et sanguinaire du régime mené par des djihadistes, le groupe de la Fraternité. Il s'agira d'examiner l'impact de leurs efforts, actifs ou passifs, notamment les postures politiques, morales et intimes qu'ils adoptent face aux exécutions sommaires, à l'enfermement, à l'humiliation, au silence. Ainsi, l'action menée par Malamine Camara et ses six autres compagnons de résistance, les combattants du verbe puisqu'ils contestent l'autorité de la Fraternité à travers la diffusion d'un journal clandestin, incarne un idéal de force ainsi qu'un sens du sacrifice tout aussi courageux et touchant que l'échange épistolaire entre Sadobo et Aïssata, les mères de Aïda et de Lamine, le couple condamné à mort. Leurs lettres rythment le roman et témoignent d'une souffrance individuelle indéfinissable qu'elles partagent à travers des mots et un « je » libéré qui se dévoile malgré les interdits du dehors. Enfin, la présence de l'auteur implicite et impliqué qui à travers un narrateur omniscient et plusieurs protagonistes apporte des pistes de réflexion créatives et esthétiques pour véhiculer du sensible, dénoncer la terreur, éduquer et éveiller la conscience du lecteur.

Mots-clés

Mohamed Mbougar Sarr – *Terre ceinte* – engagement – agentivité – intégrisme – résistance – auteur – personnages

Dès sa publication en 2014, le premier roman de Mohamed Mbougar Sarr[1], *Terre ceinte*[2], n'a cessé de faire parler de lui pour plusieurs raisons. Tout d'abord, par sa réflexion pertinente sur les pouvoirs totalitaires et sanguinaires d'un régime institué par des intégristes islamistes, le groupe de la Fraternité. Ensuite, il faut souligner l'aspect esthétique de ce roman qui dévoile une construction polyphonique et intergénérique, un registre soutenu, des références intertextuelles ainsi que des personnages empreints d'un puissant réalisme par leur prise de position, leurs émotions et leur détermination, qu'ils soient résistants, victimes ou fils radicalisé. Enfin, le roman de Sarr a le mérite d'aborder une réflexion sur l'engagement de l'auteur face à l'indicible, à travers ses personnages toutes classes sociales confondues qui mènent une résistance quotidienne par la prise de parole clandestine (écrite et verbale) et qui tiennent tête à l'occupant.

Dans cet article, nous proposons de saisir la fabrique de la terreur dans le roman de Sarr à travers les actions de certains personnages, notamment leurs postures politiques et morales prises devant une violence coercitive. Après un bref historique sur la progression du djihadisme au Sahel pour contextualiser la parution du roman et un regard posé sur l'importance du péritexte et de l'incipit qui conduisent le lectorat vers une lecture éprouvante mais sensible du roman, nous nous intéresserons aux formes de réponses, actives ou passives, de quelques personnages devant les exécutions sommaires, l'enfermement, l'humiliation, le silence. Face à la violence des islamistes radicaux, il s'agira d'observer la « contre-violence »[3] de la société civile qui passe, dans ce texte, par la création d'un journal clandestin ou d'un échange épistolaire entre deux mères éperdues de douleur. Nous serons ainsi à même d'examiner comment l'auteur implicite et impliqué fait acte de résistance et d'engagement en proposant des personnages actifs, combattants, défiant les lois des intégristes.

---

1 Mohamed Mbougar Sarr, *Terre ceinte*, Paris, Présence Africaine, 2014. – En 2014, au salon du livre de Paris, l'écrivain sénégalais se fait connaître avec une première publication intitulée « La Cale », une nouvelle portant sur la traite esclavagiste et pour laquelle il reçoit le prix Stéphane Hessel. La même année la maison d'édition Présence Africaine publie son premier roman, *Terre ceinte*, et le voilà propulsé sur l'avant-scène littéraire. Il tient par ailleurs un blog littéraire intitulé *Choses revues. La Littérature au lieu de la vie* dans lequel il affiche des réflexions sur l'Afrique, des errances philosophiques ou d'autres billets créatifs, argumentatifs, conversationnels, ou injonctifs. Son dernier roman, *La plus secrète Mémoire des hommes* paru en 2021, a remporté le prix Goncourt dès le premier tour de scrutin.

2 Sarr a remporté le Grand Prix du Roman Métis et du Roman métis des Lycéens (décernés à l'Ile de la Réunion) et le Prix Ahmadou Kourouma (décerné à Genève) en 2015 pour *Terre ceinte*. La même année, l'auteur a également fait partie des dix finalistes du Prix des Cinq continents de la Francophonie pour ce roman.

3 Patrick Chabal, « Pouvoir et violence en Afrique postcoloniale », *Persée* 42 (1991), 51-64, 57.

1   Le djihadisme au Sahel : bref historique

Le présent article ne prétend pas revenir sur l'entier historique de la présence du djihadisme au Sahel[4]. Toutefois, un bref récapitulatif des principaux événements sur le djihad en Afrique s'impose ici pour comprendre dans quel contexte politico-historique le roman *Terre ceinte* a été conçu. La violence de l'armée djihadiste est arrivée progressivement au Mali, se développant dans les années 1990 en Algérie, puis en Libye en 1995, avant de s'implanter au Sahel au début des années 2000[5]. C'est en 1987 que Abdellah Azzam prononce pour la première fois le terme d'Al-Qaida qui signifie « la base, en arabe »[6] puisque ce groupe se trouve à la base de tous les autres réseaux djihadistes en Afrique du Nord et au Sahel[7]. Voilà pourquoi, en 2007, une seule organisation unifie les groupes djihadistes en Afrique du Nord et s'identifie sous le nom d'Al-Qaida au Maghreb islamique (AQMI)[8]. À partir de 2009, des mouvements insurrectionnels africains du groupe salafiste djihadiste Boko Haram font régner la terreur au Nigeria tout comme les groupes armés du mouvement Ansar Dine et du Mouvement pour l'Unicité et le Jihad en Afrique de l'Ouest (MUJAO) au nord du Mali. En 2011, deux mouvements touaregs fusionnent pour devenir le Mouvement National de Libération de l'Azawad (MNLA). Profitant d'un système économique défaillant qui entraîne le chômage, des conditions climatiques peu favorables à de bonnes récoltes (alternances de fortes pluies et de sécheresse), d'une situation démographique « galopante et la multiplication des tensions entre les pastoureaux et les nomades », d'un « ostracisme à l'encontre des populations locales »[9], d'injustices sociales et de la situation politique fragile du Mali après le coup d'État de 2012, ces groupes djihadistes s'emparent des villes maliennes de Kidal (Ansar Dine), Tombouctou (AQMI) et Gao (MUJAO). Dès lors, la charia est appliquée : les femmes sont voilées, voire lapidées si elles ne se plient pas à la loi, des mausolées sont détruits, l'alcool est interdit, les voleurs sont amputés de la main gauche[10].

---

4   Nous recommandons à ce propos la lecture de l'ouvrage de Djallil Lounnas intitulé *Le Djihad en Afrique du Nord et au Sahel. D'AQMI à Daech* (Paris, L'Harmattan, 2019) pour des informations complètes et détaillées sur le sujet.

5   *Ibid.*, 20.

6   *Ibid.*, 23.

7   *Ibid.*, 24.

8   Camille Tawil, *Brothers in Arms : The Story of the Arab Jihadists*, London, Saqi Books, 2011, 12-14.

9   Lounnas, *Le Djihad*, 120.

10   Devant l'avancée des intégristes djihadistes, les autorités maliennes ont demandé officiellement une aide étrangère. Le gouvernement français, appuyé par la Communauté

2   Que peut l'écrivain ? L'engagement littéraire

Témoins de la violence extrême de ces groupes armés islamistes, les écri-
vain·e·s africain·e·s pensent la terreur, la travaillent, la représentent à travers
des ouvrages fictionnels qui leur permettent de se sentir investis d'un acte
engagé et engageant, celui d'inciter une recherche esthétique de représentation politique. Pour Alexandra Makowiak, l'engagement est en effet, un

> acte par lequel le sujet lance, initie quelque chose, sans même que la fin
> de l'action soit nécessairement prévue, ni forcément accompli (c'est agir
> au sens d'"*archein*' – 'commencer' – et non de '*prattein*' – 'achever')[11].

Dès lors, des auteur·e·s, comme Ousmane Diarra[12], Léonora Miano et Mohamed
Mbougar Sarr s'engagent sur le chemin de la littérature acceptant dès les premiers jets de l'écriture « les contraintes et les responsabilités contenues dans ce
choix »[13], et « de se lancer sans savoir forcément où [ils vont], sans savoir si ce
qu'[ils vont faire] est bien ou non, si l'acte va atteindre ou non ses fins »[14]. Ainsi,
imaginer, écrire, créer passe par le sensible littéraire[15], c'est-à-dire la tentative
de déclencher une gamme d'émotions et des réactions, de façon à agir sur les
sens non pas à travers les personnages par eux-mêmes, mais les images formées
par notre imagination est primordial pour Sarr. À la place des kalachnikovs,
l'auteur s'« arme »[16] de mots pour dénoncer méticuleusement les méthodes
d'asservissement et de contrôle des islamistes radicaux sur la population locale

---

économique des États de l'Afrique de l'Ouest (CEDEAO) a lancé une intervention militaire
internationale en janvier 2013, l'opération *Serval*, menée sous l'égide de l'ONU. L'opération
Serval s'est terminée en août 2014, une autre, *Barkhane*, lui a succédé. Les groupes djihadistes du Sahel ont été repoussés en subissant de grandes pertes, puis se sont repliés sur
la Lybie (Lounnas, *Le Djihad*, 201).

11   Alexandra Makowiak, « Paradoxes philosophiques de l'engagement », dans Emmanuel
Bouju (ed.), *L'Engagement littéraire*, Rennes, Presses Universitaires de Rennes, 2016, 3-4.

12   Pour un meilleur aperçu de l'engagement littéraire d'Ousmane Diarra dans son roman *La
Route des clameurs*, consulter l'article de Valérie Dusaillant-Fernandes, « Comment résister
à l'imposture ? Des voix engagées au cœur de la tourmente », *Alternative Francophone* 2,1
(2017), 56-74.

13   Benoît Denis, *Littérature et engagement. De Pascal à Sartre*, Paris, Seuil, 2000, 31.

14   Makowiak, « Paradoxes philosophiques », 4.

15   L'auteur affirme que l'engagement politique dans la fiction passe par une « médiation
du sensible, un travail de l'imagination qui ramène au cœur de l'œuvre la question poétique », Mohamed Mbougar Sarr, « La démocratie est un processus, une vieille constante,
et non un acquis de droit divin », *Revue internationale et stratégique* 2,126 (2022), 54.

16   En référence à Jean-Paul Sartre qui affirme que « l'écrivain 'engagé' sait que la parole est
action » et que « il sait que les mots, comme dit Brice Parain sont des 'pistolets chargés' »,
Jean-Paul Sartre, *Qu'est-ce que la Littérature ?* Paris, Gallimard, 1948, 28, 29.

(endoctrinement, violence verbale et physique, humiliation, destruction des corps et du patrimoine, prise du pouvoir par la force). Cette forme de résistance esthétique à travers la fiction, lieu de contre-pouvoir face aux extrêmes quels qu'ils soient, invite à la diversité des émotions et à une prise de position plus efficace que l'essai ou l'autobiographie puisque l'auteur peut multiplier sa voix narrative. De plus, grâce à l'imagination littéraire, la lecture sensible a sa propre politique dans la mesure où elle éveille les sens et la conscience sur soi et sur les autres. Chaque personne revisite ses propres jugements, ses a priori, son regard sur l'autre tout en se donnant les moyens d'appréhender une réalité à laquelle elle est confrontée. Dans un entretien accordé à Ricarson Dorcé en mars 2023, Sarr affirme que le pouvoir de la littérature, c'est de

> montrer comment le pouvoir écrase les individus et les collectifs, comment il configure le langage selon ses intérêts, comment il standardise et crétinise la culture, fragmente et appauvrit le passé, étouffe les présents, empêche la possibilité même d'existences plurielles, aussi légitimes à vivre que toutes les autres. C'est un travail de représentation politique, certes ; mais il s'agit surtout d'une tâche proprement esthétique, non au sens où elle se détournerait du politique, mais au sens où, comme dirait Rancière, elle produirait sa propre politique[17].

Il est clair que pour Jacques Rancière, la fiction est une « structure de rationalité » parce qu'elle construit

> un cadre au sein duquel des sujets, des choses, de situations sont perçues comme appartenant à un monde commun, des événements sont identifiés et liés les uns aux autres en termes de coexistence, de succession et de lien causal. La fiction est requise partout où il faut produire un certain sens de réalité[18].

Écrire une fiction est donc un choix calculé qui confirme que l'écrivain ne se détourne pas de la réalité politique, au contraire : « en faisant entendre des voix discordantes et différenciées, la fiction contribue au pluralisme et au débat démocratique »[19]. D'ailleurs, dans un essai de 2016, *Écritures de l'engagement par temps de mondialisation*, Chloé Chaudet constate qu'il existe un

---

17 Ricarson Dorcé, « Mohamed Mbougar Sarr : la littérature, un lieu de savoirs », *Magazine de l'ACFAS* 13 (2023).

18 Jacques Rancière, *Les Temps modernes. Art, temps, politique*, Paris, La Fabrique, 2018, 14.

19 Alexandre Gefen, *La Littérature est une affaire politique ; enquête autour de 26 écrivains français*, Paris, Éditions de l'Observatoire, 2022, 24.

« nouvel idéal-type de l'engagement littéraire, plus vaste et plus souple que l'idéal-type sartrien qui correspond à une confrontation *au* politique » et « privilégie une approche thématique »[20]. Ainsi, dans le cas de Mbougar Sarr, il est clair que l'auteur sénégalais a choisi différents sujets actuels et réels pour élaborer ces romans (le djihadisme, l'oppression des femmes, la mémoire de l'esclavage, les migrations méditerranéennes, l'homophobie, entre autres) pour « s'instruire, être critique, connaître le passé, avoir la capacité d'écoute et de décoder un langage politique »[21]. Chaudet note également que cette confrontation au politique comprend plusieurs stratégies d'écriture telles que l'accusation (l'authenticité auctoriale, les femmes face à l'inacceptable, l'écriture de l'intime, l'atteinte à la liberté d'expression), les stratégies du dépassement (l'amour, l'optimisme, la conception étendue de l'auteur engagé, entre autres), les stratégies de décalage (hybridité, critiques excentrées ou ambivalentes de l'Occident, etc.) et les stratégies de témoignage (*éthos* du témoin, poétique de la retenue, l'Autre, etc,). Or, dans *Terre ceinte*, certaines stratégies d'accusation, du dépassement et du décalage sont mises en avant à travers une réflexion engageante et sensible sur l'intégrisme fanatique religieux afin d'en dénoncer la brutalité et la perversité.

3   La mise en relation avec la terreur : péritexte et incipit

L'engagement est un acte de commencement, puis une direction à suivre. Dans le cas de *Terre ceinte*, la page de couverture, le titre de l'ouvrage ainsi que l'incipit participent grandement à faire entrer le roman dans cette expression du sensible tant recherché par l'auteur. Le lecteur ne peut pas rester indifférent à l'appareil péritextuel mis en place par Sarr et son éditeur, un appareil qui attire autant l'oreille que le regard et qui « conditionne » le lecteur vers l'« événement à venir »[22]. En premier lieu, la couverture du livre de l'édition originale montre des flammes en référence aux tentatives des djihadistes de brûler les manuscrits anciens de la bibliothèque de Tombouctou au Mali, dimension que l'on retrouve dans le roman avec un autodafé ordonné par Abdel Karim, le chef de la police islamique[23]. Les codes visuels de la couverture (couleur, typographie,

---

20   Chloé Chaudet, *Écritures de l'engagement par temps de mondialisation*, Paris, Classiques Garnier, 2016, 71.

21   Dorcé, « Mohamed Mbougar Sarr ».

22   Serge Bokobza, *Contribution à la titrologie romanesque : variations sur le titre* Le Rouge et le Noir, Genève, Droz, 1986, 20.

23   Sarr, *Terre ceinte*, 227.

mise en page) sont des éléments capitaux puisqu'ils communiquent d'emblée au lecteur ce qui se passe à l'intérieur du livre, comme une bande-annonce au cinéma : sujet brûlant d'actualité, chiens brûlés par les islamistes, « flamme de colère », « choses détruites, saccagées, brûlées et jamais reconstruites », en somme le chaos par le feu[24].

Il va sans dire que l'homophonie entre « ceinte » et « sainte » n'est pas anodine. Lorsque les djihadistes s'emparent d'un lieu sous prétexte de le rendre « saint », ils finissent en fait par enfermer les individus dans cet espace et à les isoler de ce qui se passe ailleurs. Mais ceindre, c'est aussi « entourer sa tête » de quelque chose, comme les djihadistes qui arrivent « silencieux et menaçants, tels des épouvantails. Ils étaient là avec leurs turbans, leurs jeeps, leurs armes. Cela suffisait à refroidir un cœur d'homme, à apeurer une âme d'homme, à séparer un peuple d'hommes »[25].

Si les procédés péritextuels jouent un rôle prépondérant pour attirer le lecteur vers cet ouvrage sur la sulfureuse violence djihadiste[26], l'incipit informe, intéresse et noue le pacte de lecture tout en laissant augurer l'extrême gravité du sujet à lire dans les prochaines pages du roman. « Lieu d'orientation, mais aussi de référence constante dans la suite »[27], l'incipit de *Terre ceinte* ouvre le roman qui se compose de deux parties distinctes[28] chacune regroupant des sections numérotées. L'incipit débute *in medias res* avec les préparatifs de l'exécution de deux jeunes gens, Aïda Gassama, dix-huit ans, et Lamine Kanté, vingt ans, coupables selon les lois fondamentalistes d'avoir des rapports sexuels en dehors du mariage. Pour autant, les deux jeunes amants, « beaux ensemble » devant la mort, ont simplement vécu leur amour « et jusqu'au bout, ils se sont tenu la main », acte ultime de résistance face à la barbarie[29]. Chaudet a remarqué que certain·e·s auteur·e·s engagé·e·s consideré·e·s comme postcoloniaux dépassent la dénonciation de l'inacceptable en représentant l'amour comme ultime « élan vers l'avenir », un dépassement esthétique qui s'avère plus « pérenne » et porteur « d'espérance »[30]. Se tenir la main jusqu'à la mort défie l'ordre établi par les intégristes et manifeste un espoir qui sera relayé non seulement par les efforts héroïques de plusieurs personnages tout au long du

---

24   *Ibid.*, 150, 175, 186.

25   *Ibid.*, 38.

26   Dans le terme de « sulfureux », il faut entendre ici le sens de « nocif », de « malsain », correspondant au régime intégriste religieux dépeint dans le roman.

27   Andrea Del Lungo, *L'Incipit romanesque*, Paris, Seuil, 2003, 54-55.

28   La première partie regroupe les sections 1 à 21 et la deuxième, les sections 22 à 42 ; un épilogue vient clore le roman.

29   Sarr, *Terre ceinte*, 33.

30   Chaudet, *Écritures de l'engagement*, 169, 170.

roman, mais aussi par une fin suggérant l'intervention d'une force militaire
« dont le but serait de prêter main-forte à l'armée du pays »[31].

Ce type d'incipit particulier et imprévisible projette le lecteur dans un
récit qui se « raconte tout seul, sans narrateur ni narrataire, comme si lui était
tombé par erreur entre les mains un texte qui ne lui était pas destiné »[32]. En
effet, quoi de plus troublant que de se retrouver devant une foule qui s'impatiente, qui trépigne, car il faut « maintenant voir mourir »[33]. Qui parle et à qui ?
Qui va mourir ? Qui est cet Abdel Karim ? Pourquoi laisse-t-il la « dramaturgie
se poursuivre »[34] ? Que se passe-t-il dans cette ville de Kalep, une ville irréelle
dont le nom contracté peut faire référence à Kidal au Mali et à Alep en Syrie ;
ville qui annonce, par ailleurs, des temps difficiles puisqu'en grec ancien, *kha-
lepós* signifie « difficile, pénible ». Les indices fournis tout au début du texte
éveillent la curiosité et agissent comme des signaux qui dévoilent les thématiques de l'œuvre et que le lecteur devra déceler au fil des lignes, puis des pages.

Venue aux aurores, après la prière du *Fadjr*[35], la foule se fait la complice
indirecte de cette terreur imposée par les membres de la Fraternité. Ce comportement observateur et méprisant de la foule s'explique selon James Creech,
qui soutient que la terreur est un instrument qui tient quotidiennement le
« terrorisé dans un état de veille constant, de vigilance » face au danger[36]. Ainsi
prises au piège de la terreur, les victimes se conforment aux lois et se chargent
elles-mêmes de perpétuer un état de constante frayeur[37]. Sarr transcrit littérai-
rement cette manipulation psychologique des victimes qui s'auto-terrorisent.
En effet, le narrateur omniscient, qui décrit la première scène, compare la foule
à une formation de lanciers lourdement armés prête à anéantir de ses mains
deux jeunes gens âgés de vingt ans : « cette multitude marchait, progressait,
rampait, imposante, irrésistible, lente, semblable dans ses mouvements à une
antique phalange qui manœuvre »[38]. La cohésion groupale, influencée par une
pression conformiste, participe à la mise à mort. De plus, si, comme le suggère
la psychologue Audrey Ilpidi, « l'entreprise terroriste fonctionne comme une

---

31   Sarr, *Terre ceinte*, 258.

32   Jean-Louis Morhange, « Incipit narratifs. L'entrée du lecteur dans l'univers de la fiction »,
      Poétique 104 (1995), 387-410, 402.

33   Sarr, *Terre ceinte*, 11.

34   *Ibid.*, 11.

35   Selon une note en bas de page dans le roman, le *Fadjr* est une prière musulmane qui se fait
      à l'aube (*Ibid.*, 11).

36   James Creech, « Terreur, répétition, pensée », dans Bruno Chaouat (ed.), *Penser la terreur*,
      Dijon, Éditions Universitaires de Dijon, 2009, 157-169, ici 158-159.

37   *Ibid.*, 159.

38   Sarr, *Terre ceinte*, 11.

machine à formater, standardiser, voire contraindre, les esprits dans un mode de fonctionnement linéaire »[39], il va de soi que chaque individu va se conformer de peur d'être la cible de la prochaine punition ou exécution.

Ce phénomène est observable dans le roman par l'attitude du gardien chargé d'amener la jeune Aïda vers sa mort. Alors que celle-ci nue, épuisée, les mains liées derrière le dos, s'effondre, ce bourreau farouche esquisse un geste de soutien. Cela dit, Abdel Karim lui rappelle très vite avec une voix autoritaire que la femme est impure et que personne ne se doit de l'aider. Le gardien prend alors la peine de lui donner un coup de pied pour rattraper le geste humain qu'il avait amorcé quelques minutes plus tôt. Il faut dire que pour les terroristes le jeu des symboles est prioritaire dans cette mise en scène grandiose et cruelle du premier chapitre. Tout est fait pour couvrir les deux tourtereaux d'opprobre de façon à prouver aux autres que les membres de la Fraternité sont là pour protéger la collectivité d'individus immoraux qui n'ont pas leur place au sein du groupe. Ainsi, le vocabulaire employé par le narrateur (« hurlement », « cri », « entailles », « sanguinolentes », « déchirant ») semble insister sur la souffrance mortifiante des amants[40]. Les corps des jeunes amants ne sont plus que des poupées de chiffon tant ils sont l'objet d'abus et de sévices au point que l'usage du pronom démonstratif « cela » pour désigner Aïda et Lamine rappelle leur chosification, leur non-existence déjà claironnée. En outre, l'humiliation[41] et la terreur ne seraient pas à leur comble si Abdel Karim n'avait pas invité les parents à l'exécution de leurs propres enfants. Rien n'est laissé au hasard. Il est important de noter que dans ce roman, les pères des deux jeunes victimes vont systématiquement renier leur enfant respectif au nom de l'honneur perdu. L'un va maudire sa fille, lui lançant au visage qu'elle l'a couvert de honte[42], l'autre crache sur le torse de son fils, affichant publiquement sa répulsion. Quant aux mères, l'une, Sadobo (mère de Lamine), n'est pas venue et l'autre, Aïssata (mère d'Aïda), est inconsolable. Au premier abord, ces femmes paraissent momifiées par la douleur de perdre leur enfant, mais très vite l'échange épistolaire qu'elles entretiennent et qui rythme le roman va révéler une sorte de résistance intérieure, une résilience nécessaire pour ne pas mourir de douleur face au drame survenu. Nous examinerons cette stratégie un peu plus loin.

---

39   Audrey Ilpidi et Perle Reynaud-Fourton, « Les Rouages de la mécanique terroriste », *Le Journal des psychologues* 4,257 (2008), 33-38, 33.

40   Sarr, *Terre ceinte*, 14, 15.

41   Or « si l'humiliation est peu productive, elle remplit un rôle important (la production de la peur) pour le maintien du pouvoir dans la mesure où elle démontre tout l'arbitraire qu'il contient », Chabal, « Pouvoir et violence », 57.

42   Sarr, *Terre ceinte*, 16.

Dès lors après quatre ans de contrôle sur le nord du Sumal et après une guerre meurtrière face à l'armée nationale, les djihadistes se sont emparés physiquement de diverses villes d'importance dans la province du Bandiani, Kalep étant l'une d'entre elles. Ce premier chapitre dévoile clairement que l'emprise mentale du groupe extrémiste a fait son œuvre : la population se noie dans l'esprit d'une terreur qui se répand d'un individu à l'autre comme le révèle le narrateur : « Le peuple semblait mort : et pourtant, ses nerfs [sont] à vif, sa respiration, retenue, était anxieuse, excitée, palpable dans ses frémissements »[43]. Cette expression de « semblait mort » pour décrire les gens angoissés entourant la scène est appropriée puisque devant un péril brusque et insurmontable, les deux réactions de sauvegarde que sont la fuite et l'attaque ne se déclenchent pas chez les individus :

> Elles demeurent toutes deux bloquées dans le corps et leurs intentions contradictoires produisent un spasme, inhibant la mobilité. C'est comme si les impulsions de fuite et d'attaque tirant en sens inverse s'anéantissaient mutuellement, paralysant toute réaction et créant ainsi un état léthargique. Cette forme convulsée de la réplique au choc émotif aboutit à la *réaction d'abandon*[44].

Or, dans *Terre ceinte*, il est bien question d'une réaction d'abandon de la part de la foule qui ne voulant ni fuir ni attaquer finit par être une observatrice presque inerte aux événements et aux exactions des terroristes. Dès lors, tous les individus de cette foule sont encerclés, cernés, ceints de toutes parts par une peur quotidienne qui tue lentement leur mobilité et leur liberté d'expression.

4   Publier un journal : parler au nom des autres

Au milieu de ce sentiment d'abandon, certains personnages de *Terre ceinte* se dressent contre la barbarie, contre l'absolutisme, revendiquent le droit de résistance et s'opposent à l'oppression avec dignité et humanité. Légitime ou pas, la résistance s'avère une forme de combat violent ou pacifique face à l'agresseur, l'ennemi, le tyran ou autre dictateur de régime totalitaire. Pour Pierre Laborie, la résistance peut se comprendre comme « la volonté de nuire à un ennemi identifié, occupant ou au service de l'occupant [...] en s'organisant pour empêcher

---

43   *Ibid.*, 18.
44   Paul Diel, *La Peur et l'angoisse. Phénomène central de la vie et de son évolution*, Paris, Payot, 1985, 36.

par tous les moyens la réalisation de ses objectifs, [...] la conscience de résister [et] un engagement dans l'action imposant des pratiques de transgression »[45]. De leur côté, Ruth Reichelberg et Judith Kauffmann proposent qu'il existe deux types de résistance ; la première, active est plus de l'ordre de l'insoumission, de l'insurrection et de la rébellion, en somme des « formes variées de lutte plus ou moins planifiée par et pour une collectivité organisée »[46] ; la deuxième, une orientation plus passive, la résistance définit la capacité humaine « à se maintenir sans s'altérer, en persévérant dans son être, tant physique que psychologique ou moral. Résister, c'est se tenir fermement debout, ne pas céder aux pressions. En un mot, savoir dire 'non' »[47].

Dans le roman de Sarr, un personnage sort de la foule, il exerce un choix : celui de se tenir fermement debout dans l'ombre alors que d'autres courbent l'échine le jour. Malamine Camara est médecin à l'hôpital de Kalep et c'est justement après l'exécution d'Aïda que son comportement se modifie. Certes, il a baigné dans la peur de mourir pendant quatre ans, mais au lendemain de la mort d'Aïda, jeune femme qui a murmuré quelques mots « à l'orée d'une mort imminente » et que personne n'a entendue, il comprend que ce n'est pas tant l'exécution qui lui a fait peur, mais « ce silence contraint » qui est imposé à tous[48]. En fait, plus l'oppresseur fait mal, plus sa résistance se démultiplie : « de chaque pierre lancée, de chaque balle tirée, de chaque cri de la foule, de chaque rictus des bourreaux, de chaque plainte d'un supplicié, et de chaque mort, il tir[e] une force nouvelle. [...] Il v[eut] agir »[49].

Cependant Malamine ne désire pas résister seul et trouve six autres compagnons pour contester l'autorité de la Fraternité : Déthié, l'idéologue, un ami de jeunesse et professeur à l'université de Bantika, Codou, une ancienne libraire et assistante de son époux Déthié, la belle jeune et indépendante Madjigueen Ngoné, ancienne informaticienne à l'hôpital de Kalep qui refuse par-dessus tout d'être « une femme objet »[50], Alioune, l'infirmier, le Vieux Faye, un ancien militaire de 70 ans vivant seul, et le père Badji, propriétaire de la taverne Jambaar autrefois lieu d'une « joyeuse ambiance »[51] et maintenant

---

45   Pierre Laborie, *Les Français des années troubles. De la guerre d'Espagne à la Libération*, Paris, Seuil, 2003, 88-89.

46   Ruth Reichelberg et Judith Kauffmann, *Littérature et résistance*, Reims, Presses universitaires de Reims, 2000, 11.

47   *Ibid.*, 11.

48   Sarr, *Terre ceinte*, 46.

49   *Ibid.*, 47.

50   *Ibid.*, 55.

51   *Ibid.*, 34.

lieu secret de la publication du journal clandestin intitulé le *Rambaaj*[52]. Dans ce journal de trente-deux pages, destiné aux villes de Kalep, Bantika, Soro et Akanté se joue la symbolique des mots, ceux-là mêmes qui transpercent les espaces pour aller « dénoncer la barbarie et semer le doute dans l'esprit des habitants du Bandiani »[53]. Pour ces combattants du verbe, il s'agit de réveiller l'opinion publique avec « des textes profonds, solides, fondés sur une lecture précise du Coran, avec des exemples tirés d'épisodes de la vie du Prophète »[54] ; « [c]haque article [est] écrit avec application, érudition, calme. Chaque mot [est] pesé, chaque argument [est] étudié, étayé, démontré »[55]. Il semble ici que les membres du journal clandestin proposent une vision posée, réfléchie, pacifique de la sunna[56] du messager d'Allah. Certes, le mouvement salafiste prône aussi que le texte coranique doit « être compris à la lumière de tout ce que le prophète Mohammed a pu faire et dire pour éclairer ses contemporains sur le sens de la parole divine »[57]. Les djihadistes reviennent aux racines du salafisme, un mouvement religieux plus rigoriste, un islam « qui fait référence aux pieux prédécesseurs, c'est-à-dire à l'époque du Prophète et de ses compagnons ainsi que de ses quatre successeurs »[58]. Pour Sadobo, la mère du jeune homme exécuté, le journal est un « miracle humain »[59]. Cependant, le titre évocateur du journal, *Rambaaj*[60], ainsi que ses membres, appelés des « *diabolos* », ceux qui désirent « séparer le peuple de ce qui l'oppress[e] »[61] laissent présager des discordes. C'est d'ailleurs ce que le narrateur explique en parlant du titre du

---

52   Anagramme de *Jambaar*, nom de la taverne.

53   *Ibid.*, 114.

54   *Ibid.*, 132.

55   *Ibid.*, 131.

56   La sunna est l'ensemble des paroles, des actions et des jugements du Prophète et que tout musulman doit suivre comme modèle. « Imprégnée de la vie de Mohammed, elle donne corps aux prescriptions contenues dans le Coran », Bernard Rougier, *Qu'est-ce que le salafisme ?* Paris, Presses Universitaires de France, 2008, 3.

57   Rougier, *Qu'est-ce que le salafisme ?* 3.

58   Lounnas, *Le Djihad*, 30. Les prédécesseurs, ou *salaf*, sont les premiers musulmans (trois premières générations) de l'Islam, les modèles à suivre (foi et comportement), et ils ont contribué à l'avènement de la religion musulmane dans le monde par leur savoir acquis auprès du prophète Mahomet. Les salafistes djihadistes d'aujourd'hui (Al-Qaida et l'État islamique), et ceux représentés dans le roman, ont une vision plus violente et plus radicalisée du Coran. Ils placent le « devoir du jihad au cœur de la croyance religieuse » pour défendre la *Oumma*, la communauté des croyants musulmans (Rougier, *Qu'est-ce que le salafisme ?* 18).

59   Sarr, *Terre ceinte*, 124.

60   Terme wolof qui signifie « semeur de zizanie », Jean-Léopold Diouf, *Dictionnaire wolof-français et français-wolof*, Paris, Karthala, 2003, 284.

61   Sarr, *Terre ceinte*, 114.

journal : « Cela désignait, en son sens dénotatif, un mauvais génie, un esprit malfaisant, qui écoute aux portes, dénonce, brise les amitiés, défait les couples, et sème le désordre dans les esprits, par le mensonge et le colportage »[62].

Toutefois, selon Sadobo, il faut s'en méfier, car ce journal peut « apporter la confusion, pour le meilleur et pour le pire. Ce sera aux hommes, comme toujours, de décider. La fraternité ou la solitude »[63]. Notons que les effets malfaisants décrits dans ce passage s'invitent à ce moment de l'histoire comme une anticipation du désordre à venir par la diffusion du journal dans la ville de Kalep. Cette prolepse dévoile en quelque sorte les combats de la fin de l'œuvre tout en maintenant le lecteur en alerte à la manière de ces personnages qui vivent sur le qui-vive au jour le jour.

Sarr a savamment choisi des professions intellectuelles et des traits de caractère plutôt positifs (intelligence, timidité, beauté, jeunesse, honnêteté, vieillesse, éloquence) pour ses résistants et résistantes de l'ombre faisant d'eux / d'elles des demi-héros / demi-héroïnes d'un temps. Nous les qualifions de demi-héros / demi-héroïnes parce qu'ils / elles incarnent un idéal de force et de bravoure ainsi qu'un sens du sacrifice qui n'est pas de l'ordre de l'ordinaire. Demi-héros / demi-héroïnes parce que ces individus ne sont que des humains qui rétablissent la vérité sur les saintes Écritures. En revanche, pour certains citoyens soumis, ce sont des faiseurs de troubles et ils ne sont pas l'objet d'une admiration excessive, loin de là. En effet, ils déchirent les hommes entre eux, les habitants se dénonçant « les uns les autres parce que la Fraternité a promis des récompenses à ceux qui donneraient des informations sur l'identité des auteurs du journal »[64]. Or, « en évaluant le rôle de l'intentionnalité dans l'agentivité humaine, il faut établir une distinction entre l'activité personnelle mise en œuvre pour un résultat voulu et les effets réels de cette activité »[65]. Malamine et ses compagnons ont des objectifs bien définis et c'est en cela que chacun exerce une agentivité personnelle. Cela dit, même avec les meilleures intentions, les effets bénéfiques ou néfastes de leurs actions n'ont pas été anticipés.

L'engagement contre le régime islamiste ne fait pas oublier ses responsabilités au groupe de Malamine face à une population innocente. Ont-ils le droit de menacer la vie des citoyens de Kalep pour leurs propres idéaux ? Sont-ils la voix de ceux qui se taisent ? Autrement dit, peuvent-ils parler au

---

62　*Ibid.*, 114.
63　*Ibid.*, 124.
64　*Ibid.*, 138.
65　Albert Bandura, *Auto-efficacité. Le Sentiment d'efficacité personnelle*, trad. par Jacques Lecomte, préface de Philippe Carré, Paris, Éditions De Boeck Université, 2014, 13.

nom de tous ? Codou s'interroge : « sommes-nous responsables de ces gens qui sont flagellés ou faussement dénoncés parce qu'ils avaient chez eux des exemplaires du journal que nous avons écrit et diffusé ? »[66]. L'indépendance du groupe révèle la pluralité de réactions face à ce dilemme. Selon Malamine, le journal doit « témoigner »[67], se faire l'écho des souffrances et des brutalités subies. La forme du journal rappelle la longue tradition scripturale du Mali qui remonte au IXe siècle avec l'islam qui propose le script arabe aux Africains[68]. Les membres du journal perpétuent donc une tradition millénaire connue en Afrique, à savoir que le calame[69] est tout aussi puissant que la parole sous l'arbre à palabres dans la diffusion des savoirs et de la pensée en Afrique. À l'évidence, l'Afrique n'est pas seulement ce continent de l'oralité où la palabre facilite les dialogues, la résolution de litiges, les discussions et la transmission de la culture. L'Afrique est aussi un continent d'écriture et d'érudition comme le montrent les hiéroglyphes égyptiens, l'alphasyllabaire guèze (Éthiopie) ou encore les manuscrits de Tombouctou au Mali. Chacun a son poste : Déthié écrit « la moitié des articles », Codou les corrige et les enrichit de références, Madjigueen les met en page et leur donne « leur ultime forme numérique », Vieux Faye les imprime et les relie, Alioune les illustre de photos ou de dessins, le Père Badji s'occupe d'entreposer le matériel nécessaire à la publication du journal et enfin, Malamine écrit tous les autres articles[70]. Il ne fait aucun doute que l'agentivité observée chez les membres de ce journal recouvre un aspect multidimensionnel[71].

Par leurs actions et leur détermination à dénoncer les crimes des djihadistes, ces hommes et femmes de l'ombre tournent, non pas autour de la « froide peur » des gens de Kalep, mais autour de cette « peur valable [...] la seule à éprouver dans la situation » dans laquelle ils vivent[72]. Par conséquent, agents de leur propre destin, ils sont plus libres encore à ce stade que la foule qui s'amasse

---

66   Sarr, *Terre ceinte*, 139.

67   *Ibid.*, 110.

68   Simon Battestini, *Écriture et texte : contribution africaine*, Québec/Paris, Les presses de l'université Laval/Présence Africaine, 1997, 296.

69   C'est un roseau taillé en pointe qui permet de calligraphier sur des tablettes d'argile, des parchemins ou tout autre support.

70   Sarr, *Terre ceinte*, 58.

71   L'agentivité peut s'entreprendre dans différentes sphères sociales, domaines de la vie (religion, éducation, santé, etc.) et niveaux. Elle est aussi relationnelle et culturelle puisqu'elle se centre sur l'engagement d'agents (Emma Samman et Maria Emma Santos, « Agency and Empowerment : A review of concepts, indicators and empirical evidence », prepared for the 2009 Human Development Report in Latin America and the Caribbean, Oxford Poverty & Human Development Initiative [OPHI] 2009, 6, 8, 9).

72   Sarr, *Terre ceinte*, 46.

devant l'exécution des deux jeunes amants. D'ailleurs, c'est avec beaucoup de tact et d'humanité que Malamine a écrit un article, sur les deux fusillés, intitulé « Coupables d'aimer » dans lequel il tente de montrer, selon Aïssata, que « le Dieu de la Fraternité est un Dieu barbare »[73]. Le pari de Malamine est gagné, le journal est lu ; la liberté d'expression a prévalu. Toutefois, pour Aïssata il est difficile de faire face à l'idéologie intégriste islamiste. La fin du roman prouve que l'éveil des consciences chez les uns ravive les instincts de survie et de délation chez les autres. Les fausses dénonciations et les flagellations sévissent au point que le roman se termine dans le sang de certains membres du journal. Là où Malamine pense avoir échoué, il apparaît au contraire que résister au prix de sa vie convainc la prochaine génération d'agir. Idrissa, fils de Malamine, finit par tuer Abdel Karim Konaté, le chef de la police islamique de Kalep[74], parce que celui-ci visait ses parents de son fusil. Idrissa continue le combat en repoussant les djihadistes hors des murs de Kalep. Ainsi, l'agentivité de Malamine est bénéfique, parce qu'il croit en son « efficacité personnelle », sa croyance en « sa capacité d'organiser et d'exécuter la ligne de conduite requise pour produire des résultats souhaités »[75], celle, entre autres de sauver la prochaine génération de l'idéologie de la Fraternité. Pour autant, il ne peut contrôler les effets néfastes de son agentivité comme celui de perdre sa femme sous les balles d'Abdel Karim. Nous aimerions maintenant nous arrêter plus en détail sur l'échange épistolaire d'Aïssata et Sadobo, lequel participe à ce mouvement politique libératoire et scriptural entrepris par le *Rambaaj*, mais dans un espace plus intime et plus intérieur.

5   Présence épistolaire féminine

Sarr a judicieusement construit *Terre ceinte* autour de quarante-deux courts chapitres et d'un épilogue, mélangeant divers points de vue face à l'intégrisme. Ainsi, intercalé dans le récit du narrateur omniscient, l'échange épistolaire entre Sadobo et Aïssata, les mères des jeunes gens condamnés à mourir, rythme le roman et offre une bulle d'humanité et d'intimité dans un monde avide de sang, de pouvoir ou de gloire. Les huit lettres insérées dans le roman[76] font souvent référence à la scène de l'incipit, et témoignent d'une souffrance individuelle indéfinissable que les deux femmes partagent à travers les mots et un « je »

---

73   *Ibid.*, 137.
74   *Ibid.*, 147.
75   Bandura, *Auto-efficacité*, 12.
76   Sarr, *Terre ceinte*, 31, 59, 67, 87, 121, 134, 253, 255.

qui s'affirme sur le papier ; un « je » libéré qui se dévoile malgré les interdits du dehors. Selon Chaudet, cette volonté de dénoncer l'oppression des femmes en dévoilant leurs mécanismes d'adaptation face à l'inacceptable omniprésent est « symptomatique du renouveau contemporain de l'engagement littéraire »[77]. La récurrence de leurs lettres dans le roman rappelle les atteintes à la liberté d'expression et agit comme une forme de martèlement qui accentue la posture victimaire des femmes sous la dangereuse emprise des intégristes islamistes. Car échanger des lettres personnelles entre femmes est une activité périlleuse et Sadobo fait passer ses précieuses lettres à Aïssata par sa jeune voisine, une femme de confiance, qui les cache dans son soutien-gorge[78]. La première lettre envoyée par Aïssata renferme les émotions d'une mère, ce sensible qui a tant manqué dans la scène de l'incipit. Aïssata est venue voir l'exécution de sa fille pour être auprès d'elle dans ses derniers moments et ne comprend pas l'absence de l'autre, Sadobo. Écrite avec des airs de regrets de ne pas avoir vu Sadobo à l'exécution (« je vous ai espérée ») et de reproches (« vous auriez dû venir »), la missive d'Aïssata est un appel à la solidarité dans la souffrance de perdre un enfant[79]. Sadobo répond que la douleur s'apparente à un serpent destructeur : « Vous êtes allée devant la douleur en vous exposant à sa morsure brutale. Moi, je l'ai attendue, en laissant monter son venin. Nous ne sommes pas très différentes, je crois... »[80]. Au regard de leurs blessures respectives, il est vrai qu'elles ne sont pas si différentes : toutes deux pleurent la perte de leur enfant et toutes deux sont les victimes d'un système patriarcal qui les chosifie et les meurtrit. Précisons que si dans la sphère publique elles sont opprimées par les règles imposées par le groupe islamiste, dans la vie privée, elles doivent aussi affronter leurs maris respectifs qui les blâment du déshonneur public qui leur a été infligé.

Malgré tout, elles ne réagissent pas de la même façon à la terreur et à la réprimande. Aïssata a suivi les ordres d'Abdel Karim qui lui assignait de se présenter à la mise à mort de sa fille. De même, puisque « toute mère est coupable »[81] admet Aïssata, son mari a le droit de ne plus lui parler et de la négliger après la mort de son fils ; tel est le jugement donné et elle s'y conforme. Dès lors, en dépit de sa courageuse démarche pour assister à l'exécution, le lecteur se rend vite compte qu'Aïssata, qui signifie « vitalité » en arabe, n'est pas la plus forte des deux femmes. En effet, pour Sadobo, il apparaît qu'il faut accepter la

---

77   Chloé Chaudet, *Écritures de l'engagement*, 101.

78   *Ibid.*, 125.

79   *Ibid.*, 32, 33.

80   *Ibid.*, 60.

81   *Ibid.*, 69.

défaite et la mort en montrant ses faiblesses. Sadobo revendique donc sa faiblesse pour renaître encore plus forte, pour

> tomber, s'écrouler, se briser complètement. [...] Je sais que tout en moi est détruit, anéanti. Alors je préfère lâcher prise. Vous ne croyez pas qu'on peut vaincre la douleur. Pour moi, on peut, mais à la seule condition de l'avoir laissée nous tuer d'abord. Revenir à la vie, c'est ça que je demande. Voilà pourquoi je ne suis pas venue[82].

La résistance va alors faire place à l'abandon temporaire. Après l'assassinat de son fils, la violence est au rendez-vous des représailles dans la famille de Sadobo : son mari l'a battue parce qu'elle lui « a tenu tête. Parce [qu'elle] lui [a] dit non. Au sujet de [leur] fils, il [lui] a dit que son corps allait être jeté dans le désert »[83]. Le lecteur aura compris que les prises de position individuelles des épistolières vont refléter les prises de position collectives retrouvées dans la ville de Kalep. Le ton affecté et moralisateur d'Aïssata qui n'a pas accepté de se retrouver seule devant la souffrance, contraste avec le ton compatissant, mais déterminé et insoumis des lettres de Sadobo. Selon elle, ce n'est pas assez de dire que « toute mère est coupable » de la déviance de ses enfants. Les hommes pensent en fait que « toute femme » est coupable, ironise-t-elle[84]. Cette perspective féminine dans la pratique épistolaire équivaut à une prise d'armes scripturale par Sadobo. Cela devient plus évident lorsqu'elle s'insurge contre la mort de certains membres du journal clandestin et d'autres insoumis locaux. Aïssata ne comprend pas cette posture. Pour elle, la « révolte était un hasard inexplicable » et d'autres « mourront absurdement »[85].

Dès lors, s'insurger ne sert à rien puisque la force islamiste sera de retour. L'agentivité d'Aissata s'arrête donc à l'envoi de lettres à Sadobo, alors que pour cette dernière, il ne fait aucun doute que le combat continue, d'abord dans sa vie privée parce qu'elle a tenu tête à son mari qui la battait depuis plus de vingt-cinq ans et ensuite dans sa lutte politique contre la Fraternité, non pas pour être une « héroïne, mais pour que [s]on fils ne soit pas mort en vain »[86]. Rappelons qu'Amartya Sen définit l'agentivité comme étant « ce qu'une personne est libre de faire et de réaliser dans la poursuite de n'importe quels

---

82   *Ibid.*, 79.
83   *Ibid.*, 87.
84   *Ibid.*, 122.
85   *Ibid.*, 256-257.
86   *Ibid.*, 254.

objectifs ou valeurs qu'elle considère comme importants »[87]. On pourrait suggérer que l'agentivité d'Aïssata est une agentivité qui a pour but de se sentir mieux, une sorte de liberté du bien-être[88]. L'échange épistolaire la réconforte et la soutient dans son travail de deuil. L'agentivité de Sadobo va au-delà de l'échange épistolaire, car elle est prête à tuer son mari qui a fini par suivre les islamistes dans le désert.

6   L'auteur implicite et impliqué

Le narrateur omniscient, qui intervient à plusieurs reprises, ajoute un autre point de vue affirmé dans ce récit. Omniprésent dans le sens qu'il voit tout, sait tout, comprend tout, il laisse glisser son regard, variant ses angles et ses idées qu'il égrène au fil des pages. Cette voix narrative sert de relais énonciatif à celui qui orchestre le roman, l'auteur réel, et qui laisse des traces en dépit d'un savant travail de brouillage polyphonique. La présence plurielle et distanciée des voix à travers le roman n'empêche pas l'intentionnalité de l'auteur, souligne Bakhtine : « Ce jeu avec les langages, et souvent une absence complète de *tout discours direct totalement personnel de l'auteur*, n'atténue d'aucune façon, s'entend, l'intentionnalité générale profonde, autrement dit, la signification idéologique de toute l'œuvre »[89]. Selon le théoricien russe, l'auteur peut aussi incorporer plusieurs genres « intercalaires » littéraires ou « extra-littéraires » (nouvelles, poésies, saynètes, études de mœurs, textes rhétoriques, scientifiques, religieux et bien d'autres). Chacun de ces genres possède « ses formes verbales et sémantiques d'assimilation des divers aspects de la réalité »[90]. C'est bien le cas dans *Terre ceinte* où les affinités révélatrices (émotionnelles et idéologiques) entre les personnages et l'auteur sont essentiellement associées à une image implicite d'un auteur « caché dans les coulisses, en qualité de metteur en scène »[91]. Cet « auteur implicite », ce « second moi »[92] – Gérard Genette

---

87   Nous traduisons : « A person's 'agency freedom' refers to what the person is free to do and achieve in pursuit of whatever goals or values he or she regards as important », Amartya Sen, « Well-being, Agency and Freedom : The Dewey Lecture 1984 », *The Journal of Philosophy* 82,4 (1985), 169-221, 203.

88   Le *Well-being Freedom*, un concept développé par Amartya Sen, *ibid.*, 203.

89   Mikhaïl Bakthine, *Esthétique et théorie du roman*, trad. par Daria Olivier, Paris, Gallimard, 1978, 132.

90   *Ibid.*, 141.

91   Wayne C. Booth, « Distance et point de vue », dans Roland Barthes, Wolfgang Kayser, Wayne C. Booth et Philippe Hamon, *Poétique du récit*, Paris, Seuil, 1977, 92.

92   *Ibid.*, 92.

parle d'« auteur impliqué »[93] – est une version plus « avisée, plus sensible, plus réceptive que la réalité »[94].

Nous pourrions donner un exemple de la présence de l'auteur implicite dans le roman qui se manifeste davantage, selon nous, dans certaines sections. Tout comme les autres personnages du roman qui se défendent face à l'envahisseur, il n'est pas passif et laisse son empreinte en affichant certaines affirmations. Ni racontée par le narrateur omniscient ni par les personnages, la section 34 débute par l'emploi du pronom personnel indéfini « on » et a pour fonction, pensons-nous, d'inviter le lecteur à une réflexion sur la guerre et son impact sur le langage et la vérité :

> On ne mesure jamais à quel point toute guerre est aussi, peut-être et sur-tout, une entreprise de destruction, par son altération au langage. [...] Ainsi toute guerre, parce qu'elle est, pire qu'une altercation du langage, son aliénation pure et simple, devient par conséquent, fondamentale-ment, une atteinte portée à la Vérité[95].

Dans ce bref aparté, le « on » correspond à la notion de « groupe flou » ; on ne sait ni combien d'individus sont impliqués ni qui fait partie du groupe de référents[96]. Dans ce cas, nous serions amenée à voir dans ce passage un « angé-lisme narratif », tel que défini par Dominique Maingueneau[97]. En effet, ce terme qui s'inspire des vertus de l'« ange », porteur de message salvateur, per-met d'intervenir « de manière brève et imprévue »[98]. Parlerait-on d'un ange ici et de brièveté des apartés ? Nous y préférons le terme de « messager » puisque c'est la réflexion, qui est mise en avant dans le message porté et non les réfé-rents possibles.

De plus, dans la section 37, il y a un aparté beaucoup plus long que celui de la section 34. La forme impersonnelle employée dans ce passage, marquée par des répétitions de tournures comme « il s'agit de », « il faut » et sans l'utilisation

---

93   Gérard Genette, *Nouveau discours du récit*, Paris, Seuil, 1983, 207.

94   Booth, « Distance et point de vue », 92-93.

95   Sarr, *Terre ceinte*, 207.

96   Frédéric Landragin et Noalig Tanguy, « Référence et coréférence du pronom indéfini on », *Langages* 3,195 (2014), 99.

97   Dominique Maingueneau, « Instances frontières et angélisme narratif », *Langue française* 128 (2000), 85. L'ange, porteur de messages, se situe dans un espace intermédiaire (espace des hommes et celui de Dieu) (*Ibid.*, 85). Ainsi l'auteur créateur serait capable dans des passages d'angélisme narratif d'apparaître et de disparaître comme bon lui semble. L'emploi du pronom personnel « on » favorise un brouillage énonciatif voulu.

98   *Ibid.*, 85.

du pronom personnel indéfini, bascule le texte à nouveau dans la réflexion politique en affirmant que l'idéologie djihadiste islamiste « craint l'*écriture* des livres qu'elle pense dangereux » et préfère les détruire[99]. Cette démonstration ordonnée, qui est certainement destinée au lectorat, est une sorte de mise en abyme pertinente sur l'acte d'écrire comme « intelligence libre »[100], et cela peut faire référence au roman *Terre ceinte* écrit par Sarr, au journal clandestin de Malamine ou encore aux lettres d'Aïssata et de Sadobo. L'écriture est « à la fois le terme et le signe »[101] de cette intelligence libre conclut l'auteur implicite et impliqué. Ainsi, l'attitude des personnages renvoie à des choix explicités de manière indirecte qui permettent toutefois de saisir comment Sarr envisage une œuvre engagée. L'écrivain sénégalais révèle une représentation positive de l'être humain devant la laideur politique et religieuse de l'intégrisme. Peindre des portraits d'hommes et de femmes victimes fières et dignes devant la barbarie affiche sans aucune équivoque la visée de Sarr. En ce sens, l'auteur engagé « ne doit pas se limiter à dénoncer l'inacceptable, mais chercher à révéler la vie humaine sous tous ces aspects » en ressuscitant des « vies oubliées qui retrouvent dès lors une part de leur dignité » ou en rapportant « les fragments de parcours de femmes et d'hommes dignes et/ou luttant pour conserver leur dignité »[102].

Au terme de cet article sur *Terre ceinte*, il nous apparaît évident que Sarr « se réalise et réalise son point de vue [...] dans le narrateur, dans son discours, dans son langage »[103], selon la formule de Bakhtine. De plus, les propos de certains personnages, comme celui de Malamine, « peuvent également réfracter les intentions de l'auteur, lui servant, jusqu'à un certain point, de second langage »[104]. Cette forme romanesque plurilingue et plurivocale est essentielle dans la démarche scripturale de l'écrivain. Intégré dans le point de vue de ses personnages, du narrateur omniscient, l'auteur s'inspire aussi de leurs espoirs, de leurs craintes, de leur volonté et de leurs jugements. Néanmoins, puisque Sarr n'intervient pas directement dans le roman, mais se distancie ou cède la parole aux autres, il offre une perspective plus indirecte de l'accusation sur l'intégrisme. Les enjeux politiques sont transmis par une multitude de voix, dont celles des femmes, et il pourrait alors s'agir là d'une manière décalée de concevoir l'engagement.

---

99   Sarr, *Terre ceinte*, 229.
100   *Ibid.*, 230.
101   *Ibid.*, 230.
102   Chaudet, *Écritures de l'engagement*, 202.
103   Bakhtine, *Esthétique et théorie du roman*, 134.
104   *Ibid.*, 136.

En somme, si Aïssata a vu juste en misant sur la reprise de la ville par les forces musulmanes intégristes, elle n'a pourtant pas prévu « que le courage exemplaire des habitants de Kalep, dont beaucoup furent tués ou blessés lors de l'insurrection, était un épisode qui avait ému la communauté internationale »[105]. L'épilogue du roman s'ouvre alors sur une lueur d'espoir, celui d'une force militaire internationale envoyée pour épauler l'armée du pays et qui n'est pas sans rappeler l'intervention *Serval* en 2013 au Mali. Le roman de Sarr va plus loin qu'une simple dénonciation de l'islam radical. Il démontre que parler ou écrire n'est pas « inutile » comme est amené à penser Idrissa, le fils de Malamine. En imaginant les divers discours et les actes courageux ou lâches de ses personnages, en créant un registre littéraire équilibré, Mbougar Sarr se présente comme un écrivain responsable qui est capable de véhiculer du sensible pour agir, alertant et expérimentant dans chaque roman qu'il publie. En quête de sens, il tente d'apporter non pas de réponse, mais des pistes de réflexion littéraires dans lesquelles « le sensible et le rationnel se rejoignent dans des emmêlements créatifs inextricables »[106] et laisse son lectorat réfléchir sur la difficulté de faire face à la terreur : faire du silence un moteur, une sorte de résistance intérieure, qui se mue en paroles, en écriture, puis en « intelligence libre ». Dès lors, si l'auteur apporte des réponses créatives, éthiques et esthétiques sur le monde qui l'entoure, il participe à faire de la littérature « un partenaire d'élucidation pour les questions qu'on se pose », pour reprendre les termes de Dominique Viart[107], Sarr fait alors partie de ces auteur·e·s postcoloniaux à l'engagement universel, humaniste, qui invitent le lecteur à s'engager hors de la littérature, dans cette réalité qu'ils « critiquent autant qu'ils la célèbrent »[108].

Bibliographie

Bakthine, Mikhaïl, *Esthétique et théorie du roman*, trad. par Daria Olivier, Paris, Gallimard, 1978.

Bandura, Albert, *Auto-efficacité. Le Sentiment d'efficacité personnelle*, trad. par Jacques Lecomte, préface de Philippe Carré, Paris, Éditions De Boeck Université, 2014.

---

105   Sarr, *Terre ceinte*, 258.
106   Patrick Chamoiseau, « Ma littérature est une littérature de la relation », dans Gefen, *La Littérature est une affaire politique*, 218-230, 223.
107   Dominique Viart, « Rencontre avec Philippe Vasset », 230.
108   Chaudet, *Écritures de l'engagement*, 203.

Battestini, Simon, *Écriture et texte : contribution africaine*, Québec/Paris, Les presses de l'université Laval/Présence Africaine, 1997.

Bokobza, Serge, *Contribution à la titrologie romanesque : variations sur le titre* Le Rouge et le Noir, Genève, Droz, coll. « Stendhalienne », 1986.

Booth, Wayne C., « Distance et point de vue », dans Roland Barthes, Wolfgang Kayser, Wayne C. Booth et Philippe Hamon, *Poétique du récit*, Paris, Seuil, coll. « Points essais », 1977, 85-113.

Chabal, Patrick, « Pouvoir et violence en Afrique postcoloniale », *Persée* 42 (1991), 51-64.

Chamoiseau, Patrick, « Ma littérature est une littérature de la relation », dans Alexandre Gefen, *La Littérature est une affaire politique : enquête autour de 26 écrivains français*, Paris, Éditions de l'Observatoire, 2022, 218-230.

Chaudet, Chloé, *Écritures de l'engagement par temps de mondialisation*, Paris, Classiques Garnier, 2016.

Creech, James, « Terreur, répétition, pensée », dans Bruno Chaouat (ed.), *Penser la terreur*, Dijon, Éditions Universitaires de Dijon, 2009, 157-169.

Del Lungo, Andrea, *L'Incipit romanesque*, Paris, Seuil, 2003.

Denis, Benoît, *Littérature et engagement. De Pascal à Sartre*, Paris, Seuil, 2000.

Diarra, Ousmane, *La Route des clameurs*, Paris, Gallimard, coll. « Continents noirs », 2014.

Diel, Paul, *La Peur et l'angoisse. Phénomène central de la vie et de son évolution*, Paris, Payot, 1985.

Diouf, Jean-Léopold, *Dictionnaire wolof-français et français-wolof*, Paris, Karthala, 2003.

Dorcé, Ricarson, « Mohamed Mbougar Sarr : la littérature, un lieu de savoirs », *Magazine de l'ACFAS*, 13 mars 2023, https://www.acfas.ca/publications/magazine/2023/03/mohamed-mbougar-sarr-litterature-lieu-savoirs (consulté le 20 juin 2023).

Dusaillant-Fernandes, Valérie, « Comment résister à l'imposture ? Des voix engagées au cœur de la tourmente », *Alternative Francophone* 2,1 (2017), 56-74.

Gefen, Alexandre, *La Littérature est une affaire politique : enquête autour de 26 écrivains français*, Paris, Éditions de l'Observatoire, 2022.

Genette, Gérard, *Nouveau discours du récit*, Paris, Seuil, coll. « Poétique », 1983.

Ilpidi, Audrey et Perle Reynaud-Fourton, « Les Rouages de la mécanique terroriste », *Le Journal des psychologues* 4,257 (2008), 33-38, https://www.cairn.info/revue-le-journal-des-psychologues-2008-4-page-33.htm (consulté le 22 juin 2023).

Laborie, Pierre, *Les Français des années troubles. De la guerre d'Espagne à la Libération*, Paris, Seuil, 2003.

Landragin, Frédéric et Noalig Tanguy, « Référence et coréférence du pronom indéfini nion », *Langages* 3,195 (2014), 99-115.

Lounnas, Djallil, *Le Djihad en Afrique du Nord et au Sahel. D'AQMI à Daech*, Paris, L'Harmattan, coll. « Perspectives stratégiques », 2019.

Maingueneau, Dominique, « Instances frontières et angélisme narratif », *Langue française* 128 (2000), 74-95.

Makowiak, Alexandra, « Paradoxes philosophiques de l'engagement », dans Emmanuel Bouju (ed.), *L'Engagement littéraire*, Rennes, Presses Universitaires de Rennes, 2016, 19-30.

Morhange, Jean-Louis, « Incipit narratifs. L'entrée du lecteur dans l'univers de la fiction », *Poétique* 104 (1995), 387-410.

Rancière, Jacques, *Les Temps modernes. Art, temps, politique*, Paris, La Fabrique, 2018.

Reichelberg, Ruth et Judith Kauffmann, *Littérature et résistance*, Reims, Presses universitaires de Reims, 2000.

Rougier, Bernard, *Qu'est-ce que le salafisme ?* Paris, Presses Universitaires de France, coll. « Proche-Orient », 2008, 1-21.

Samman, Emma et Maria Emma Santos, « Agency and Empowerment : A review of concepts, indicators and empirical evidence », prepared for the 2009 Human Development Report in Latin America and the Caribbean, Oxford Poverty & Human Development Initiative (OPHI), 2009, 1-48.

Sarr, Mohamed Mbougar, « La Démocratie est un processus, une vieille constante, et non un acquis de droit divin », *Revue internationale et stratégique* 2,126 (2022), 53-60.

Sarr, Mohamed Mbougar, *Terre ceinte*, Paris, Présence Africaine, 2014.

Sartre, Jean-Paul, *Qu'est-ce que la littérature ?* Paris, Gallimard, 1948.

Sen, Amartya, « Well-being, Agency and Freedom : The Dewey Lecture 1984 », *The Journal of Philosophy* 82,4 (1985), 169-221.

Tawil, Camille, *Brothers in Arms : The Story of the Arab Jihadits*, London, Saqi Books, 2011.

Viart, Dominique, « Rencontre avec Philippe Vasset », *Revue critique de Fixxion française contemporaine* 18 (2019).

Interlude

Le journal de la résistance dans *Terre ceinte* – un projet étudiant

Tessa van Wijk et Gabriëlle Kamphuis

MASTER LANGUAGE — Radboud University

Créer un journal de résistance

Tessa van Wijk & Gabriëlle Kamphuis, Radboud Université Nimègue

Concept

Dans le cadre d'un cours de Master Language sur l'œuvre de Mohamed Mbougar Sarr, nous avons recréé un fragment du journal *Rataboaj* de *Terre Ceinte*. Le journal joue un rôle important dans le livre, mais le lecteur ne trouve ni des articles ni même des fragments du journal dans *Terre ceinte*. Il nous a semblé intéressant de recréer une partie de ce journal pour donner une idée d'à quoi il pourrait ressembler. Nous avons basé notre projet sur ce qui est écrit sur le journal *Rataboaj* dans *Terre ceinte*.

« *Un journal. Il fallait un journal qui témoignait de la barbarie. Un journal de réflexion sur la folie terroriste. Un journal clandestin. C'est a cette décision qu'ils avaient abouti après les multiples réunions qu'ils avaient tenues avant celle-ci. Créer un journal, le distribuer dans toute la province, encourir le risque d'être découvert, mais le faire néanmoins. Et envisager la situation sous tous ses aspects: politique, religieux, philosophique, militaire, idéologique, sout bouamment humain. Les envisager seulement au prix de leurs exigences à leurs conséquences, en passant par leurs factuelles et toute leur complexité. Un journal, enfin, surtout, pour dire non. Ils étaient tombées d'accord sur ce principe. C'est aujourd'hui que se serait la première séance de travail.* » (*Terre ceinte*, p. 76)

Le journal est bien documenté et basé sur les versets du Coran. Les auteurs parlent des aspects politiques, religieux, philosophiques etc. de la situation. Donc, nous avons essayé d'intégrer ces éléments dans notre projet en utilisant le Coran et les événements du livre.

Comme nous avons utilisé la maquette de style d'un journal, nous avons aussi mis quelques petits articles et quelques versets du Coran pour lui donner l'aspect d'un vrai journal. Cette maquette est différente de celle donnée dans le texte, où le journal est décrit comme « de simples feuilles de papier au format A4, reliées entre elles » (*Terre ceinte*, p. 153-154), mais nous voulions recréer le journal d'une manière un peu plus créative.

Journalisme de résistance

Pour notre projet, il était important de trouver une définition du journalisme de résistance. Dans leur article « Resisting the resistance (journalism): Ben Smith, Ronan Farrow, and delineating boundaries of practice » Patrick Ferrucci et Gino Canella analysent les différents éléments de « *resistance journalism* » (Ferrucci et Canella, p. 8). Ils distinguant trois éléments principaux du journalisme de résistance :

D'abord, le journalisme de résistance n'est pas un objectif. Les journalistes ont une opinion tranchée et ils prennent toujours clairement parti. « Instead, resistance journalism very deeply take a side. One article argued that resistance journalism is always 'on the right side of social media reaction. " » (*Ibid*., p. 9). Cependant, ne pas être objectif peut aussi avoir des conséquences négatives pour les journalistes. Les journalistes et leurs articles peuvent être perçus comme étant biaisés. De plus, il peut être dangereux pour les journalistes de s'exprimer contre l'ordre établi. Dans leur article, Ferrucci et Canella parlent des dangers pour la carrière du journaliste. Dans *Terre ceinte*, les personnages n'ont pas de carrière journalistique (hors de leurs activités pour le journal de résistance *Rataboaj*) ce n'est alors pas cela qu'ils risquent. Pourtant, leurs activités journalistiques sont très dangereuses. Les personnages s'expriment contre l'ordre établi, contre la Fraternité, et risquent ainsi la persécution par la Fraternité.

En outre, Ferrucci et Canella soulignent que le journalisme de résistance est « *targeted* » (*Ibid*., p. 9). Les journalistes s'adressent à un public spécifique. Ils s'expriment contre des personnes puissantes et impopulaires en sachant que leur lectorat partage leur opinion négative de ces personnes. Dans *Terre ceinte*, les personnages s'expriment contre la Fraternité qui est impopulaire chez une partie de la population.

Finalement, selon Ferrucci et Canella, le journalisme de résistance est « *truth-breaking* » (*Ibid*, p. 10). Les journalistes ne mentent pas, mais ils utilisent la vérité à leur avantage pour soutenir leurs arguments, parfois en la déformant un peu. Les collaborateurs de *Rataboaj* dans *Terre ceinte* utilisent ainsi la vérité en leur faveur dans leur journal. Ils basent leurs articles sur des événements passés pour soutenir leur discours contre la Fraternité.

Articles

Pour notre journal, nous avons écrit quatre articles, la mission du journal et un appel à résistance. Tous les articles sont basés sur des événements décrits dans *Terre ceinte*. Ce sont les événements suivants: la lapidation d'une femme, l'attaque sur Ndézléou, l'exécution d'Aïda et de Lamine et les sans-abris qui chantent le *Nazi*. Nous avons complété les articles avec des versets du Coran. Les photos d'illustrations sont libres de droit et proviennent du site Pexels et Pixabay. Ce sont respectivement les photos numéro 1859667, 2750047, 681041, 718646, 323314, 590491, 51212, 761295.

Bibliographie

Ferrucci, Patrick, & Canella, Gino – Resisting the resistance (journalism): Ben Smith, Ronan Farrow, and delineating boundaries of practice – Journalism, vol. 0, n° 0, 2022. https://doi.org/10.1177/14648849211048792.

Mbougar Sarr, Mohamed, *Terre ceinte*. Paris, Présence Africaine, 2014.

RAMBAAJ

Journal indépendant contre la Fraternité

Mercredi,
le 21 mai 2014

Nᵒ 1

Notre mission

Chers lecteurs,

Nous avons décidé de fonder ce journal pour résister à la Fraternité. Nous vivons dans des temps dangereux. La violence nous poursuit partout. Les exécutions publiques se suivent rapidement. La Fraternité frappe, tue, et terrifie le peuple.

La mission de ce journal sera de révéler la vérité, de révéler la barbarie de la Fraternité. Ce journal sera distribué dans tous les coins de la province. Il sera disponible à tous. Nos articles porteront sur la situation actuelle. Nous ne cesserons pas de nous battre. Nous serons entendus.

Nous résisterons toujours à la folie terroriste de la Fraternité.

- La rédaction de RAMBAAJ -

Retournons à une Kalep paisible et harmonieuse !
Photo anonyme

Notre belle ville de Kalep, *photos anonymes*

Les mots couverts par des pierres

Il y a quelque temps que j'ai assisté à ma première exécution. Cette exécution hante toujours mes pensées. Elle m'a fait peur comme aucun autre événement ne m'a fait peur. Une femme, accusée de vendre son corps, a été tuée d'une manière si indigne, si affreuse.

Ce n'était pas qu'Abdel Karim, le capitaine de la Fraternité qui a lu l'arrêt de mort de cette femme, qui lui a ôté la vie. Ce n'était pas que les hommes d'Abdel Karim, qui ont enterré cette pauvre femme jusqu'à la taille pour qu'elle ne puisse pas échapper à sa fin terrible, qui lui ont ôté la vie. C'était aussi le peuple. Le peuple, comme une foule animale, a attaqué cette femme jusqu'à sa mort. Le tas de pierres, préparé pour l'exécution par la Fraternité, diminuait rapidement.

On a condamné cette femme à la mort, mais qui sommes-nous pour juger? Est-ce qu'il n'est pas écrit dans le Coran que le jugement appartient à Allah? *«Et n'invoque nulle autre divinité avec Allah. Point de divinité à part Lui. Tout doit périr, sauf Son Visage. À Lui appartient le jugement; et vers Lui vous serez ramenés»* (Al-Qasas sourate 28, verset 88).

Le jugement ne nous appartient pas. On n'a pas le droit de condamner cette femme. Il ne faut pas faire de mal, même si on réagit à un autre mal: *«Voilà ceux qui recevront deux fois leur récompense pour leur endurance, pour avoir répondu au mal par le bien, et pour avoir dépensé de ce que Nous leur avons attribué; et quand ils entendent des futilités, ils s'en détournent et disent: 'A nous nos actions, et à vous les vôtres. Paix sur vous. Nous ne recherchons pas les ignorants'»* (Al-Qasas sourate 28, verset 54-55).

Il faut toujours faire le bien et nous serons récompensés pour nos bonnes actions. C'est aux autres de décider de la façon dont ils vivent et c'est à Allah de les juger.

J'ai vu mourir la femme, condamnée par la Fraternité et par le peuple. Elle a crié une dernière fois. C'était un cri qui pénétrait mes os. Pourtant, ce qui suivit ce cri était encore plus horrible. La femme a chuchoté quelques mots. C'étaient ses derniers mots.

Une pierre à la tête l'a tuée. J'ignore ce qu'étaient les mots qu'elle a prononcés. Personne ne les a entendus. Est-ce que ses derniers mots étaient une confession ou peut-être qu'elle ne voulait pas emporter dans sa tombe?

Cette idée que personne n'a entendu les derniers mots de cette femme me hante. La femme a été privée du langage, ses derniers mots n'ont servi à rien; ils resteront inconnus et inutiles.

Cette idée du langage inutile, d'être privé de voix, m'a poussé à fonder ce journal. Plusieurs fois, j'ai presque abandonné ce projet, mais les exécutions publiques continuent d'avoir lieu.

La Fraternité continue de juger des personnes, même si le jugement ne leur appartient pas. Chaque exécution indigne me pousse à agir. Nous, les auteurs de RAMBAAJ, ne serons pas privés de voix. Notre langage sera utile. Il servira à la résistance.

Al-Qasas
sourate 28, verset 84

«Quiconque viendra avec le bien, aura meilleur que cela encore; et quiconque viendra avec le mal, (qu'il sache que) ceux qui commettront des méfaits ne seront rétribués que selon ce qu'ils ont commis».

Al-Imran
sourate 3, verset 31

«Si vous aimez vraiment Allah, suivez-moi, Allah vous aimera alors et vous pardonnera vos péchés. Allah est Pardonneur et Miséricordieux».

Hud
sourate 11, verset 90

«Et implorez le pardon de votre Seigneur et repentez-vous à Lui. Mon Seigneur est vraiment Miséricordieux et plein d'amour».

Mercredi, le 21 mai 2014

RAMBAAJ

N° 1

Une chorale de résistance

Il y a quelques jours, lors d'une nuit claire et silencieuse, que la ville de Kalep a entendu quelque chose de spécial. Quelque part, un homme a commencé à chanter seul, et d'abord c'était difficile de distinguer les mots de la chanson.

Puis, de plus en plus de chanteurs s'ajoutaient au chant et on pouvait finalement comprendre les paroles majestueuses de Niani. C'étaient les sans-abris de la ville, des personnes aux marges de la société qui voulaient faire compter leurs voix. Même si leurs voix étaient rauques et brusques, elles ont résonné comme une chorale magnifique, s'unissant pour se battre contre ce régime de terroristes fou. Le Niani a commencé comme une forme de résistance au colonialisme, et ces hommes l'ont utilisé de manière très appropriée: pour faire signe de leur résistance contre l'occupation de Kalep et contre la Fraternité.

Pendant quelques minutes, cette belle chanson a continué à résonner dans la nuit, jusqu'à ce que soudainement des coups de feu retentissent et que les voix se taisent. Nous espérons qu'aucun de ces courageux chanteurs n'a été blessé, mais nous craignons le pire.

La Fraternité ne tolère pas la critique, on risque les pires conséquences pour toute résistance. Ils sont si incroyablement lâches qu'ils commencent immédiatement à tirer sur des sans-abris qui chantent une chanson, parce qu'ils ont tellement peur de perdre le pouvoir. Ils savent eux-mêmes que leur pouvoir n'est pas légitime, qu'il ne repose sur rien de substantiel.

Après tout, le Coran affirme qu'Allah est omnipotent et qu'il est la puissance dominante de l'univers. «*Votre Seigneur, c'est Allah, qui a créé les cieux et la terre en six jours, puis S'est établi: 'istawa' sur le Trône. Il couvre le jour de la nuit qui poursuit celui-ci sans arrêt. Il a créé le soleil, la lune et les étoiles, soumis à Son commandement. La création et le commandement n'appartiennent qu'à Lui. Toute gloire à Allah, Seigneur de l'Univers !*» (Al-Araf sourate 7, verset 54).

Nous ne pouvons pas simplement prendre le pouvoir et imposer notre propre volonté. C'est Allah qui décide de notre sort. C'est pourquoi nous devons lui faire confiance et lui rendre son pouvoir légitime, que La Fraternité lui a enlevé.

Nous devrions tous agir aussi courageusement que ces chanteurs. Ce n'est qu'en joignant nos forces que nous pourrons nous libérer de ce terrible régime de meurtriers d'innocents. Comme dit le noble Coran: «*quiconque tuerait une personne non coupable d'un meurtre ou d'une corruption sur la terre, c'est comme s'il avait tué tous les hommes*» (Al-Maidah sourate 5, verset 32). «*Allah n'aime pas les injustes*» (Al-Imran sourate 3, verset 57). C'est donc à nous tous de nous battre contre la Fraternité et de revenir à la paix.

La nuit en question, *photo anonyme*

Cessez la violence contre les femmes!

Il y a quelques semaines, une femme que vous connaissez peut-être, chers lecteurs, a été cruellement punie par des militaires de la Fraternité. Ndey Joor Camara attendait son fils sur le pas de la porte de sa propre maison. Comme il est resté absent pendant assez longtemps, elle s'est inquiétée pour lui, craignant que quelque chose ne se soit passé sur le chemin du marché. Comme elle était évidemment très préoccupée par cette question, elle avait oublié de mettre son voile lorsqu'elle s'est arrêtée un instant sur le trottoir pour chercher son fils. À ce moment-là, une patrouille de la Fraternité est passée. Les militaires ont immédiatement commencé à crier qu'elle devait porter son voile.

Une source anonyme nous a dit qu'ils criaient des choses comme «où est ton voile, vieille pute?» et «vieille putain, tu vas le payer!». Mme Camara est restée silencieuse, par peur peut-être, mais elle a aussi fait preuve d'un grand courage pour leur avoir refusé une réponse. Les officiers sont devenus furieux. Ils ont décidé qu'ils avaient le droit d'exécuter immédiatement une punition, qui n'était évidemment pas légitime.

Ils lui ont donné quatre coups de fouet, qui ont déchiré ses vêtements, la laissant à moitié nue dans la rue. Elle a perdu beaucoup de sang et a fini par perdre connaissance. Elle a été emmenée à l'hôpital par son fils. Même sa toute petite fille et son fils ont dû être témoins de cette barbarie! Les autres spectateurs n'ont d'abord rien fait, ce n'est que plus tard qu'ils ont agi.

Nous devrions tous apprendre à nous opposer à l'injustice dans des situations comme celle-ci et à agir plus rapidement.

Une femme respectable et connue dans toute la région pour son restaurant très populaire ne mérite pas d'être traitée de cette façon barbare. Aucune femme ne mérite ceci.

Les hommes, ne vous laissez pas entraîner par la rancœur et la haine de la Fraternité, mais voyez les femmes parmi nous pour ce qu'elles sont: vos compatriotes. Votre mère, votre sœur, votre femme. Laissez l'amour triompher à nouveau à Kalep. Ce n'est qu'alors que nous pourrons vaincre ce régime atroce et sortir de cette situation d'oppression.

Comme il est écrit dans le Coran: «*Les croyants et les croyantes sont alliés les uns des autres. Ils commandent le convenable, interdisent le blâmable accomplissent la Salât, acquittent la Zakat et obéissent à Allah et à Son messager. Voilà ceux auxquels Allah fera miséricorde, car Allah est Puissant et Sage*» (At-Tawbah sourate 9, verset 71).

Nous avons donc besoin d'être unis et d'oublier nous différences pour triompher. Il faut qu'on se soutienne les uns les autres. La Fraternité n'est composée que d'hommes vindicatifs, haineux et avides de pouvoir, nous devons les arrêter ensemble !

Une femme de Kalep portant son voile, *photo anonyme*

Mercredi, le 21 mai 2014

RAMBAAJ

Nº 1

Tués pour l'amour

Vendredi dernier à dix heures du matin, un jeune couple a été tué par la Fraternité sur la place de l'Hôtel de ville. La fille, Aïda, avait dix-huit ans et le garçon, Lamine, avait vingt ans. Ils étaient encore si jeunes. Ils étaient à peine des adultes. Mais oui, il est vrai, ces deux jeunes personnes ont péché.

Ils étaient amoureux et ils ont forniqué. Et comme vous savez, Allah désapprouve des relations sexuelles avant le mariage. Sur ce point, la Fraternité a raison. Pourtant, ils sont allés trop loin dans la punition du jeune couple.

Sur la place de l'Hôtel de ville, les hommes de la Fraternité ont sorti le couple, nu et vulnérable, d'un coffre d'une voiture. Ils ont forcé le couple à marcher vers le lieu de l'exécution en leur donnant des coups. La jeune femme est tombée par terre, épuisée et blessée, et personne ne l'a aidée à se relever parce qu'elle a été jugée impure. L'homme a été fortement frappé plusieurs fois, sans égard pour sa fragilité et sa nudité.

Abdel Karim a demandé aux parents du couple d'avancer. La mère du jeune homme n'était pas venue car son mari le lui avait interdit, et la mère de la jeune fille, qui était bien présente, ne cessait pas de pleurer. Elle voulait toucher sa fille, mais on le lui a interdit. Les deux pères se sont adressés à leurs enfants pour leur dire qu'ils avaient fait honte à leurs familles.

Puis, on a mis le jeune couple à genoux et devant le public fou d'impatience, on a tiré. Le couple est tombé au sol sous les yeux de leurs parents.

Comme écrit précédemment, la fornication est en effet un péché, mais il n'est pas écrit dans le Coran que le couple coupable doit être tué. Le Coran précise que le couple doit recevoir cent coups de fouet: «*La fornicatrice et le fornicateur, fouettez-les chacun de cent coups de fouet. Et ne soyez point pris de pitié pour eux dans l'exécution de la loi d'Allah - si vous croyez en Allah et au Jour dernier. Et qu'un groupe de croyants assiste à leur punition*» (An-Nur sourate 24, verset 2). La Fraternité n'a donc pas suivi le Coran, mais ils ont eux-mêmes choisi d'exécuter le couple, parce que le couple refusait de se repentir.

La Fraternité a donné une mort humiliante, déshonorante et extrêmement violente au jeune couple. Ces jeunes personnes dans la force de l'âge ne méritaient pas cette mort. La mère de la jeune fille ne méritait pas d'être traumatisée par la mort de sa fille. Combien d'exécutions publiques faut-il avant que le peuple se batte et résiste? Vendredi dernier, les condamnés à mort étaient Aïda et Lamine. Demain, ce pourrait être nos propres enfants.

La foule lors de l'exécution du jeune couple, *photo anonyme*

Rejoignez-nous dans la résistance!

Merci à vous, cher lecteur, pour avoir lu notre journal. C'est avec beaucoup de soin et d'attention que nous avons essayé d'exposer nos idées dans ces articles.

Nous sommes convaincus que nous ne sommes pas seuls dans nos croyances. Les habitants de Kalep et des environs sont fatigués. Fatigués de la peur qui a envahi nos vies. Mais ce n'est qu'ensemble que nous pourrons agir contre la source de cette peur.

C'est la Fraternité qui terrorise toutes nos pensées et toutes nos actions.

Mais pas pour plus longtemps. Le rideau tombera bientôt sur ce régime de terroristes, mais cela ne se fera pas automatiquement.

Ce journal n'est qu'un début, il en faut beaucoup plus pour que notre belle ville redevienne agréable à vivre et paisible.

Unissons-nous tous pour nous battre contre la terreur de la Fraternité! Rejoignez-nous dans la résistance!

- La rédaction de RAMBAAJ -

Polyphonie et intermédialité

∴

De la « médialisation » de l'écriture dans les romans de Mohamed Mbougar Sarr. Pour une représentation efficiente des réalités sociopolitiques africaines

Aliou Seck

Résumé

Les lecteurs fidèles de l'écrivain sénégalais Mohamed Mbougar Sarr ne manqueront pas de relever la singularité de son écriture qui, dans son déploiement, laisse peser le soupçon d'une volonté de renouvellement esthétique du roman africain contemporain d'expression française par le biais d'une « médialisation » outrancière faisant de l'univers de l'œuvre ainsi produite un espace de cohabitation entre différents codes sémiotiques. C'est cette tendance scripturale (post-)moderne, qui s'inscrit dans le sillage de l'hybridité (générique) caractéristique de notre ère, que nous envisageons d'étudier dans le cadre de la présente contribution. Adossée à une approche intermédiale de l'écriture littéraire, notre analyse part de l'hypothèse que le jeu intermédiatique à l'œuvre – dans *Terre ceinte* et *De purs hommes* – relève d'un choix scripturaire novateur qui subsume des motivations esthétiques et surtout idéologiques dans le sens où les nombreux médias, mis à contribution dans la composition des textes de Mohamed Mbougar Sarr, dépassent leurs fonctions habituelles pour devenir les vecteurs de la vision critique d'une société africaine engluée dans des crises sociopolitiques de tous ordres. Nous assistons, par ce biais, à l'avènement d'une esthétique romanesque nouvelle qui consacre le détournement des médias de leurs fonctionnalités reconnues pour servir le projet de l'écrivain.

Mots-clés

Mohamed Mbougar Sarr – *Terre ceinte* – *De purs hommes* – roman – intermédialité – médias – esthétique – idéologie

1   Introduction

Le constat de Mikhaïl Bakhtine selon lequel les textes littéraires se donnent à
lire comme des discours hybrides à organisation complexe et intérieurement
dialogisés[1] est d'une remarquable actualité au regard de la production littéraire
francophone contemporaine. S'il est un fait que c'est le rapport à la tradition
esthétique qui est (re)questionné par la plupart des écrivains de notre temps –
inscrivant leurs œuvres dans le courant d'une (post)modernité en faisant d'elles
le réceptacle d'une vision décloisonnée de la *praxis* artistique – cela parait plus
nettement chez les prosateurs africains subsahariens dont le travail d'écriture
rend compte d'un véritable désir d'infléchir les codes du roman. Cette reconfi-
guration de la matérialité du genre romanesque ouvre la voie à des pratiques
novatrices s'appuyant sur des expériences contemporaines, en particulier le
bouillonnement médiatique qui régit les rapports sociaux. Le roman africain,
ayant fait sa mue, se décline plus que jamais sous l'angle de l'hétérogénéité,
signe de la porosité de ses frontières et de sa capacité à se laisser féconder par
d'autres territoires génériques ou médiatiques.

S'inscrivant désormais dans « un régime de tissage et d'impureté »[2], l'art du
roman – du moins tel qu'il se laisse saisir dans sa version actuelle – pose à la
fois un défi herméneutique et heuristique, et impose à l'exégète la nécessité
d'une réadaptation des concepts et des grilles de lecture à même de le saisir
dans toute sa complexité. En cela, la théorie intermédiale s'impose plus que
jamais comme une approche féconde du texte littéraire africain[3]. Abondant
dans le même sens, Sylvère Mbondobari soutient que

> [l]'intermédialité peut devenir un des concepts-clés dans l'approche du
> texte littéraire africain contemporain. Aussi, la littérature africaine ne
> saurait faire l'économie d'une réflexion sur les conditions de réception
> des différents médias et le fonctionnement à l'intérieur même de l'œuvre
> littéraire[4].

---

1   Mikhaïl Bakhtine, *Esthétique et théorie du roman*, Paris, Gallimard, 1987, 102.
2   Damo Junior Vianney Koffi, « Jeux et enjeux de l'intermédialité dans *53 cm* de Sandrine
    Bessora », dans François Guiyoba (ed.), *Littérature médiagénique, écriture, musique et arts
    visuels*, Paris, L'Harmattan, 2015, 223.
3   Voir Robert Fotsing Mangoua, « De l'intermédialité comme approche féconde du texte fran-
    cophone », *Synergies, Afrique des Grands Lacs* 3 (2014), 127-141.
4   Sylvère Mbondobari, « Dialogue des arts dans le roman africain. La fiction cinématogra-
    phique dans *Rêves portatifs* de Sylvain Bemba », *Stichproben. Wiener Zeitschrift für kritische
    Afrikastudien* 17,9 (2009), 58.

C'est donc reconnaitre la capacité de l'intermédialité – en tant que dispositif théorique et outil analytique – à saisir les jeux et les enjeux intermédiatiques à l'œuvre dans les productions romanesques contemporaines. Cela, d'autant plus que la nouvelle génération des romanciers africains semble avoir fait de l'intrication des médias un nouveau paradigme d'élaboration de leurs textes. Ceux-ci, fortement investis par toute une panoplie de médias (sonores, visuels, audiovisuels …), deviennent des lieux de rencontre et d'influence entre différents arts et médias qui contribuent à la refonte en profondeur de l'esthétique du roman, volontairement soumis à la fantaisie des écrivains.

Représentatifs de cette tendance scripturale, les romans de Mohamed Mbougar Sarr, généralement abordés sous des angles thématique, sociocritique, narratologique, intertextuel, méritent d'être passés au crible de l'intermédialité afin de mettre en lumière la spécificité de leur composition, tant du point de vue esthétique que sémantique. Nous voulons analyser le parti pris de « médialisation » de l'écriture dans deux de ses romans, en l'occurrence *De purs hommes*[5] et *Terre ceinte*[6] ; laquelle « médialisation » nous semble motivée, en dehors de la dimension esthétique qui lui est consubstantielle, par un désir de représentation des réalités sociopolitiques africaines actuelles. Nous postulons que le jeu intermédiatique, dans les romans choisis, relève d'un choix esthétique conscient qui subsume des motivations idéologiques dans le sens où les médias en question dépassent leur fonction apparente de médium pour être le vecteur de la vision critique d'une société engluée dans des crises sociopolitiques de tous ordres. Nous assistons, par ce biais, à l'avènement d'une esthétique romanesque nouvelle qui consacre le détournement des médias de leurs fonctionnalités usuelles pour servir le projet esthétique et idéologique de l'écrivain.

2   Au cœur d'un projet esthétique de « médialisation » : une écriture romanesque à la croisée des médias

Dans un article où il aborde la relation entre jeux et enjeux de l'intermédialité dans l'écriture romanesque de Bessora, Damo Junior Vianney Koffi soutient que

[l]a société actuelle vit sous la domination des mass-médias qui influencent considérablement nos visions et expression du monde [...]. Cette mass-médiatisation s'observe aussi dans l'écriture romanesque. En

---

5   Mohamed Mbougar Sarr, *De purs hommes*, Dakar/Paris, Jimsaan/Philippe Rey, 2018.
6   Mohamed Mbougar Sarr, *Terre ceinte*, Paris, Présence Africaine, 2017.

effet, la tendance semble s'orienter de plus en plus vers une convocation et une narrativation systématique des ressources des technologies de l'information et de la communication[7].

Si cette observation critique touche à l'architecture globale du roman africain, en particulier son inclination à s'ouvrir et à intégrer dans sa texture diverses formes d'expressions culturelles ou artistiques apparentées à d'autres pratiques signifiantes, elle sonne avec une remarquable pertinence lorsqu'elle est rapportée à l'œuvre du romancier Mohamed Mbougar Sarr. À l'analyse, son travail créateur se résume en une activité de butinage où la mise en relation de différents médias à la surface du texte devient le principe structurant de l'écriture. Au fond, l'originalité de sa démarche se situe dans le fait que les médias, qui infiltrent le tissu romanesque, ne sont pas seulement convoqués sous un mode citationnel ; mieux, en investissant le texte, l'on arrive à une forme d'hybridation où, suivant un jeu subtil de « remédiatisation »[8], le romanesque perd son statut générique classique en raison de sa contamination par le médiatique. Son unité et sa pureté étant obérées par la coexistence médiatique, le roman se transmute en un texte multiforme inscrit à la jonction de plusieurs arts et médias.

Cette impression nait justement de la lecture de *De purs hommes* où l'élan de contamination du romanesque par le cinématographique ne souffre d'aucune ambiguïté. Le lecteur y assiste, dès l'incipit, à une collusion de deux codes sémiotiques installés non pas dans un rapport concurrentiel mais davantage dans une fructueuse relation osmotique qui, contribuant à l'oblitération des frontières artistiques, installe la narration dans un régime de composition et de maillage intermédiatique.

3   De la cinématisation de la trame ou la narration par média interposé

Il importe, de prime abord, de partir de l'hypothèse d'une forme de cinématisation outrancière du récit romanesque de Mohamed Mbougar Sarr eu égard à la présence trop voyante de l'audiovisuel dans l'univers textuel de *De purs hommes*. Cela se ressent dès les premières lignes puisque le texte s'ouvre sur

---

7   Koffi, « Jeux et enjeux », 221.

8   Jay David Bolter et Richard Grusin utilisent ce terme dans le sens de la représentation d'un médium dans un autre. Voir Jay David Bolter et Richard Grusin, *Remediation, Understanding New Media*, Boston, MIT Press, 1999, 15.

un dialogue entre deux personnages, à la fois amants et médiaphiles, dont la discussion tourne autour d'une vidéo d'un homosexuel déterré d'un cimetière musulman par un groupe de fidèles dans une hystérie collective. Ce média constitue, en quelque sorte, le point zéro du processus d'élaboration du récit, conditionnant sa littérarité soumise aux exigences du média audiovisuel. Tout part en réalité de cette vidéo et tout revient à elle, faisant épouser, *ipso facto*, au récit une structure cyclique déterminée par la centralité du média. Se tisse alors une étroite connivence entre deux codes différents inversant par le même fait la relation intermédiatique qui les lie dans le sens où le média graphique déchoit, au fil de la trame, de son statut pour se muer en un hypermédia subordonné à l'hypomédia que constitue désormais le média audiovisuel.

La permutation introduite dans la coexistence du roman et du cinéma est rendue possible par cette forme de simulation structurelle par laquelle le romanesque se construit en se réadaptant et en se réappropriant les propriétés techniques du média cinématographique. Il en résulte un changement de paradigme dans la mesure où le narré, phagocyté par le visuel, glisse sur une pente où, à terme, il se métamorphose en une volonté de montrer. Se révèle alors un penchant au « montrage » par le biais duquel les évènements, mis en récit par un personnage au statut ambigu de narrateur et de spectateur, sont moins lus que visualisés par le lecteur. Il apparait un empiètement de la narrativité romanesque sur un régime cinématographique d'autant plus que l'on passe d'un « mode de narration fondé sur le verbal à un mode de narration filmique »[9]. André Gardies rappelle à ce propos que

> [l]a fonction principale du cinéma réside [...] dans la nécessité qu'il a de montrer, de donner à voir, et au besoin de donner à entendre. En ce sens, il montre d'abord, il raconte ensuite. [Conséquemment], c'est le récit qui est subordonné à l'image et non l'inverse[10].

À l'observation, *De purs hommes* est de ces romans où l'on entre par la voie de la vue. Son écriture est tellement hantée par le code sémiotique du cinéma qu'il ne serait pas exagéré de le qualifier de roman filmique. L'auteur y réussit, pourrait-on dire, la prouesse d'établir « des connexions rhizomatiques de systèmes de signes hétérogènes »[11], génératrices d'une nouvelle esthétique

---

9   André Gardies, *Le Récit filmique*, Paris, Hachette Livre, 1993, 10.
10   *Ibid.*, 10.
11   Valentina Karampagia, « Corps poétique et corps dansant : une figure d'intermédialité », dans Célia Vieira et Isabel Rio Novo (ed.), *Inter Média, littérature, cinéma et intermédialité*, Paris, L'Harmattan, 2011, 87.

qui pose le tissage médiatique en une véritable grammaire du récit. Si ce
mode opératoire est aussi perceptible chez des romanciers comme Tierno
Monénembo dans *Cinéma*[12], poussant Adama Coulibaly à en parler en termes
de « westernisation »[13] du roman, la particularité de l'option scripturaire de
Sarr réside dans le fait qu'il expérimente la narration d'une histoire à partir
d'un contenu médiatique : la vidéo prise par un témoin des évènements qui
structurent le texte. Leur « mise en intrigue »[14] à partir d'images brutes introduit un aspect nouveau dans la conception des catégories romanesques ainsi
que dans l'échafaudage du récit. Ce d'autant plus que la vieille centralisation
de la diégèse autour d'une histoire cède la place à une textualité composite
imposant au narrateur l'option, peu commune, d'une narration-visualisation
faite d'un mouvement itératif d'allers et de retours entre l'image filmique et le
récit cadre :

> [Rama] lança la vidéo, qui commença dans ce tourbillon confus de voix
> et d'images caractéristiques des prises d'amateurs : il n'y avait aucun élé-
> ment de contexte, rien que des voix, des silhouettes, des souffles ; l'au-
> teur de la vidéo n'était donc pas seul, il semblait être au cœur d'une forêt
> d'hommes ; sa main tremblait, l'image n'était pas nette, mais se stabilisait
> après quelques secondes ; l'individu qui filmait commençait à parler[15].

Sur le plan de la construction diégétique, c'est en réalité toute la structure classique du récit qui se trouve sciemment bouleversée par Mohamed Mbougar
Sarr eu égard au fait que l'image filmique, souvent convoquée dans les fictions romanesques, était pourvue d'une valeur testimoniale, dans le sens où,
perçue tel un succédané du verbe, elle était chargée d'étayer, de corroborer
les évènements racontés. La logique étant ici inversée, le texte, subordonné
à l'image, pactise et coalise avec elle, faisant passer la narration pour le retra-
çage d'une succession de plans que tente de réunir en un tout perceptible un
narrateur-spectateur à l'intention d'un narrataire à la fois observateur, lecteur, auditeur et participant. La relation intermédiatique qui se crée réduit le
texte romanesque de Sarr en un long métatexte qui introduit une hiérarchie,
quoique partielle, entre les unités médiatiques en coprésence. Nous assistons,

---

12   Tierno Monénembo, *Cinéma*, Seuil, 1997.
13   Adama Coulibaly, *Des Techniques aux stratégies d'écriture dans l'œuvre romanesque de
      Tierno Monénembo*, Paris, L'Harmattan, 2010, 91.
14   Paul Ricœur, *Temps et récit, tome 1-2-3*, Paris, Seuil, 1991.
15   Sarr, *De purs hommes*, 10.

par ce biais, à une forme de « convergence médiatique »[16] qui révèle l'extension des frontières du littéraire au cinéma.

Ce potentiel cinématographique des romans de Mohamed Mbougar Sarr est aussi visible dans le fait qu'il y a « une forte présence des lexèmes capables de renvoyer le lecteur à une ambiance cinématographique »[17]. Nous voyons apparaitre dans les pages inaugurales de *De purs hommes* des termes comme « écran », « vidéo », « image », « film », ainsi que des expressions comme « voix off », avoir un « visuel », « l'individu qui filmait », « l'auteur de la vidéo ». En outre, la construction de l'œuvre obéit aux exigences du récit minimal qui, selon André Gardies, répond à la figure nucléaire suivante : « équilibre → déséquilibre → rééquilibre »[18]. La structure du récit épouse à vrai dire le schéma esquissé, d'autant plus que la trajectoire narrative nous fait passer d'un évènement soulevé dès l'incipit à un autre, que nous dirons final, entre lesquels surgit un « opérateur de transformation »[19]. Cela illustre, si besoin en est, le caractère sériel de l'écriture calqué sur les deux principaux axes de la vie du narrateur diégétique reliés par la découverte de la vidéo. Symboliquement, ces axes s'appréhendent comme les épisodes emboîtés d'un film à rebondissement qui dévoilent les différentes péripéties de la vie du narrateur. Il apparait chez l'auteur une inclinaison vers l'adoption des techniques de la scénarisation qui, s'appuyant sur un média non littéraire, renforce la dimension spectaculaire et imagière du texte. Ce dernier, pris dans son fonctionnement diégétique, affiche aussi ses apparentements au polar dont certains de ses ingrédients sont réinvestis. La découverte de la vidéo fait, au figuré, du personnage un enquêteur qui se lance sur les traces de la victime. S'enclenche alors une longue enquête qui le mènera successivement à la rencontre d'Angela Green Diop, travaillant pour Human Rights Watch, et du travesti Samba Awa Niang.

À ce niveau de l'analyse, l'on devrait plutôt parler d'une sorte de quête médiatique puisque le narrateur-enquêteur n'a d'autres supports matériels que la vidéo stockée sur son téléphone et dont le contenu l'obsède et l'écœure jusqu'à en constituer le motif primordial de sa quête. Ce contenu médiatique, devenu la matrice du texte, est aussi le nœud du roman polar qui, relançant

16   Engelberts Matthijs, « 'Convergence' de la littérature et du cinéma ? Le cas *d'Il y a long-temps que je t'aime* (Claudel, 2008) », dans Vieira et Novo (ed.), *Inter Média*, 223.

17   Maria Odete Gonçalves, « Luís Miguel Nava et l'Inércia da Deserção : espaces d'interception entre poésie et cinéma », dans Vieira et Novo (ed.), *Inter Média*, 161.

18   Gardies, *Le Récit filmique*, 29.

19   *Ibid.*, 30.

constamment l'intrigue, avoue l'inclinaison du récit vers une « narrativité hypertextuelle »[20].

Le motif de la quête médiatique apparait aussi dans *Terre ceinte*. À l'image de Ndéné dans *De purs hommes*, Abdel Karim, le chef de La Fraternité, se lance à la poursuite des auteurs du journal *Rambaj*. Le point commun entre eux réside dans le fait que la quête s'appuie sur un média – imprimé, dans ce cas – et qu'elle part toujours de l'existence de faits consignés sur un média. Autant Ndéné et Karim apparaissent comme des quêteurs dont l'impulsion de la mission est générée par un média.

De plus, le discours d'Abdel Karim est truffé de mots qui forment un réseau lexical représentatif des enquêtes. Nous avons les termes comme « interrogatoires », « perquisitions », « représailles ». En outre, l'arrestation du couple Déthié et Codou, membres du comité de rédaction du journal, est assortie d'une mise en scène et d'un ensemble de dispositions oratoires qui ne sont pas sans rappeler les codes en vigueur dans les films d'action : « Je vous arrête à la suite de la production et de la distribution du journal *Rambaaj* »[21], leur dit-il.

Au regard de ces éléments, il apparait assez clairement chez Sarr une volonté de « mise en synchronie de l'espace littéraire avec l'espace [cinématographique] »[22]. Récit romanesque et intrigue cinématographique se liguent dans une hybridation active qui, en plus de doter le texte d'un surplus de sens et d'expressivité, oriente son écriture vers le montage et la visualité. Il en ressort un corps textuel impur fait d'un amalgame d'unités médiatiques qui, transférant au romanesque leur médialité, contribue, pour reprendre l'expression d'Edgar Morin, à « désembrigader »[23] la pratique littéraire et, donc, à médialiser l'écriture romanesque. Cette médialisation est aussi visible dans le recours au téléphone, à la photographie et au son.

4   Le bruissement de l'univers romanesque

L'univers diégétique des romans de Mohamed Mbougar Sarr a la particularité d'être marqué par un entrelacement d'une pluralité de médias. Ceux-ci,

20   Ibrahima Diagne, « Radio, télévision, téléphone : l'écriture de la voix phonique comme masque acoustique dans l'œuvre romanesque de Fatou Diome », dans Ibrahima Diagne et Hans-Jürgen Lüsebrink (ed.), *Cultures médiatiques et intermédialité dans les littératures sénégalaises, enjeux culturels et écritures littéraires, de l'époque coloniale à la postmodernité*, Paris, L'Harmattan, 2020, 174.

21   Sarr, *Terre ceinte*, 323.

22   Karampagia, « Corps poétique », 87.

23   Edgar Morin, « Sur l'interdisciplinarité », *Centre International de Recherches et études Transdisciplinaires* 2 (1994).

convoqués selon diverses modalités, impriment à l'esthétique romanesque une nouvelle dynamique tout en la situant dans une logique d'absorption et de recyclage des médias. C'est le propre de la pratique intermédiale de faire du texte littéraire un milieu intermédiatique qui confirme son statut de média-synthèse. Cette nouvelle configuration du texte littéraire francophone motive d'ailleurs l'hypothèse de François Guiyoba d'une littérature qui aurait quitté son acception classique pour glisser vers les concepts néologiques de « médialiture » et de « médiascripture ». Celles-ci, étant pour lui des synonymes,

> correspondrai[ent] à une pratique littéraire englobant, transcendant ou dominant les autres pratiques artistiques en les intégrant en son sein suivant une logique de mise en abyme systématique, foisonnante et généralisée de celles-ci [...] mais polarisée par la littérature[24].

L'analyse des romans de Sarr confirme ce présupposé théorique. En dehors des accointances entre la littérature et le septième art, dont les rapports d'influence sont symptomatiques de ce que Genette nomme « l'effet rebond »[25] d'un média sur un autre, nous notons d'autres formes d'interférences médiatiques mettant cette fois-ci en présence les autres médias, qu'ils soient imprimés, sonores, visuels ou audiovisuels. Ainsi, la lecture de ces romans nous fait constamment passer « d'un mode d'expression verbal à un mode d'expression polyphonique et présupposant la transfiguration des contenus sémantiques, des instances narratives, des procès stylistiques »[26].

Nous avons vu, dans la première articulation de l'analyse, la place occupée par la vidéo – qui amène le « lecteur à entrer dans le monde romanesque par la voie de la vue »[27] – sans préciser outre mesure que celle-ci parvenait au narrateur par le canal du smartphone. Combiné à la radio, ce média participe de la sonorisation de l'univers diégétique tout en transformant la lecture, ainsi que le remarquait Robert Fotsing Mangoua, en une expérience « [d']écoute pour l'oreille initiée »[28]. C'est dire donc que la figuration de la radio et du téléphone dans les textes dépasse parfois leurs fonctions primordiales pour se muer en des dispositifs narratifs jouant des rôles déterminants dans le projet esthétique et idéologique de l'auteur. Ainsi pourrait-on remarquer que le téléphone est un

---

24   François Guiyoba, « Introduction générale », dans idem, *Littérature médiagénique*, 7.

25   Gérard Genette, *Nouveaux discours du récit*, Paris, Seuil, 1983, 49.

26   Isabel Rio Novo, « Eça de Queirós, Manoel de Oliveira et les parcours de l'adaptation dans *Singularités d'une Jeune Fille Blonde* », dans Vieira et Novo (ed.), *Inter Média*, 184.

27   Salma Mobarak, « Pour un nouveau rapport au littéraire : du spectateur au lecteur », dans Guiyoba (ed.), *Littérature médiagénique*, 173.

28   Robert Fotsing Mangoua, « L'écriture jazz », dans idem (ed.), *L'imaginaire musical dans les littératures africaines*, Paris, L'Harmattan, 2009, 131.

actant de premier plan dans *De purs hommes*. Porteur de la matière diégétique, il raconte à sa manière, sur le mode du montrer, l'évènement phare qui constitue le prétexte du récit. De la sorte, pèse-t-il chez l'auteur, en nous référant à la médialité du smartphone, le vœu d'une sonorisation de l'écriture romanesque s'offrant comme une matière flexible qui, bien que conçue dans un code graphique, ne dédaigne pas le son. Cela va de pair avec un fort penchant à l'oralisation du récit dont les marques les plus évidentes se manifestent dans une écriture mimétique qui tente de reproduire la matérialité du média tel qu'il se laisse percevoir dans la communication courante. L'exemple ci-dessous rend compte d'une liberté scripturaire de l'auteur qui répercute dans l'espace textuel une conversation téléphonique entre Malamine et son épouse Ndey Joor Camara :

> Allo ? Allo Malamine ... ? Oui, non, je ne t'entends pas très bien ... Comment ? Oui, je vais bien, et les enfants aussi ... Pardon ? Essaie de t'éloigner un peu. Voilà c'est un peu mieux. Oui, ils vont bien [...]. Malamine, tu as appris la nouvelle ? Non, pas la poubelle ... La nouvelle[29] ?

Au même titre que le téléphone, la radio et la musique contribuent à la sonorisation de l'univers romanesque. Leur présence, assez marquée, fait, par endroits, de la narration une diffusion. Sur le plan de la progression narrative, le surgissement de la radio dans l'univers de *Terre ceinte* introduit une discontinuité détournant le récit vers la voie/voix d'un speaker qui concurrence la voix narrative. Il en ressort une superposition des voix faisant de la conduite du récit une opération complexe, toujours relancée et dont aucun média ne peut se prévaloir d'en détenir l'exclusivité. Texte et radio contribuent solidairement à la littérarité de l'œuvre dont la configuration s'apparente à un jeu d'assemblage d'éléments hétérogènes à l'image d'un patchwork.

La présence du média musical dans *Terre ceinte* mute le récit en une discothèque tout en mettant l'acte de lire et d'écouter sur le même plan[30]. Se crée, de la sorte, une connivence entre le narrateur et le lecteur dont la culture médiatique est constamment sollicitée dans la perception de l'univers référentiel qu'implique, par exemple, l'évocation du titre « Niani ». La musique imprègne le texte de sa présence à telle enseigne que le travail d'écriture, se muant par certains côtés en un exercice ekphrasique, met entre parenthèses le déroulement du récit qui stagne pour donner libre cours au discours métatextuel de la chanson en question comme c'est le cas aux pages 145, 224, 225.

---

29   Sarr, *Terre ceinte*, 331-332.
30   Fotsing Mangoua, « L'écriture jazz », 136.

5   Pratique intermédiale et dimension sociopolitique du texte

Cette dernière partie de notre analyse s'adosse à l'idée que la pratique inter-médiale qui est à la base de la composition des romans de Mohamed Mbougar Sarr est, au-delà de la dimension esthétique, porteuse d'une volonté d'ex-périmentation d'une écriture plurimédiale faisant corps avec une stratégie de propagation de la vision du monde de l'auteur. Autrement dit, elle est un moyen de porter un regard critique sur la situation du continent africain miné par des crises sociales et politiques. Vue comme telle, l'intermédialité, « loin d'être un procédé inerte, amorphe, se révèle plutôt comme un disposi-tif de production de sens »[31]. Il y a alors lieu de supposer que les médias qui infestent le tissu romanesque sont mobilisés dans un sens bien précis. Ils fonc-tionnent, dans leur grande majorité, à titre d'adjuvants et jouent un rôle de premier ordre dans la représentation du continent. Ainsi pourrait-on obser-ver que ce détournement des médias de leurs usages habituels s'insère dans une tradition esthétique qui institue un dialogue intertextuel entre la posture esthético-idéologique d'auteurs francophones comme Sylvain Bemba dans *Rêves portatifs*[32] ou Gaston-Paul Effa dans *Voici le dernier jour du monde*[33]. À propos de ce dernier, Bernard Bienvenu Nankeu notait le lien particulièrement fort entre les médias convoqués dans son roman et la volonté de l'auteur de dresser un tableau sombre de l'Afrique[34].

Puisque les choix esthétiques de Sarr s'insèrent dans ce même processus, on comprend que la convocation d'un média dans un autre participe d'une stratégie d'écriture et reflète la dimension critique du récit. Dans cette logique, les médias de masse sont perçus comme des « caisses de résonance des dis-cours officiels où l'on se livre constamment à une entreprise de falsification [du réel] »[35]. Cela se traduit, chez certains personnages frondeurs, par un fort sentiment de dégoût envers les médias incriminés, à l'exemple de la radio. Malamine confie à ses associés ne plus l'écouter à partir du moment où il sait

---

31   Ibrahima Diagne et Hans-Jürgen Lüsebrink, « Introduction, intermédialité. approches théoriques, état de la recherche, enjeux et défis africains », dans idem, *Cultures média-tiques*, 29.

32   Sylvain Bemba, *Rêves portatifs*, Dakar/Abidjan/Lomé, Les Nouvelles Éditions Africaines, 1979.

33   Gaston-Paul Effa, *Voici le dernier jour du monde*, Monaco, Éditions du Rocher, 2005.

34   Bernard Bienvenu Nankeu, « Intermédialité et représentation de la désolation dans *Voici le dernier jour du monde* de Gaston-Paul Effa », dans Guiyoba (ed.), *Littérature médiagé-nique*, 205-220.

35   Mamadou Ba, « Intermédialité et création esthétique dans des romans de Boubacar Boris Diop et Felwine Sarr », dans Diagne et Lüsebrink (ed.), *Cultures médiatiques*, 235.

que « c'est La Fraternité qui la contrôle »[36]. Le refus d'écouter la radio dépasse, pour ainsi dire, la relation de surface pour se poser en un maillon essentiel de la stratégie de lutte définie par les opposants à La Fraternité. La médiaphobie trahit donc la détermination d'un opposant qui refuse, contrairement à la majorité de la population, de subir le discours spécieux des fanatiques musulmans. C'est aussi parce que ce personnage a conscience que le média sonore est transformé en un moyen de propagande dont se sert le chef de La Fraternité pour vulgariser sa posture religieuse[37]. Le rejet du discours radiophonique est en soi un acte de résistance qui dévoile la volonté de l'auteur de développer une certaine conscience critique/médiatique qui, dotant les personnages de la faculté de discerner, se pose en même temps en un clin d'œil adressé au reste de la population ayant succombé aux artifices du média. En clair, Sarr cherche à « développer [chez ces personnages] la capacité de se déprendre des leurres du médiatique »[38]. La critique sous-jacente qui l'accompagne est, au reste, perceptible dans cette forme d'ironie liée à la feintise de la parole radiophonique du fanatique Abdel Karim restituée en plusieurs endroits du texte. Orientée dans deux sens, elle touche le média, en tant que tel, et l'usage qui en est fait, c'est-à-dire son instrumentalisation à des fins de propagande.

Conséquemment, il demeure possible de penser que la conscience critique que développent certains personnages se traduit dans l'usage du journal et surtout dans le réinvestissement de la forme épistolaire par les personnages féminins. Le fait que Malamine et ses acolytes voient dans la presse le mode d'expression de leur indignation et de leur opposition aux exactions de La Fraternité est significatif à plus d'un titre car, en plus de mettre l'accent sur le potentiel expressif d'un média de masse, il permet à l'auteur de jouer sur l'effet de réel et d'immédiateté qui donne à l'écriture l'allure d'un reportage. Le texte littéraire, doté de propriétés du média, est plus à même de rendre compte des faits, sans un parti pris manifeste, en les resituant dans l'urgence de l'époque. Le journal, la photographie et la lettre deviennent des instruments de contestation d'un ordre social imposé, d'ailleurs bien résumé dans l'extrait suivant qui leur fixe une ligne : « Dénoncer la barbarie et semer le doute dans l'esprit des habitants du Bandiani [...]. Être d'une certaine façon, les diables, désirant séparer le peuple de ce qui l'oppressait »[39].

---

36   Sarr, *Terre ceinte*, 326.
37   *Ibid.*, 35-36, 37-39.
38   Ba, « Intermédialité et création esthétique », 236.
39   Sarr, *Terre ceinte*, 156.

Proche de l'objectif assigné à ses médias est le rôle dévolu à la musique. La célèbre chanson « Niani », évoquée dans *Terre ceinte*, est suivie d'un long commentaire métadiscursif qui met en abyme l'histoire dans le sens où elle réfléchit et anticipe la révolte des populations marginalisées par La Fraternité. Birame Penda – le sans-abri qui en donne le tempo avant qu'il ne soit repris en chœur par « les clochards, les fous, les bujukat, les plaies, les battus [...], les marginaux [et] tous les oubliés de Kalep »[40] – pourrait, dans un jeu subtil de correspondance, renvoyer à l'auteur qui, réinvestissant l'Histoire pour y déterrer une chanson ayant une forte connotation politique dans l'imaginaire populaire sénégalais, soutient une éthique de la résistance, seule alternative à la libération des opprimés.

L'usage de la vidéo obéit, sous ce rapport, au projet global de la critique d'une société désarticulée par l'inertie du système politique et l'obsolescence des traditions en vigueur. La présence obsédante de ce média, dont nous avons dit, dans le premier axe de l'analyse, qu'il participait à la cinématisation de la trame, serait alors un moyen pour l'auteur de donner au peuple l'occasion de contempler le film de sa propre déchéance qui le condamne à une inhumanité dont la haine des homosexuels, comme Amadou, M. Coly, et le Jotalikat dans *De purs hommes*, n'est que la manifestation apparente. Mohamed Mbougar Sarr nous place, par le recours à ce média, au centre d'une relation spéculaire où la voix narrative, se confondant avec celle du scénariste indigné, s'engage dans une opération ardue de témoignage. Le média audiovisuel ainsi que les autres formes médiatiques qui s'agrègent dans l'écriture deviennent par ce biais des dispositifs représentationnels, investis d'une mission : celle de rendre compte de la dérive généralisée d'une société cramponnée à des certitudes douteuses.

6   Conclusion

L'objectif de la contribution était de mettre en lumière la médialisation de l'écriture romanesque de Mohamed Mbougar Sarr à partir de quelques travaux phares relevant du domaine des études intermédiales. Il apparait que l'intermédialité, prise au-delà de la théorie comme stratégie d'écriture, est un référent esthétique qui oriente et gouverne la conception des textes, en question, du romancier sénégalais. Matériellement, la prose de l'auteur rend compte

---

40   *Ibid.*, 146-147.

d'une sorte de « nomadisme scripturaire »[41] qui illustre son désir d'adopter une écriture de la perméabilité des frontières se traduisant par une « discursivation ou une narrativation du fait médiatique »[42]. Fondamentalement ouvert et flexible, le texte romanesque de Sarr se laisse contaminer par les médias en adoptant parfois leur spécificité structurelle, ainsi que nous l'observons à travers l'usage de la vidéo dans *De purs hommes* et celui du journal dans *Terre ceinte*. Sémantiquement, la médialisation de l'écriture sort du cadre purement gratuit du jeu pour faire corps avec une volonté d'expérimentation d'une écriture protéiforme, susceptible de dépeindre le réel dans toute sa gravité et sa complexité. Dans l'œuvre de Mohamed Mbougar Sarr, le romanesque et le médiatique se liguent pour devenir des instruments de représentation et de dénonciation des crises politiques et sociales qui dessinent en pointillé l'avenir du continent africain.

Bibliographie

Ba, Mamadou, « Intermédialité et création esthétique dans des romans de Boubacar Boris Diop et Felwine Sarr », dans Ibrahima Diagne et Hans-Jürgen Lüsebrink (ed.), *Cultures médiatiques et intermédialité dans les littératures sénégalaises, enjeux culturels et écritures littéraires, de l'époque coloniale à la postmodernité*, Paris, L'Harmattan, 2020, 233-248.

Bakhtine, Mikhaïl, *Esthétique et théorie du roman*, Paris, Gallimard. Coll. « Tel quel », 1987.

Bemba, Sylvain, *Rêves portatifs*, Dakar/Abidjan/Lomé, Les Nouvelles Éditions Africaines, 1979.

Bolter, Jay David et Grusin, Richard, *Remediation, Understanding New Media*, Boston, MIT Press, 1999.

Coulibaly, Adama, *Des techniques aux stratégies d'écriture dans l'œuvre romanesque de Tierno Monénembo*, Paris, L'Harmattan, 2010.

Coulibaly, Djéké, « Intermédialité, intergénéricité, interartialité et migration : les voies de l'informe dans *Les Taches d'Encre* de Sandrine Bessora », dans Roger Tro Dého et Louis Konan Yao (ed.), *L'(In)forme dans le roman africain, formes, stratégies et significations*, Paris, L'Harmattan, 2015, 191-220.

---

41 Djéké Coulibaly, « Intermédialité, intergénéricité, interartialité et migration : les voies de l'informe dans *Les Taches d'encre* de Sandrine Bessora », dans Roger Tro Dého et Louis Konan Yao (ed.), *L'(In)forme dans le roman africain, formes, stratégies et significations*, Paris, L'Harmattan, 2015, 191.

42 *Ibid.*, 192.

Diagne, Ibrahima, « Radio, télévision, téléphone : l'écriture de la voix phonique comme masque acoustique dans l'oeuvre romanesque de Fatou Diome », dans idem/ Lüsebrink (ed.), *Cultures médiatiques et intermédialité*, 171-194.

Diagne, Ibrahima et Lüsebrink, Hans-Jürgen « Introduction : intermédialité, approches théoriques, état de la recherche, enjeux et défis africains », dans idem (ed.), *Cultures médiatiques et intermédialité*, 11-36.

Effa, Gaston-Paul, *Voici le dernier jour du monde*, Monaco, Éditions du Rocher, 2005.

Fotsing Mangoua, Robert, « De l'intermédialité comme approche féconde du texte francophone », *Synergies, Afrique des Grands Lacs* 3 (2014), 127-141.

Fotsing Mangoua, Robert, « L'écriture jazz », dans idem (ed.), *L'imaginaire musical dans les littératures africaines*, Paris, L'Harmattan, 2009, 131-146.

Gardies, André, *Le Récit filmique*, Paris, Hachette Livre, 1993.

Genette, Gérard, *Nouveaux discours du récit*, Paris, Seuil, 1983.

Gonçalves, Maria Odete, « Luís Miguel Nava et l'Inércia da Deserção : espaces d'interception entre poésie et cinéma », dans Célia Vieira et Isabel Rio Novo (ed.), *Inter Média, littérature, cinéma et intermédialité*, Paris, L'Harmattan, 2011, 161-168.

Guiyoba, François, « Introduction générale », dans idem (ed.), *Littérature médiagénique, écriture, musique et arts visuels*, Paris, L'Harmattan, 2015, 7-11.

Karampagia, Valentina, « Corps poétique et corps dansant : une figure d'intermédialité », dans Vieira et Rio Novo (ed.), *Inter Média*, 87-94.

Koffi, Damo Junior Vianney, « Jeux et enjeux de l'intermédialité dans *53 cm* de Sandrine Bessora », dans François Guiyoba (ed.), *Littérature médiagénique, écriture, musique et arts visuels*, Paris, L'Harmattan, 2015, 221-236.

Matthijs, Engelberts, « 'Convergence' de la littérature et du cinéma ? Le cas *d'Il y a longtemps que je t'aime* (Claudel, 2008) », dans Vieira et Rio Novo (ed.), *Inter Média*, 223-236.

Mbondobari, Sylvère, « Dialogue des arts dans le roman africain. La fiction cinématographique dans *Rêves portatifs* de Sylvain Bemba », *Stichproben. Wiener Zeitschrift für kritische Afrikastudien* 17,9 (2009), 57-75.

Mobarak, Salma « Pour un nouveau rapport au littéraire : du spectateur au lecteur », dans François Guiyoba (ed.), *Littérature médiagénique, écriture, musique et arts visuels*, Paris, L'Harmattan, 2015, 169-186.

Monénembo, Tierno, *Cinéma*, Seuil, 1997.

Morin, Edgar, « Sur l'interdisciplinarité », *Centre International de Recherches et études Transdisciplinaires* 2 (1994), http://ciret-transdisciplinarity.org/bulletin/b2c2.php (consulté le 15 décembre 2023).

Nankeu, Bernard Bienvenu, « Intermédialité et représentation de la désolation dans *Voici le dernier jour du monde* de Gaston-Paul Effa », dans Guiyoba (ed.), *Littérature médiagénique*, 205-220.

Ricœur, Paul, *Temps et récit*, Paris, Seuil, coll. « Points », 1991.

Rio Novo, Isabel, « Eça de Queirós, Manoel de Oliveira et les parcours de l'adaptation dans *Singularités d'une jeune fille blonde* », dans Vieira et Rio Novo (ed.), *Inter Média*, 181-193.

Sarr, Mohamed Mbougar, *De purs hommes*, Dakar/Paris, Jimsaan/Philip Rey, 2018.

Sarr, Mohamed Mbougar, *Terre ceinte*, Paris, Présence Africaine, 2017.

Les monstres n'existent pas. Sortir du labyrinthe de l'inhumain avec Mohamed Mbougar Sarr

Abdoulaye Imorou

Résumé

Cet article analyse la manière dont l'œuvre de Mohamed Mbougar Sarr, de « La Cale » jusqu'à *La plus secrète Mémoire des hommes*, interroge la question de l'inhumain. Pour ce faire, il se focalise sur la mise en scène de trois types de personnages liés à la problématique de l'inhumain, à savoir les bourreaux, les victimes et les lecteurs. L'article démontre que les traitements que Sarr fait de ces personnages sont assez proches de ceux que les œuvres de la culture commune adoptent de plus en plus. En effet, Sarr rejette les positions manichéennes et suggère que les bourreaux ne peuvent être réduits à des monstres, ni les victimes à des saints. En interpellant le lecteur, il rappelle à ce dernier que la position qui consiste à tracer une frontière entre soi et les bourreaux n'est plus tenable. En procédant de la sorte, Mohamed Mbougar Sarr nous invite à accorder à la question de nos responsabilités individuelles la place centrale que la figure de l'inhumain l'empêchait, paradoxalement de prendre.

Mots-clés

Mohammed Mbougar Sarr – déshumanisation – bourreaux – victimes – lectorat

∙∙∙

Il y a du tragique à partir du moment où deux légitimités sont en conflit, en contradiction et que l'une d'elles est forcément condamnée à mourir[1].

∴

---

1 « Les lectures de Gangoueus – Invité : Mohamed Mbougar Sarr pour *De purs hommes* », SUD *Plateau* TV.

Je m'intéresse, ici, à la manière dont Mohamed Mbougar Sarr traite de la question de l'inhumain dans son œuvre. Depuis que nous avons eu connaissance du *Labyrinthe de l'inhumain* de T.C. Elimane avec la publication de *La plus secrète Mémoire des hommes*[2], nous avons beaucoup glosé sur le motif du labyrinthe. En revanche, nous avons moins interrogé le deuxième terme. Or, si le motif du labyrinthe informe largement l'écriture de Mohamed Mbougar Sarr, la question de l'inhumain est sans doute celle qui se trouve au centre des sujets qu'il aborde. Ainsi, « La Cale »[3] met en scène le Passage du milieu et la manière dont les esclaves sont maltraités. *Terre ceinte*[4] s'ouvre sur l'exécution d'un jeune couple devant leurs parents. Dans *Silence du chœur*[5], des migrants et des autochtones s'entretiennent. Dans *De purs hommes*[6] un homme est déterré par tout un quartier parce que présumé homosexuel. *La plus secrète Mémoire des hommes* est aussi l'histoire de Musimbwa qui, enfant, est témoin de l'exécution de ses parents par des miliciens. On le voit, *Le Labyrinthe de l'inhumain* pourrait tout aussi bien être le titre générique de l'œuvre de Sarr. La question est alors de savoir ce qui se trouve au bout du labyrinthe, ce que Sarr dit de l'inhumain. Je me propose de réunir quelques éléments de réponse en me focalisant sur le traitement que l'auteur réserve à une manifestation de l'inhumain, le monstre. La figure du monstre est constamment questionnée dans son œuvre, notamment, à travers des personnages du bourreau, de la victime mais aussi du lecteur.

1   Les bourreaux

L'œuvre de Sarr met en avant différents types de bourreaux qui semblent avoir cela en commun qu'ils correspondent à la figure du monstre. C'est le cas de Mark dans « La Cale ».

1.1   *Obviously Evil*

Dans « La Cale », tout semble mis en œuvre pour présenter Mark dans la figure du monstre. En effet, Mark est le capitaine, sans pitié, d'un bateau négrier. La manière dont il est décrit renvoie à la figure du monstre. Il est dit sauvage, tout

---

2 Mohamed Mbougar Sarr, *La plus secrète Mémoire des hommes*, Paris, Le Livre de Poche, 2023 [¹2021].
3 Mohamed Mbougar Sarr, « La Cale », *Cadrans* 27 avril 2014.
4 Mohamed Mbougar Sarr, *Terre ceinte*, Paris, Présence Africaine, 2014.
5 Mohamed Mbougar Sarr, *Silence du chœur*, Paris, Présence Africaine, 2017.
6 Mohamed Mbougar Sarr, *De purs hommes*, Paris/Dakar, Philippe Rey/Jimsaan, 2018.

de haine, de brutalité et de bêtise. De même, il n'est pas seulement insensible au sort des esclaves, il est aussi cynique. Lorsqu'une femme enceinte meurt et que son corps est jeté à la mer, il remarque que cela fera deux repas en un pour les requins. On le voit, la description physique et morale de Mark ainsi que ses faits et gestes ne laissent pas de doute. Mark est de toute évidence un monstre. Le personnage personnifie ainsi le caractère monstrueux de la traite des esclaves. Il permet de rappeler combien cette pratique déshumanisait et les esclaves et les esclavagistes.

Le caractère monstrueux de ce personnage est d'autant mieux mis en évidence que Mark ne semble pas capable de remords. En ce qui le concerne, tout ce qu'il fait est légitime et justifié. De fait, comme le rappelle Francis Henry, le médecin de bord, les esclavagistes étaient persuadés de remplir un devoir : « Nous avions raison, formidablement raison. Nous étions dans le droit ; mieux : nous étions dans le devoir. C'était Dieu qui le voulait, et qui nous guidait, par conséquent »[7].

Les exemples de personnages qui, comme Mark, renvoient à la figure du monstre sûr de son droit sont légion dans l'œuvre de Sarr. C'est le cas du capitaine Abdel Karim, le chef, dans la ville occupée de Kalep, du mouvement djihadiste la Fraternité dans *Terre ceinte*. Il est persuadé d'agir pour la justice et n'hésite pas à dire qu'il ne se trompe jamais[8]. Comme le fait remarquer le Père Badji, gérant de bar, cette assurance surnaturelle semble le placer sur un autre plan, en faire à la fois plus et moins qu'un être humain[9]. Dans *Silence du chœur*, c'est Maurizio Mangialepre qui fait montre d'une assurance similaire. Ce nationaliste opposé au séjour des *ragazzi* (migrants) à Altino pense aussi qu'il est dans son droit. Il défend les siens qui sont dans le besoin alors que les maigres ressources de la ville sont mobilisées pour les *ragazzi*[10]. Les homophobes qui, dans *De purs hommes*, déterrent le corps d'un homme jugé homosexuel sont pareillement persuadés d'agir en accord avec leurs principes religieux et civilisationnels, de faire leur devoir.

La figure du monstre telle qu'elle apparaît dans l'œuvre de Mohamed Mbougar Sarr est donc différente de celle, usuelle, du méchant qui fait le mal pour le mal. Cependant, cette figure du monstre n'est pas neuve. Effectivement, elle est bien présente dans de nombreuses références de la culture commune. On la retrouve, par exemple, dans l'imaginaire lié aux croisades dans la mesure où les croisés obéissent à un commandement divin qui n'est pas sans rappeler

---

7   Sarr, « *La Cale* », n. p.
8   Sarr, *Terre ceinte*, 151.
9   *Ibid.*, 156.
10   *Ibid.*, 66.

celui des djihadistes[11]. Ces derniers sont d'ailleurs l'objet d'un film qui, le hasard fait bien les choses, est sorti presque en même temps que *Terre ceinte* et lui ressemble sur bien des points[12]. Dans un autre registre, les dystopies mobilisent beaucoup la figure du monstre persuadé d'être dans son droit, sinon de remplir un devoir. On pense à des séries comme *The Handmaid's Tale*[13] ou *Westworld*[14]. Dans la première, des jeunes femmes sont réduites à une fonction de procréation et attribuées à des hommes de la caste dirigeante. Le système justifie la pratique par la manière dont la baisse drastique du taux de natalité menace la survie des êtres humains. La seconde série brosse le tableau d'un parc dans lequel les visiteurs sont libres de se comporter comme bon leur semble avec les hôtes. Le système explique que les hôtes sont en réalité des machines à l'apparence humaine.

Chez Sarr comme dans la culture commune, les justifications que donnent les différentes figures du monstre pour légitimer leurs gestes sont, en réalité, fallacieuses. Il serait alors tentant de penser que les auteurs cherchent par-là à confirmer la dimension monstrueuse de leurs personnages. Les choses sont cependant plus compliquées. Ainsi, à y regarder de près, si la figure du monstre peut faire illusion chez Mark, ce n'est déjà plus possible avec Abdel Karim.

1.2   *Sympathy for the Devil*

Terre ceinte ne permet pas de voir en Abdel Karim un monstre qui cherche à tromper avec des sophismes. Le roman campe un personnage qui a vraiment la foi et est déterminé à se battre pour un changement social positif. C'est dans cet objectif que le portrait qu'il dresse du chef djihadiste est des plus complexes. Il n'y a chez le personnage aucune volonté d'enrichissement personnel ni aucune recherche de privilèges. La relation qu'Abdel Karim entretient avec Dieu est de beauté : « Abdel Karim fermait les yeux, et les mots qu'il disait remplissaient la chambre de pureté et l'inondaient d'une lumière blanche »[15]. Cette beauté et l'extase qu'elle lui procure, il les souhaite pour tous. C'est aussi la raison pour laquelle le roman donne également la parole à Abdel Karim à travers son journal intime[16]. Ces procédés visent à rappeler qu'Abdel Karim se situe sur le même plan que les autres personnages. Comme eux, il est

---

11   Jean Flori, *Guerre sainte, jihad, croisade : violence et religion dans le christianisme et l'islam*, Paris, Seuil, 2002.

12   Abderrahmane Sissako, *Timbuktu*, Mauritanie/France, Arte France Cinéma, Canal+, Ciné+, CNC et TV5 Monde, 2014.

13   Bruce Miller, *The Handmaid's Tale*, USA, Hulu, 2017-2022.

14   Jonathan Nolan et Lisa Joy, *Westworld*, USA, HBO, 2016-2022.

15   Sarr, *Terre ceinte*, 127-128.

16   *Ibid.*, 208.

complexe et rempli de contradictions. Comme eux, il a droit à la parole et ce qu'il a à dire demande à être écouté. Comme eux, il est humain. *Terre ceinte* met en scène un chef djihadiste chez lequel il y a bien plus qu'un monstre : « [i]l remarqua immédiatement cette figure étrange, où la bête chassait l'homme et où l'homme revenait pour chasser la bête »[17].

La manière dont le roman refuse de laisser voir Abdel Karim comme un monstre n'est pas sans conséquence. L'effet de distanciation qu'autorise la figure du monstre n'opère plus ici. Abdel Karim reste un être humain comme un autre. Cette dimension est accentuée dans le roman par son empathie pour Ismaïla en qui il reconnaît un frère en Dieu et par la manière dont il est touché par les yeux de Ndey Joor Camara avant même de découvrir qu'elle est la mère d'Ismaïla[18].

Les figures du monstre sont tout autant déconstruites dans les autres romans de Sarr. *Silence du chœur* laisse entendre que les nationalistes anti-migrants sont peut-être les seuls qui voient les *ragazzi* comme des êtres humains. Là où d'autres se contentent de les regarder avec pitié, les nationalistes perçoivent la volonté des *ragazzi* de construire un avenir, leurs rêves, même si c'est justement cela qui attise leur haine[19]. Chez Maurizio, la déconstruction est accentuée par le fait que son nationalisme est le résultat d'un dépit amoureux, l'un des *ragazzi* ayant ravi le cœur de sa fiancée. La déconstruction de la figure du monstre est présente même chez Josef Engelmann. *La plus secrète Mémoire des hommes* montre que l'officier nazi est loin d'être un monstre dans les yeux de Claire Ledig. C'est plutôt un homme charismatique, attentionné et aimant. Quant à *De purs hommes*, il montre que le *jotalikat*, s'il se distingue à la mosquée par un verbe hautement homophobe, est un personnage délicat et homosexuel dans la vie privée.

La manière dont ces romans déconstruisent la figure du monstre n'est pas non plus neuve. Elle est même courante dans la culture commune. On la retrouve, par exemple, dans les histoires racontées du point de vue du bourreau comme dans *Une saison de machette* de Jean Hatzfeld[20] et *Les Bienveillantes* de Jonathan Littell[21]. D'aucuns reprochent à ces histoires de rendre floues les frontières entre victimes et bourreaux et de donner à ces derniers l'occasion de se dédouaner en travestissant les faits[22]. Justement, la tendance des bourreaux

---

17   *Ibid.*, 148.

18   *Ibid.*, 218.

19   Sarr, *Silence du chœur*, 140.

20   Jean Hatzfeld, *Une Saison de machettes*, Paris, Seuil, 2003.

21   Jonathan Littell, *Les Bienveillantes*, Paris, Gallimard, 2006.

22   Charlotte Lacoste, « L'ère du bourreau », *Esprit* 347, 8-9 (2008), 254-257.

à travestir les faits est la preuve qu'ils ne peuvent être réduits à la figure du monstre. Un monstre ne se soucie pas de passer pour humain. Il annonce, rire sardonique à l'appui, qu'il va détruire le monde. Il crie qu'il est méchant parce que[23]...

Ailleurs, c'est le traitement de personnages iconiques comme Thanos, Itachi ou encore le Joker qui invite à ne pas valider l'idée de monstre. Dans le film *Avengers : Infinity War*[24], Thanos a éliminé la moitié des habitants de l'univers ; dans l'anime *Naruto*[25], Itachi a tué tous les membres de son clan à l'exception de son frère Sasuke ; dans le film *Joker*[26] le personnage éponyme reste animé par sa légendaire folie meurtrière. Néanmoins, les auteurs mettent en œuvre un certain nombre de stratégies visant à montrer que chez eux aussi, « l'homme revenait pour chasser la bête »[27] : la relation d'amour indéfectible entre Thanos et sa fille Gamora, celle qui lie Itachi à Sasuke, l'*origin story* qui rend le Joker attachant.

Il est tentant d'associer les bourreaux comme Mark et Abdel Karim à la figure du monstre et d'établir ce faisant une distance entre eux et l'humanité. C'est cette notion de distanciation que rejette Mohamed Mbougar Sarr lorsqu'il refuse de valider l'équation 'bourreau = monstre'. Cependant, ce refus ne vise nullement à dédouaner les bourreaux. Sarr explique qu'il obéit plutôt à une « certaine idée philosophique que même le monstre le plus total est un être humain »[28]. Jonathan Littell ne dit pas autre chose lorsqu'il cite Bataille : « [n]ous ne sommes pas seulement les victimes possibles des bourreaux. Les bourreaux sont nos semblables »[29].

2   Les victimes

Il est tout aussi tentant de se distancier des victimes, même si le phénomène prend, avec elles, de toutes autres formes. En effet, si le bourreau repousse, la victime touche. C'est le cas, par exemple, avec les esclaves dans « La Cale ».

---

23   CulturePubTV, « Orangina Rouge – Mais pourquoi est-il aussi méchant ? », *YouTube*.
24   Anthony et Joe Russo, *Avengers : Infinity War*, USA, Marvel Studios, 2018.
25   Hayato Date, *Naruto*, Japon, Pierrot, 2007-2017.
26   Todd Phillips, *Joker*, USA, Warner Bross, 2019.
27   Sarr, *Terre ceinte*, 148.
28   ARTE Radio, « Mohamed Mbougar Sarr | Bookmakers – ARTE Radio Podcasts », *YouTube*, 1:09:00.
29   qwerty, « Jonathan Littell et Julia Kristeva : conférence sur *Les Bienveillantes* », *YouTube*, 1:24:00.

2.1   *The Woobie*

De la même manière que le bourreau est associé à la figure du monstre, la victime est associée à celle du *woobie*, nom donné dans la culture populaire aux personnages dont la condition peine et pousse à les plaindre[30]. Dans « La Cale », les esclaves, la femme enceinte qui meurt et dont le corps est jeté à l'eau plus particulièrement, répondent à cette figure du *woobie*. Le narrateur rappelle que ces esclaves ont le même statut que des marchandises. Les conditions dans lesquelles ils voyagent sont catastrophiques. Le manque d'hygiène est tel que lorsque le médecin de bord descend dans la cale – il a la nausée. D'ailleurs, Francis Henry est tellement touché qu'il n'acceptera pas de prendre part à d'autres traversées. En insistant ainsi sur le statut et la condition des esclaves, le narrateur montre combien le Passage du milieu était une épreuve. Il appelle à avoir de l'empathie pour les victimes qu'étaient les esclaves ; esclaves parmi lesquels on comptait des femmes enceintes. « La Cale » résonne ainsi avec la manière dont la mémoire du Passage du milieu provoque une sympathie doublée de pitié pour les esclaves.

Dans le même ordre d'idées, le récit de Mohamed Mbougar Sarr confère aux esclaves une sorte de noblesse, une aura d'innocence et de sainteté. L'épisode au cours duquel, à la suite de la mort de la femme enceinte, les esclaves se lèvent et, au lieu d'attaquer l'équipage, se mettent à chanter, ajoute à ce sentiment d'innocence et de sainteté. C'est d'ailleurs cet épisode qui, plus que les conditions du voyage, touche Francis Henry et le pousse à renoncer à son projet de faire carrière sur les bateaux négriers.

La figure du *woobie* semble présente dans l'ensemble de l'œuvre de Sarr. Les habitants de Kalep, par exemple, sont autant de *woobies*. C'est notamment le cas de trois mères : Ndey Joor Camara, mère d'Ismaïla, Aïssata, mère de Aïda Gassama, et Sadobo, mère de Lamine Kanté. Ces mères ne font que subir et endurer tout au long du roman. Elles ne rendent pas les coups. C'est ainsi que Ndey Joor Camara refuse de décider de la punition que doivent subir les miliciens qui l'ont injustement, même du point de vue de la charia, maltraitée et fouettée. Les *ragazzi* de *Silence du chœur* semblent également correspondre à la figure du *woobie*. Après les épreuves de la traversée, il leur faut encore lutter pour obtenir des papiers. La longue attente est rendue plus éprouvante par les réactions hostiles des nationalistes. Dans l'émission *Les lectures de Gangoueus* consacrée à *De purs hommes*, la chroniqueuse Chrystelle Ngoulou note qu'au Sénégal « si tu n'es pas hétéro, tu meurs »[31]. On pourrait ajouter : et on te tue une

---

30   « The Woobie », *tv tropes*.

31   « Les lectures de Gangoueus – Invité : Mohamed Mbougar Sarr pour *De purs hommes* »,
      SUD *Plateau TV*.

deuxième fois en te refusant la sépulture. Que dire des victimes des violences armées dans *La plus secrète Mémoire des hommes* ? Que dire des écrivains victimes de réceptions racistes de leurs œuvres ? Rien, sinon que leur statut de *woobie* rappelle bien des personnages de la culture commune.

Job, le personnage biblique est l'exemple même de *woobie*. Parce qu'homme des plus intègres, il est le jouet de forces qui le dépassent. Ces dernières lui arrachent tout : famille, biens, santé... Pourtant, il garde la foi. Figure d'innocence et de sainteté s'il en est ! *Woobie* devant l'éternel ! Même s'ils ne sont pas tous autant à plaindre que Job, les figures du *woobie* sont légion dans la littérature. Qu'on pense à David Copperfield dans le roman éponyme[32] et à son enfance sous l'emprise des Murdstone ; à Raymond Spartacus Kassoumi sur lequel le sort s'acharne au point de l'amener à commettre un inceste malgré lui dans *Le Devoir de violence*[33] ; à Topaze manipulé et arnaqué par tous dans la pièce de Marcel Pagnol[34].

Au cinéma, Erik Stevens qui grandit seul à Oakland alors qu'il aurait dû être ramené au Wakanda après la mort de son père et y être élevé comme le prince qu'il est[35] fait figure de *woobie*. Il en est de même des réplicants de *Blade runner*[36], androïdes auxquels on donne les traits d'êtres humains mais ayant une espérance de vie de seulement quatre ans. Dans des séries comme *Westworld* ou *Humans*[37] les androïdes font tout autant peine et sont pareillement à plaindre. D'abord utilisés comme des machines à tout faire, on cherche à les éliminer aussitôt qu'ils développent une conscience humaine.

La figure du *woobie* fonctionne d'autant mieux que les victimes peuvent paraître innocentes et saintes. Cependant, exception faite des esclaves de « La Cale », les victimes dans l'œuvre de Mohamed Mbougar Sarr sont loin d'être complètement innocentes. Les habitants de Kalep, par exemple, ne sont pas des saints.

2.2   *Sympathy for Lady Vengeance*

Si les habitants de Kalep sont tous des victimes de la Fraternité, ils sont loin d'adopter le même comportement face à ce mouvement. Ainsi, certains subissent passivement, d'autres adoptent diverses formes de résistance, d'autres encore soutiennent la Fraternité. En vue de rendre cette diversité

32   Charles Dickens, *David Copperfield*, London, Bradbury & Evans, 1950.
33   Yambo Ouologuem, *Le Devoir de violence*, Paris, Seuil, 1968.
34   Marcel Pagnol, *Topaze, pièce en 4 actes*, Paris, Fasquelle, 1930.
35   Ryan Coogler, *Black Panther*, USA, Walt Disney Studios, 2018.
36   Ridley Scott, *Blade Runner*, USA, The Ladd Company, 1982.
37   Jonathan Brackley et Sam Vincent, *Humans*, USA/GB, Channel 4, 2015-2018.

de réactions, le roman adopte une narration chorale dont l'effet est amplifié par la mobilisation d'une diversité de médias. Aïssata et Sadobo, les mères du jeune couple exécuté, ont un échange épistolaire à travers lequel chacune explique comment elle vit la perte de son enfant, ses sentiments vis-à-vis de la Fraternité et sa philosophie de vie. Un groupe de résistants qui compte notamment Malamine, le mari de Ndey Joor Camara, tient un journal clandestin. Des SDF s'expriment à travers le chant. Cependant, il s'agit de ne pas oublier que les voix qui s'élèvent pendant les exécutions en signe de soutien à la Fraternité ne sont pas toutes contraintes. De même, ce n'est pas Abdel Karim qui demande au mari de Sadobo de la rouer de coups, de la tenir pour responsable des conduites de leur fils ni de renier ce dernier. En donnant ainsi la parole à différents personnages à travers une variété de médias, le roman insiste sur le fait que les habitants de Kalep ne forment pas un corps unifié. Il rappelle également qu'ils ne sont pas tous innocents, certains se révélant plus radicaux qu'Abdel Karim lui-même. Les habitants de Kalep ne peuvent être vus comme de simples victimes innocentes de la Fraternité.

Il n'y a donc pas de voix monolithique du côté de Kalep. La ville rappelle, au contraire, que les victimes peuvent être violentes entre elles-mêmes ou entreprendre des actes de représailles.

Les autres récits de Mohamed Mbougar Sarr rejettent, pareillement, l'idée d'une image monolithique des victimes. Dans *La plus secrète Mémoire des hommes*, les écrivains africains ne sont pas tendres entre eux. Eva l'influenceuse, devenue écrivaine, est ouvertement méprisée par ses collègues dans la mesure où son travail ne correspond pas à la vision romantique qu'ils ont de l'écriture[38]. Dans *Silence du chœur*, Salomon, l'un des *ragazzi*, est une somme de colères dirigée contre les nationalistes mais aussi contre le monde. Il justifie sa haine par son parcours, notamment par le massacre de sa famille[39]. Mais comme le fait remarquer Virginie Brinker, il s'inscrit, ce faisant, dans une logique qui rappelle celle des nationalistes[40]. De fait, les événements qui conduisent nationalistes et *ragazzi* à s'entre-tuer sont autant de la responsabilité des uns et des autres.

La manière dont la frontière entre victimes et bourreaux est ainsi brouillée se retrouve dans la culture commune. Dans la série *Humans*, des synthétiques,

---

38   Sarr, *La plus secrète Mémoire*, 73-74.

39   Sarr, *Silence du chœur*, 193.

40   Virginie Brinker, « Faire advenir la complexité pour refaire corps : *Silence du chœur* de Mohamed Mbougar Sarr, une poétique du franchissement des frontières symboliques », *Hybrida. Revue scientifique sur les hybridations culturelles et les identités migrantes* 6 (2023), 136.

nom donné aux androïdes, finissent par s'en prendre aux humains. Il s'agit d'abord de légitime défense avec Niska qui tue pour échapper à une tentative de viol. On assiste ensuite à des meurtres de sang-froid avec Hester qui se comporte exactement comme un *serial killer*. Finalement ce sont des actes terroristes de grande ampleur avec le développement d'une rhétorique allant dans le sens d'une élimination systématique des êtres humains. Le parcours des hôtes dans *Westworld* est similaire. Quant à une pièce comme *La Tragédie du roi Christophe* de Césaire[41], elle montre assez les excès auxquels peut mener la volonté de faire une grande nation d'un peuple, victime de l'histoire.

Dans le fond, le *woobie*, loin d'être toujours innocent se transforme souvent en *woobie, destroyer of worlds*[42]. Il devient alors lui-même un fléau. C'est le cas de Nagato dans l'anime *Naruto*. Témoin du meurtre de ses parents, Nagato est d'abord un orphelin qui traverse bien des épreuves. Le *woobie* réveille ensuite un pouvoir qui en fait l'un des ninjas les plus puissants de l'univers de *Naruto*. Mais comme le monde entier semblait s'être ligué contre lui, il n'hésite pas à le lui faire payer maintenant qu'il en a les moyens. Nagato passe alors du statut de victime à celui de bourreau.

La position qui consiste à associer les victimes à l'innocence, voire à la sainteté, ne tient pas davantage que celle qui voit des monstres dans les bourreaux. Les monstres n'existent pas, les saints non plus. Il n'y a que des bourreaux et des victimes qui d'ailleurs sont, parfois, bien proches dans les discours de légitimation qu'ils tiennent. Heureusement, les lecteurs sont là pour faire la part des choses.

3   Les lecteurs

Lorsque les œuvres ne permettent plus de réduire les bourreaux à des monstres et les victimes à des saints et rendent les frontières entre le bien et le mal de plus en plus floues, les lecteurs sont appelés à jouer un rôle essentiel, un rôle qui requiert toute leur perspicacité.

3.1   *Évidemment toujours perspicaces*

Dans la culture commune, les lecteurs passent pour être des plus perspicaces. Il suffit pour s'en convaincre de regarder les mèmes sur la lecture qui circulent dans les réseaux sociaux et qui portent des slogans comme « [o]n a trouvé un bon médicament contre la bêtise : prenez un livre par semaine » et

---

41   Aimé Césaire, *La Tragédie du roi Christophe*, Paris, Présence Africaine, 1963.
42   « Woobie, Destroyer of Worlds », *tv tropes*.

« [u]n enfant qui lit sera un adulte qui pense ». De fait, il circule une certaine idée de littérature et de lecture selon laquelle la littérature est vertueuse et le lecteur intelligent. Dans sa lecture inaugurale au Collège de France, Antoine Compagnon reprend ainsi la thèse romantique d'une culture littéraire qui rendrait « sincères et véritables, ou tout simplement meilleurs »[43]. Parallèlement, les œuvres comptent sur l'intelligence du public pour saisir leurs stratégies d'écriture. Les mangas et les comics, par exemple, attendent de leurs lecteurs qu'ils se comportent comme d'excellents détectives et qu'ils soient capables d'identifier et d'interpréter correctement les détails camouflés comme les *foreshadowings* qui annoncent des événements majeurs. Tout cela consacre l'idée d'un lecteur non seulement perspicace mais encore vertueux. Un tel lecteur est donc supposé s'éloigner naturellement des lectures manichéennes du monde.

En prêtant de telles dispositions au lecteur, la littérature part du principe qu'il est digne de confiance et qu'il saura toujours être à la hauteur de la complexité des œuvres. Mohamed Mbougar Sarr semble s'inscrire dans cette perspective. Son œuvre convoque régulièrement l'intelligence du lecteur.

« La Cale » compte ainsi sur la perspicacité du lecteur pour comprendre la symbolique du chant des esclaves et voir comment son histoire s'inscrit, tout en s'en distinguant, dans le réseau des textes qui, comme *Amistad*[44] et « Tamango »[45], portent sur le Passage du milieu. *Terre ceinte* développe toute une théorie selon laquelle l'idéologie craint l'écriture et la lecture parce qu'elles permettent « un irrépressible déploiement de l'intelligence »[46]. De même, *Silence du chœur* met en scène des personnages d'artistes qui interrogent le rôle de l'écriture et de la lecture. Le roman convoque également l'intelligence du lecteur à travers sa description nuancée des *ragazzi* et des nationalistes. *De purs hommes* fait de même en ménageant une fin ouverte qui laisse le lecteur tirer ses propres conclusions. D'une manière générale, Mohamed Mbougar Sarr se distingue par une écriture de la nuance qui demande au lecteur de constamment interroger ses certitudes, d'interroger le principe des certitudes lui-même.

Le principe de la perspicacité du lecteur est particulièrement interrogé dans *La plus secrète Mémoire des hommes*. Cette disposition du lecteur est, par

---

43   Antoine Compagnon, « La Littérature, pour quoi faire ? Leçon inaugurale prononcée le jeudi 30 novembre 2006 ».

44   Steven Spielberg, *Amistad*, USA, DreamWorks SKG, 1997.

45   Prosper Mérimée, « Tamango », *La Revue française*, septembre 1829.

46   Sarr, *Terre ceinte*, 229.

exemple, explicitement convoquée dans le paragraphe qui décrit l'arrestation de Charles Ellenstein par les nazis :

> (Le lecteur, qui est toujours perspicace, sait en ce point qu'Ellenstein n'écrivit jamais cette lettre à Thérèse Jacob ou, s'il l'écrivit, qu'il la détrui-sit quand il se rendit compte que l'ombre, l'ombre où ne brillaient que deux éclairs silencieux, frappait à la porte de sa chambre. Cachée, elle avait patiemment attendu son retour à l'hôtel de l'Étoile. Le lecteur sait aussi comment – et où – Ellenstein finit. Mais malgré la nuit et le brouil-lard, malgré les deux éclairs entourés d'obscurité, Charles Ellenstein ne livra aucun nom, aucune adresse, aucun secret[47].)

Sarr sait donc que le lecteur comprendra le sort réservé à Charles Ellenstein. Il ne doute pas qu'il appréciera l'ironie du nom de l'hôtel, la référence au film documentaire de... Bref, le lecteur aura compris.

À première vue, le principe du lecteur intelligent et honnête semble donc validé. De toute évidence, la littérature n'a de cesse de le convoquer, de le mettre en scène. On peut donc compter sur le lecteur pour saisir toute la complexité des personnages du bourreau et de la victime. Pourtant, lorsqu'on regarde de plus près, de nombreux indices invitent à penser que la confiance en l'intelli-gence du lecteur est loin d'être pleine.

3.2   *Sympathie pour les pécheurs*

N'en déplaise à Antoine Compagnon, la culture commune est loin de croire de façon unanime que le lecteur est toujours perspicace et vertueux. *Rick and Morty*[48], par exemple, semble même douter que le lecteur soit capable de comprendre quoi que ce soit. C'est ainsi qu'à la fin de chaque épisode, le *closing logo* pose cette question au public : « Did you get any of that ? » L'idée d'un lecteur dont les interprétations pourraient être incomplètes ou biaisées est d'ailleurs prise en charge par la théorie littéraire, particulièrement par les théories de la réception. Une notion comme celle « d'interprétation pure-ment illustrative »[49] dit clairement au lecteur qu'il voit dans le texte surtout ce qu'il veut. Les exemples d'auteurs qui s'agacent des interprétations qui sont faites de leurs œuvres ne se comptent plus. Alan Moore est connu pour renier

---

47   Sarr, *La plus secrète Mémoire*, 317.
48   Justin Roiland et Dan Harmon, *Rick and Morty*, USA, Adult Swim, 2013 – en cours.
49   Dominique Maingueneau, *Le Discours littéraire. Paratopie et scène d'énonciation*, Paris, Armand Colin, 2004, 65.

les adaptations de ses comics et pour accuser les réalisateurs de n'avoir rien compris[50]. Les réserves qu'émettent les théoriciens de la littérature et les agacements des auteurs prouvent assez qu'il n'est pas toujours recommandé de faire confiance au lecteur pour interpréter correctement les œuvres. Ce dernier est susceptible de se tromper lourdement.

Il y a donc un sérieux doute quant à la capacité du public à comprendre les œuvres qu'il consomme. En l'occurrence, il n'est pas certain qu'il soit toujours à même de saisir la complexité des personnages du bourreau ou de la victime.

L'œuvre de Mohamed Mbougar Sarr interroge cette capacité du lecteur. À cet égard, l'art de la nuance qui caractérise l'écriture de cet auteur pourrait tout aussi bien être une manière pour lui de rappeler au lecteur qu'il peut en manquer. En tout état de cause, l'œuvre est remplie de grands lecteurs qui sont loin de briller par leur perspicacité. Abdel Karim est un grand lecteur du Coran. Certes, il cherche réellement à rester fidèle à ce texte. Cependant, on peut se demander si un lecteur véritablement compétent du Coran s'engagerait dans le djihadisme de cette manière. Maurizio est surnommé Caecilius en référence à l'orateur et critique littéraire Caecilius de Calé Acté[51]. Quant à Josef Engelmann, il croit trouver dans le livre de T.C. Elimane de quoi nourrir la philosophie nazie et ne peut croire un seul instant que son auteur puisse être noir[52].

La perspicacité du lecteur est particulièrement mise à l'épreuve dans *La plus secrète Mémoire des hommes*. Diégane rapporte à plusieurs reprises et avec beaucoup d'ironie la bêtise des réactions des lecteurs dans les réseaux sociaux. Cependant, c'est surtout à travers la réception du texte de T.C. Elimane que les manquements des lecteurs sont interrogés. Les comptes rendus des critiques littéraires ne sont pas seulement mauvais, ils sont souvent racistes. T.C. Elimane souffrira beaucoup de ce que son texte n'a pas été lu pour ce qu'il est. Il ne s'en relèvera pas : son roman cesse de circuler et il n'en publiera plus d'autres. *La plus secrète Mémoire des hommes* suggère qu'il aurait opté pour une autre carrière. En effet, la plupart des critiques littéraires qui ont mal chroniqué son roman meurent les uns après les autres. On parle de suicides. Mais le roman de Sarr entretient une hésitation fantastique et laisse aux lecteurs que nous sommes de décider s'il s'agit vraiment de suicides ou si c'est T.C. Elimane qui les a mystiquement éliminés[53].

---

50   Andrew Firestone, « Alan Moore Already Explained the Real Reason He Hates Adaptations », *Screen Rant* 25 décembre 2021.

51   Sarr, *Silence du chœur*, 64.

52   Sarr, *La plus secrète Mémoire*, 310.

53   *Ibid.*, 335.

Avec cette hésitation fantastique, Mohamed Mbougar Sarr joue donc gentiment avec nous. Gentiment, rien n'est si sûr. De fait, on peut se demander s'il ne nous entraîne pas, malgré nous, dans une expérience destinée à juger de notre perspicacité mais aussi de notre capacité d'empathie. La question est alors de savoir comment nous réagissons par rapport à ces personnes mortes d'avoir écrit de mauvaises critiques littéraires. Déplorons-nous ces morts ? Pensons-nous qu'une mauvaise critique, même raciste, ne justifie pas qu'ils se suicident et encore moins qu'ils soient tués, même mystiquement ? Ceux d'entre nous qui optent pour l'hypothèse de la mort mystique, condamnent-ils T.C. Elimane ? Prenons-nous prétexte de ce que ces critiques sont des monstres pour rester indifférents à leur sort ? Prenons-nous prétexte de ce que nous sommes du bon côté de l'histoire pour nous autoriser à ne pas trouver ces morts choquantes ? Si tel est le cas, valons-nous mieux que Salomon, que Maurizio ou qu'Abdel Karim ? Après tout, eux aussi sont persuadés d'avoir de bonnes raisons, d'être du bon côté de l'histoire.

Il ne s'agit pas de dire que les lecteurs que nous sommes sont hypocrites. Il s'agit juste de rappeler que, au fond, nous sommes tous, semblables et frères : ni des monstres, ni des saints, des êtres humains.

4 Sortie

On le constate, dans cette traversée du labyrinthe, on n'aura rencontré l'inhumain nulle part. Pourtant, chaque tournant a sa part d'atrocités : massacres de masse, exécutions sommaires, discriminations de toutes sortes, etc. Mais les bourreaux et les victimes se révèlent n'être ni des monstres ni des saints. Ils restent partout des êtres humains. Le lecteur ne peut, de ce fait, se tourner vers des lectures manichéennes et, par là même, rassurantes. La figure du monstre et son corollaire, celle du saint sont rassurantes en cela qu'elles autorisent la distanciation. Si les bourreaux sont des monstres et les victimes des saints, alors ils sont inhumains, c'est-à-dire hors de l'humanité. Ils sont sans commune mesure avec nous autres, les êtres humains. Or, si tel est le cas, le fanatisme d'Abdel Karim ne nous engage pas, les chants des esclaves de « La Cale » ne nous engagent pas. Ils appartiennent à des sphères qui ne sont pas les nôtres, parce que situées hors du champ de notre responsabilité.

Mohamed Mbougar Sarr vient nous rappeler que ce raisonnement est erroné, qu'il n'est pas possible de nous débarrasser de notre responsabilité à si bon compte. C'est en cela que son œuvre est essentielle. Elle est essentielle non pas parce qu'elle tient un discours abscons mais parce qu'elle rappelle une évidence : cela n'arrive pas qu'aux autres de devenir victimes ou bourreaux et il n'y a aucune bulle de perspicacité et d'honnêteté qui nous protège. Elle est essentielle non pas parce qu'elle propose une panacée contre le mal mais parce qu'elle nous rappelle que tout dépend de nos choix individuels. Elle est essentielle non parce qu'elle juge, désigne les monstres et les saints mais parce qu'elle nous invite à nous poser la question de ce que nous ferions si ... Question essentielle s'il en est : dans *Cannibale* lorsque Gocéné demande à Caroz pourquoi il a risqué sa vie pour le sauver, ce dernier répond : « Je crois que les questions, on se les pose avant ... »[54].

Bibliographie

ARTE Radio, « Mohamed Mbougar Sarr | Bookmakers – ARTE Radio Podcasts », *YouTube*, https://www.youtube.com/watch?v=axbNF91LcXQ (consulté le 7 décembre 2023).

Brackley, Jonathan et Sam Vincent, *Humans*, GB/USA, Channel 4, 2015-2018.

Brinker, Virginie, « Faire advenir la complexité pour refaire corps : *Silence du chœur* de Mohamed Mbougar Sarr, une poétique du franchissement des frontières symboliques », *Hybrida. Revue scientifique sur les hybridations culturelles et les identités migrantes* 6 (2023), 119-140.

Césaire, Aimé, *La Tragédie du roi Christophe*, Paris, Présence Africaine, 1963.

Compagnon, Antoine, « La Littérature, pour quoi faire ? Leçon inaugurale prononcée le jeudi 30 novembre 2006 », *OpenEdition Book*, https://books.openedition.org/cdf/522 (consulté le 7 mai 2023).

Coogler, Ryan, *Black Panther*, USA, Walt Disney Studios, 2018.

CulturePubTV, « Orangina Rouge – Mais pourquoi est-il aussi méchant ? », *YouTube*, https://www.youtube.com/watch?v=npxBeqLNCjg (consulté le 7 mai 2023).

Daeninckx, Didier, *Cannibale*, Paris, Magnar, 2001.

Date, Hayato, *Naruto*, Japon, Pierrot, 2007-2017.

Dickens, Charles, *David Copperfield*, London, Bradbury & Evans, 1950.

Firestone, Andrew, « Alan Moore Already Explained the Real Reason He Hates Adaptations », *Screen Rant* 25 décembre 2021, https://screenrant.com/alan-moore-favorite-adaptation-doctor-who-fan-film/ (consulté le 7 décembre 2023).

Flori, Jean, *Guerre sainte, jihad, croisade : violence et religion dans le christianisme et l'islam*, Paris, Seuil, 2002.

Hatzfeld, Jean, *Une Saison de machettes*, Paris, Seuil, 2003.

Lacoste, Charlotte, « L'ère du bourreau », *Esprit* 347, 8-9 (2008), 254-257.

Littell, Jonathan, *Les Bienveillantes*, Paris, Gallimard, 2006.

---

54   Didier Daeninckx, *Cannibale*, Paris, Magnar, 2001, 108.

Maingueneau, Dominique, *Le Discours littéraire. Paratopie et scène d'énonciation*, Paris, Armand Colin, 2004.

Mérimée, Prosper, « Tamango », *La Revue française*, septembre 1829.

Miller, Bruce, *The Handmaid's Tale*, USA, Hulu, 2017-2022.

Nolan, Jonathan et Lisa Joy, *Westworld*, USA, HBO, 2016-2022.

Ouologuem, Yambo, *Le Devoir de violence*, Paris, Seuil, 1968.

Pagnol, Marcel, *Topaze, pièce en 4 actes*, Paris, Fasquelle, 1930.

Phillips, Todd, *Joker*, USA, Warner Bross, 2019.

qwerty, « Jonathan Littell et Julia Kristeva : conférence sur *Les Bienveillantes* », *YouTube*, https://www.youtube.com/watch?v=-g1gkLj46rE (consulté le 7 décembre).

Roiland, Justin et Dan Harmon, *Rick and Morty*, USA, Adult Swim, 2013 – en cours.

Russo, Anthony et Joe, *Avengers : Infinity War*, USA, Marvel Studios, 2018.

Sarr, Mohamed Mbougar, « La Cale », *Cadrans* 27 avril 2014, https://cadrans.org/2014/04/27/la-cale/ (consulté le 7 décembre 2023).

Sarr, Mohamed Mbougar, *Terre ceinte*, Paris, Présence Africaine, 2014.

Sarr, Mohamed Mbougar, *Silence du chœur*, Paris, Présence Africaine, 2017.

Sarr, Mohamed Mbougar, *De purs hommes*, Paris/Dakar, Philippe Rey/Jimsaan, 2018.

Sarr, Mohamed Mbougar *La plus secrète Mémoire des hommes*, Paris, Le Livre de Poche, 2023 [2021].

Scott, Ridley, *Blade Runner*, USA, The Ladd Company, 1982.

Sissako, Abderrahmane, *Timbuktu*, Mauritanie et France, Arte France Cinéma, Canal+, Ciné+, CNC et TV5 Monde, 2014.

Spielberg, Steven, *Amistad*, USA, DreamWorks SKG, 1997.

SUD Plateau TV, « Les lectures de Gangoueus – Invité : Mohamed Mbougar Sarr pour *De purs hommes* », http://www.sudplateau-tv.fr/2018/09/24/les-lectures-de-gangoueus-invitee-mohamed-mbougar-sarr-pour-de-purs-hommes/ (consulté le 7 décembre 2023).

tv tropes, « The Woobie », https://tvtropes.org/pmwiki/pmwiki.php/Main/TheWoobie (consulté le 7 mai 2023).

tv tropes, « Woobie, Destroyer of Worlds », https://tvtropes.org/pmwiki/pmwiki.php/Main/WoobieDestroyerOfWorlds (consulté le 7 décembre 2023).

Comment dire la migration ? L'importance de la transmission dans *Silence du chœur* de Mohamed Mbougar Sarr

Julia Görtz

Résumé

Le roman *Silence du chœur* de l'auteur sénégalais Mohamed Mbougar Sarr est caractérisé par la polyphonie. L'auteur varie non seulement les instances narratrices mais également la focalisation pour inclure un maximum de points de vue dans son œuvre. De plus, il y inclut différents genres : un récit de voyage, des articles de presse et une pièce de théâtre. Le présent article se propose de montrer que Sarr accentue avec ces procédés l'importance d'une variété et d'une diversité de voix pour assurer la transmission du message proféré. Dans un premier temps, il sera question des réflexions de nombreux personnages sur les limites du langage et les conditions d'une communication réussie. Celle-ci dépend autant de l'(in)dicibilité de ce que l'on veut transmettre que de la disposition de l'autre à écouter et à comprendre. Puisque la façon de s'exprimer joue également un rôle important, il s'agira ensuite d'examiner les différents moyens que Sarr exploite au niveau de la construction de son texte, à savoir les différents genres. Dans ce contexte, l'accent sera mis sur les fonctions de ces genres pour démontrer que certains évènements ne peuvent être racontés qu'en utilisant le genre approprié. À travers chaque genre, Sarr souligne, par ailleurs, l'importance de la transmission et de la médiation. Cet article établira, finalement, que la littérature peut servir de moyen de transmission et de mémoire capables de briser le silence du chœur des migrant·e·s.

Mots-clés

Mohamed Mbougar Sarr – *Silence du chœur* – migration – transmission – mémoire – expériences traumatiques – polyphonie – langage – genres textuels

1   En guise d'introduction : le commencement par la fin

Tout à la fin du roman *Silence du chœur* de Mohamed Mbougar Sarr, après une éruption volcanique dévastatrice, on apprend que l'un des personnages principaux, le traducteur-médiateur Jogoy, avait été chargé de « dire le récit » à peine lu :

> La matière de la ville appartenait désormais à la poésie des ruines. De la cité, ne demeurait intacte que la mémoire. Son allégorie, du moins : la statue d'Athéna n'était pas tombée. […] [S]a pierre s'anima ; […] la déesse descendit de son piédestal, puis marcha vers l'unique personne qui, restée à Altino, avait survécu. […] Athéna devait lui transmettre la mémoire du lieu. Ce serait ensuite à lui que reviendrait la tâche de dire le récit des *ragazzi* d'Altino[1].

La statue d'Athéna confie à Jogoy la tâche de faire le récit de soixante-douze migrants, appelés *ragazzi*, arrivés à Altino, petite ville fictive de Sicile. Le présent article se propose de creuser la question de la manière dont un tel récit peut exprimer les expériences individuelles de tant de personnages et réussir à dire le traumatisant, l'indicible.

Comme l'indique déjà le titre, *Silence du chœur* est un roman choral, polyphonique. Cette stratégie narrative permet d'accentuer la multitude de voix et points de vue à l'intérieur de l'histoire de la migration des *ragazzi*. De plus, l'on trouve dans le roman, intercalés entre les chapitres 'classiques', un récit de voyage, des articles de journal et un chapitre sous forme de pièce de théâtre. Ces différents genres constituent un moyen supplémentaire de varier les points de vue. Dans ce qui suit, je défends la thèse que Sarr se pose, et nous pose en tant que lecteur·rice·s, la question de la difficulté, voire de l'impossibilité de dire cette migration – d'un côté à travers les personnages qui mènent des réflexions sur les limites du langage et de l'autre à travers les différents genres mentionnés. En analysant la fonction de ces derniers, je me propose de montrer que l'auteur y recourt pour rendre le récit des *ragazzi* possible car certains évènements ne semblent pouvoir être racontés qu'en utilisant le genre approprié. Ainsi, l'auteur n'augmente pas seulement la multitude de voix mais surtout leur variété et diversité, les différentes façons de dire la migration.

Dans un premier temps, sera brièvement abordé le phénomène de la polyphonie dans le roman. Partant de là, je m'intéresserai aux réflexions sur les

---

1 Mohamed Mbougar Sarr, *Silence du chœur*, Paris, Présence Africaine, 2022, 567-568.

limites du langage et de la communication faites par différents personnages qui montrent que le seul fait d'avoir sa propre voix ne suffit pas si la réussite de la communication n'est pas assurée. Ce qui se révèle être indispensable, ce n'est pas seulement l'utilisation de la parole, mais sa transmission. La transmission, la perception d'un message de la part d'un·e destinateur·rice, quant à elle, dépend, entre autres, de la façon dont il est articulé.

Dans un deuxième temps, l'exploration de différentes façons d'articuler un message, de dire un récit pour reprendre les mots de Sarr, se trouvera au centre de l'analyse : en variant les genres textuels, l'auteur varie les modalités de narration de la migration car chaque genre remplit une fonction spécifique[2]. La deuxième partie de cet article montrera, par exemple, que les articles de presse, par leur objectivité (supposée), contribuent à créer une certaine distance et à réguler l'émotion, ce qui permet de communiquer des évènements tragiques.

Au sein du roman, les personnages tout comme les genres soulignent l'importance de la littérature comme partie d'une mémoire collective qui assure de son côté la transmission (des récits) du passé. Pour cela, j'aborderai, en conclusion, entre autres, les réflexions de Mohamed Mbougar Sarr sur le rôle et les limites de la littérature même.

2 Quand « le bruit de l'eau [...] empêche d'entendre nettement les paroles du chant » – limites du langage

Comme le notent Luisa Fernanda Acosta Cordoba, Maud Lecacheur et Basil Martin-Marge, le deuxième roman de Sarr est caractérisé par « une structure éclatée en une multitude de points de vue, en un chœur disséminé »[3]. En donnant une voix à un grand nombre de personnages et narrateur·rice·s différent·e·s, Sarr rompt avec l'uniformité et l'homogénéité du récit. Même si la majeure partie du roman est racontée par une instance narratrice hétérodiégétique, la focalisation est souvent interne ce qui permet de fournir la perspective de différents personnages, comme le poète Giuseppe Fantini, le *ragazzo* Fousseyni Traoré, Jogoy et le curé Amedeo Bonianno[4], mais aussi de « survole[r] la pensée et les expériences de Maria, Carla, Sabrina, Jogoy »[5], tous·tes

---

2 Même si la présence des différents genres dans le roman a déjà été mise en évidence, il n'y a pas encore d'analyse approfondie de ces fonctions.

3 Luisa Fernanda Acosta Cordoba, Maud Lecacheur et Basil Martin-Marge, « *Silence du chœur* de Mohamed Mbougar Sarr : une épopée polyphonique », *Présence Africaine* 1 (2019), 218.

4 Voir *ibid.*, 224-225.

5 *Ibid.*, 225.

membres de l'association Santa Marta qui s'occupe des migrants. Sept personnages assurent même la fonction de narrateur·rice·s autodiégétiques : Matteo
Falconi, le gendarme d'Altino ; Maurizio Mangialepre, politicien ; Fousseyni
Traoré ; le docteur Salvatore Pessoto ; Bemba, un des migrants ; Gianni et Lucia,
membres de l'association[6]. À cela s'ajoute le récit de voyage de Jogoy, également écrit à la première personne[7], et la pièce de théâtre dans laquelle Lucia,
Fousseyni, sa mère et Adama Kouyaté prennent la parole[8]. Avec la variation
des instances narratrices et la focalisation, Sarr fait entendre les expériences
d'individus et non pas d'une masse indifférenciable. L'auteur trouve ainsi une
première réponse à la question initiale : la polyphonie. De plus, avec sa réalisation il va au-delà de la multiplication de points de vue car il n'alterne pas
seulement entre de différent·e·s narrateur·rice·s autodiégétiques mais varie
aussi d'autres paramètres. Il met l'accent sur la variété plutôt que sur un grand
nombre de voix.

La polyphonie n'offre pas seulement une variété de perspectives sur la
migration, sujet principal du roman, mais ouvre également, grâce au nombre
d'opinions, le débat sur d'autres questions. À maintes reprises différents personnages du roman réfléchissent sur les limites du langage. Ces réflexions,
selon ma thèse, montrent qu'avoir et pouvoir utiliser sa voix ne représente que
le point de départ d'une communication réussie et que la compréhension –
au-delà de l'intelligibilité – en constitue le point d'arrivée.

Ce qui peut empêcher la communication et la compréhension dans un
contexte de migration, c'est tout d'abord la barrière linguistique. Dans *Silence
du chœur*, les soixante-douze hommes qui arrivent dans la petite ville sicilienne proviennent de pays différents, n'ont pas la même langue maternelle et
ne parlent pas l'italien[9]. Ils ne peuvent donc ni communiquer avec l'ensemble
de leur groupe ni avec l'extérieur sans l'aide de Jogoy, le traducteur-médiateur
de la ville[10]. Il s'agit ici d'un problème qui, bien au-delà du texte, touche chaque
groupe de migrants, assemblé de manière arbitraire et lié uniquement par l'objectif commun d'arriver en Europe[11]. Fousseyni aborde la thématique dans la

---

6   Voir Sarr, *Silence du chœur*, 101, 103, 107, 153, 161, 187, 286, 287, 290.

7   Voir *ibid.*, 60-63, 97-100, 141-150, 177-181, 352-360, 525-536.

8   Voir *ibid.*, 294-319.

9   Ils viennent, entre autres, du Sénégal, du Mali, du Nigéria, du Ghana et de la Gambie (voir
     ibid., 71-73, 191, 404).

10   Jogoy compare le hangar, dans lequel sont logés les *ragazzi* dans un premier temps, à la
     Tour de Babel : « Plusieurs langues se croiseraient dans le hangar, le transformant en une
     étrange Tour de Babel » (*ibid.*, 27).

11   Le pouvoir unificateur de cet objectif est souligné par l'emploi de majuscule dans le mot
     'rêve' et sa répétition : « [Ç]a nous liait, le Rêve. Oui, on a parlé du Rêve. Partir, fuir la
     honte, réaliser notre Rêve » (*ibid.*, 313).

pièce de théâtre quand il raconte son voyage migratoire et explique que son groupe avait peur de ne pas se comprendre :

> Nous étions cinquante comme ça, tous jeunes ou presque. Des Maliens, des Guinéens, des Sénégalais, des Nigérians, des Libériens, des Nigériens, des Camerounais, des Ivoiriens aussi. Au début, on ne se parlait pas trop. Ce n'était pas de la timidité ou de la méfiance. C'était la peur de ne pas se comprendre. La peur de ne pas parler la même langue[12].

La pluralité de langues empêche la communication parce que les migrants ne sont pas sûrs de pouvoir faire parvenir leurs messages. Bien que Sarr se serve dans son roman du procédé de la polyphonie pour mettre en scène une multitude de voix, il souligne ici que l'important n'est pas la pluralité – que ce soit de langues ou de voix – mais la transmission. Sarr explore la question centrale de la manière efficace d'assurer la transmission en se penchant sur les trois composantes de la communication : l'énonciateur·rice, le·a destinataire et le message. Il s'interroge sur les moyens de trouver les mots adéquats pour exprimer son propre vécu en tant que migrant et met également en relief la difficulté de vraiment saisir ce que l'autre dit – bien que l'on parle la même langue. En outre, les différents genres présents dans le roman, et analysés dans la deuxième partie de cette contribution, représentent, à mon avis, différentes façons de concevoir un message en en variant les caractéristiques et fonctions.

Les réflexions sur les conditions de la communication montrent que la barrière linguistique est, certes, un obstacle, mais qu'il y en a d'autres qui sont moins facilement surmontables. En fait notamment partie le fait de verbaliser des traumatismes ou des expériences traumatiques, de dire ce qu'on appelle en recherche en psychologie, mais aussi dans les études culturelles et littéraires sur le trauma, « l'indicible ». Cathy Caruth décrit un traumatisme comme « not locatable », « *not known* » et « not available to consciousness »[13], comme une expérience qui ne peut pas être « precisely grasped »[14] et du coup verbalisée ou représentée[15]. De cet entendement ressort une divergence entre l'expérience traumatique et l'expression verbale de cette même expérience. L'incapacité du langage à exprimer ce qui est advenu n'est pas seulement une problématique

---

12   *Ibid.*, 312. Jogoy souligne également les diverses provenances des migrants qui ont fait la traversée avec lui dans son récit de voyage (voir *ibid.*, 142).

13   Cathy Caruth, *Unclaimed Experience : Trauma, narrative, and history*, Baltimore, John Hopkins UP, 1996, 4.

14   *Ibid.*, 6.

15   En outre, elle parle de « inaccessibility » et « resistance to [...] analysis and understanding », Cathy Caruth, « Introduction », dans idem (ed.), *Trauma : Explorations in memory*, Baltimore, John Hopkins UP, 1995, 10.

linguistique et communicative, mais la conséquence d'un vide cognitif par suite du refoulement de l'évènement traumatique. Il est inaccessible et donc indicible pour la personne qui l'a vécu, mais non pas indicible en général. En études littéraires, comme l'explique Stefan Krankenhagen, on a moins discuté de la possibilité de dire le trauma que de la possibilité de sa représentation. Une représentation littéraire du trauma est-elle, en effet, appropriée[16] ? Il plaide ensuite pour que cette question normative et prescriptive soit abandonnée et se concentre plutôt sur les façons de dire « l'indicible » et les fonctions de ces représentations[17].

Dans *Silence du chœur*, Sarr ne se sert pas seulement de plusieurs moyens – comme la polyphonie ou le recours aux différents genres – pour raconter des évènements traumatisants, mais met également en scène l'inaptitude du langage à combler le vide cognitif causé par un tel évènement. Ce sujet n'est cependant pas mis en avant dans le contexte des migrants, mais dans celui des habitant·e·s d'Altino. C'est par exemple le docteur Salvatore Pessoto qui ne trouve pas de mots après la tragédie meurtrière à la fin du roman :

> Pessoto se contenta de répéter que, oui, c'était horrible. Il pensa qu'à part cela ('c'est horrible'), il ne leur était pas encore possible de dire autre chose. L'horreur avait restreint les possibilités de la langue, réduit le vocabulaire à quelques termes, aspiré dans un trou noir presque tous les mots[18].

L'impossibilité de trouver des mots est rendue ici par la métaphore du trou noir qui les absorbe. L'expérience traumatique empêche l'accès à un langage qui va au-delà de l'exclamation 'c'est horrible'. À remarquer aussi l'utilisation du pronom 'leur' – au lieu de 'lui' – qui exprime le niveau collectif de l'expérience traumatique : ce n'est pas que Pessoto qui en est atteint mais tous·tes les habitant·e·s de la ville.

---

16   Voir Stefan Krankenhagen, *Auschwitz darstellen : Ästhetische Positionen zwischen Adorno, Spielberg und Walser*, Köln, Böhlau, 2001, 1-19. Ces discussions surgissent principalement dans le contexte de la Shoah et à la suite de l'énoncé – souvent mal interprété – d'Adorno qu'« [é]crire un poème après Auschwitz est barbare » (Theodor Adorno, *Prismen : Kulturkritik und Gesellschaft*, Frankfurt, Suhrkamp, 1969, 31 ; ma traduction).

17   Voir Krankenhagen, *Auschwitz darstellen*, 6. Cette approche se trouve par exemple dans les monographies de Michael Rothberg et Dominick LaCapra publiées également au début des années 2000 : Michael Rothberg, *Traumatic Realism : The demands of Holocaust representation*, Minneapolis, University of Minnesota Press, 2000 ; Dominick LaCapra, *Writing history, writing trauma*, Baltimore, Johns Hopkins UP, 2001.

18   Sarr, *Silence du chœur*, 442.

Un deuxième recours au topos de l'indicibilité se trouve chez Lucia qui, contrairement à Pessoto, ne perd pas seulement l'accès au vocabulaire adéquat, mais aussi sa voix, après le suicide de sa mère :

> Il y a quatre ans, la mère de Lucia s'est suicidée. Lucia, elle, a perdu la parole suite au traumatisme. [...] Elle a poussé un hurlement horrible qui a duré longtemps... Et lorsqu'il a fini, Lucia n'a plus jamais parlé. [...] [L]e silence abyssal[19].

Dans ce cas, la conséquence de l'évènement traumatique est le silence, un mutisme total. Comme l'explique le psychothérapeute Emmanuel de Becker, un mutisme sélectif est une réaction répandue des enfants après la perte d'un parent : « Pour peu que le traumatisme lié à la mort de l'être cher soit indicible, l'enfant en question lui fait écho par le mutisme »[20]. Le silence peut également être considéré comme un mécanisme de protection ou comme une perte de contact avec la réalité[21]. Pour le personnage adulte de Lucia, Mohamed Mbougar Sarr semble partir de cette réalité clinique mais l'oriente vers des fins esthétiques : en mettant en scène un mutisme total – qui, contrairement au mutisme sélectif, n'est pas scientifiquement connu et notamment pas chez les adultes –, il souligne la gravité du trauma.

Il peut sembler étonnant que le silence (involontaire) des migrants ne soit presque pas thématisé – malgré sa présence dans le titre du roman. Seul le silence de Salomon pendant une conversation sur son parcours est mentionné de façon explicite :

> Salomon garda le silence un temps. [...] – Mon histoire, finit-il par dire, c'est que ma famille a été tuée. Je n'ai rien d'autre à vous dire. Je n'ai aucune envie de parler du voyage, de la traversée, de la barque. Vous savez déjà tout ça. [...] – Comme tu voudras. Pourquoi es-tu ici ? Salomon ne dit rien et le curé eut l'impression que ce n'était pas tant par entêtement que par une réelle impossibilité à trouver un langage à ses sentiments[22].

Bien que Salomon justifie son silence en soulignant qu'il ne veut pas parler de son voyage migratoire, le Padre Bonianno croit y voir l'incapacité du *ragazzo*

---

19   *Ibid.*, 288-289.

20   Emmanuel de Becker, « Le mutisme sélectif chez l'enfant : pistes de compréhension et de traitement », *Psychothérapies* 32,4 (2012), 243.

21   Voir *ibid.*, 243.

22   Sarr, *Silence du chœur*, 261.

de trouver les mots pour répondre aux questions ; le trauma lui est donc attribué de l'extérieur. Malgré sa supposition, le curé n'insiste pas. Il accepte le silence de Salomon et ne le force pas à revivre de possibles expériences traumatiques en les racontant.

Même si la difficulté, voire l'impossibilité de s'exprimer par des mots est principalement montrée à travers les habitant·e·s d'Altino, ceci ne veut pas dire que les (autres) migrants ne souffrent pas de traumatismes. Tant s'en faut. Premièrement, les cas de Pessoto, de Lucia et de Salomon servent à illustrer l'impact du traumatisme sur les capacités linguistiques des êtres humains en général et soulignent également la manière dont les manifestations peuvent varier selon les individus et les évènements. Deuxièmement, il y a une différence importante entre les expériences de Pessoto et de Lucia d'un côté et celle de Salomon de l'autre. Il s'agit, chez les deux Italien·ne·s d'évènements singuliers, décrits en détail[23]. En revanche, les « sentiments » de Salomon ont quelque chose de moins spécifique et des mots-clés du discours sur la migration (voyage, traversée, barque) prennent la place des détails. D'une part, Sarr montre ainsi qu'il est bien plus difficile de mettre en évidence un seul évènement déclencheur dans toute l'expérience traumatisante subie par les migrants dans les pays d'origine et pendant le voyage migratoire. D'autre part, les traumatismes des migrants sont d'un ordre structurel et collectif de sorte que le discours – ce qui se cache derrière les sentiments et mots-clés mentionnés – est connu même si l'on ne le prononce pas. Comme le déclare Salomon dans la citation d'en haut : « Vous savez déjà tout ça »[24]. Troisièmement, en n'abordant pas explicitement le silence de chacun des *ragazzi*, en taisant ce silence, l'auteur le réalise paradoxalement à un niveau supérieur du discours. Dès lors, l'on pourrait trouver ici la configuration évocatrice du « silence du chœur » qui donne son titre au roman.

Finalement, il est important de retenir que les migrants n'ont pas la possibilité de rester silencieux. Ils sont aussitôt obligés de trouver des mots, de formuler un récit convaincant de leur misère pour obtenir un permis de résidence[25]. Le système d'accueil impose même des 'règles' pour la production

---

23   Pour les descriptions de l'affrontement dans le bar Tavola di Luca qui coûte la vie à plusieurs personnages voir *ibid.*, 420-423, 525-536. Il s'agit de l'article de presse et du témoignage de Jogoy.

24   Dans son carnet de voyage, Jogoy écrit quelque chose de similaire : « La tragédie devenait ordinaire. Les drames autour de l'immigration jouaient à une macabre chaise musicale ; chacun, quotidiennement, chassait le précédent, occupait sa place, et attendait que le prochain l'en déloge. Cela usait, mais l'on s'accommodait de la catastrophe permanente » (*ibid.*, 177).

25   Voir *ibid.*, 163.

de ces récits : « Il faut dire une bonne histoire »[26], non pas la vraie, car « le plus important pour un réfugié n'est pas la vérité de son histoire, mais sa vraisemblance tragique »[27]. L'on ne tient donc aucunement compte de ces « vérités » traumatiques ce qui contraint les *ragazzi* à faire l'impossible : créer un discours cohérent du vécu, bien que ceci, en tant que traumatisme, ne soit pas « available to consciousness »[28]. L'exigence de la vraisemblance est vouée à l'échec et le recours au mensonge semble inévitable. Il devient donc clair que, dans un certain sens, les *ragazzi* sont destinés à rester muets. Même s'ils créent une histoire, ils n'expriment pas leur vrai vécu. L'on peut ici reconnaître que le silence n'est pas seulement causé par le voyage de migration en soi mais également par le processus d'accueil qui se révèle ainsi être une énième expérience traumatisante.

Comme mentionné plus haut, la transmission d'un message ou d'une histoire ne dépend pas seulement des énonciateur·rice·s, mais également des destinataires. S'ajoutent alors aux difficultés de raconter, de produire sa propre histoire, les difficultés de faire en sorte qu'elle soit entendue et comprise. Au sein du roman, il devient évident que parler la même langue et trouver des mots n'est pas suffisant. Même sans barrière linguistique il semble difficile, voire impossible pour les habitant·e·s d'Altino de saisir l'intégralité du vécu, des expériences des migrants. Le curé Amedeo Bonianno réfléchit dans ce contexte aux stratégies pour y remédier :

> Qui sont-ils ? ... Je ne sais pas vraiment, reprit enfin Bonianno. Leur traversée est une part de ce qu'ils sont. Mais ce qu'ils sont au fond d'eux, leur voix la plus intime, je ne suis pas certain de l'avoir déjà entendu. J'essaie. Je perçois des échos faibles. C'est comme si j'étais sur les bords d'un fleuve et que j'entendais un chant que des voix auraient entonné des profondeurs des eaux. Le chant me parvient, mais le bruit de l'eau m'empêche d'entendre nettement les paroles du chant. La solution pour les entendre, c'est de plonger dans ce fleuve au flot puissant et furieux. Au risque d'être emporté[29].

D'un côté, la métaphore du fleuve montre qu'un (trop) grand nombre de voix se transforme en bruissement de l'eau. L'on peut voir ici encore une fois que Mohamed Mbougar Sarr souligne l'importance de la variété plutôt que de la

---

26   *Ibid.*, 163.
27   *Ibid.*, 185.
28   Caruth, *Unclaimed Experience*, 4.
29   Sarr, *Silence du chœur*, 133.

multitude de voix. De l'autre côté, l'image du fleuve et de ses bords permet d'exprimer la nécessité de la volonté de comprendre et le besoin de sortir de sa propre zone de confort. Il n'est pas question de rester au sec. Il faut, au contraire, aller vers l'autre, rentrer dans l'eau et s'engager activement. L'engagement actif comporte et exige une rencontre d'égal à égal. Cela peut se voir à travers la métaphore spatiale : l'abandon de la rive et la plongée impliquent un mouvement de descente et donc un nivellement des hiérarchies existantes entre les Sicilien·ne·s. et les migrants. Bonianno souligne l'importance de cette rencontre respectueuse en sortant l'expression « faire face » du contexte de la confrontation pour mettre l'accent sur la valorisation du vis-à-vis :

> Il faut faire face, ma petite Carla. Non pas résister, car nous ne sommes pas dans une lutte, [...] mais littéralement faire face, je veux dire : faire visage. [...] La plus grande des humiliations, pour n'importe quel homme, c'est de n'avoir aucun visage en face de lui, ou de ne rien voir sur le visage qu'il regarde. Alors fais face[30].

Bien qu'il soit clair que Bonianno parle à Carla, membre de l'association Santa Marta, la forme impérative à la fin de son discours[31] pourrait également être adressée à nous en tant que lecteur·rice·s et nous inviter à reconsidérer notre propre attitude envers l'autre.

Le curé va jusqu'à affirmer que la volonté de comprendre est plus importante que le fait de comprendre même et que sans cette ouverture d'esprit la compréhension et la communication sont hors de question :

> [L]es accueillir est peut-être un enfer collectif, où personne ne comprend personne. Mais ne pas les accueillir est un enfer solitaire, où on ne se parle pas, où l'on n'a donc aucune chance de se comprendre. Entre ces deux enfers, je préfère celui où nous sommes tous ensemble en se parlant, même sans se comprendre. Car c'est l'enfer qui offre le plus d'espoir. L'espoir qu'un jour, une nouvelle langue commune naisse[32].

Le Padre Bonianno préfère la convivialité[33] à la solitude, mais les deux restent, pour lui, l'enfer[34] s'il n'y a pas de compréhension. Mais il évoque ici

---

30 *Ibid.*, 333.

31 Elle reprend et varie sa première phrase, celle-ci plus impersonnelle et implicite.

32 Sarr, *Silence du chœur*, 322.

33 Voir la contribution de Lena Seauve dans ce même recueil, 164-178.

34 Nombreux sont les références à l'enfer dans *Silence du chœur*. L'on évoque, par exemple, le diable (Sarr, *Silence du chœur*, 272) ou le chien des enfers Cerbère (*ibid.*, 417). C'est notamment le volcan qui représente le croisement entre le monde et l'enfer. L'éruption de l'Etna

un possible espoir : une nouvelle langue, une nouvelle manière de se comprendre. Cette langue, ce nouveau moyen de s'exprimer, se trouve, selon mon hypothèse, dans la traduction comme dans la littérature. C'est Jogoy qui souligne l'importance de la traduction comme moyen de transmission qui comporte et assure la compréhension en mentionnant également une nouvelle langue[35]. Le poète Giuseppe Fantini, quant à lui, a un entendement similaire de la création littéraire :

> Le monde redevenait ce qu'il fallait traduire. Car qu'était-ce qu'un poète, sinon l'ultime traducteur d'un sens non point perdu – car alors le poète serait inutile – mais toujours près de se perdre ? Qui est-il sinon celui qui [...] retient la possibilité d'un sens d'une main, et tente, de l'autre, de le transmettre aux humains ? [...] C'est vrai : le poète ne peut empêcher le monde de s'effondrer, mais lui seul est en mesure de le montrer dans son effondrement. Et, peut-être, de le rebâtir aux endroits où il s'effondre en premier, et le plus lourdement : la parole et la langue[36].

Il compare littérature et traduction et soulève ainsi également l'importance de la transmission. En outre, il désigne les deux procédés comme lien entre

---

qui est insinuée avant que cela n'arrive (voir *ibid.*, 118-121) mais aussi le débordement des égouts – qui renvoient également aux enfers – y font allusion (voir *ibid.*, 368-376). Dans le contexte italien du roman il est inévitable de faire le lien à l'*Inferno* de Dante qui est même cité explicitement dans un autre contexte (voir *ibid.*, 274). Au fond de l'enfer de Dante, il n'y a pas de feu mais de la glace. Quand enfin, Fousseyni Traoré apprend la phrase « *Siamo in inverno*. Nous sommes en hiver » (*ibid.*, 62 ; italique dans l'original), la quasi-homophonie d'inverno et d'inferno est frappante. L'annonce de la neige (voir *ibid.*) peut, à cet égard, être considérée comme une anticipation de plus de la catastrophe finale. – Dans son article consacré à *Silence du chœur*, Catherine Mazauric examine le motif des enfers dans le contexte de la mythologie et de l'épopée homérique : « Des routes sans fin(s) : voyages centrifuges dans *Silence du chœur* (2017) de Mohamed Mbougar Sarr et *Loin de Douala* (2018) de Max Lobe », *L'Entre-deux* 7,1 (2020), 1-17.

35 « [L]a traduction est aussi la promesse qu'autre chose sera récrée. Traduire, c'est d'un même geste faire le deuil d'une langue première, et le pari d'en ériger une autre sur ses cendres » (*ibid.*, 57-58). À la fin de la citation se trouve une autre allusion à l'éruption du volcan (voir note précédente). – Ensuite, Jogoy se pose les questions suivantes : « Qu'y a-t-il de mieux pour les hommes : avoir une seule langue qu'ils parleraient tous, ou plusieurs langues qui pourraient se traduire entre elles ? » (*ibid.*, 58). Il accentue ainsi encore une fois le rôle de traducteur·rice-médiateur·rice qui est capable de lier les humains entre eux malgré des barrières linguistiques : « Les hommes se comprennent toujours. Babel [...] a changé de *sens*. Elle n'est plus verticale, mais horizontale ; elle ne cherche plus à rallier le ciel, elle tente de relier les hommes » (*ibid.* ; italique dans l'original).

36 *Ibid.*, 412.

le monde et les humains[37]. Son raisonnement va donc au-delà d'une communication quotidienne entre deux (ou plusieurs) parties et inclut aussi une dimension temporelle de la transmission : la littérature, si elle contient ce qui est « près de se perdre », peut servir de mémoire de lieu. Celle-ci est transmise à Jogoy par Athéna à la fin du roman[38]. Le traducteur-médiateur nous la remet ensuite sous la forme d'un texte littéraire et érige ainsi, pour revenir à la citation d'en haut, une autre langue, un nouveau 'monument' sur les cendres de la ville d'Altino. Dans ce contexte, la littérature peut également être considérée comme *lieu de mémoire* selon Pierre Nora : « Les lieux de mémoire naissent et vivent du sentiment qu'il n'y a pas de mémoire spontanée, qu'il faut créer des archives »[39]. Même si l'instance narratrice se réfère, dans la citation suivante, à des lieux géographiques comme la ville d'Altino, avec Nora, l'on peut faire le rapprochement avec la littérature : « Le lieu n'oublie rien. [...] [I]l ne peut se permettre d'être amnésique devant l'histoire et certaines de ses tragédies. Contrairement aux hommes »[40]. La littérature comme *lieu de mémoire* ne serait donc pas seulement capable de porter en elle l'histoire de la ville sicilienne mais également celle des migrants qui y arrivent. Il faut donc retenir que Sarr met en évidence l'importance de la littérature pour dire la migration.

Ce qui résulte, en plus, des analyses faites jusqu'ici, c'est que la réussite d'une transmission dépend, entre autres, des parties qui participent à la communication. Une histoire doit (pouvoir) être dite pour être entendue et l'on doit vouloir l'entendre. Les analyses montrent ensuite qu'il semble y avoir une composante supplémentaire et importante pour permettre la communication et la compréhension si ces conditions ne sont pas remplies. Ce n'est ni la littérature ni la traduction en soi mais surtout une tierce partie qui véhicule l'histoire : un·e traducteur·rice, un·e auteur·rice, bref, un·e médiateur·rice.

---

37   Dans ce contexte, l'on pourrait étendre les considérations à la création artistique en général. En plus du poète Fantini, il y a, dans le roman, un couple de peintres, Vera et Vincenzo Riviera, qui représentent leur rapport aux *ragazzi* par l'art. Virginie Brinker établit le lien entre les personnages de Jogoy, Giuseppe Fantini et les Riviera : « Jogoy Sèn [...] s'emploie désormais à aider ceux qui arrivent, en étant traducteur. Cette figure de l'écrivain, quelque part, puisqu'il fait le lien entre les mondes et manie la langue, est elle-même redoublée par des figures d'artistes », Virginie Brinker, « Faire advenir la complexité pour refaire corps : *Silence du chœur* de Mohamed Mbougar Sarr, une poétique du franchissement des frontières symboliques », *HYBRIDA. Revue scientifique sur les hybridations culturelles et les identités migrantes* 6 (2023), 121.

38   Sarr, *Silence du choeur*, 568. Voir la citation reportée au début de cette contribution.

39   Pierre Nora, « Entre mémoire et histoire : La problématique des lieux », dans idem, *Lieux de mémoire*, tome 1, *La République*, Paris, Gallimard, 1984, XXIV.

40   Sarr, *Silence du chœur*, 115.

La transmission d'un message ou d'un récit est, en outre, influencée par la conception de ce dernier. Comme on l'a démontré, Sarr souligne l'importance de la variété de manières de s'exprimer par rapport à une simple multitude de voix. En tant qu'auteur et médiateur du récit des soixante-douze *ragazzi*, il varie ces manières en utilisant plusieurs genres textuels. Ces genres seront au centre de l'attention dans ce qui suit et leur analyse permettra de mettre en évidence la fonction spécifique que chacun d'entre eux remplit et la fonction de cette variance en général. En effet, Sarr accentue à nouveau et à un autre niveau du discours la nécessité d'une polyphonie constituée par différents timbres de voix qui racontent une histoire de plusieurs points de vue et de façon variée.

3   Subjectivité, objectivité et agentivité – les différents genres textuels

Si les réflexions sur les limites du langage et le besoin de s'ouvrir à l'autre mènent à la conclusion que la migration est dicible par un·e médiateur·rice, notamment à travers la littérature, Mohamed Mbougar Sarr pose également la question de la manière de la relater au niveau de la construction du texte littéraire. Sarr expérimente plusieurs façons de dire la migration à l'aide de différents genres, mettant ainsi en valeur les voix des individus et montrant l'importance de la variété et de la diversité des récits au niveau du discours. En outre, les genres remplissent différentes fonctions : certains évènements liés à la migration des soixante-douze *ragazzi* ne semblent pouvoir être racontés qu'en utilisant le genre approprié. Outre les chapitres 'classiques', on trouve dans *Silence du chœur* un récit de voyage, des articles de journal et un chapitre sous forme de pièce de théâtre[41].

Elena Alfrahová décrit le récit de voyage comme type de texte à visée informative et documentaire. Pour que le témoignage détaillé permette aux lecteur·rice·s une expérience authentique et immersive malgré la distance spatio-temporelle, il faudrait alterner des descriptions objectives et des expériences personnelles[42]. Dans son récit de voyage qui comprend six chapitres[43]

---

41   Leur mise en page diffère visiblement de celle du reste du roman. Il faut, dans ce contexte, également mentionner la présence d'un discours télévisé (voir *ibid.*, 456-461), d'un chant (voir *ibid.*, 135-139) et des vers libres (voir *ibid.*, 417-419) qui sont intégrés dans les chapitres 'classiques'.

42   Voir Elena Alfrahová, « Die Textsorte Reisebericht : online versus print », *Brünner Beiträge zur Germanistik und Nordistik* 16,1-2 (2011), 154.

43   Le dernier chapitre n'en fait plus partie au sens strict. Jogoy ajoute celui-ci pour raconter l'affrontement dans le bar d'Altino en tant que témoin et survivant. Il ne s'agit donc plus

et dans lequel il raconte sa traversée et son arrivée en Italie, Jogoy se concentre plus sur ce dernier aspect : on y trouve une perspective très personnelle, chargée d'émotions. Malgré le titre « Aller simple. Récit de voyage, par Jogoy Sèn »[44], le texte ressemble plutôt à un journal intime et Jogoy le désigne même comme tel[45]. Le but de l'analyse suivante sera, entre autres, de montrer qu'en mélangeant ces deux genres, Mohamed Mbougar Sarr juxtapose la perception d'un migrant et la perspective 'occidentale' sur la migration.

Tandis que Alfrahová soutient que l'on trouve au début d'un récit de voyage 'classique' une description vraisemblable de l'endroit ou du pays en question[46], le récit de Jogoy commence par l'errance ; on ne sait pas où l'on est : « On ne savait pas de quelle ville ils [= les feux] brillaient [...]. L'Italie, enfin ? [...] Personne n'était capable de le dire. Nous étions perdus depuis quatre jours »[47]. On constate, donc, dès le début une divergence par rapport à une tradition de récits de voyage. Il n'y a pas non plus de descriptions détaillées de paysages ; Jogoy met plutôt en évidence les émotions, principalement la peur :

> J'avais peur de ce que je voyais. J'avais peur de ce que je ne voyais pas. Espoir et épouvante mêlés. [...] Le jour se leva sans qu'on ne vît rien qui ressemblât à une côte. Désespoir et épouvante mêlés. [...] [L]a peur [...] paralysait encore les hommes [...]. La peur commença bientôt ses ravages dans nos rangs. Les trois jours qui suivirent, elle moissonna à généreux andains dans la masse de nos cœurs offerts à sa lame comme des épis mûrs à une faucille aiguisée. La Grande Peur emporta les uns dans le délire et l'hallucination, les autres dans l'apathie et la prostration[48].

Les répétitions des structures syntaxiques dans la première partie de la citation et du mot 'peur' en général rendent celle-ci tangible. Ce qui ressort également de cet extrait – d'abord par l'emploi des majuscules – c'est que la peur prend le dessus. En outre, à travers les verbes d'action Jogoy lui attribue de l'agentivité : elle paralyse, elle commence, elle moissonne en se servant d'une lame et, finalement, elle emporte. Ce sont toujours des individus et leurs émotions qui sont placés au centre de l'attention ; les lieux ne jouent (presque) pas

---

du récit de son voyage migratoire et de son arrivée en Sicile mais le chapitre y est lié dans le sens où Jogoy prête à nouveau la parole aux mort·e·s et nous offre un rapport sur les évènements.

44   Sarr, *Silence du chœur*, 60.

45   Voir *ibid.*, 525.

46   Voir Alfrahová, « Die Textsorte Reisebericht », 155.

47   Sarr, *Silence du chœur*, 60.

48   *Ibid.*, 144.

de rôle important, ce qui distingue davantage le récit de Jogoy d'un récit de voyage 'classique'. L'accent sur le ressenti le rapproche, en revanche, du journal intime et le différencie en même temps des récits 'forcés' des *ragazzi* qui sont uniquement produits pour l'autre.

Et pourtant, dans le cinquième chapitre de son récit, Jogoy s'adresse à des lecteur·rice·s et sert de guide touristique pour faire découvrir le marché aux poissons de Catane[49]. Il change de temps verbal et de mode grammatical pour donner aux lecteur·rice·s les instructions pour trouver le marché : « Quittez la Piazza [...]. Abandonnez les cafés mondains »[50]. Dans cette partie de plusieurs pages Jogoy inclut également des informations sur une fontaine et une statue[51]. Sarr ne nomme donc pas le texte un « récit de voyage » par hasard, bien que l'impression générale du récit soit celle d'un journal intime. En incluant des aspects d'un récit de voyage 'classique' et connu d'un public 'occidental', il répond à certaines attentes par rapport au genre textuel, mais rompt tout de suite avec celles-ci parce qu'il parle, principalement, d'un autre type de voyage. Pour différencier ces types, Iain Chambers distingue migration et voyage :

> For to travel implies movement between fixed positions, a site of depar-ture, a point of arrival, the knowledge of an itinerary. [...]. Migrancy, on the contrary, involves a movement in which neither the points of depar-ture nor those of arrival are immutable or certain[52].

Jogoy même se transforme, à un moment de son récit, de migrant en voyageur quand le couple qui l'accueille lui fait découvrir la Sicile. Il revoit les lumières des villes côtières déjà vues en arrivant en Italie, mais cette fois-ci « de l'autre côté, de l'envers du décor »[53]. Lorsque Sarr laisse Jogoy se servir de deux conno-tations différentes du mot 'voyage', il fait ressortir d'autant plus les différences entre elles et met l'accent sur les dures réalités des voyages migratoires.

Même si la conception du récit de voyage remplit différentes fonctions, en tant que type de texte personnel il sert surtout à faire entendre l'histoire d'un des migrants du roman avec ses propres mots et avec l'introspection que cela comporte. Même si l'on trouve d'autres narrateur·rice·s autodiégétiques par endroits, c'est à l'intérieur du récit de Jogoy que Sarr confie le plus long-temps la parole à l'un de ses personnages. De plus, en décrivant la traversée

---

49   *Ibid.*, 356-359. Il le décrit comme l'endroit « le plus extraordinaire » (*ibid.*, 356).
50   *Ibid.*, 357.
51   Voir *ibid.*, 358.
52   Iain Chambers, *Migrancy, Culture, Identity*, London, Routledge, 1994, 5.
53   Sarr, *Silence du chœur*, 180.

en bateau depuis la Libye[54], Jogoy ne raconte pas seulement sa propre histoire mais également une partie de celle des 59 autres migrant·e·s, tous·tes mort·e·s pendant le naufrage. Il donne ainsi la voix à ceux et celles qui n'en ont plus. Et ce n'est guère une coïncidence que « la tâche de dire le récit des *ragazzi* d'Altino » revienne à celui à qui avait déjà été accordé le rôle de dire la migration en détail[55].

Le récit de voyage de Jogoy contraste nettement avec la couverture médiatique de sujets liés à la migration qu'il décrit dans le quatrième chapitre :

> À la télé ou dans les journaux, on n'en parla pas longtemps. Cela occupait un encart, un petit communiqué, l'espace d'un entrefilet. On l'indiqua sur un bandeau rouge qui défilait au bas de l'écran avec de vagues informations et quelques chiffres. Deux jours plus tard, c'était oublié[56].

Ce genre textuel se trouve dans le roman sous forme de deux articles de presse qui informent, d'un côté, sur l'élection d'un nouveau président d'une commission[57] et, de l'autre côté, sur l'affrontement au bar d'Altino qui entraîne la mort de six habitant·e·s[58]. En général, l'auteur·rice du premier article fait preuve d'objectivité. Il n'y a pas de prise de position par le·a journaliste si ce n'est dans la désignation des bateaux de migrant·e·s comme « barques de la mort »[59]. À part cela, on y trouve les faits, des chiffres, des indications sur les personnages cités et un équilibre entre les informations sur les deux candidat·e·s et entre les opinions par rapport au gagnant[60]. Bien que l'on exige ce genre d'objectivité d'un article de presse, le titre du deuxième – « Nuit macabre à Altino »[61] – montre déjà que celui-ci en est loin. La partialité est également perceptible dans d'autres tournures de phrase. Ainsi, la description de la défiguration de trois femmes comme « sauvage »[62] implique la culpabilité des migrants. De plus, le·a journaliste remet soi-même en question l'objectivité et

---

54   Les descriptions se trouvent dans les trois premiers chapitres du récit.
55   Acosta Cordoba, Lecacheur et Martin-Marge constatent que Jogoy « s'avère être le porteur d'une mémoire à la fois individuelle (dans son récit intercalé) et collective » (Acosta Cordoba, Lecacheur et Martin-Marge, « *Silence du chœur* de Mohamed Mbougar Sarr », 239).
56   Sarr, *Silence du chœur*, 177.
57   C'est la Commission de Régulation de l'Immigration en Sicile et Environs et son abréviation « CRISE » (*ibid.*, 393) révèle déjà l'approche de la politique à la migration.
58   Voir *ibid.*, 93-395, 420-423.
59   *Ibid.*, 395.
60   Voir *ibid.*, 393-395.
61   *Ibid.*, 420.
62   *Ibid.*, 420.

la crédibilité de son article car le témoignage d'un·e habitant·e qui reste anonyme est contextualisé comme suit : « [C]e commentaire n'a pas valeur de
vérité ; il vaut ce que vaut une rumeur »[63]. Au niveau linguistique, cet aspect
est rendu très présent par le mode verbal du conditionnel. Toutefois, l'au-
teur·rice ose tirer des conclusions précipitées sur l'implication des *ragazzi*[64].
À travers ce deuxième article, Sarr montre, d'après moi, que l'on attribue trop
de valeur à cette partie du discours sur la migration. En accentuant la partialité, il démasque l'impression, crée par l'officialité et l'objectivité supposée du
discours médiatique, que l'opinion émise est la dominante.

En outre, à l'aide du discours télévisé[65] du maire d'Altino, Francesco
Montero, Sarr met en scène les réactions de différents personnages aux informations sur les événements. Montero essaie de reporter les faits jusque-là
connus et refuse de s'exprimer sur les coupables possibles. Pourtant, sa phrase
« [t]out porte à croire, selon toute vraisemblance, qu'il y avait encore de nombreux migrants dans le bar au moment des faits »[66] – doublement atténuée par
les formules initiales – suscite des réponses positives chez les opposant·e·s à
l'immigration[67] mais de la résignation chez Matteo Falconi qui comprend que
la déclaration joue en leur faveur quelle qu'en soit l'intention. Sarr démontre
et dénonce, encore une fois, l'impact et la valorisation du discours officiel car
chacun·e semble entendre ce qu'il·elle veut. En incluant des voix officielles
dans son roman, l'auteur rajoute des points de vue différents qui font, certes,
partie du discours sur la migration, mais dont il critique l'influence et dévoile
l'hypocrisie en même temps. C'est, selon mon hypothèse, aussi le plaidoyer
pour une pluralité de récits et de voix inofficiels qui devraient s'opposer au
discours dominant.

Il faut constater que, malgré son importance montrée et dénoncée, Sarr
laisse finalement peu de place à la version officielle des faits présentée dans le
deuxième article de presse et le discours du maire ; le témoignage de Jogoy[68]
apportant davantage de détails sur les événements. Placés avant celui-ci, les

---

63   *Ibid.*, 421.
64   Voir *ibid.*, 423.
65   Voir *ibid.*, 456-461.
66   *Ibid.*, 458.
67   L'on y trouve, par exemple, l'exclamation « Bravo, Montero ! » (*ibid.*, 458) du politicien de
      droite, Maurizio Mangialepre, mais aussi des voix qui ne sont pas attribuables à des indi-
      vidus spécifiques et semblent représenter l'opinion collective ou, du moins, majoritaire
      (voir *ibid.*, 458-459). Ces réactions sont le résultat du fait que Montero fait le lien avec les
      ragazzi malgré l'atténuation de ses propos.
68   Celui-ci s'étend à plus de onze pages, comparé aux cinq occupées par l'article et le
      discours.

textes appartenant au discours médiatique remplissent une deuxième fonction : l'anticipation des descriptions explicites et détaillées faites par Jogoy et,
par-là, la régulation des émotions. L'auteur se sert de ces textes et leurs caractéristiques pour dire de façon modérée l'horreur et le tragique de la tuerie à
Altino. On n'apprend tout d'abord rien sur le déroulement des faits ; seul le
résultat est décrit :

> [D]es corps sans vie ont été retrouvés sur la place centrale de la ville. Parmi
> eux, se trouvaient trois femmes sauvagement défigurées, dont deux, selon
> les premières informations qui nous sont parvenues, auraient été violées.
> Les corps semblent tous avoir été soumis à une grande violence[69].

La voix passive et la construction impersonnelle créent de la distance. En
outre, il n'y a pas encore d'informations sur les victimes, de sorte que l'on ne
sait pas si toutes suscitaient de l'empathie. Nous apprenons la mort des personnages sans émotions ; les faits sont filtrés par le style de l'article de presse ce qui
suscite moins de réactions émotionnelles. Dans son discours, le maire communique plus de détails[70], mais ne retrace nullement le déroulement de la soirée.
Le style reste factuel et impassible[71]. À la fin du discours, le maire appelle à la
prière pour les victimes en les nommant une par une[72]. Cette individualisation
est une autre stratégie pour nous préparer au récit de Jogoy car nous savons
désormais non seulement ce qui est arrivé mais également à qui. Jogoy aura
finalement la tâche d'apporter un éclairage sur les circonstances exactes. Les
connaissances préalables rendent les lecteur·rice·s moins surpris·es et acca-
blé·e·s. Mohamed Mbougar Sarr s'approche de – et nous prépare à – la description détaillée à l'aide de l'article de presse et du discours télévisé car tous deux
transmettent un regard extérieur[73] sur les événements avant que l'on n'arrive

---

69   Sarr, *Silence du chœur*, 420.
70   Voir *ibid.*, 456. À remarquer qu'il reprend l'adverbe 'sauvagement' de l'article de presse.
71   Bien que Francesco Montero exprime sa compassion, avec le savoir sur le personnage,
      l'on peut reconnaitre son insincérité et démasquer ses phrases comme formules toutes
      faites. L'énoncé que « [s]a pensée la plus forte et la plus émue va aux familles et proches
      de victimes », qu'il « leur adresse [s]es plus sincères condoléances, et la solidarité de toute
      la ville » (*ibid.*) n'a rien de personnel et rappelle un discours officiel quelconque. Ainsi, les
      émotions exprimées n'en suscitent pas chez les lecteur·rice·s et les mettent davantage à
      distance.
72   Voir *ibid.*, 460-461.
73   Il s'agit, tout d'abord, d'une voix anonyme et, ensuite, de la voix officielle du maire. En tant
      que journaliste, cette instance narratrice homo- et intradiégétique est la seule à rester
      anonyme. Et bien que la voix du maire ne soit pas anonyme, elle reste dépersonnalisée,
      car Montero prend parole dans sa fonction de maire et non pas en tant qu'individu.

à la perspective depuis l'intérieur de Jogoy[74]. Enfin, on peut constater qu'une deuxième fonction remplie par les genres appartenant au discours médiatique est celle d'anticipation et de distanciation.

Le troisième genre textuel présent dans *Silence du chœur* est le chapitre sous forme de pièce de théâtre qui se trouve au milieu du roman. À l'intérieur de la pièce composée de cinq scènes[75], Lucia et Fousseyni (re)trouvent leurs voix. Tout au long du roman, Lucia, muette depuis la mort de sa mère, écrit pour communiquer avec son entourage. Ceci est également indiqué dans les didascalies de la première scène, mais ici Sarr lui attribue une voix : « Alors que Lucia écrit, on entend sa voix »[76]. Elle demande à Fousseyni de lui raconter pourquoi il a quitté son pays. La pièce de théâtre lui sert de stratégie pour répondre à cette question car il laisse parler d'autres personnages à sa place. Il commence par dire : « Je vais te le dire. C'est ma mère... »[77], mais c'est celle-ci qui prend tout de suite place sur scène et raconte, en s'adressant à son fils, ses propres raisons de le pousser à partir[78]. Même si elle répond en partie à la question de Lucia, on n'apprend, d'un côté, rien sur le raisonnement personnel de Fousseyni et, de l'autre côté, sur les circonstances de la migration qui restent, pour l'instant, inexprimées[79]. Dans la troisième scène, Fousseyni commence à faire son propre récit, mais le met en pause pour donner, encore une fois, la parole à quelqu'un d'autre, à savoir son ami Adama Kouyaté, au lieu de narrer son discours comme un récit métadiégétique. En prenant la parole dans la quatrième scène, Adama 'sort' pour ainsi dire du monologue de Fousseyni pour réciter un monologue à son tour[80]. Au début de la cinquième

---

74   Contrairement à l'auteur·rice de l'article et au maire, il se trouve à l'intérieur du bar au moment des faits et les raconte, en plus, à la première personne.

75   Les cinq scènes correspondent à peu près aux cinq actes du modèle de Gustav Freytag (voir Gustav Freytag, *Die Technik des Dramas*, Darmstadt, Wissenschaftliche Buchgesellschaft, 1965, 102-122). – Il serait possible d'approfondir les réflexions suivantes pour déceler l'importance du positionnement de la pièce de théâtre exactement au milieu du roman – c'est le 32ème chapitre sur 64. L'on pourrait avancer l'hypothèse que la pièce représente le point culminant ou bien le tournant comme le fait le troisième acte d'une pièce de théâtre selon le modèle de Freytag (voir *ibid.*, 113-116).

76   Sarr, *Silence du chœur*, 294.

77   *Ibid.*, 295.

78   Voir *ibid.*, 295-300.

79   La mère de Fousseyni dit : « Je ne sais rien de ta traversée, rien de ce que tu vis là-bas au quotidien, rien de ce que tu as vécu » (*ibid.*, 299).

80   Voir *ibid.*, 303-304. Pour approfondir des questions sur les interactions entre théâtre, théâtralisation et oralité à l'intérieur du monologue de Adama Kouyaté, je renvoie à l'article de Bernard Faye, « Écriture de l'étrange dans le roman africain postmoderne : *Silence du chœur* de Mohamed Mbougar Sarr », *Journal of Philology and Intercultural Communication/Revue de philologie et de communication interculturelle* 5,2 (2021), 40-49.

scène, Fousseyni poursuit son récit. À travers son ami, introduit dans la scène antérieure, il répond à la question de Lucia de façon implicite :

> Il m'a dit qu'il était triste : il se sentait inutile dans la société. Et pendant qu'il me disait ça, j'ai pensé que Kouyaté était comme moi : il était parti parce que son présent était une humiliation et que son avenir n'existait pas[81].

Il se compare à Adama Kouyaté, mais n'exprime toujours pas ses pensées avec ses propres mots. Fousseyni n'est finalement pas capable de terminer son histoire personnelle avec ses propres mots. Au moment où il devrait raconter la mort de son ami Adama, le monologue s'arrête sur des points de suspension[82]. Des didascalies, on apprend que Fousseyni continue de parler, mais ses mots ne se trouvent pas dans le roman. Après, c'est Lucia qui intervient : « Il n'a jamais eu l'occasion de pleurer son ami Adama Kouyaté, dont il vient de me raconter la disparition pendant le voyage »[83]. À l'intérieur de son monologue, classifiable selon les catégories de Genette comme discours rapporté, elle prend la parole de Fousseyni et termine son récit en tant qu'instance narratrice hétérodiégétique avec une focalisation interne. La distance narrative s'agrandit donc là où Fousseyni est sur le point de raconter l'épisode le plus traumatisant de son voyage migratoire. L'indicible est rendu à travers les points de suspension et le fait que l'on n'a pas accès à ses mots exacts. C'est finalement grâce au mode dramatique du chapitre que d'autres locuteur·rice·s apparaissent sur scène ce qui permet de dire le récit de Fousseyni avec la voix de quelqu'un d'autre et de montrer qu'il lui est difficile voire impossible de le prononcer lui-même. En recourant à d'autres voix, Fousseyni, ou bien Mohamed Mbougar Sarr, en fait des médiateur·rice·s qui comblent le vide cognitif. L'auteur rend ainsi dicible ce qui est indicible pour Fousseyni même.

La distance narrative mène également à une distance entre les personnages et l'intrigue, d'un côté, et les lecteur·rice·s, de l'autre. Cette distance peut remplir une fonction de régulation des émotions de ces dernier·ère·s de manière similaire à celle créée par l'article de presse et le discours du maire d'Altino : les événements sont filtrés par une instance narratrice hétérodiégétique et racontés de façon médiate plutôt qu'immédiate[84].

---

81   Sarr, *Silence du chœur*, 310.

82   « Puis nous sommes entrés dans le désert, vers la Libye, vers le grand Rêve… » (*ibid.*, 317).

83   *Ibid.*, 317.

84   Initialement, Sarr crée plutôt de la proximité avec la pièce de théâtre : en faisant arriver des personnages sur scène qui appartiennent à des lieux, des temps et des niveaux

Pour conclure, on peut dire que Mohamed Mbougar Sarr utilise la pièce de théâtre pour que Fousseyni puisse (laisser) faire son récit, de même que Jogoy s'exprime à travers son récit de voyage. Il s'ajoute à ceci que les prises de parole de Lucia annoncent le moment où Lucia surmonte son mutisme pour se sauver pendant l'éruption du volcan à la fin du roman[85].

Les différents genres présents dans *Silence du chœur* servent, de façon générale à multiplier le nombre des voix, à les amplifier et à les varier. Se note également la volonté de se servir de leurs fonctions respectives, pour souligner l'importance de la transmission et de la littérature à l'intérieur du discours sur la migration et pour réaliser la polyphonie au niveau de la construction du texte.

4   En guise de conclusion : migration, transmission et littérature

Il convient de conclure en évoquant brièvement un dernier genre : la poésie. Le poète Giuseppe Fantini transforme ses expériences avec les *ragazzi* en poème à la fin de *Silence du chœur*, même si son « grand poème » ne s'y trouve pas explicitement. Fantini explique la genèse du poème et souligne ainsi l'importance du récit pour dire la migration :

> Cinq cents feuillets de poésie. Il n'avait jamais autant écrit. [...] [L]a longueur de son dernier recueil lui avait été imposée par une nécessité interne à l'œuvre. [...] C'était un unique grand poème, jailli d'un seul mouvement. Fantini avait tenté de retrouver là l'une des dimensions que les poètes, depuis trop longtemps, avaient négligées ou oubliées : le récit. Ce qui relate et relie[86].

---

narratifs différents, il instaure une simultanéité entre le présent et le passé et suspend les niveaux inférieurs à celui extradiégétique. En mettant tout sur le même plan, il rend le passé et des lieux éloignés plus accessibles. En outre, les changements de scène et les didascalies formulées au présent interrompent les rétrospectives à l'intérieur des monologues et donnent ainsi l'impression que tout se passe au moment de la lecture.

85   « Elle suffoquait presque. Elle sombrait dans l'inconscience, lentement, doucement, écrasée de chaleur et d'asphyxie. Un grand cri la tira de la somnolence mortelle qui la menaçait. [...] Il lui fallut quelques secondes pour se rendre compte [...] que le cri était son cri, et que la voix était sa voix. Elle eut l'impression que ce cri était, quatre années plus tard [...] le prolongement de celui qu'elle avait poussé en apprenant le suicide de sa mère » (Sarr, *Silence du chœur*, 557).

86   *Ibid.*, 561. À remarquer aussi qu'il reprend le mot « relier » de la citation sur une Babel horizontale reportée en haut (voir note en bas de page 35). L'on pourrait, par ailleurs, faire

Fantini et son chien se rendent ensuite dans le poème-récit : « [T]ous deux
[...], entrèrent dans l'œuvre et disparurent dans les premiers vers du grand
poème comme s'ils avaient été un passage vers un autre monde. Le poème les
accueillait »[87]. Cette disparition fantastique dans les vers nous indique, selon
moi, la mort des deux personnages. Mais leur entrée dans la littérature accentue encore une fois le rôle de celle-ci comme *lieu de mémoire* car, même s'ils
meurent, ils perdurent à l'intérieur de l'œuvre littéraire. La transmission peut
donc être atteinte à travers la littérature et *Silence du chœur* en tant que récit
dit par Jogoy, comme Athéna l'avait chargé de le faire, en est un exemple. Au
début du roman, lorsque la déesse poursuit le discours commencé à sa fin et
ferme ainsi le cercle[88], tout recommence :

> Tu te réveilleras fou et seul : c'est la condition des derniers et des premiers
> hommes. Tu es la fin d'un récit et l'ouverture de celui qui vient. L'épilogue
> de l'un, le prologue de l'autre. À toi de parler. Je t'ai tout transmis[89].

On voit ici, d'un côté, l'importance de la mémoire qui ne peut perdurer que
si elle est transmise. De l'autre côté, ce 'tourner-en-rond', pourrait également
indiquer l'impossibilité de dire la migration, de sortir du cercle vicieux de la
mauvaise communication et du malentendu. Dans cette contribution, mon
but a été de démontrer que pour Mohamed Mbougar Sarr, s'il s'avère possible
de dire la migration (dans la littérature), seule une variété de récits et de voix,
bref, de tessitures vocales et leur transmission, peut briser le silence du chœur
des migrant·e·s.

Bibliographie

Acosta Cordoba, Luisa Fernanda, Maud Lecacheur et Basil Martin-Marge, « Silence
    du chœur de Mohamed Mbougar Sarr : une épopée polyphonique », *Présence
    Africaine* 1 (2019), 217-241.
Adorno, Theodor, *Prismen : Kulturkritik und Gesellschaft*, Frankfurt, Suhrkamp, 1969.

---

le lien à la « pensée du rhizome » d'Édouard Glissant décrite dans *Poétique de la relation*
        (Paris, Gallimard, 2007, 23).

87   Sarr, *Silence du chœur*, 562.

88   Le titre « Prologue/Épilogue » (*ibid.*, 11) indique déjà cette structure cyclique du roman.
        Comme le notent Acosta Cordoba, Lecacheur et Martin-Marge, « [l]a dernière page du
        roman [...] donne la clé de la structure circulaire du livre » (Acosta Cordoba, Lecacheur et
        Martin-Marge, « *Silence du chœur* de Mohamed Mbougar Sarr », 220).

89   *Ibid.*, 12.

Alfrahová, Elena, « Die Textsorte Reisebericht : online versus print », *Brünner Beiträge zur Germanistik und Nordistik* 16,1-2 (2011), 153-159.

Becker, Emmanuel de, « Le mutisme sélectif chez l'enfant : pistes de compréhension et de traitement », *Psychothérapies* 32,4 (2012), 239-248.

Brinker, Virginie, « Faire advenir la complexité pour refaire corps : Silence du chœur de Mohamed Mbougar Sarr, une poétique du franchissement des frontières symboliques », *HYBRIDA. Revue scientifique sur les hybridations culturelles et les identités migrantes* 6 (2023), 119-140.

Caruth, Cathy, « Introduction », dans idem, *Trauma : Explorations in memory*, Baltimore, John Hopkins UP, 1995, 3-12.

Caruth, Cathy, *Unclaimed Experience : Trauma, narrative, and history*, Baltimore, John Hopkins UP, 1996.

Chambers, Iain, *Migrancy, Culture, Identity*, London, Routledge, 1994.

Faye, Bernard, « Écriture de l'étrange dans le roman africain postmoderne : *Silence du chœur* de Mohamed Mbougar Sarr », *Journal of Philology and Intercultural Communication/Revue de philologie et de communication interculturelle* 5,2 (2021), 40-49.

Freytag, Gustav, *Die Technik des Dramas*, Darmstadt, Wissenschaftliche Buchgesellschaft, 1965.

Glissant, Édouard, *Poétique de la relation*, Paris, Gallimard, 2007.

Krankenhagen, Stefan, *Auschwitz darstellen : Ästhetische Positionen zwischen Adorno, Spielberg und Walser*, Köln, Böhlau, 2001.

LaCapra, Dominick, *Writing history, writing trauma*, Baltimore, Johns Hopkins UP, 2001.

Mazauric, Catherine, « Des routes sans fin(s) : voyages centrifuges dans *Silence du chœur* (2017) de Mohamed Mbougar Sarr et *Loin de Douala* (2018) de Max Lobe », *L'Entre-deux* 7,1 (2020), 1-17.

Nora, Pierre, « Entre mémoire et histoire : La problématique des lieux », dans idem, *Lieux de mémoire*, tome 1, *La République*, Paris, Gallimard, 1984, XVII-XLII.

Rothberg, Michael, *Traumatic Realism : The demands of Holocaust representation*, Minneapolis, University of Minnesota Press, 2000.

Sarr, Mohamed Mbougar, *Silence du chœur*, Paris, Présence Africaine, 2022.

Convivialisme, polyphonie et violence dans *Silence du chœur* de Mohamed Mbougar Sarr

Lena Seauve

Résumé

L'article examine la représentation d'un convivialisme voué à l'échec dans le roman *Silence du chœur* de Mohamed Mbougar Sarr. Il s'appuie non seulement sur une conception critique de la convivialité, mais aussi sur des questions relatives à la polyphonie et à la tradition des genres que sont la tragédie et l'épopée. Selon la thèse de l'article, la représentation de la cohabitation entre Siciliens et réfugiés africains dans la petite ville fictive d'Altino, qui échoue violemment, prend une dimension transhistorique : l'inégalité et l'interdépendance sont les conditions dans lesquelles le convivialisme forcé engendre une violence extrême. Le recours à des éléments de la tragédie grecque souligne ce niveau de signification du roman qui, de cette manière, dépasse largement le moment historique de la « crise des réfugiés ».

Mots-clés

Mohamed Mbougar Sarr – *Silence du chœur* – convivialisme – polyphonie – violence – tragédie – épopée

Le roman *Silence du chœur*[1] de Mohamed Mbougar Sarr raconte la rencontre et, par la suite, la cohabitation forcée d'un groupe d'hommes réfugiés de différents pays d'Afrique avec les habitants de la petite commune fictive d'Altino en Sicile. « Des hommes en rencontraient d'autres »[2] annonce le texte, et donne d'abord l'impression qu'il s'agit d'une rencontre entre parties égales. Cette égalité n'est cependant pas maintenue dans le texte, bien au contraire. L'« autre » reste fondamentalement différent, topos qui se confirme par la suite comme le montre la citation suivante :

---

1 Mohamed Mbougar Sarr, *Silence du chœur*, Paris, Présence Africaine, 2017.
2 *Ibid.*, 55.

Ragazzi et Siciliens n'étaient pas les mêmes. Entre eux, n'éclataient d'abord, béantes, que les différences. Différences des corps et de ce qu'ils disaient, des visages et de ce qu'ils exprimaient, des attentes et de ce qu'elles cachaient, des passés et de ce qu'ils recouvraient[3].

« Comment [mieux] vivre ensemble ? »[4], est la question centrale que pose le roman de Mohamed Mbougar Sarr[5] que l'on pourrait reformuler ainsi : comment la vie en commun peut-elle fonctionner dans des conditions d'inégalité fondamentale ? Et que peut nous dire la fiction à ce sujet ? L'hypothèse que je vais soumettre ici, est que le texte représente et négocie les conditions et l'échec d'une coexistence humaine que l'on pourrait approcher à l'aide du concept de *convivialisme*. Ce terme, traduit de l'anglais *conviviality*, fut introduit pour la première fois dans les sciences humaines par le philosophe Ivan Illich en 1973[6] et a connu par la suite de nombreuses élaborations, notamment grâce au sociologue britannique Paul Gilroy en 2004[7]. Il décrit d'abord une cohabitation humaine qui fonctionne au-delà des différences culturelles, ethniques, religieuses et économiques.

Pour mettre en scène la tension entre l'obligation à une vie en commun et l'inégalité, le roman de Mohamed Mbougar Sarr se sert d'une série de personnages médiateurs et clivants. L'effort et l'échec d'un échange entre ces personnages sont représentés par une diversité discursive que j'appellerai, avec Bakhtine, la polyphonie[8]. J'aimerais mettre en évidence dans cet article le

---

3 *Ibid.*, 55.

4 *Ibid.*, 149.

5 Il est possible que cette phrase soit une référence aux notes de Roland Barthes publiées sous le même titre : Roland Barthes, *Comment vivre ensemble. Simulations romanesques de quelques espaces quotidiens. Notes de cours et de séminaires au Collège de France, 1976-1977*. Texte établi, annoté et présenté par Claude Coste, Paris, Seuil 2002.

6 Ivan Illich, *Tools for Conviviality*, New York, Harper and Row, 1973.

7 Paul Gilroy, *After empire : melancholia or convivial culture ?* London, Routledge, 2004.

8 « Chez Bakhtine, la polyphonie [plus générale] désigne un principe de diversité d'opinions délibérément choisi par le romancier, qui s'exprime par une palette de points de vue idéologiques contradictoires », Silvan Moosmüller et Boris Previsić (ed.), *Polyphonie und Narration*, Trier, Wissenschaftlicher Verlag Trier, 2020, 2 ; voir aussi, pour la notion de polyphonie chez Sarr : Luisa Fernanda Acosta Cordoba, Maud Lecacheur et Basil Martin-Marge, « *Silence du chœur* de Mohamed Mbougar Sarr : une épopée polyphonique », *Présence Africaine* 199-200.1 (2021), 217-241 ; Mahaut Rabaté, « Enjeux politiques des voix chez Assia Djebar et Mohamed Mbougar Sarr », *Fabula / Les colloques*, *Livres de voix. Narrations pluralistes et démocratie* ; Virginie Brinker, « Faire advenir la complexité pour refaire corps : *Silence du chœur* de Mohamed Mbougar Sarr, une poétique du franchissement des frontières symboliques », *HYBRIDA. Revue scientifique sur les hybridations culturelles et les identités migrantes*, 6 (2023), 119-140.

rapport entre cette polyphonie – l'affrontement et la juxtaposition de positions et de voix hétérogènes – et la représentation de l'échec du convivialisme dans le roman, ainsi que le rôle que joue la violence dans ce contexte. Je propose dans cet article d'explorer la constellation triangulaire entre convivialisme, polyphonie et violence.

1   Convivialisme et inégalité

Les travaux récents sur le convivialisme s'intéressent à la façon dont nous concevons les modes de vie en commun entre êtres humains (« how we think about human modes of togetherness »[9]). Ces dernières années, la notion de convivialisme est devenue de plus en plus centrale dans les débats interdisciplinaires sur les possibilités de cohabitation de différentes cultures (« The capacity to live with difference »[10]), surtout dans des contextes urbains, au point que l'on parle désormais même d'un « convivial turn »[11]. Dans les études littéraires, c'est en particulier Ottmar Ette qui revient régulièrement à un concept qu'il appelle, lui, *convivence*. En s'appuyant sur Barthes, il part du principe que la littérature ne fait pas que transporter un savoir sur la cohabitation (humaine), mais crée également un savoir propre à ce sujet[12]. Ce savoir se rapporte tout autant à la réalité actuelle qu'à un passé (littéraire). Cela signifie que la fiction peut faire quelque chose qui n'est justement pas possible dans la réalité : elle relie entre eux différents types de savoirs et rapproche ainsi le passé et le présent[13].

La notion de convivialisme telle qu'elle sera utilisée ici décrit d'une part le simple fait que des humains vivent ensemble. Mais il s'agit également d'un outil d'analyse (« analytical tool »[14]) qui permet de décrire les pratiques culturelles qui rendent possible une telle cohabitation. Comme le roman de Mohamed Mbougar Sarr met en scène l'échec du convivialisme, j'aimerais utiliser le concept dans une dimension critique. Dans le contexte de la théorie et de la critique postcoloniales, le terme est plus couramment utilisé de cette

---

9   Magdalena Nowicka et Steven Vertovec, « Comparing convivialities : Dreams and realities of living-with-difference », *European Journal of Cultural Studies* 17,4 (2014), 341-356.

10   Stuart Hall, « Culture, Community, Nation », *Cultural Studies* 7,3 (1993), 349-363, 361.

11   Farhan Samanani, « Conviviality and its others : for a plural politics of living with difference », *Journal of Ethnic and Migration Studies* 49,9 (2023), 2109-2128.

12   Voir Ottmar Ette, *ZusammenLebensWissen. List, Last und Lust literarischer Konvivenz im globalen Maßstab*, Berlin, Kulturverlag Kadmos, 2010.

13   Voir Ottmar Ette, *Konvivenz. Literatur und Leben nach dem Paradies*, Berlin, Kulturverlag Kadmos, 2012, 72-73.

14   Nowicka et Vertovec, *Comparing convivialities*, 342.

manière, notamment lorsque l'on s'interroge sur les liens du convivialisme avec l'inégalité[15]. Comme le résume Sérgio Costa dans une postface parue exclusivement dans la traduction allemande du *Second Manifeste convivialiste*, une utilisation non-affirmative, critique, du terme décrirait « l'apprivoisement des groupes opprimés » par « la légitimation des asymétries du donner et du recevoir »[16]. Ce convivialisme ne serait que feint, afin de permettre aux groupes opprimés d'y participer, alors que les structures hiérarchiques, les inégalités, sont, de fait, maintenues. C'est également Costa qui, ailleurs, examine de plus près le lien entre convivialisme et inégalités[17]. Selon lui, les inégalités au sein des communautés se manifestent entre autres dans les domaines du matériel et du pouvoir. Ce qui manquerait dans les contextes où convivialisme et inégalité sont étroitement imbriqués, est, selon Encarnación Gutiérrez Rodríguez, un « convivialisme transversal, basé sur la reconnaissance de l'interconnectivité et de l'interdépendance »[18].

2   Polyphonie et tragédie

Au niveau de l'intrigue du roman *Silence du chœur*, l'accueil des réfugiés à Altino, d'abord voulu et imposé politiquement, entraîne la nécessité du convivialisme. Leur arrivée met en place un impératif de compréhension mutuelle à des niveaux très divers. Cette compréhension réciproque nécessaire est désormais compliquée par une série d'obstacles dont le principal est l'absence d'une langue commune, non seulement entre *ragazzi* et Siciliens, mais aussi parmi les *ragazzi* eux-mêmes, originaires de différents pays d'Afrique. Au niveau de la représentation, la polyphonie du roman sert d'une part à illustrer les défis du convivialisme, l'inconciliabilité de différentes positions et des attentes hétérogènes. D'autre part, elle les discute, pour ainsi dire à un méta-niveau politico-philosophique, au-delà d'un cas spécifique.

La métaphore musicale du chœur, présente déjà dans le titre du roman, renvoie à l'origine de la notion de polyphonie dans le domaine de la musique. Le

---

15   Voir p. ex. Sérgio Costa, « The Neglected Nexus between Conviviality and Inequality », *Mecila Working Paper Series* 17, São Paulo : The Maria Sibylla Merian International Centre for Advanced Studies in the Humanities and Social Sciences Conviviality-Inequality in Latin America.

16   *Die konvivialistische Internationale, Das zweite konvivialistische Manifest. Für eine post-neoliberale Welt*, trad. Michael Halfbrodt, Bielefeld, Transcript, 2020, ma traduction.

17   Voir Costa « The Neglected Nexus ».

18   Encarnación Gutiérrez Rodríguez, *Politiken der Affekte. Transversale Konvivialität*, trad. par Therese Kaufmann, ma traduction.

chœur en tant qu'ensemble de différents chanteurs qui s'harmonisent entre eux peut servir de métaphore pour illustrer la manière dont les différentes voix et formes narratives s'entrecroisent dans le roman. La notion de chœur souligne également la parenté du texte avec la tragédie (attique), dans laquelle les conditions de la cohabitation humaine dans la *polis* et souvent aussi la rencontre avec l'autre, le barbare, sont mises en scène. Dans la tragédie, le chœur fournit des commentaires sur l'action. Dans le roman de Sarr, en plus des différentes voix des personnages, il y a un narrateur omniscient qui reflète le déroulement des événements. En outre, le roman joue avec l'homonymie du chœur musical avec le *cœur*, organe humain : dès le début, la ville d'Altino est comparée à plusieurs reprises à un organisme vivant, la place du marché apparaissant comme le cœur vers lequel mènent les ruelles sinueuses comme des veines[19]. Après le massacre sanglant dans le bar *Tavola di Luca*, qui se trouve « au cœur de la cité »[20], le réfugié Salomon fait déposer les victimes à l'extérieur, sur la place du marché d'Altino : « Je veux qu'ils voient la mort au cœur de leur ville »[21]. Ainsi, la ville d'Altino est certes un organisme vivant, mais la violence et la mort s'installent dans son cœur, qui – c'est ainsi que l'on peut aussi lire le titre – finit par cesser de battre. Une autre lecture du titre anticipe également la fin du roman : le chœur polyphonique des voix se tait à la fin pour laisser place d'abord au rugissement de l'Etna, qui annule tout autre voix :

> Les voix des hommes s'étaient élevées dans le désordre, mais ensemble, pour exprimer une part de leur condition. Puis elles s'étaient toutes éteintes, les unes après les autres, fatiguées et déchirées. L'ultime chant ne leur appartenait pas. Il revenait à l'Etna. Elle l'avait lancé, seule. Puis le chœur d'Altino avait fait silence[22].

Le roman demeure dans une tension formelle entre épopée et tragédie jusqu'à sa conclusion, lorsque la *polis* – la ville d'Altino comme théâtre de la tragédie et espace du chœur antique – disparaît dans la lave du volcan. Le seul survivant de l'éruption volcanique est le traducteur et médiateur Jogoy, à qui la statue de la déesse Athéna « allégorie de la mémoire de la ville »[23], amenée à la vie, confie la tâche de raconter l'histoire des *ragazzi* :

---

19   Sarr, *Silence du chœur*, 16, 55, 58.
20   *Ibid.*, 161.
21   *Ibid.*, 389.
22   *Ibid.*, 413.
23   *Ibid.*, 16.

> [L]a statue devint une mémoire incarnée [...] sa pierre s'anima, la blancheur froide du marbre qui l'emprisonnait devint le rose opalin de la chair gorgée de vie ; la déesse descendit de son piédestal, puis marcha vers l'unique personne qui, restée à Altino, avait survécu. [...] Athéna devait lui transmettre la mémoire du lieu. Ce serait ensuite à lui que reviendrait la tâche de dire le récit des ragazzi d'Altino[24].

Le chœur d'Altino laisse donc, finalement, place à une voix unique : celle du narrateur épique qui retentit.

Le texte dresse un tableau profondément pessimiste du convivialisme entre les Siciliens et les *ragazzi*. La raison de cette farouche inconciliabilité ne réside pas tout d'abord, ou du moins pas uniquement, dans le présent, dans l'opposition et la différence entre citadins italiens et réfugiés africains, mais dans un conflit du passé, entre deux habitants d'Altino, qui sont d'anciens amants. Sabrina, la présidente de l'association *Santa Marta* qui s'engage en faveur des réfugiés, et Maurizio Mangialepre, un politicien local, s'opposent de telle manière que leurs positions radicalement différentes divisent l'ensemble des personnages du roman. Cependant, comme il se doit dans une tragédie, où les conflits fondamentaux existent avant que l'action ne commence, leur opposition est une histoire ancienne. Dix ans plus tôt, comme on l'apprend grâce à une analepse dans le roman[25], le couple d'amoureux Sabrina et Maurizio, à l'époque unis dans leur combat politique pour les réfugiés, rencontre le réfugié Hâmpaté. Sabrina tombe amoureuse de ce dernier et quitte Maurizio, qui alors assassine Hâmpaté (même si ce meurtre n'est jamais découvert comme tel car on pense que la mort d'Hâmpaté est un accident) et s'engage dans la lutte politique du camp adverse. C'est donc bien, indirectement, cette première rencontre fatidique entre le couple et un « autre » qui déclenche la trame tragique et conduit d'abord à la mort d'Hâmpaté et, par la suite, à celle de Sabrina et de Maurizio.

Avant même le début de l'intrigue, le ton est ainsi donné pour un conflit dont l'enjeu n'est rien de moins que la vie ou la mort. Il est moins surprenant que ce soit le cas dans les différents récits biographiques des réfugiés, dans la description de leurs vies antérieures et de leurs périlleux voyages de fuite. Cependant, cet enjeu majeur se retrouve également dans la partie du roman qui se déroule dans une Italie prétendument sûre ('civilisée'). Il est sans aucun doute lié à l'enracinement du roman dans la tragédie et l'épopée antiques et dans leurs structures d'intrigue qui tendent à ces mêmes excès.

---

24   *Ibid.*, 413.
25   *Ibid.*, 280-287.

3   Convivialisme et football

Dès le début du roman, Salvatore Pessoto, le médecin pessimiste et nihiliste
de la ville, exprime ce que beaucoup pensent : « Ces hommes sont à leur place
et on est à la nôtre. On ne peut rien savoir de leur souffrance. Encore moins
la calmer. Ils ne devraient pas être là. C'est comme ça »[26]. Chez Pessoto, un
membre de l'association *Santa Marta*, cette position ne découle pas d'une
attitude xénophobe, mais de la prise de conscience que l'accueil des *ragazzi*
engendre toute une série de problèmes dont la solution est tout sauf triviale.
Elle lui demanderait, par exemple, qu'il mette de côté ses obligations personnelles, sa propre vie. En l'occurrence, Pessoto est l'entraîneur de l'équipe de
football des *ragazzi* mais sa femme lui demande d'abandonner cette activité
pour se consacrer davantage à sa famille.

   Jouer au foot est, dans le roman, l'une des rares activités auxquelles les réfugiés peuvent s'adonner dans une vie en attente qui les condamne à la passi-
vité. C'est une activité qui leur confère une certaine dignité, une cohésion et
un sentiment d'appartenance. Chris Webster compte l'expérience de l'amitié
et du convivialisme parmi les effets positifs du football pour les hommes en
situation de migration : « In the horizontalness of the convivial space of football, friendships are ones that are liberated from the hierarchies of belonging
imposed on them »[27]. Le football est un espace au sein duquel l'appartenance
et l'interdépendance fonctionnent de manière horizontale et non hiérarchique et sont, pour cette raison, vécues comme positives. L'équipe de football d'Altino, dans le roman de Sarr, est composée de réfugiés et de Siciliens
et constitue, en ce sens, une sorte d'espace utopique au milieu d'un environnement qui, volontairement ou non, souligne en permanence la différence et
la non-appartenance des *ragazzi*. Mais le docteur Pessoto voit avant tout la
dimension imaginaire de cette appartenance, son caractère illusoire :

> Le football ne sauvait pas les ragazzi. Au contraire, c'était leur échafaud, et
> lui, l'un de leurs bourreaux, le plus cruel sans doute : celui qui leur faisait
> croire que la grâce était encore possible alors qu'il n'en avait jamais été
> question. Le marchand d'illusions. Tout ceci devait s'arrêter. Qu'importait
> la honte de ne pouvoir venir à bout de cette misère. Elle était toujours
> plus supportable que l'autre honte, celle qui consistait à faire croire aux

---

26   *Ibid.*, 22.
27   Chris Webster, « The (in)significance of footballing pleasures in the lives of forced migrant
      men », *Sport in Society* 25,3 (2022), 523-536, 533.

ragazzi qu'ils étaient en train de s'en sortir. Cette honte-là était doublée d'un odieux mensonge. Et il ne voulait plus mentir[28].

Au sein de cet espace illusoire que forme le football dans le roman, le convivialisme semble d'abord fonctionner, puis finit par se désagréger de plus en plus pour triompher une dernière fois dans un effort final, presque surhumain, héroïque. Le match de football annuel de l'équipe contre le village voisin prend des proportions à la fois épiques et tragiques :

> Le spectacle avait été grandiose et épique ; les joueurs s'étaient damnés, puisant on ne savait où une détermination et des forces qu'on ne les soupçonnait plus d'avoir et dont on se demandait s'il leur en resterait pour aller au bout de la seule vraie tragédie qui restât encore aux hommes : la série de pénalties[29].

Ce n'est pas un hasard s'il s'agit, dans le cas du football, d'un sport d'équipe : chaque joueur occupe une position spécifique et le succès de l'ensemble dépend d'une interaction parfaitement orchestrée entre individus. Le football ne fonctionne, dans le roman, pas seulement comme un espace utopique et illusoire à la fois, mais aussi comme une métaphore du convivialisme en général. Le football est aussi une métaphore de l'interdépendance humaine : en tant que sport d'équipe, il ne peut fonctionner que si les joueurs dépendent les uns des autres. En outre, le football fait partie intégrante de la culture italienne, comme de celle de nombreux pays africains (même si cela est le résultat d'une exportation culturelle de l'époque coloniale[30]). Il s'agit donc d'un véritable point en commun entre Siciliens et *ragazzi*. Cependant, les jumeaux Calcano, des radicaux d'extrême droite qui collaborent avec l'homme politique local Maurizio, appartiennent à l'origine au milieu des hooligans xénophobes et extrêmement violents. Le football intègre donc paradoxalement, outre les *ragazzi* et leurs supporters, un autre groupe de personnages dans le roman : les adversaires les plus acharnés du convivialisme. Et c'est justement la victoire des *ragazzi* et de leurs coéquipiers qui finit par provoquer la dernière étape dans le déclenchement de la violence : la célébration enthousiaste de la victoire dans le bar *Tavola di Luca*, l'attaque du local par les extrémistes de droite, l'affrontement mortel entre les opposants et les partisans des *ragazzi* sur la

---

28   Sarr, *Silence du chœur*, 201.
29   *Ibid.*, 295.
30   Michael Fanizadeh et Rosa Diketmüller (ed.), *Global players. Kultur, Ökonomie und Politik des Fußballs*, Frankfurt/Main, Brandes & Apsel, 2005.

place du village et, enfin, l'intervention des forces supérieures, l'éruption de l'Etna.

4   Inégalités, dépendances et violence

Déjà avant l'irruption de la violence physique, les *ragazzi* eux-mêmes se sentent abandonnés, même par ceux qui sont censés les aider. Leur porte-parole auto-proclamé, Salomon, déclare :

> Personne ne nous protégera. Nous sommes seuls. Nous sommes seuls depuis le premier jour. Nous ne sommes pas et nous ne serons jamais des leurs... Nos rêves sont différents. Ils font tous semblant de vouloir notre bien, mais aucun d'eux ne se sacrifierait pour que nous retrouvions notre dignité[31].

De son côté, Carla, membre de l'association, insiste sur l'égalité entre citadins et *ragazzi* :

> il lui semblait qu'il n'y avait pas de distance entre un 'eux' et un 'nous', peut-être parce qu'elle avait jusque-là cru qu'il n'y avait qu'un 'nous', un grand ensemble où se retrouvaient tous ceux que la même humanité unissait[32].

L'humanisme des personnes qui aident les réfugiés échoue par le simple fait que les réfugiés, eux-mêmes, n'y croient pas. Carla insiste : « Nous sommes embar-qués dans la même situation... »[33], propos que Salomon nie avec véhémence :

> Nous ne serons jamais dans la même situation, Carla. [...] Je préférerais mille morts à la vie que vous me donnez ici. La vraie mort, c'est Altino. La vraie mort pour nous c'est la tranquillité. Votre association ... vous nous tuez. Nous vous tuerons. Crois-moi. Croyez-moi : vous partagerez bientôt notre enfer[34].

L'idée d'une égalité entre les habitants d'Altino et les réfugiés, l'idée d'un lien profond, d'une dépendance mutuelle, exprimée par Carla, ne tient pas compte

---

31   Sarr, *Silence du chœur*, 267.
32   *Ibid.*, 154.
33   *Ibid.*, 178.
34   *Ibid.*, 178-179.

des dépendances unilatérales et des rapports radicalement hiérarchiques dans lesquels les *ragazzi* doivent vivre. L'énorme brutalité de la réplique de Salomon place différentes formes de violence physique et métaphorique au centre de la relation. Le poète Fantini est le seul à formuler une réponse (poétique) à la brutalité physique qui s'annonce :

> Alors soit. Nous partagerons l'enfer en autant de parts que d'hommes. Nous l'émietterons. Nous le déchirerons puis nous soufflerons ensemble des morceaux au vent. Et notre grand souffle éteindra son grand feu comme la flamme d'une bougie[35].

L'enfer infiniment divisé, individualisé et ainsi pulvérisé est détruit définitivement par le souffle long et puissant de l'épopée, de la narration, capable de faire disparaître le feu de l'enfer même. L'isolement radical, suggéré par le poète dans cette métaphore, s'oppose clairement à l'idée de convivialisme, d'une interdépendance positive entre les individus. Ce qui nous amène à la question du rôle de l'interdépendance et de la violence dans le roman.

Dans *Silence du chœur*, le récit de voyage de Jogoy illustre que les Africains qui sont prêts à partir sont privés de tout pouvoir d'action bien avant de quitter leur continent. Semblables aux héros d'une tragédie antique, ils sont présentés comme des jouets entre les mains des puissances supérieures. Comme dans le cas d'Œdipe, leur destin est déterminé depuis longtemps, avant qu'ils ne se décident à le prendre en main. La marge de manœuvre dans laquelle ils peuvent façonner leur propre destin reste infinitésimale. Ils doivent finalement leur mort ou leur survie à une force supérieure. Le fait que, dans le récit de Jogoy, un jeune passeur inexpérimenté soit assassiné et jeté à la mer pourrait être interprété comme une tentative de reconquête du pouvoir d'action, c'est-à-dire du pilotage du bateau, qui tourne au désastre. Mais Jogoy décrit ce meurtre comme un excès de violence et un acte de vengeance qui n'atteint pas les véritables responsables et qui ne rend pas aux réfugiés le pouvoir d'action de prendre leur destin en main. Le roman montre clairement que la violence ne peut libérer ni l'individu ni le groupe, mais qu'elle ne fait que les enfoncer toujours plus dans la culpabilité et dans les dynamiques incontrôlables de la violence.

Le convivialisme n'est possible qu'en présence d'une égalité radicale, qui se révèle utopique. Cependant, dès la scène où les *ragazzi* arrivent en bus à Altino, ils sont accueillis par des protestations et des menaces d'extrême droite. Ils apprennent ainsi qu'on ne leur reconnaît pas les mêmes droits qu'aux

---

35   *Ibid.*, 179.

habitants d'Altino. Ceux, parmi les habitants d'Altino, qui croient en l'égalité et qui s'engagent pour l'instaurer ou la préserver sont en nombre insuffisant et ne disposent pas des moyens de faire valoir leurs intérêts et leur éthique auprès de tous. Mais comme l'éthique de la non-violence ne fonctionne que si tout le monde y participe, le convivialisme est voué à l'échec. Les tensions qui s'accumulent entre les opposants, d'une part, et les *ragazzi* et leurs supporteurs, d'autre part, conduisent finalement au massacre dans le bar *Tavola di Luca* qui fait de nombreux morts et blessés graves. Alors que l'éruption de l'Etna contraint les habitants d'Altino à fuir précipitamment, deux groupes d'irréconciliables, menés respectivement par le réfugié Salomon et le militant d'extrême droite Sergio Calcano, s'affrontent à la fin du roman. Rappelant au témoin Simone Marconi un tableau de Goya[36], ils s'entretuent avant que le volcan ne recouvre la scène de gaz et de cendres toxiques. L'éruption de l'Etna peut être lue comme une apparition *deus ex machina* de la déesse Athéna, qui s'était montrée auparavant à plusieurs reprises sous la forme d'une statue antique : seule une intervention divine peut mettre un terme à l'enchevêtrement tragique des hommes dans un convivialisme invivable et dans l'engrenage de la violence. La violence à Altino finit par développer sa propre dynamique :

> Celle-ci, au bout d'un temps, finit par s'entretenir elle-même ; elle proliférait *sui generis* ; elle s'engendrait [...] de l'air même de la ville. L'origine de la violence était perdue et, désormais, elle s'exerçait de manière aveugle, brutale, puissante, sans dieu ni maître. [...] Elle se glisse sous les choses, nappe les êtres, les trempe jusqu'aux cellules sans qu'ils puissent rien faire. Cette violence se niche dans les regards, dans les comportements, dans les pensées intimes, dans les gestes quotidiens, dans le langage[37].

La violence elle-même devient un acteur du roman. Elle culmine dans l'attaque des frères Calcano et de leurs complices lors de la fête dans le bar *Tavola di Luca*. Cet événement central du roman, extrêmement violent, constitue du point de vue de la représentation d'abord un espace vide qui est contourné de manière narrative et raconté à partir de sa fin : les morts et les blessés. Ce n'est que plus tard que le témoignage écrit de Jogoy, qui constitue en même temps la dernière partie de son journal, permet aux survivants et aux lecteurs de se faire une idée précise de la violence. Jogoy décrit en détail la manière dont le jeune Malien Fousseyni tue Calcano, casseur d'extrême droite, pour sauver la jeune fille dont il est amoureux :

---

36   *Ibid.*, 404.
37   *Ibid.*, 277.

Fousseyni planta d'abord le couteau entre les omoplates de l'homme. Du sang gicla et éclaboussa le visage de Fousseyni. Calcano hurla et voulut se retourner pour saisir son adversaire, mais Fousseyni ne lui en laissa pas le temps : il relevait déjà le couteau, qu'il plongea dans l'œil du grand chauve monstrueux, puis dans sa gorge, puis dans sa poitrine, puis dans sa bouche, plus dans l'autre œil, puis un peu partout dans le haut du corps de l'homme, frappant à l'aveugle, frappant avec rage, frappant avec douleur, frappant, frappant comme un possédé, frappant tel un forcené, frappant malgré les giclements saccadés du sang qui l'aveuglaient, pleurant, mêlant con cri au beuglement de l'homme qu'il tuait, qu'il saignait, frappant et frappant avec une inhumaine sauvagerie – ou une si humaine sauvagerie – ; et moi, à terre, le regardant tuer, je souriais de plaisir et d'horreur et de démence, certain que plus rien au monde, en cet instant, ne pouvait non seulement plus être sauvé, mais encore, ne méritait de l'être. Rien de ce qui est inhumain ne nous est plus étranger[38].

Cette scène de violence excessive, peinte en détail sur huit pages, constitue le point culminant d'un passage difficilement supportable pour les lecteurs. Il décrit l'attaque des extrémistes de droite contre les *ragazzi* et leurs sympathisants qui font la fête dans le bar. Il s'agit d'une violence qui s'annonce dès le début du roman et qui devient lisible comme le résultat de l'échec du convivialisme. Le fait qu'il ne s'agisse pas du massacre d'un groupe de victimes impuissantes et anonymes est essentiel pour la dynamique de la représentation de la violence dans le roman. Au contraire, les individus attaqués savent se défendre et, à la fin, tous les morts, qu'il s'agisse de réfugiés, d'opposants ou de supporters, sont réunis sur la place du marché.

Les lecteurs peuvent comprendre la logique de l'intrusion de la violence dans tous les domaines du roman grâce à la structure polyphonique du texte. L'inconciliabilité des positions, l'impuissance, la résignation et la violence croissante du langage utilisé parlent d'elles-mêmes. Les points culminants d'une diffusion de la violence verbale (qui devient ensuite physique) sont les discours des leaders des deux champs, Salomon et Maurizio. Dès le début du roman, Maurizio utilise un langage guerrier lorsqu'il s'adresse à ses partisans : « […] je me battrai à vos côtés pour que ces gens venus en Sicile sans en connaître la moindre parcelle de grandeur, venus en Sicile pour en voler l'or, n'y restent pas »[39]. Le réfugié Salomon s'adresse à ceux qui sont prêts à le suivre :

---

38   *Ibid.*, 388.
39   *Ibid.*, 67.

Cette fois, ce n'est pas une poupée qu'ils brûleront, mais des hommes : nous. Nous devons nous défendre ; nous ne sommes pas des agneaux de sacrifice. S'ils nous attaquent, nous nous défendrons. Il faut s'y préparer. S'ils veulent aller sur le terrain de la lutte, ils nous y trouveront[40].

Même si, dans les cas cités ici, des acteurs individuels appellent à la violence, la violence elle-même est, comme je l'ai montré, représentée dans le roman comme un acteur actif, supra-individuel et non-humain, ce qui enlève à l'individu sa responsabilité dans les événements et donc dans l'échec du convivialisme.

5   Un savoir universel

L'intrigue de *Silence du chœur* ne relève pas, ou du moins pas exclusivement, d'un « retour du réel »[41] que l'on attribue depuis des années à la littérature francophone contemporaine. Il s'agit, comme l'ont souligné d'aucuns[42], d'un texte littéraire qui s'inscrit dans la tradition de l'épopée, de la tragédie, dans laquelle le conflit est fortement exacerbé à l'aide d'une constellation de personnages quasi topique et de nombreux éléments métaphoriques. Les différents personnages et l'interaction polyphonique de leurs voix, aussi individuels et psychologiquement convaincants soient-ils, contribuent certes tous à mettre en avant le thème central, un convivialisme qui échoue en raison de son asymétrie fondamentale. Mais ces personnages romanesques ne sont expressément pas présentés comme individuellement responsables des événements au sens politique du terme.

Silence du chœur ne peut donc pas, ou pas seulement, être lu comme un roman sur la « crise des réfugiés » au sens d'un roman sur un moment politico-historique concret qui est le nôtre. Il s'agit surtout d'un roman qui porte sur l'échec du convivialisme face aux structures de dépendance, structures qui engendrent la violence. Cette dimension en quelque sorte transhistorique du roman peut notamment être déduite de ses nombreuses références à l'Antiquité, de son travail sur le tragique et le destin. Le savoir sur l'impossibilité du convivialisme ou, plus précisément, sur le fait que le convivialisme porte

---

40   *Ibid.*, 267.
41   Dominique Viart et Bruno Vercier, *La littérature française au présent. Héritage, modernité, mutations*, Paris, Bordas, 2008.
42   Voir p. ex. Acosta Cordoba, Lecacheur et Martin-Marge, « *Silence du chœur* de Mohamed Mbougar Sarr ».

en lui depuis toujours son propre échec en même temps que la violence qui l'accompagne, est le véritable thème du roman. La polyphonie comme structure formelle et la représentation d'une violence extrême, voire surhumaine, sont l'expression littéraire de ce savoir et de cette signification universelle que contient le roman de Mohamed Mbougar Sarr.

Bibliographie

Second manifeste convivialiste. Pour un monde post-néolibéral, Arles, Actes Sud, Questions de société, 2020.

Acosta Cordoba, Luisa Fernanda, Maud Lecacheur et Basil Martin-Marge, « *Silence du chœur* de Mohamed Mbougar Sarr une épopée polyphonique », *Présence Africaine* 199-200.1 (2021), 217-241.

Barthes, Roland, *Comment vivre ensemble. Simulations romanesques de quelques espaces quotidiens. Notes de cours et de séminaires au Collège de France, 1976-1977.* Texte établi, annoté et présenté par Claude Coste, Paris, Seuil, 2002.

Brinker, Virginie, « Faire advenir la complexité pour refaire corps : *Silence du chœur* de Mohamed Mbougar Sarr, une poétique du franchissement des frontières symboliques », *HYBRIDA. Revue scientifique sur les hybridations culturelles et les identités migrantes*, 6 (2023), 119-140, DOI : http://dx.doi.org/10.7203/HYBRIDA.6.26333.

Costa, Sérgio, « The Neglected Nexus between Conviviality and Inequality », *Mecila Working Paper Series* 17 (2021), São Paulo, The Maria Sibylla Merian International Centre for Advanced Studies in the Humanities and Social Sciences Conviviality-Inequality in Latin America, https://mecila.net/wp-content/uploads/2021/01/WP_17_Sergio _Costa.pdf (consulté le 13 novembre 2023).

Ette, Ottmar, *ZusammenLebensWissen. List, Last und Lust literarischer Konvivenz im globalen Maßstab*, Berlin, Kulturverlag Kadmos, 2010.

Ette, Ottmar, *Konvivenz. Literatur und Leben nach dem Paradies*, Berlin, Kulturverlag Kadmos, 2012.

Fanizadeh, Michael et Rosa Diketmüller (ed.), *Global players. Kultur, Ökonomie und Politik des Fußballs*, Frankfurt am Main, Brandes & Apsel, 2005.

Gilroy, Paul, *After Empire : Melancholia or Convivial Culture ?* London, Routledge, 2004.

Gutiérrez Rodríguez, Encarnación, *Politiken der Affekte. Transversale Konvivialität*, trad. par Therese Kaufmann, https://transversal.at/pdf/journal-text/568/ (consulté le 9 novembre 2023).

Hall, Stuart, « Culture, Community, Nation », *Cultural Studies* 7,3 (1993), 349-363.

Illich, Ivan, *Tools for Conviviality*, New York, Harper and Row, 1973.

Moosmüller, Silvan et Boris Previšić (ed.), *Polyphonie und Narration*, Trier, WVT Wissenschaftlicher Verlag Trier, 2020.

Nowicka, Magdalena et Steven Vertovec, « Comparing Convivialities : Dreams and realities of living-with-difference », *European Journal of Cultural Studies* 17,4 (2014), 341-356, DOI : 10.1177/1367549413510414.

Rabaté, Mahaut, « Enjeux politiques des voix chez Assia Djebar et Mohamed Mbougar Sarr », *Fabula / Les colloques, Livres de voix. Narrations pluralistes et démocratie*, https://www.fabula.org/colloques/document8069.php, article mis en ligne le 25 mars 2022 (consulté le 14 novembre 2023).

Samanani, Farhan, « Conviviality and its Others : for a plural politics of living with difference », *Journal of Ethnic and Migration Studies* 49,9 (2023), 2109-2128, DOI : 10.1080/1369183X.2022.2050190.

Sarr, Mohamed Mbougar, *Silence du chœur*, Paris, Présence Africaine, 2017.

Viart, Dominique et Bruno Vercier, *La Littérature française au présent. Héritage, modernité, mutations*, Paris, Bordas, 2008.

Webster, Chris, « The (in)significance of footballing pleasures in the lives of forced migrant men », *Sport in Society* 25,3 (2022), 523-536.

Interlude

∴

La part du blogueur

Réassi Ouabonzi (Gangoueus)

Au mois de mai 2023, j'ai été convié à un colloque à l'université de Mannheim, en Allemagne. Une première initiative universitaire autour du travail de l'écrivain sénégalais Mohamed Mbougar Sarr, auréolé du prix Goncourt 2021 pour son roman *La plus secrète Mémoire des hommes*, coédité par les éditions Philippe Rey et Jimsaan. Pour le blogueur que je suis, entrer dans l'antre de la critique universitaire est un kif extrêmement gratifiant. Pas uniquement pour l'égo qu'il est trop facile de flatter, mais avant tout parce qu'il m'a été donné, le temps de deux journées, le privilège d'observer comment s'organise la critique universitaire, quels sont ses codes, comment elle s'aiguise par ces rencontres qui voient des penseurs, des spécialistes des lettres, s'écouter, s'affronter, s'écharper au fleuret, s'amuser, analyser la pensée d'un auteur au travers de biais assumés ou pas. J'en ai parlé un peu dans un article publié sur mon blog[1]. Il me paraît normal de commencer mon propos en remerciant Sarah Burnautzki, Abdoulaye Imorou et Cornelia Ruhe, organisateurs de cette rencontre, de m'avoir convié à ce moment autour d'un écrivain que j'apprécie particulièrement.

Il s'agit d'un premier colloque organisé sur le travail littéraire de l'écrivain sénégalais avec des contributeurs venus d'Afrique du Sud, d'Eswatini, du Ghana, du Sénégal, du Canada, des USA, d'Europe (France, Belgique, Angleterre, Pays-Bas). Je le répète, c'est simplement génial de voir des femmes, des hommes prenant le temps de disséquer une œuvre littéraire. Il y a un côté *Dexter*[2] ou Grissom et sa bande d'experts du côté de Las Vegas (*Les Experts*)[3] qui usent de tous les outils possibles pour comprendre les circonstances du crime. D'ailleurs, Mohamed Mbougar Sarr bien conscient de cet exercice périlleux a préféré rejoindre l'auguste assemblée des détectives le plus tard possible.

---

1   « Tête à tête de Diégane avec Jésus – Une réflexion sur le labyrinthe littéraire de Mohamed Mbougar Sarr », *Chez GANGOUEUS*.
2   James Manos Jr., *Dexter*, USA, Showtime Networks, 2006-2013.
3   Anthony E. Zuiker, Ann Donahue et Carol Mendelsohn, *Les Experts*, USA, CBS, 2000-2015.

1   Parler d'un boom de la littérature africaine en France

Dans le cadre de ce colloque, il était question que j'intervienne avec l'agent littéraire français Raphaël Thierry, la scout littéraire allemande Isabel Kupski sur le thème de la place du livre africain d'expression française dans le marché du livre en France. Une rencontre en fin de journée, ouverte au grand public et traduite en allemand. Nous allions devoir disserter sur ce que d'aucuns ont appelé un boom de la littérature africaine en Hexagone en raison d'un concours de circonstances qui a vu, au cours de la même année, les grandes instances internationales de légitimation du livre récompenser le Tanzanien Abdulrazak Gurnah (prix Nobel de littérature), le Sud-Africain Damon Galgut (Booker Prize), la Mozambicaine Paulina Chiziane (prix Camões, 2021 pour l'ensemble de son œuvre) ou encore le Franco-Sénégalais David Diop (International Booker Prize 2021, pour la traduction de son roman *Frères d'âme*)[4]. Cette question m'a déjà été soumise en 2021 par des journalistes espagnols suite à un article du poète camerounais basé en Suisse Timba Bema intitulé « Vers un boom de la littérature africaine en France »[5] et publié sur la plateforme *Chroniques littéraires africaines* que je coanime. Dans cette analyse exhaustive, Timba Bema rappelle l'expérience du marché du livre entre l'Espagne et l'Amérique du Sud, l'impact de la littérature américaine de langue espagnole, la reconnaissance des grandes figures latino-américaines en Espagne puis au niveau mondial avec de nombreux prix Nobel depuis 1945 comme le précurseur guatémaltèque Miguel Ángel Asturias, le Chilien Pablo Neruda, le Colombien Gabriel García Márquez, le Mexicain Octavio Paz, le Péruvien Mario Vargas Llosa. À supposer qu'il y ait un boom autour de la littérature africaine en France, la question à se poser serait plutôt de savoir pourquoi il est aussi tardif.

Le contexte français est très différent de l'ensemble hispanophone. D'abord parce que la seule colonie française de peuplement en Afrique, l'Algérie, a vu l'expérience s'arrêter brutalement en 1962. Notons qu'Albert Camus, un Français d'Algérie, a obtenu le prix Nobel de littérature en 1957. La similitude avec le monde hispanophone, de mon point de vue, s'arrête sur ce point précis. Quelque part ce que la littérature d'expression espagnole ou portugaise produit en Amérique latine est une extension d'une littérature européenne. Si parmi les grands noms de cette littérature hispanophone, il s'était trouvé de manière significative des nations premières, des descendants d'esclavagisés, ce parallèle prendrait une tournure tout autre. Ce n'est malheureusement pas le cas.

---

4   David Diop, *At Night All Blood Is Black*, trad. par Anna Moschovakis, Londres, Pushkin Press, 2020.

5   « Vers un boom de la littérature africaine en France », *Chroniques littéraires africaines*.

La littérature africaine d'expression française, qu'elle soit maghrébine ou subsaharienne, s'est construite sous la condescendance naturelle qu'un système dominant peut avoir sur un espace soumis. Si, en plus, à cet espace, une instruction nouvelle a été fournie, une langue imposée, les moyens de production des savoirs et des idées sont, malgré plus de soixante ans d'indépendance, à construire au sud du Sahara. Je veux dire que le plus simple pour un écrivain évoluant dans un tel écosystème, c'est de publier une œuvre littéraire dans un environnement du livre beaucoup plus mature, avec des instances de légitimation solides et des attentes singulières du public français. Il n'y a pas tout à construire : l'édition, l'impression, la distribution, la diffusion, les espaces de vente, la critique littéraire, le lectorat. Lectorat français, j'entends avec ses attentes, ses ruptures. Parler de boom à venir d'une littérature africaine produite dans ces conditions a quelque chose de tragi-comique.

2 Mohamed Mbougar Sarr et les autres, la place des Africains francophones dans le marché du livre

Dans *La plus secrète Mémoire des hommes*, Mohamed Mbougar Sarr porte, entre autres, un regard sarcastique sur le marché du livre africain en France. Il y aurait un ghetto africain d'écrivains dans lequel se meuvent Diégane Latyr Faye son personnage principal et toute une bande de jeunes écrivains africains francophones aux dents longues. De temps à autre, un auteur est sorti de ce cercle d'écrivains marginaux pour donner le change au plus grand nombre. Un peu comme Rama Yade fut le fait du prince avant de disparaître de la circulation quand le président Sarkozy passa à autre chose. Mohamed Mbougar Sarr est particulièrement conscient de tout cela et traite avec finesse les pseudo insurrections face à un ordre établi tout en se focalisant sur ce qui ne se négocie pas : la quête de l'excellence qu'incarne le travail de T.C. Elimane.

Rappelons que Mohamed Mbougar Sarr obtient le prix Goncourt en l'an 2021, récompense suprême pour un écrivain édité en France, 100 ans exactement après l'écrivain guyanais René Maran auteur du roman *Batouala*[6]. Un siècle. Nos mémoires communes se souviendront également de *Texaco*[7] du Martiniquais Patrick Chamoiseau, prix Goncourt en 1992. Il est difficile pour moi de dissocier les littératures africaines de ce qui a été produit par les Afrodescendants des Outre-mers, d'Haïti ou encore de la deuxième voire troisième génération issue de l'immigration africaine en France. Ce sont les mêmes histoires. Prenons

---

6 René Maran, *Batouala*, Paris, Albin Michel, 1921.
7 Patrick Chamoiseau, *Texaco*, Paris, Gallimard, 1992.

le Renaudot qui est l'autre versant du Goncourt. En 1968, Yambo Ouologuem publie *Le Devoir de violence*[8] et remporte ce prix avant qu'il ne soit voué aux gémonies pour avoir plagié des séquences des textes de Graham Greene ou d'André Schwarz-Bart. Dix ans plus tôt, l'Antillais Édouard Glissant obtenait la reconnaissance de ses pairs pour son texte *La Lézarde*[9]. Trente ans plus tard, c'est le Haïtien René Depestre qui l'emporte avec *Hadriana dans tous mes rêves*[10]. Puis à partir des années 2000, Ahmadou Kourouma, Alain Mabanckou, Tierno Monénembo et Scholastique Mukasonga. Le 'boom' par la légitimation a pris une dimension certaine lors de la première décennie du nouveau siècle.

Notez bien que je cite le Goncourt, le Renaudot ou encore le Fémina que Léonora Miano a obtenu pour son roman *La Saison de l'ombre*[11] en 2013. Toutes ces instances de légitimation sont des instruments de guerre du marché du livre en France. Elles portent l'économie du livre. Les statistiques de vente d'un Goncourt fluctuent entre cent mille et un peu plus d'un million d'exemplaires. Les enjeux sont donc énormes d'un point de vue économique d'avoir un livre de qualité et un lauréat capable de porter ce rôle de Miss France du livre. Mohamed Mbougar Sarr a répondu à toutes les attentes de ce point de vue. Dans un épisode de mon podcast[12], il me révèle que son roman a été vendu à plus de 550.000 exemplaires en France. En jetant juste un œil sur les Goncourt des 20 dernières années, on note au-dessus de Mohamed Mbougar Sarr *Les Bienveillantes*[13] de Jonathan Littell ou encore *Trois femmes puissantes*[14] de Marie NDiaye. En pensant à Jonathan Littell, je me souviens encore de l'excellente réception par la critique de son roman porté par la toute-puissante maison d'édition Gallimard. C'est pour souligner la performance du livre de l'écrivain sénégalais publié chez Philippe Rey, un éditeur indépendant. Un épisode retentissant, une première depuis les éditions P.O.L. Un texte qui, en s'ancrant dans le monde de la littérature, restait ouvert pour les différents lecteurs. Toujours dans cet épisode de mon podcast, l'écrivain sénégalais explique comment, à partir de différents tiroirs de son roman, chacun pouvait y trouver son compte, un peu comme ces séries netflixiennes qui parlent à toutes les cultures, à tous les profils de lecteurs : les Sud-Américains s'accrocheront à Bolaño et aux aventures argentines de T.C. Elimane mettant en scène de grandes figures des lettres de ce pays, les Européens revisiteront les menaces

---

8   Yambo Ouologuem, *Le Devoir de violence*, Paris, Seuil, 1968.
9   Édouard Glissant, *La Lézarde*, Paris, Seuil, 1958.
10   René Depestre, *Hadriana dans tous mes rêves*, Paris, Gallimard, 1988.
11   Léonora Miano, *La Saison de l'ombre*, Paris, Grasset, 2013.
12   « Mohamed Mbougar Sarr, un an et demi après le Goncourt », SOUNDCLOUD.
13   Jonathan Littell, *Les Bienveillantes*, Paris, Gallimard, 2006.
14   Marie NDiaye, *Trois femmes puissantes*, Paris, Gallimard, 2009.

à peine voilées portées aux critiques littéraires iniques ou aux épisodes douloureux de la Seconde Guerre mondiale et de l'antisémitisme. Les Africains pourront re-questionner la contribution de la force noire à la Première Guerre mondiale ou encore le schisme, la fracture identitaire au sein d'une famille du fait de la colonisation... Tout cela est astucieux, jouissif et surtout efficace.

3 Marché français versus marché francophone

La grande question qu'on peut se poser est de savoir en plus des 550.000 vendus à ce jour, combien d'exemplaires ont été vendus au Sénégal par les éditions Jimsaan ? À quel prix ? En effet, il s'agit d'une coédition qui n'a d'intérêt que si le livre dans sa version sénégalaise est accessible à Dakar ou à Ziguinchor à des coûts abordables. Un produit culturel commence à être utile quand il est accessible à tous les publics. Il ne s'agit pas juste de prendre quelques exemplaires produits à prix d'or en France et être désespéré par les prix prohibitifs d'un tel scenario. On peut toujours chanter l'hymne national sénégalais du côté des Grands Boulevards Parisiens, si rien n'est fait pour permettre qu'un livre qui célèbre l'amour des lettres soit accessible sur le 'terrain', nous tournerons sans fin dans un rondpoint pour reprendre une maxime du célèbre chanteur congolais Koffi Olomidé. De ce point de vue, s'il ne s'est pas vendu au moins 5.000 exemplaires par Jimsaan au Sénégal, d'une certaine manière, c'est un échec. D'ailleurs les polémiques au Sénégal au moment de l'annonce du prix Goncourt ont prouvé combien le lectorat était fragile et restreint. Elles ont porté sur d'anciennes communications dans la presse, sur le roman *De purs hommes*[15] qui traite la question de l'homophobie dans la société sénégalaise. Le boom interviendra pour la littérature africaine lorsqu'elle sera autonome. Quand elle aura un lectorat sur le continent africain qui agit par la lecture, réagit par la critique, se forme par l'enseignement de certains textes dans les systèmes éducatifs et exige l'excellence des instances de légitimation africaines. C'est un problème qui touche toute l'Afrique francophone.

4 Cas de quelques réussites dans le monde arabophone

Laissez-moi faire un pas de côté en prenant le cas de la littérature égyptienne essentiellement construite en arabe. J'aime souvent faire référence à un auteur

---

15   Mohamed Mbougar Sarr, *De purs hommes*, Dakar/Paris, Jimsaan/Philippe Rey, 2018.

comme Alaa Al-Aswany. Une centaine de milliers d'exemplaires du roman *L'immeuble Yacoubian*[16] dans sa version initiale en arabe se sont écoulés comme des petits pains. Je ne connais pas les spécialités égyptiennes. Nous sommes dans un scénario où la traduction s'impose. Vers l'anglais, puis vers d'autres langues, parce que le texte a d'abord eu une énorme réception avec un lectorat égyptien et plus largement le public de langue arabe. Légitimité que l'on peine à trouver localement même en Algérie où le Graal reste d'obtenir une reconnaissance à Paris pour mieux asseoir une notoriété à Alger, Oran ou Constantine. Je cite expressément l'Algérie parce que, dans ce pays, la fiction est aujourd'hui essentiellement produite en français. Toujours dans la sphère arabophone, je prendrai un autre cas, celui de l'écrivain soudanais Abdelaziz Baraka Sakin, censuré au Soudan comme Alaa Al-Aswany en Égypte pour ses romans. Dans le cas de Baraka Sakin, c'est l'impact de la communication digitale qui m'a permis de mesurer le poids, la reconnaissance dont jouit cet écrivain soudanais. En 2016, son roman *Le messie du Darfour*[17] qui raconte les rapports complexes entre le gouvernement central soudanais, les djandjawi et les populations martyres du Darfour est excellemment traduit par Xavier Luffin pour les éditions Zulma de Laure Leroy. Un roman déjà censuré au Soudan, mais adulé par les sans-voix dont Baraka Sakin est le porte-parole. Il y a, de mon point de vue, un mouvement naturel, par cercles concentriques comme la diffusion de l'Evangile : Jérusalem, Samarie et le bout du monde. Pour Sakin, ce serait Khartoum, Le Caire et le reste du monde. La réception de son travail correspond à une démarche logique de l'écrivain qui ancre naturellement son travail, son biais de lecture sur un peuple, aiguise sa plume, son exigence artistique. La reconnaissance du monde francophone est réelle et ponctue le travail traduit par Xavier Luffin, par plusieurs prix littéraires (Prix Littérature-Monde, Prix les Afrique, Prix de la littérature arabe de l'IMA).

5   Boom des écrivains africains de langue anglaise en France ?

On peut sérieusement se demander si les cas de ces écrivains arabophones sont représentatifs d'une démarche sérieuse de développement d'une œuvre littéraire arabe ou africaine. Je constate pour ma part autre chose. De plus en plus d'œuvres littéraires africaines arrivent sur le marché français du livre par

---

16   Alaa Al-Aswany, *L'immeuble Yacoubian*, trad. par Gilles Gauthier, Arles, Actes Sud, 2006.
17   Abdelaziz Baraka Sakin, *Le Messie du Darfour*, trad. par Xavier Luffin, Honfleur, Zulma, 2016.

le canal de la traduction de l'anglais. À ce jeu, les auteurs nigérians et zimbabwéens en particulier, anglophones en général sont devenus incontournables. L'effet Chimamanda Ngozi Adichie sûrement. Mais aussi une très grande exigence des éditeurs anglophones dans le traitement des manuscrits et l'accompagnement du travail des écrivains. En ayant été responsable pendant deux ans du comité de lecture du prix les Afriques, j'ai pu observer la qualité du travail sur la narration, sur les personnages et surtout ce que j'appelle la puissance dans le traitement des thèmes. Je ne suis donc pas surpris par le boom actuel sur les étals des grandes surfaces de commerce de produits culturels de cette littérature passée par le filtre des plateformes américaines et britanniques.

Effectivement, nous sommes confrontés à un paradoxe étonnant. Alors que Sarr a eu une très belle exposition, la littérature francophone est de moins en moins visible chez les libraires généralistes et les grandes enseignes. J'ai le sentiment, ce n'est pas factuel, que pour beaucoup d'éditeurs parisiens, la Foire du livre de Francfort est l'occasion de faire un marché facile, avec des produits finis prêts à la consommation. Imbolo Mbue (éd. Belfond), Noviolet Bulawayo (Gallimard, Littérature étrangère), Yaa Gyasi (éd. Calmann-Lévy), Jennifer Nansubuga Makumbi (éd. Métailié), Elnathan John (éd. Métailié) …

Le boom d'une littérature africaine est donc un terme excessif dans le contexte français et africain pour des raisons différentes. De manière générale, la littérature africaine d'expression française continue d'évoluer en marge du marché du livre français. La mort d'un Africain-Américain quelque part dans le Minnesota sous le genou d'un policier a certes ramené la question des violences subies par les populations afrodescendantes en Occident. Est-ce que tous ces prix littéraires constituent un concours de circonstances dans la foulée de toutes les manifestations mondiales engendrées par ce triste évènement ? Peut-être, peut-être pas. Est-ce que 100 ans après un Goncourt consacrant le point de vue 'africain' de René Maran sur la colonisation, l'opportunité fut trop grande pour ne pas récompenser un texte exceptionnel produit par un jeune Sénégalais ?

Bref, qui dit boom, dit préparation de la dynamite. Les Sud-Américains ont eu un environnement très favorable du fait de l'histoire. Des cercles de réflexion puissants. Et des univers, des imaginaires relativement accessibles en Occident. La littérature africaine joue entre plusieurs mondes, avec des productions dissymétriques en fonction de la langue de départ. Sarr est une exception à côté des standards anglophones.

Pour ce qui concerne l'Afrique subsaharienne, l'exiguïté du marché, la faiblesse du métier de l'édition en Afrique est le sujet. C'est difficile à dire.

Bibliographie

« Mohamed Mbougar Sarr, un an et demi après le Goncourt », *SOUNDCLOUD*, https://soundcloud.com/lareus-gangoueus/mohamed-mbougar-sarr-un-an-et-demi-apres-le-goncourt (consulté le 26 décembre 2023).

« Tête à tête de Diégane avec Jésus – Une réflexion sur le labyrinthe littéraire de Mohamed Mbougar Sarr », *Chez GANGOUEUS*, http://gangoueus.blogspot.com/2023/06/tete-tete-de-diegane-avec-jesus-une.html?m=1 (consulté le 26 décembre 2023).

« Vers un boom de la littérature africaine en France », *Chroniques littéraires africaines*, https://chroniqueslitterairesafricaines.com/1627-2/timba-bema/ (consulté le 26 décembre 2023).

Aswany, Alaa Al-, *L'immeuble Yacoubian*, trad. par Gilles Gauthier, Arles, Actes Sud, 2006.

Chamoiseau, Patrick, *Texaco*, Paris, Gallimard, 1992.

Depestre, René, *Hadriana dans tous mes rêves*, Paris, Gallimard, 1988.

Diop, David, *At Night All Blood Is Black*, trad. par Anna Moschovakis, Londres, Pushkin Press, 2020.

Glissant, Édouard, *La Lézarde*, Paris, Seuil, 1958.

Littell, Jonathan, *Les Bienveillantes*, Paris, Gallimard, 2006.

NDiaye, Marie, *Trois femmes puissantes*, Paris, Gallimard, 2009.

Manos, James Jr., *Dexter*, USA, Showtime Networks, 2006-2013.

Maran, René, *Batouala*, Paris, Albin Michel, 1921.

Miano, Léonora, *La Saison de l'ombre*, Paris, Grasset, 2013.

Ouologuem, Yambo, *Le Devoir de violence*, Paris, Seuil, 1968.

Sakin, Abdelaziz Baraka, *Le Messie du Darfour*, trad. par Xavier Luffin, Honfleur, Zulma, 2016.

Sarr, Mohamed Mbougar, *De purs hommes*, Dakar/Paris, Jimsaan/Philippe Rey, 2018.

Zuiker, Anthony E., Donahue, Ann et Mendelsohn, Carol, *Les Experts*, USA, CBS, 2000-2015.

Le labyrinthe de l'intertextualité

∵

De l'enquête au discours queer. L'intertextualité dans *De purs hommes* de Mohamed Mbougar Sarr

Susanne Gehrmann

Résumé

Dans son deuxième roman, *De purs hommes* (2018), Mohamed Mbougar Sarr aborde le sujet tabou des identités queer et de la violence homophobe au Sénégal, ce qui lui a valu une mauvaise réception dans son pays d'origine qui a même fait ombrage à son Prix Goncourt. Partant du constat que le roman s'inscrit dans une continuité d'avec certains motifs et formes de la littérature sénégalaise et dialogue en même temps avec le paysage médiatique, l'article vise une approche intertextuelle et contextuelle du roman. L'analyse montre la participation de Sarr au modèle du roman de l'enquête qui constitue une transformation du genre policier de type occidental. Le texte est également en continuité et dialogue intertextuel avec des représentations littéraires et cinématographiques des sexualités queer et du tiers genre non-binaire des *gordjiguène* dans la culture wolof. Alors que les *gordjiguène* (hommefemme) occupaient une position sociale prestigieuse dans la société sénégalaise du XXᵉ siècle dont des traces sont encore palpables aujourd'hui, après 2000 le terme est graduellement devenu synonyme d'homosexualité masculine combattue par l'État, l'islam et la foule de la majorité citoyenne. Rappelant des campagnes médiatiques et des violences réelles au Sénégal depuis 2008, au travers de son enquête sur le destin d'un jeune homme ostracisé, le protagoniste-narrateur du roman passe d'une position hétérosexiste normalisée à une participation au discours queer qui met en question la morale permettant des crimes contre l'humanité et révèle les ambiguïtés et l'hypocrisie de la société sénégalaise confrontée à des sexualités et identités genrées considérées comme « déviantes ». Ce professeur d'université qui s'était vu frappé d'interdiction d'enseigner des poètes français homosexuels, assume sa prise de conscience jusqu'au bout en acceptant l'exclusion familiale et sociale, mettant même sa vie en danger.

Mots-clés

Mohamed Mbougar Sarr – *De purs hommes* – intertextualité – médias – homophobie – homosexualité – queer

1   Introduction

À l'heure où la littérature queer d'Afrique prend de plus en plus son essor, en 2018 Mohamed Mbougar Sarr signe avec *De purs hommes*[1] un roman qui décèle les interdits et la violence autour de l'homosexualité au Sénégal en se focalisant sur un protagoniste-narrateur qui interroge les tabous et les mécanismes d'exclusion de la société sans s'identifier lui-même, de prime abord, comme queer. Au départ, Ndéné Gueye, ce narrateur, un professeur de littérature, participe au discours discriminant normalisé. Bien que choqué par la violence d'une vidéo virale du déterrement et de la profanation du corps d'un jeune homme supposé avoir été homosexuel, Gueye s'exprime spontanément comme suit : « Après tout, ce n'était qu'un *góor-jigéen* »[2], suscitant ainsi la colère de son amante Rama, une militante queer bisexuelle. Cependant, la vidéo va continuer de hanter le narrateur et il va s'embarquer dans une enquête sur ce crime, sur sa propre conscience et, poussé par des rumeurs le concernant, sur sa propre identité sexuelle.

Primé par le prix du roman gay à Paris en novembre 2021, tout juste deux semaines après son Goncourt pour *La plus secrète Mémoire des hommes* (2021), *De purs hommes* n'a pas été bien reçu au pays d'origine de l'auteur. Au contraire, dans un climat d'homophobie montante au Sénégal, il a déclenché une polémique et fortement ombragé le Goncourt même qui aurait pu faire la fierté nationale du « pays de Senghor »[3]. Dans une interview dans *Le Monde* en 2018, Mohamed Mbougar Sarr avait par ailleurs anticipé la réception difficile de son roman au Sénégal, ayant conscience qu'« on s'expose lorsqu'on pense différemment sur certains sujets »[4]. Pour d'aucuns, l'auteur compte désormais parmi les poètes maudits au même titre que Verlaine et Rimbaud qui sont frappés d'interdit au programme d'enseignement dans le roman.

Chronologiquement, *De purs hommes* serait le premier roman de l'auteur qui trouve son point de départ dans un fait divers réel :

> J'étais au lycée quand j'ai vu la vidéo qui ouvre le livre. Elle m'a marqué et a mis en crise ma propre opinion sur l'homosexualité. J'ai commencé à me poser les mêmes questions que le narrateur : qui était cet homme ? Qui est sa famille ? C'est à cet instant que j'ai décidé d'écrire[5].

---

1   Mohamed Mbougar Sarr, *De purs hommes*, Dakar/Paris, Jimsaan/Philippe Rey, 2018.

2   Sarr, *De purs hommes*, 18.

3   Youness Bousenna, « Le Prix Goncourt, Mohamed Mbougar Sarr, victime d'une violente polémique homophobe au Sénégal », *Télérama* 30 novembre 2021.

4   Gladys Marival, « Au Sénégal, un bon homosexuel est soit caché, soit drôle, soit mort », *Le Monde* 25 mai 2018.

5   *Ibid.*

Cette quête de vouloir comprendre le contexte humain derrière la violence insensée sur le corps queer est donc transposée dans le roman. Incité par la prédication de son propre père, musulman fervent, qui approuve le déterrement et condamne l'homosexualité sans retenue, le narrateur se pose les questions suivantes : « Qui était cet homme ? Quelle avait été sa vie ? Comment avait-on su qu'il était *góor-jigéen* ? Qui l'avait accusé ? Avait-on une preuve de sa sexualité déviante ? Où était sa famille ? Qu'était devenu son corps ? »[6]. Bâtie ensuite sous la forme d'une enquête, la structure du texte rappelle alors les grands romans de Boubacar Boris Diop[7]. Ce premier constat m'a poussée sur la voie de l'intertextualité que je comprends ici au sens large en incluant également l'interdiscursivité et l'intermédialité.

2   Petit précis contextuel et méthodologique

Le choc causé par la vidéo virale évoque dès le début le pouvoir des médias sociaux à soutenir un discours majoritaire, religieux et social à la fois, celui de l'homophobie qui justifie la violence sur le corps supposé queer. Le chapitre 11 du roman est par ailleurs consacré à une récapitulation de quelques événements discursifs autour de l'homosexualité qui se réfèrent à des « cas » réels qui avaient été débattus dans les médias (presse, télévision, radio, nouveaux médias) sénégalais durant une dizaine d'années avant la parution du roman. Des scandales avaient été causés par des cérémonies de mariage entre hommes[8], mais aussi par des futilités comme l'affaire du sac efféminé d'un célèbre chanteur, Wally Seck en 2016. Ce sac a entraîné une rumeur sur son homosexualité et une campagne dans les réseaux sociaux. À ces exemples de discours homophobes dans les médias tirés de faits réels, dans un geste hautement auto-ironique, Sarr ajoute le cas fictif d'un

---

6   Sarr, *De purs hommes*, 48.
7   Je limite mes propos ici à quatre romans de Boubacar Boris Diop, *Les Tambours de la mémoire*, Paris, L'Harmattan, 1990 ; *Les Traces de la meute*, Paris, L'Harmattan, 1993 ; *Le Cavalier et son ombre*, Paris, Stock, 1997 ; *Murambi, le livre des ossements*, Paris, Stock, 2000.
8   Un tel mariage a fait scandale et a été le déclencheur de violences homophobes depuis 2008. Voir Aminata Cécile Mbaye, *Les discours sur l'homosexualité au Sénégal : l'analyse d'une lutte représentationnelle*, München, AVM Edition, 2018, 255. En revanche, le sociologue Cheikh Ibrahima Niang confirme que des relations matrimoniales entre hommes biologiques endossant différents rôles genrés étaient tolérées au Sénégal au XIXe et au XXe siècle. Cheikh Ibrahima Niang, « Understanding Sex Between Men in Senegal : Beyond Current Linguistic and Discursive Categories », dans Peter Aggleton et Richard Parker (ed.), *The Routledge Handbook of Sexuality, Health and Rights*, London, Routledge, 2010, 118.

jeune écrivain [qui] publia un roman qui mettait en scène un homme tourmenté par un désir homosexuel naissant en lui. La critique littéraire éreinta le livre, qu'elle jugeait mauvais (c'était vrai), vulgaire et surtout moralement dangereux. Le jeune écrivain tenta d'expliquer qu'il ne défendait pas les homosexuels, mais cherchait à analyser ce qui se passait dans leur tête et dans leur corps. Il affirma que seul lui importait l'expérience littéraire et ce qu'elle lui permettait de comprendre de l'humanité. Il clama partout qu'il s'agissait d'un roman, de fiction, de Littérature et non d'une vérité factuelle. Il s'acharna à répéter que le 'je' du narrateur n'était pas son 'je' à lui, auteur. Il eut beau faire et dire tout ça, on ne le crut pas. On l'accusa non seulement d'être à la solde de lobbys occidentaux qui l'avaient grassement payé pour qu'il défende la cause des *góor-jigéen*, mais on affirma encore qu'il était lui-même un pédé notoire [...] qui cherchait à corrompre la jeunesse avec ses livres médiocres par ailleurs. On se déchaîna contre lui. Le jeune écrivain en fut brisé. [...] il se suicida[9].

En insérant de façon rusée une affaire médiatique purement fictive, mais métatextuellement autoréférentielle, Sarr anticipe d'une part la réception négative de son roman et d'autre part l'histoire de son narrateur Gueye qui développera au cours du récit « un désir homosexuel naissant »[10], mais surtout une empathie pour la cause queer qui suscitera la rumeur tenace de sa 'dégradation morale' non pas en tant qu'écrivain, mais en tant qu'enseignant qui influence la jeunesse. Au niveau extratextuel et méta-réflexif, ce micro-récit renvoie à Mohamed Mbougar Sarr lui-même en racontant ce qui aurait pu être son destin si en tant que jeune écrivain, il avait précipitamment publié un premier roman sur un sujet aussi délicat. Si la question de la violence sur les minorités queer au Sénégal était donc à l'origine de son devenir d'écrivain, Sarr a eu la sagesse de publier d'abord d'autres textes et de mûrir celui-ci. Comme il jouissait déjà d'une renommée solide en tant qu'écrivain, la réception négative de son roman au Sénégal n'a définitivement pas pu le briser, encore moins le pousser au suicide, d'où l'ironie du passage.

En général, la dimension intertextuelle de la littérature peut être comprise comme le lieu où une mémoire culturelle et discursive se manifeste. Dans le cas d'un roman comme *De purs hommes* qui aborde une question sociale brûlante, à savoir la montée de l'homophobie au Sénégal et le refoulement d'une tradition de tolérance antérieure qui permettait l'intégration des personnes queer

---

9   Sarr, *De purs hommes*, 109-110.
10   *Ibid.*, 109.

appelées *gordjiguène*, littéralement 'hommefemme' en wolof, une approche intertextuelle permet de situer le texte dans sa filiation littéraire et dans un débat plus large. Ainsi, Devin Bryson a analysé les échos intertextuels du roman avec la théorie queer américaine[11]. Une lecture supplémentaire pourrait se consacrer à la présence de la littérature française dans le texte : interdit d'enseigner Verlaine à l'université, citations et allusions aux *Fleurs du Mal* de Baudelaire[12]. Ici, en revanche, je m'intéresse exclusivement à l'intertextualité du roman avec la littérature et le film sénégalais, non pas pour minimiser la portée globale du roman et l'enfermer dans le local, mais afin de valoriser les motifs et discours queer du texte émanant d'un contexte africain spécifique. Je rejoins à cet égard Bryson qui écrit :

> *De purs hommes* undertakes its literary engagements with LGBTQI+ rights in Senegal by decentering globalized discourse and interrogating localized specificities, which leads to a productive friction between the two[13].

Renate Lachmann et Schamma Schahadat ont proposé une grille de lecture qui distingue entre trois modes principaux d'intertextualité : participation, transformation et détournement[14]. La participation désigne le dialogue intertextuel du texte avec ses pré-textes ; ceci permet de situer le texte dans l'histoire littéraire et culturelle. Citation, allusion et continuité typologique manifestes au niveau de la forme, de la thématique et des motifs sont les procédés majeurs de la participation. La transformation, en revanche, désigne un type d'intertextualité procédant par camouflage des textes antécédents. Ce mode se réfère à des textes antérieurs en les appropriant sans les citer pour mieux les intégrer dans un texte qui se veut transformatif dans l'histoire littéraire. Au lieu de continuité, une rupture consciente avec des formes et thématiques antérieures se manifeste qui mène à leur transformation. Le mode de détournement va plus loin encore : il aspire à l'effacement du pré-texte, à l'inversion de son sens et/ou de son esthétique. Ce rejet intertextuel peut passer par l'imitation ironique, satirique, voire grotesque du pré-texte mené ainsi *ad absurdum*. Participation, transformation et détournement peuvent encore se traduire par

---

11   Devon Bryson, « In and Out in Senegal : Unearthing Queer Roots in Mohamed Mbougar Sarr's *De purs hommes* », *African Studies Review* 64,4 (2021), 803-825.

12   On notera la « chevelure dense et pesante » (Sarr, *De purs hommes*, 62) de la maîtresse du narrateur.

13   Bryson, « In and Out of Senegal », 807.

14   Renate Lachmann et Schamma Schahadat, « Intertextualität », dans Helmut Brackert et Jörn Stückrath (ed.), *Literaturwissenschaft. Ein Grundkurs*, Reinbek, Rowohlt, 1996, 677-685.

les verbes préserver, usurper et refouler[15]. Les trois modes ne sont pas exclusifs ; ils peuvent s'entrecroiser dans un seul texte comme nous allons le voir avec *De purs hommes*. Cette grille que j'adopte librement m'aidera à systématiser mon propos.

3   Participation au modèle transformatif du roman d'enquête

Le constat d'une participation structurelle de *De purs hommes* à la forme du roman d'enquête telle que nous la trouvons dans les romans de Boubacar Boris Diop et qui avait aussi été adopté par Ken Bugul dans *Rue Félix-Faure*[16] inscrit le texte de Sarr dans une continuité participative avec la littérature sénégalaise. Ce type de roman œuvre à la transformation du genre policier de type occidental à qui il emprunte la structure et certains motifs pour mieux les déjouer. Tous les romans de Boubacar Boris Diop commencent avec un crime : meurtre d'un individu dans *Les Traces de la meute* ou même d'un collectif dans le cas de *Murambi* ou encore disparition mystérieuse d'une personne dans *Les Tambours de la mémoire* et *Le Cavalier et son ombre*. Le crime ou le mystère initial déclenchent une enquête qui inclut la recherche des traces et des preuves sur le déroulement du crime ainsi que des interrogatoires des témoins. Dans *De purs hommes*, Ndéné Gueye interrogera essentiellement trois témoins afin de comprendre le violent crime de la profanation du corps, et par extension de se représenter ce que vivent les personnes queer dans la société sénégalaise : Angela, une activiste LGBTQI+ qui représente le courant américain d'une pensée queer radicale ; Samba Awa Niang, un *gordjiguène* réputé qui représente une identité queer spécifiquement sénégalaise (sur laquelle je vais revenir) ; et enfin la mère du jeune homme profané qui lui révèle l'humanité ordinaire d'un fils, d'une personne avec un nom : Amadou[17].

Dans les romans de Boubacar Boris Diop, tout comme dans *De purs hommes*, on remarque le détournement de deux éléments essentiels par rapport au

---

15   « Bewahren, Usurpieren, Abwehren » en allemand, *ibid.*, 684.

16   Ken Bugul, *Rue Félix-Faure*, Paris, Présence africaine, 2005. L'intrigue de ce roman s'ouvre sur le « spectacle grandiose [... d]'un corps découpé en morceaux » (15) trouvé en pleine rue de Dakar. Le motif de la profanation d'un corps dans l'espace public se trouve reprise chez Sarr, sa médiatisation par la vidéo augmente le goût macabre de la foule devant un tel spectacle.

17   Il n'est pas anodin que le nom de celui qui a été privé de sa tombe au cimetière musulmane et dont le corps a été profané et anonymisé sur les médias sociaux signifie « celui qui aime Dieu », Chantal Tanet et Tristan Hordé, *Dictionnaire des prénoms*, Paris, Larousse, 2009, 25.

roman policier classique : l'absence de la figure typique et formalisée du détective/inspecteur de police qui mènerait l'enquête ainsi que le dénouement satisfaisant dans le sens du rétablissement de l'ordre moral perturbé. Il n'est pas surprenant que dans un pays comme le Sénégal où l'homosexualité est pénalisée, les crimes de violence contre les personnes queer vivantes ou mortes ne soient généralement pas poursuivis. Chez Diop, les enquêteurs sont presque toujours des proches, fils, ami ou amant des victimes ou même du malfaiteur. Au départ, ceci n'est pas le cas du protagoniste de Sarr, cependant c'est au cours de son enquête qu'il deviendra proche de la mère d'Amadou et endossera par la suite la mission de l'humanisation du défunt. Différents des détectives/inspecteurs plutôt détachés du policier commun, les investigateurs diopiens s'impliquent personnellement dans l'enquête, jusqu'à l'obsession – ce qui est aussi le cas de Ndéné Gueye prêt à sacrifier sa carrière universitaire et à mettre sa propre vie en jeu afin de prouver l'humanité commune des personnes queer. Si la narration prend alors « la forme d'une enquête sociologique sur le pluralisme sexuel au Sénégal »[18], comme chez Diop, l'enquête dans *De purs hommes* est celle d'une vérité complexe qui contredit la raison violente d'une majorité qui se mue facilement en meute meurtrière. Ce n'est pas seulement le cas dans *Murambi, le livre des ossements*, roman qui essaie de comprendre la violence incommensurable du génocide rwandais en 1994, car dans tous les romans de Boubacar Boris Diop la violence collective active ou consentante des gens ordinaires rassemblés en meute incitée joue un rôle important pour les crimes de violence commis contre des individus en marge de l'endogroupe majoritaire, voire de la société dominante. Chez Diop, cette marginalité est d'autant plus politique qu'il s'agit souvent de personnes écartées pour avoir défié le pouvoir et l'ordre politique postcolonial établi. *Les Traces de la meute* s'ouvre par ailleurs sur la découverte d'un « corps sans vie et affreusement mutilé d'un inconnu » dont l'état laisse deviner « l'acharnement sadique du meurtrier sur sa victime »[19]. Le corps profané post-mortem de la vidéo chez Sarr fait penser à celui du roman de Diop.

Si Diop se réfère régulièrement à la meute dont on trouve par ailleurs aussi un exemple visualisé frappant dans le film *Hyènes* du cinéaste sénégalais Djibril Diop Mambéty[20], Sarr préfère l'usage du mot « foule », de prime abord

---

18   Thomas Muzart, « Du fait divers à la fiction », *Revue critique de Fixxion française contemporaine* 24 (2022), numéro spécial *Violences sexuelles et reprises du pouvoir*, paragraphe 5.

19   Diop, *Les Traces de la meute*, 9.

20   Djibril Diop Mambéty, *Hyènes*, France/Sénégal, California Newsreel Productions, 1992, 110 min. Ce film est une adaptation de la pièce suisse *Der Besuch der alten Dame* (1956) de Friedrich Dürrenmatt. Diop met en scène une meute de villageois qui chasse et tue

plus innocent, mais plus ambigu aussi. L'incipit du premier roman publié de Sarr, *Terre ceinte* (2014), est : « La foule »[21]. Il s'agit de celle qui assiste, impatiente et impassible à la fois, à l'exécution d'un jeune couple accusé de « fornication ». De la même manière, dans la vidéo déclencheuse dans *De purs hommes*, « une foule »[22], ressemblant à « une forêt d'hommes »[23], assiste au déterrement macabre, « en tant que sujet collectif [et] expulse le corps de l'homosexuel comme élément étranger au corps social »[24]. C'est la même foule qui affronte la mère du jeune homme par « ses cris de colère… des insultes »[25]. La foule de croyants approuve les prédications homophobes à la mosquée. La foule virtuelle anonyme harcèle les personnes supposées queer. Le narrateur lui-même affirme qu'

> [il] aime les foules, les hommes dans la foule. J'en suis un. J'aime les grèves, j'aime les marches, j'aime les concerts, j'aime les cortèges funèbres ou heureux et les *sabar*, les prières collectives et les réunions politiques, les grands-messes et les enterrements. La foule réhabilite l'humaine condition, faite de solitude et de solidarité ; elle offre la possibilité d'un aparté avec tous les hommes. Dans la foule on est quelqu'un et n'importe qui[26].

Pour être admis dans la foule il faut marcher avec l'opinion majoritaire du moment et s'adapter à un sens commun qui n'accepte guère les différences et la diversité. Se fondre dans le confort de la foule signifie ainsi se conformer à l'opinion majoritaire, se soustraire aux ennuis, voire aux réactions violentes qu'un positionnement en dehors de ce qui est jugé moralement acceptable peut déclencher. Gueye en fera l'expérience douloureuse quand il commence à aller à contre-courant de ce qu'il appelle encore le « fleuve humain »[27], multipliant les métaphores qui semblent naturaliser ce besoin humain de se fondre dans la foule. En revanche, l'exclusion des personnes queer de la foule correspond à leur déshumanisation, et c'est en questionnant cette exclusion que Ndéné Gueye se retrouve très vite du côté d'une solitude existentielle, privé de la solidarité tacite de la foule et même de sa famille qui le repoussera. « Toi homme des foules disais-tu […]. Ah lâche, tu crains la foule qui veut

---

l'homme qui avait jadis engrossé et abandonné la dame qui a surmonté son destin en devenant riche et puissante.

21   Mohamed Mbougar Sarr, *Terre ceinte*, Paris, Présence africaine, 2017, [2014], 11.
22   Sarr, *De purs hommes*, 11.
23   *Ibid.*, 10.
24   Muzart, « Du fait divers à la fiction », paragraphe 6.
25   Sarr, *De purs hommes*, 133.
26   *Ibid.*, 30.
27   *Ibid.*, 30.

ta mort »[28] doit-il s'avouer au paroxysme des agressions contre lui. Toutefois, en contraste avec la foule largement homophobe du roman, une autre – soit paradoxalement la même foule dans un autre contexte – admire et applaudit la prestation du *gordjiguène* Samba Awa lors de *sabar*[29]. Cette figure séculaire du *gordjiguène* qui renvoie à un concept précédant le discours sur l'homosexualité importé par le biais de la colonisation déséquilibre les binarités masculin/féminin, gay/straight. Elle prolonge une ligne discrète de l'histoire littéraire sénégalaise.

4   Reconceptualiser les *gordjiguène* par la littérature

Dans son ouvrage pionnier *Out in Africa. Same-Sex Desire in Sub-Saharan Literatures & Cultures* (2013), Chantal Zabus ne s'attarde pas beaucoup sur la littérature sénégalaise. Sur le concept de *gordjiguène*, elle écrit :

> The Wolof terminology to refer to a male homosexual – *goor-jigeen* – seems, ironically, to entrench the fixity of sexual identities : one can be one or the other or both but not anything else outside that paradigm[30].

Au prisme de la recherche sociologique et historique sur les *gordjiguène*[31] et du roman de Mohamed Mbougar Sarr, ce constat de Zabus devrait être nuancé. S'il est vrai que dans l'actualité discursive fortement médiatisée *gordjiguène* et mâle homosexuel sont devenus des synonymes, il faudra creuser les origines du concept, prendre au sérieux le fait qu'il existe des identités queer avant la lettre dans les sociétés africaines qu'on ne devrait pas ramener à une logique occidentale. Babacar M'Baye confirme l'existence d'une société sénégalaise « where gender bending and alternative sexualities have existed for centuries »[32]. Au départ, ce concept

---

28   *Ibid.*, 175.
29   Événements de danse publique animé par des batteurs de tambours.
30   Chantal Zabus, *Out in Africa. Same-Sex Desire in Sub-Saharan Literatures and Cultures*, Woodbridge/ Rochester, James Currey/Boydell & Brewer, 2013, 229.
31   J'utilise consciemment cette notation plus proche du wolof. Si le mot est souvent écrit avec un trait d'union à l'intérieur des textes académiques et littéraires en français, ce qui semble souligner un aspect binaire comme le remarque Zabus, l'expression se prononce plutôt comme un seul mot et s'écrit couramment *gordjiguène* au Sénégal, ce qui me semble plus proche du concept fluide qu'il signifie au départ. Au fond, il s'agit d'un genre tiers qui transgresse le moule binaire et hétéronormatif.
32   Babacar M'Baye, « The Origins of Senegalese Homophobia : Discourses on Homosexuals and Transgender People in Colonial and Postcolonial Senegal », *African Studies Review* 56,2 (2013), 118.

caractérise, à la fin du xixᵉ siècle et dans la majeure partie du xxᵉ siècle les hommes biologiques qui, arborant des vêtements et des attributs féminins, occupent une fonction de maître de cérémonie, de baptêmes et de *sabar*[33].

Dans leur vie privée, les *gordjiguène* pouvaient être homosexuels ou hétéro-sexuels, ce qui comptait d'abord était leur performance. Comme l'explique Christophe Broqua :

> Le *góor-jigéen* correspondait à une catégorie de genre et non à une caté-gorie de sexualité ou d'orientation sexuelle. En même temps, la plupart des *góor-jigéen* appartenaient à des réseaux d'homosexuels. Mais la majo-rité des Sénégalais ignoraient leurs pratiques sexuelles ou n'en tenaient pas compte dès lors qu'elles n'étaient pas dites[34].

Il serait alors peut-être aussi erroné de dire que les *gordjiguène* sont tout sim-plement des mâles homosexuels que de dire qu'ils sont des personnes *transgen-der* au sens courant en Occident[35]. L'interstice entre le masculin et le féminin de cette figure qui subvertit la binarité genrée résonne avec le discours queer actuel tout en confirmant l'existence des identités et sexualités non binaires en Afrique dont la conceptualisation appartient à une logique autre[36].

   C'est ce que montre Sarr dans son roman. Son récit se situe dans l'actua-lité de ces années tumultueuses qui a banalisé et presque banni la figure du *gordjiguène* comme genre tiers faisant partie intégrante de la société sénéga-laise, naguère célébrée et officiant souvent comme maître de cérémonie, en

---

33   Muzart, « Du fait divers à la fiction », paragraphe 10.

34   Christophe Broqua, « *Góor-jigéen* : la resignification négative d'une catégorie entre genre et sexualité (Sénégal) », *Socio* 9 (2017), paragraphe 18.

35   Dans sa contribution sur « The Origins of Senegalese Homophobia », Babacar M'Baye explique la pathologisation des *gordjiguène* et d'autres positionnements non-hétérosexuel ou non binaire dans le discours colonial. Il utilise néanmoins les catégories homosexuel et transgenre dans le contexte des *gordjiguène*, mais sans les enfermer dans un seul concept. Cet usage langagier pointe aussi vers la dominance épistémologique d'un vocabulaire de provenance occidentale dans le discours académique. M'Baye écrit à partir de son poste de professeur dans un département d'anglais aux États-Unis. En ce qui concerne l'acti-visme LGBTQI+ en Afrique, l'on peut observer que *queer* comme un concept très ouvert qui couvre toutes les formes des positionnements non-hétéronormées est aujourd'hui largement adopté.

36   Cheikh Ibrahima Niang, « Understanding Sex Between Men in Senegal ». Niang précise qu'historiquement les *gordjiguène* entretenaient souvent, mais pas exclusivement, des relations homosexuelles. Le terme connote par ailleurs exclusivement la position sexuelle passive. Il existe un vocabulaire wolof pour bien d'autres identités sexuelles et genrées.

l'assimilant au mâle homosexuel méprisé et profané tout court. Le terme est utilisé la première fois lors du dialogue de Ndéné avec Rama qui lui demande son opinion sur la vidéo : « –Je ne sais pas trop ... Ça me choque, mais je ne sais pas ce que je dois en penser pour l'instant. Je suppose que c'était un *góor-jigéen* ... »[37]. Le mot wolof est flanqué d'une note en bas de page qui traduit, de manière erronée, « Homosexuel, en wolof »[38]. Cette note semble confirmer que le narrateur se positionne au départ dans la logique généralisée *gordjiguène* = homosexuel soit homosexuel = *gordjiguène*. Cette équation banalise la diversité des identités genrées et sexuelles qui, au niveau du tableau des personnages du roman même, englobe aussi des gays non efféminés, des bisexuelles et des travestis *straight*.

Cette logique sera déconstruite par la rencontre avec la figure énigmatique de Samba Awa Niang, *gordjiguène* célèbre, danseuse admirée et animateur des *sabars*, figure sur laquelle Gueye s'interrogera au cours de son enquête. Alors que cette personne haute en couleur nourrit tous les fantasmes de la société sénégalaise quant à sa soi-disant « débauche homosexuelle », elle se révèle être un travesti non gay et père de famille, célébrant sa féminité en public tout en assumant un rôle paternel dans la vie privée[39]. Dans ses performances festives et mêmes dans ses apparences publiques quotidiennes, Samba Awa Niang trouble et queerise le genre par ses habits, sa coiffure et son maquillage féminins, mais en même temps ce *gordjiguène* ne rentre pas dans le moule d'une conception stéréotypée de l'homosexuel efféminé. L'identité sociale genrée et la sexualité de Samba Awa Niang défient le discours stéréotypé actuel qui se nourrit plus d'influences coloniales et globales que du spectre local des identités non binaires et non-hétéronormatives, aujourd'hui refoulées. Poursuivant son enquête, Ndéné Gueye apprend qu'il existe des *gordjiguène* non homosexuels tout comme des hommes d'apparence bien *straight* qui ne le sont pas, comme son collègue M. Coly. Il découvre aussi son propre potentiel gay quand un désir transgressif naît en lui à l'occasion d'un flirt avec un jeune homme rencontré lors d'une sortie de la ville de Dakar. Le texte chemine ainsi vers un démantèlement progressif des stéréotypes sur l'homosexualité et s'ouvre à une diversité queer plus large au sein de la société sénégalaise.

La transformation littéraire des stéréotypes afin d'œuvrer vers une reconnaissance des individualités queer est également bien présente dans *Kétala*[40] de Fatou Diome, à ma connaissance le seul roman sénégalais précédant celui

---

37   Sarr, *De purs hommes*, 17.
38   *Ibid.*, 17.
39   Sur la dialectique entre le public et le privé chez Sarr et qui reflète des aspects importants de la culture sénégalaise lire Bryson, « Unearthing Queer Roots ».
40   Fatou Diome, *Kétala*, Paris, Flammarion, 2006.

de Sarr qui donne une place importante aux identités queer. Après le grand succès du *Ventre de l'Atlantique*[41], ce deuxième roman de Diome a connu une réception critique plutôt réservée. S'il n'est pas passé inaperçu, la recherche s'est plus intéressée à la continuité du motif de la migration, aux aspects féministes et animistes ou encore à la forme de la prosopopée du récit. Cependant ce texte est unique dans la littérature sénégalaise du fait de raconter une belle histoire d'amour entre deux hommes, un amour qui triomphera malgré l'interdit, la répression et la punition[42]. Dans ce couple queer, Makhou est un homme d'apparence masculine « classique », nullement féminisée, tandis que Tamsir adopte une identité performative entièrement féminine en devenant Tamara, oscillant dans un interstice entre déguisement et passage du masculin au féminin. Le couple « clandestin » prend une décision avant tout pragmatique : le déguisement permanent de Tamara permet aux deux hommes de vivre ensemble sans se faire agresser. En même temps, il ne s'agit pas d'une contrainte aliénante pour Tamsir/Tamara qui se fait une grande renommée en tant que danseuse, choisissant ainsi un métier qui hérite de la fonction des *gordjiguène* dans la culture wolof représenté par Samba Awa dans *De purs hommes*.

La figure de Tamsir/Tamara se prête bien à une interprétation au prisme du genre performatif et subversif butlerien comme l'a montré l'analyse d'Aminata Cécile Mbaye[43]. Cependant, *Kétala* ne participe pas d'une idéologie transgenre du discours queer de type occidental, car Tamara n'aspire pas à changer son corps biologique et vit son côté masculin, en tant que Tamsir, en privé. Ainsi, au travers de ce personnage Diome se réfère au concept fluide de *gordjiguène* en tant que position queer qui facilite le travestissement continuel comme performance qui trouble le genre et qui, perfectionné comme chez Tamara, peut aussi devenir une carapace de protection en milieu homophobe.

Bien avant Mohamed Mbougar Sarr et Fatou Diome, le *gordjiguène* a déjà été une figure régulière, quoique furtive de la littérature sénégalaise depuis les années 1970. Sembène Ousmane dans *Xala* (1973), Aminata Sow Fall dans *Le Revenant* (1976), Mariama Bâ dans *Un chant écarlate* (1981), Ken Bugul dans *Le Baobab fou* (1982) et Cheik Aliou Ndao dans *Un bouquet d'épines pour elle* (1988) mentionnent tous des *gordjiguène* dans leur rôle de maître de cérémonies,

---

41 Fatou Diome, *Le Ventre de l'Atlantique*, Paris, Anne Carrière, 2003.

42 En vue de l'éclosion d'une sexualité queer de leurs fils, les deux familles réagissent violemment. Tamsir est d'abord interné dans un asile psychiatrique et ensuite envoyé servir dans l'armée pour « redresser sa masculinité ». Makhou est forcé de se marier avec une femme.

43 Aminata Cécile Mbaye, « Performing Gender Identities in Fatou Diome's Novel *Kétala* », *Canadian Journal of African Studies/Revue canadienne des études africaines* 53,2 (2019), 235-250.

particulièrement au service des grandes dames et parfaitement intégrés dans la société sénégalaise. Dans *Le Baobab fou*, Ken Bugul établit un lien entre l'homosexualité qu'elle rencontre en Occident et le *gordjiguène* de sa famille, mais souligne qu'il s'agit de deux concepts différents. Les gays qu'elle rencontre dans l'Europe des années 1970 s'érigent consciemment contre l'ordre sexuel dominant en tant que minorité militante. Cela semble d'abord étrange à la narratrice autobiographique, justement parce que pour elle le concept de *gordjiguène* désigne une sexualité non-hétéronormée sans pour autant signifier une identité à l'écart de la société. En même temps, ce premier texte de Ken Bugul a aussi brisé un tabou autour de la sexualité féminine en relatant une expérience lesbienne personnelle.

Il est frappant que chez tous ces auteurs et autrices canoniques de la littérature sénégalaise, on ne trouve nulle trace d'un discours homophobe envers les *gordjiguène*. Cela semble correspondre au climat sociétal tolérant encore ambiant à ce moment-là. Dans sa monographie *Les discours sur l'homosexualité au Sénégal. L'analyse d'une lutte représentationnelle*, Aminata Cécile Mbaye trace l'émergence du discours homophobe au Sénégal d'après l'indépendance depuis les années 1980. Ce discours émane d'abord des milieux religieux pour s'incruster davantage dans la politique et dans toute la société, mais n'atteint une taille virale – pour reprendre la métaphore liée aux médias sociaux – et violente qu'après 2000[44]. Dans la littérature sénégalaise des années 1970 et 1980 les *gordjiguène* ne sont que des figurants en littérature, des êtres particuliers, mais non pas à part et encore moins exclus. Ils sont sans équivoque valorisés dans leur rôle social. Pour en donner un exemple, je cite Aminata Sow Fall :

> Pour cette cérémonie, elle [Yama, femme de haut standing social] avait fait appel à Malobé Niang, l'homme-femme le plus redoutable, le plus redouté, mais aussi le plus recherché. C'était lui qui agençait les cérémonies de vraies 'driyanke' ; il faisait la fine bouche ; rares étaient celles à qui il acceptait d'offrir ses services, car il était exigeant, il voyait les choses en grand et ne souffrait pas que l'on discutât de ses propositions. Toute grande dame cherchait sa compagnie, entrer dans ses faveurs était un gage sûr de célébrité. [...] Il était vêtu d'un grand boubou bleu en bazin riche brodé jusqu'au bas ; il avait une statue de géant, un cou de taureau qui faisait contraste avec la note toute féminine, légère, traînante qui sortait de sa voix lorsqu'on l'entendait annoncer[45].

---

44   Mbaye, *Les discours sur l'homosexualité au Sénégal.*
45   Aminata Sow Fall, *Le Revenant*, Dakar, Les Nouvelles Éditions Africaines, 1976, 40.

C'est justement l'approbation du rôle féminin par Malobé Niang qui permet sa proximité avec les femmes. L'inversion performative du genre ouvre des espaces de sociabilité au-delà de la binarité. Comme le confirme le sociologue Cheikh Niang, « [e]tymologically, the goor-jigeen is defined as both a man and a woman, but socially, he belongs to the women's world »[46]. De plus, la présence d'un *gordjiguène* lors de cérémonies était une marque de prestige social pour la dame qui pouvait s'assurer ses services[47]. Vu la resémantisation du mot[48] dans le contexte de l'homophobie généralisée qui frappe les personnes dites *gordji-guène* au Sénégal contemporain, Samba Awa Niang, dans *De purs hommes*, est en quelque sorte une relique du temps où l'on considérait les *gordjiguène* avec respect et admiration pour l'éclat particulier qu'ils apportaient aux fêtes. Ainsi, Samba Awa Niang incarne une contradiction de la société actuelle : il/elle est célébré(e) dans le sillage d'une tradition de tolérance de l'être queer au même moment où d'autres personnes sont chassées, frappées, tuées et même profa-nées à cause de leur orientation queer, vraie ou imaginée.

Dans l'adaptation filmique de *Xala*[49] une personne qui se lit comme un homme efféminé, à supposer un *gordjiguène*, est désignée par les invités du mariage central dans l'histoire comme maître de cérémonie. Sa voix oscille entre un ton aigu, tout féminin lorsqu'il sert les invités et un baryton quand il se moque d'eux dans leur dos en regardant directement la caméra. Cette figure de l'interstice hommefemme sert à relever le ridicule d'un ordre social genré classiciste et sexiste que Sembène critique dans son roman et film *Xala*. Dans un autre texte, *Le Dernier de l'empire* de 1981, Sembène décrit par ailleurs la vie nocturne au centre de Dakar comme suit :

> Il fait bon errer le samedi soir sur le Plateau [...]. Piétons, promeneurs, prostituées, homosexuels, lesbiennes, chômeurs, cadres, petits fonction-naires, grappes de femmes poussant leur nichée, défilent devant chaque vitrine[50].

Ici, tout un monde queer fait partie du tableau urbain brossé. C'est à cette vie nocturne dakaroise que participe Rama, l'amante bisexuelle de Gueye dans

---

46   Cheikh Ibrahima Niang, « Understanding Sex Between Men in Senegal », 117.
47   *Ibid.*, 118.
48   « The value attached to the word seems to have changed in parallel with the rise of homophobic violence », *ibid.*, 119 ; « Dans son usage courant, le terme *góor-jigéen* est ainsi progressivement devenu synonyme d'homosexuel masculin et il est désormais employé comme une injure que les intéressés redoutent », Broqua, « *Góor-jigéen* », paragraphe 12.
49   Sembène Ousmane, *Xala*, Sénégal, Films Domireew/Société Nationale Cinématogra-phique, 1975, 123 min.
50   Sembène Ousmane, *Le Dernier de l'empire*, tome 2, Paris, Présence africaine, 1981, 41.

De purs hommes dont le nom reprend, dans une filiation intertextuelle, celui de la fille rebelle à l'ordre patriarcal d'El Hadji dans *Xala*.

5 Bisexualité et fluidité du genre : du cinéma à la littérature

Le portrait de Rama, femme hautement sensuelle et libre qui forme « un trio d'amants »[51] avec Angela et Ndéné, évoque non seulement une dimension intertextuelle avec certains personnages féminins de Boubacar Boris Diop[52], mais encore plus directement une filiation intermédiatique avec le film *Karmen Geï*[53] (2001) de Joseph Gaï Ramaka[54] qui puise dans le mythe de la femme fatale maintes fois réécrit et mis en scène depuis la nouvelle *Carmen*[55] de Prosper Mérimée. Dans *De purs hommes*, le narrateur peint le portrait de Rama comme suit :

> femme indépendante et libre qui ne devait rien à un homme. [...] Elle était un mélange de détachement et de passion qui forçait l'admiration, puis immanquablement, le désir. Il suffisait de quelques instants avec elle pour comprendre qu'elle ne s'attacherait jamais à vous, mais qu'elle pouvait vous aimer plus que vous auriez jamais rêvé de l'être le temps que vous seriez avec elle. Grande sainte et grande libertine ... [...] Elle apparaissait quand elle le voulait, partait quand elle le voulait[56].
>
> Elle était sa propre loi et sa propre transgression. Elle travaillait dans le milieu de la nuit[57].
>
> Bisexuelle, elle ne souhaitait renoncer ni aux hommes ni aux femmes, qu'elle chérissait également d'un puissant amour. ... Rien dans sa quête de jouissance et de bonheur n'était vulgaire[58].

---

51 Sarr, *De purs hommes*, 82.

52 Je pense à Ndella dans *Les Tambours de la mémoire* et à Khadidja dans *Le Cavalier et son ombre*. Sur les femmes libres chez Diop, lire Daniela Mauri, « Les figures féminines dans les romans de Boubacar Boris Diop », *Interculturel Francophonies* 18 (2010), 89-125.

53 Joseph Gaï Ramaka, *Karmen Geï*, France/Sénégal/Canada, Euripide Productions/Film Tonic/Les Ateliers de l'arche, 2001, 89 min.

54 Le film fut interdit au Sénégal à la suite des accusations de blasphème par la puissante confrérie des Mourides. Steven Nelson, « Karmen Gaï. Sex, the State, and Censorship in Dakar », *African Arts* 44,1 (2011), 74-81.

55 Prosper Mérimée, *Carmen*, Paris, Nelson, 1847.

56 Sarr, *De purs hommes*, 61.

57 *Ibid.*, 64.

58 *Ibid.*, 65.

Ce portrait littéraire correspond parfaitement au profil audio-visuel de Karmen
Geï chez Ramaka. Dans sa réécriture cinématographique du mythe européen
de Carmen, la séductrice qui sera punie de mort pour sa transgression de
l'ordre social, politique et genré[59] qui ne prévoit pas de liberté sexuelle pour
les femmes[60], Ramaka sénégalise et queerise Karmen qui séduit aussi bien
les femmes que les hommes par son « puissant amour », pour reprendre les
paroles de Sarr. Karmen fait des apparitions performatives fulgurantes à des
sabar, vit sa sexualité librement et choisit souvent de partir brusquement, tout
comme l'oiseau rebelle de l'opéra de Bizet que Ramaka adapte librement[61].

Tout comme Karmen dans le film aux accents génériques d'un musical,
Rama est une danseuse passionnée et c'est sur la piste qu'elle attrape Gueye,
littéralement par les couilles, afin de le choisir librement comme amant.
Tandis que Rama danse en boîte, les danses de Karmen sont des spectacles
d'une haute théâtralité qui s'apparentent à la performance de Samba Awa
Niang chez Sarr. L'écriture du corps queer par la description admirative du *gordjiguène* lors de sa danse *sabar* est aussi subversive et provocante chez Sarr
que l'est la séduction des femmes et des hommes par les danses hautement
érotiques de Karmen chez Ramaka. Dans le film, la caméra se focalise souvent
sur les parties du corps évoquant la sexualité (jambes, hanches, fesses) et les
mouvements séduisants de Karmen, tout comme le font les paroles du roman
pour Samba Awa :

> [S]on sourire divin, son regard coquin, outrancièrement fardé, ombré
> de longs cils et souligné du trait fin d'un crayon. [...] dans un tourbillon
> de feu, la silhouette repartait d'un mouvement inimitable, qui ressem-
> blait à une danse lascive. Elle portait une longue robe noire pailletée et
> moulante, sans manches, qui découvrait ses épaules qu'effleuraient les
> pompons d'imposantes boucles d'oreilles. Des *jali-jali* ceignaient, sans les

---

59 Ayo A. Coly, « Carmen Goes Postcolonial, Carmen Goes Queer : Thinking the Postcolonial
    as Queer », *Culture, Theory and Critique* 57,3 (2016), 391-407.

60 Lire la critique de Frieda Ekotto, « The Erotic Tale of Karmen Geï : The Taboo of Female
    Homosexuality in Senegal », *Xavier Review* 27,1 (2007), 74-80 à ce propos. Ekotto juge que
    c'est rétrograde de faire mourir Karmen comme ça a été le cas avec Carmen. Mais cette
    mort n'est-elle pas tout simplement plus réaliste que le serait le triomphe d'une femme
    queer ?

61 L'opéra *Carmen* de Georges Bizet qui a popularisé la figure eut sa première à Paris en 1875.
    Le film sud-africain *U-Carmen e-Kayelitsha* (2004), dirigé par Mark Dornford-May s'ins-
    pire entièrement de l'opéra dont les libretti sont chantés en IsiXhosa. *Karmen Geï* est éga-
    lement un film musical, largement basé sur le jazz, les tambours et les chants sénégalais.

serrer, ses hanches, qu'elle animait d'une savante ondulation du bassin, déclenchant les cris déments des badauds. La scène lui appartenait, la foule rampait à ses pieds nus, aux ongles vernis de rouge vif que je parvenais à voir, même à distance. Après trois ou quatre tours de piste la silhouette dénoua son mouchoir de tête et l'attacha à sa taille, par-dessus la ceinture de perles, libérant une longue chevelure qui lui coula dans son dos comme une cascade noire. Samba Awa Niang était superbe[62].

Lors de ses prestations des plus scandaleuses, Karmen danse en grand boubou, ce qui permet de dévoiler furtivement toutes les parties du corps tout en le couvrant. En matière de signes hautement érotiques, également mentionnés dans le texte de Sarr, elle porte un *beco*, petit pagne coquin – lingerie de séduction – et des perles aux hanches qui furent jadis déjà chantés par Senghor dans « Femme noire ». Ces perles *jali-jali* sont notamment focalisées par un plan rapproché lors de la scène d'amour lesbien entre Karmen et sa geôlière.

Un autre parallèle entre Karmen et Samba Awa est leur capacité de déclencher la libération du corps chez les autres femmes qui vont rejoindre la piste et s'adonner aux danses érotiques ensemble. Le narrateur de Sarr parle de « scènes torrides »[63], d'une « frénésie dionysiaque »[64] que l'on trouve parfaitement visualisées dans le film de Ramaka lorsque les prisonnières se déchaînent à la suite de Karmen. Tout se passe comme si la Karmen sénégalaise s'était dédoublée dans sa transposition dans le roman de Sarr : aussi bien la femme bisexuelle et libre Rama que le *gordjiguène* Samba Awa se reconnaissent chez elle. En même temps, Sarr nous présente ainsi deux identités queer bien différentes : celle d'une jeune femme bisexuelle moderne, urbaine, féministe et celle d'un *gordjiguène* se référant à une très vieille tradition de performance queer au Sénégal, aujourd'hui menacée de disparaître sous le joug de l'homophobie. C'est ici que la double notion de participation et de transformation intertextuelle revêt tout son sens. À cet effet, la proximité entre le nom de Ndèye Guèye, une célèbre danseuse dakaroise sur laquelle Ramaka dit avoir modelé sa Karmen[65], et celui du protagoniste Ndéné Guèye n'est probablement pas un hasard.

---

62   Sarr, *De purs hommes*, 32.
63   *Ibid.*, 32.
64   *Ibid.*, 33.
65   Philip Powrie, « Politics and Embodiment in *Karmen Geï* », *Quarterly Review of Film and Video* 21,4 (2004), 286.

6   En guise de conclusion : du détournement du discours homophobe vers un positionnement queer

Le roman de Mohamed Mbougar Sarr répond aux campagnes de presse[66] et de médias sociaux anti-LGBTQI+ au Sénégal qui ont fusé depuis 2008[67] pour mieux les détourner. Par la prise de conscience suivie du regard critique de son narrateur qui se distancie de l'opinion majoritaire, le pouvoir néfaste des médias de masse est exposé afin d'attaquer la déshumanisation des personnes queer. Les médias de l'oralité, notamment la rumeur de bouche-à-oreille qui renoue aussi avec le motif de la foule-meute, jouent également un rôle sinistre dans le roman. L'exemple le plus frappant est celui du *jotalikat*, médium humain dans un rôle bien défini dont le chapitre 10 nous offre une description détaillée. Alors que les nobles et dignitaires, surtout religieux, ne doivent parler qu'avec pudeur en public, le *jotalikat* est censé soutenir et amplifier leur parole sans aucune retenue, à haute voix et en l'étoffant rhétoriquement. Cet art de la parole fait partie d'une continuité intertextuelle sur le vif avec l'oralité. Les tactiques de cette performance orale sont bien expliquées dans le texte :

> [L]e *jotalikat* prend des libertés rhétoriques en interprétant le discours original du Puissant, parfois avec une surprenante audace [...]. Plutôt que de répéter simplement les mots du marabout, il les orne, les enrichit, les embellit. [...] Le *jotalikat* exagère, maître ès hyperboles ; il sous-entend, spécialiste de la litote ; il enjolive, déplie, allonge, fait courir la phrase. Si le marabout met en garde, le *jotalikat* terrorise et menace ; si le premier conseille et recommande, le second oblige et contraint[68].

La situation du chapitre est celle d'une seconde prédication homophobe à la mosquée qui répond à celle du père Gueye, jugé trop molle. Tandis que l'imam cite les scandales des mois passés liés aux homosexuels qu'il condamne, le *jotalikat* va plus loin en nommant ces événements « des horreurs » et les personnes impliquées « fils de la malédiction, bâtards, race dégénérée rongée par la luxure »[69], en amalgamant les discours raciste et homophobe d'une tonalité franchement coloniale et en priant que « Dieu les brûle en enfer »[70]. Ce

---

66   Aminata Cécile Mbaye, « The Spectacle of the 'Other' : Media Representations of Same-Sex Sexuality in Senegal », *Sexualities* 24,1-2 (2021), 13-28.
67   Babacar M'Baye, « The Origins of Senegalese Homophobia », 112-113.
68   Sarr, *De purs hommes*, 97.
69   *Ibid.*, 99.
70   *Ibid.*, 99.

jotalikat n'amplifie pas seulement, mais il surenchérit et conclut avec dureté. Ainsi, radicalisant la parole homophobe de l'imam, le *jotalikat* résume : « Il faut tuer tous les homosexuels »[71] en écho au fameux « Exterminez toutes ces brutes » dans *Au Cœur des ténèbres* de Joseph Conrad. L'aggravation du discours homophobe dans ce discours à deux voix dévie vers l'absurde quand l'imam appelle à la prière, tandis que le *jotalikat* répète encore : « Il faut les tuer tous ! »[72].

Ironie du sort couplée d'un nouveau point culminant de la violence : vers la fin du roman le *jotalikat* lui-même est révélé comme l'amant secret de M. Coly, et sera tué par une foule-meute déchaînée. En rétrospective, son discours homophobe est ainsi détourné, la haine exagérée de sa performance orale s'avère une autoprotection déroutante. Le *jotalikat* devient une allégorie pour le refoulement du queer dans la société sénégalaise actuelle. Dans *De purs hommes*, le discours homophobe est ainsi cité pour mieux le déconstruire. La mort brutale du *jotalikat* confirme le cycle de la violence insensée inscrit dans le texte. Par son enquête, Ndéné Gueye a appris une leçon terrible sur la nature humaine sur laquelle il médite dans le chapitre 13 comme suit : « Ils [les queers] appartenaient de plein droit à l'humanité pour une raison simple : ils faisaient partie de l'histoire de la violence humaine »[73]. Voilà pourquoi ils sont de « purs hommes »[74]. Pleinement conscient de son acte de transgression, Gueye participe désormais à un discours queer qui s'érige radicalement contre la normativité hétérosexiste, laissant libre cours aux rumeurs sur sa propre personne et s'exposant même au danger de mort. La fin ouverte du roman laisse en suspens la question de savoir si le narrateur deviendra lui-même la prochaine victime du cycle de la violence, au nom de sa « lucidité »[75] retrouvée.

Bibliographie

Bâ, Mariama, *Un chant écarlate*, Dakar, NEA, 1981.
Bousenna, Youness, « Le Prix Goncourt, Mohamed Mbougar Sarr, victime d'une violente polémique homophobe au Sénégal », *Télérama*, 30 novembre 2021, https://www .telrama.fr/livre/le-prix-goncourt-mohamed-mbougar-sarr-victime-d-une-violente -polemique-homophobe-au-senegal-7007489.php (consulté le 1er décembre 2023).

---

71   *Ibid.*, 100.
72   *Ibid.*, 101.
73   *Ibid.*, 125.
74   *Ibid.*, 125.
75   *Ibid.*, 190-191.

Broqua, Christophe, « *Góor-jigéen* : la resignification négative d'une catégorie entre genre et sexualité (Sénégal) », *La Nouvelle Revue des sciences sociales* 9 (2017), 163-183.

Bryson, Devon, « In and Out in Senegal : Unearthing Queer Roots in Mohamed Mbougar Sarr's *De purs hommes* », *African Studies Review* 64,4 (2021), 803-825.

Bugul, Ken, *Le Baobab fou*, Dakar, Les Nouvelles Éditions Africaines, 1982.

Bugul, Ken, *Rue Félix-Faure*, Paris, Présence africaine, 2005.

Coly, Ayo A. « *Carmen* Goes Postcolonial, *Carmen* Goes Queer : Thinking the Postcolonial as Queer », *Culture, Theory and Critique* 57,3 (2016), 391-407.

Diome, Fatou, *Kétala*, Paris, Flammarion, 2006.

Diome, Fatou, *Le Ventre de l'Atlantique*, Paris, Anne Carrière, 2003.

Diop, Boubacar Boris, *Les Traces de la meute*, Paris, L'Harmattan, 1993.

Diop, Boubacar Boris, *Les Tambours de la mémoire*, Paris, L'Harmattan, 1990.

Diop, Boubacar, Boris, *Le Cavalier et son ombre*, Paris, Stock, 1997.

Diop, Boubacar Boris, *Murambi, le livre des ossements*, Paris, Stock, 2000.

Ekotto, Frieda, « The Erotic Tale of *Karmen Geï* : The Taboo of Female Homosexuality in Senegal », *Xavier Review* 27,1 (2007), 74-80.

Hordé, Tristan et Chantal Tanet, *Dictionnaire des prénoms*, Paris, Larousse, 2009.

Lachmann, Renate et Schamma Schahadat, « Intertextualität », dans Helmut Brackert et Stückrath Jörn (ed.), *Literaturwissenschaft. Ein Grundkurs*, Reinbek, Rowohlt, 1996, 677-685.

Marival, Gladys, « Au Sénégal, un bon homosexuel est soit caché, soit drôle, soit mort », *Le Monde* 25 mai 2018, https://www.lemonde.fr/afrique/article/2018/05/25/au-senegal-un-bon-homosexuel-est-soit-cache-soit-drole-soit-mort_5304377_3212.html (consulté le 11 septembre 2023).

Mauri, Daniela, « Les figures féminines dans les romans de Boubacar Boris Diop », *Interculturel Francophonies* 18 (2010), 89-125.

Mbaye, Aminata Cécile, *Les discours sur l'homosexualité au Sénégal : l'analyse d'une lutte représentationnelle*, München, AVM Edition, 2018.

Mbaye, Aminata Cécile, « Performing Gender Identities in Fatou Diome's Novel *Kétala* », *Canadian Journal of African Studies/Revue canadienne des études africaines* 53,2 (2019), 235-250.

Mbaye, Aminata Cécile, « The Spectacle of the 'Other' : Media Representations of Same-Sex Sexuality in Senegal », *Sexualities* 24,1-2 (2021), 13-28.

M'Baye, Babacar, « The Origins of Senegalese Homophobia : Discourses on Homosexuals and Transgender People in Colonial and Postcolonial Senegal », *African Studies Review* 56,2 (2013), 109-128.

Mérimée, Prosper, *Carmen*, Paris, Nelson, 1847.

Muzart, Thomas, « Du fait divers à la fiction », *Revue critique de Fixxion française contemporaine* 24 (2022), numéro spécial *Violences sexuelles et reprises du pouvoir*, http://journals.openedition.org/fixxion/2420 (consulté le 1er décembre 2023).

Ndao, Cheik Aliou, *Un bouquet d'épines pour elle*, Paris, Présence africaine, 1988.

Nelson, Steven, « Karmen Gaï. *Sex*, the *State*, and *Censorship* in Dakar », *African Arts* 44,1 (2011), 74-81.

Niang, Cheikh Ibrahima, « Understanding Sex Between Men in Senegal : Beyond Current Linguistic and Discursive Categories », dans Peter Aggleton et Richard Parker (ed.), *The Routledge Handbook of Sexuality, Health and Rights*, London, Routledge, 2010, 116-124.

Powrie, Philip, « Politics and Embodiment in *Karmen Geï* », *Quarterly Review of Film and Video* 21,4 (2004), 283-291.

Sarr, Mohamed Mbougar, *De purs hommes*, Dakar/Paris, Jimsaan/Philippe Rey, 2018.

Sarr, Mohamed Mbougar, *Terre ceinte*, Paris, Présence africaine, 2014.

Sarr, Mohamed Mbougar, *La plus secrète Mémoire des hommes*, Dakar/Paris, Jimsaan/ Philippe Rey, 2021.

Sembène, Ousmane, *Xala*, Paris, Présence africaine, 1973.

Sembène, Ousmane, *Le Dernier de l'empire, tome 2*, Paris, Présence africaine, 1981.

Sow Fall, Aminata, *Le Revenant*, Dakar, Les Nouvelles Éditions Africaines, 1976.

Zabus, Chantal, *Out in Africa. Same-Sex Desire in Sub-Saharan Literatures and Cultures*, Woodbridge/Rochester, James Currey/Boydell & Brewer, 2013.

Filmographie

Dornford-May, Mark, *U-Carmen e-Khayelitsha*, Afrique du Sud, Spier Films, 2005, 126 min.

Mambéty, Djibril Diop, *Hyènes*, France/Sénégal, California Newsreel Productions, 1992, 110 min.

Ramaka, Joseph Gaï, *Karmen Geï*, France/Sénégal/Canada, Euripide Productions/Film Tonic/Les Ateliers de l'arche, 2001, 89 min.

Sembène, Ousmane, *Xala*, Sénégal, Films Domireew/Société Nationale Cinématographique, 1975, 123 min.

Les mondes enchevêtrés de Mohamed Mbougar Sarr

Émile Lévesque-Jalbert

Résumé

Entre le centre et la périphérie, il y a un monde, un monde de différences, mais aussi des mondes enchevêtrés. Par sa poétique propre, l'œuvre de Mohamed Mbougar Sarr témoigne d'un rapport renouvelé au double héritage qui la constitue. Contrairement à la hiérarchisation qui instaure la métropole comme centre et lieu de la reconnaissance, l'auteur sénégalais enchevêtre les traditions littéraires d'une manière qui résiste à l'amincissement du monde opéré par la dichotomie coloniale entre le centre et la périphérie. Contre la réduction du monde à cette logique, il s'agit de montrer la pluralité des manières d'être et la diversité des mondes. Alors que le recours à la mise en abyme a été souvent souligné par la réception critique du roman *La plus secrète Mémoire des hommes*, cet article propose l'enchevêtrement comme partie prenante de l'esthétique romanesque de Sarr. À travers l'analyse de cette figure, je tenterai de montrer comment la poétique de ce roman permet de faire cohabiter une pluralité de modes d'écriture qui témoigne d'autant de manières d'habiter le monde. Cette insistance sur la pluralité des mondes enchevêtrés, qui rapproche Sarr des pensées de Felwine Sarr et d'Achille Mbembe, permettra de souligner l'apport de l'esthétique au débat éthique et philosophique plus large.

Mots-clés

Mohamed Mbougar Sarr – *La plus secrète Mémoire des hommes* – enchevêtrement – mise en abyme – pluralisme – mode d'existence – manière d'habiter

Le recours à la mise en abyme dans le livre *La plus secrète Mémoire des hommes* de Mohamed Mbougar Sarr n'a pas échappé à la critique journalistique[1]. Les journalistes et critiques ont souvent eu recours à cette figure pour décrire son

---

[1] Isabelle Rüf, « Mohamed Mbougar Sarr, un Goncourt de mémoire », *Le temps.ch* 3 novembre 2021 ; Orane Auriau, « *La plus secrète Mémoire des hommes* de Mohamed Mbougar Sarr »,

roman, prix Goncourt de 2021, à laquelle vient s'ajouter presque immanquablement l'adjectif « vertigineuse ». L'écrivain Frédéric Beigbeder surenchérit quand il signe pour *Le Figaro* un court article qui qualifie le roman de « l'ultime mise en abyme »[2]. Le livre de Sarr fait le récit du destin littéraire du narrateur Diégane qui part à la recherche d'un autre écrivain, le mythique T.C. Elimane. La trajectoire de cet écrivain fictif reproduit celle de l'écrivain malien Yambo Ouologuem, récipiendaire du prix Renaudot de 1968, mais tombé en disgrâce par suite des accusations de plagiats. Ainsi, en situant le destin d'Ouologuem en 1938, le roman dessine en filigrane un récit de « l'adoubement du milieu littéraire français » dont la cruauté du sort anticipe non seulement celui de son narrateur, mais aussi celui de son auteur[3]. En effet, dans un article de la revue *Diacritik*, l'auteur Jordi Bonells, sans formuler d'accusations explicites, file la métaphore du « réchauffé » afin de critiquer la forte intertextualité de *La plus secrète Mémoire des hommes*[4]. Avec tout ce brassage médiatique, il devient difficile de savoir si c'est la littérature qui imite la vie ou l'inverse.

La mise en abyme littéraire est bien connue. Elle fait partie de ces figures modernes qui soulignent la récursivité et l'autoréflexivité de l'œuvre. La petite histoire veut qu'elle tienne son nom d'André Gide qui, dans son journal, en souligne l'intérêt :

> J'aime assez qu'en une œuvre d'art on retrouve ainsi transposé, à l'échelle des personnages, le sujet même de cette œuvre par comparaison avec ce procédé du blason qui consiste, dans le premier, à mettre le second en abyme[5].

L'importance de cette figure n'est pas à démontrer ni pour Gide ni pour l'histoire de la littérature moderne. S'il lui a donné son nom, Gide n'a cependant pas été le premier à utiliser ce procédé. Un certain Cervantes était déjà passé par là avant lui.

Toute la culture 30 novembre 2021 ; Aude Robert-Tissot, « Le labyrinthe de l'humain », *Le regard libre* 7 décembre 2021.

2   Frédéric Beigbeder, « L'Ultime Mise en abyme », *Le Figaro* 29 octobre 2021.

3   Mohamed Mbougar Sarr, *La plus secrète Mémoire des hommes*, Paris, Livre de poche, 2023 [¹2021], 72. À ce sujet, voir Elara Bertho, « Écrivains 'noirs' et prix littéraires : enquête et contre-attaque selon Mohamed Mbougar Sarr », *Annales HSS* 77,3 (2022), 491-507.

4   Jordi Bonells, « De l'utilisation du micro-ondes en littérature », *Diacritik* 12 janvier 2022.

5   André Gide, *Journal 1889-1939*, Paris, Gallimard, Bibliothèque de la Pléiade, 1948, 41 ; cité par Lucien Dällenbach, *Le Récit spéculaire : essai sur la mise en abyme*, Paris, Seuil, 1977, 15.

Dans sa tentative de produire une typologie de la mise en abyme, Lucien Dällenbach en donne la définition suivante : « est mise en abyme toute enclave entretenant une relation de similitude avec l'œuvre qui la contient »[6]. Comme le fait remarquer Mieke Bal, dans un article intitulé « Mise en abyme et iconicité », cette définition très générale invite une analyse des différents niveaux qui interagissent pour constituer cette forme[7]. Le récit, l'énoncé, l'énonciation et le code deviennent alors les catégories qui guident la réflexion typologique de même que les différentes manières de passer de la narration à la diégèse. En d'autres termes, la mise en abyme est la duplication de ce qui raconte dans ce qui se raconte. Elle fait trembler, accompagné d'un clin d'œil bien souvent, la distinction entre le monde qui raconte et le monde raconté.

Toutefois, si la mise en abyme semble tout à fait appropriée pour rendre compte de l'esthétique romanesque de Sarr, elle n'explique pas tout. Une autre construction formelle qui souligne un aspect différent de la réflexion est présente dans *La plus secrète Mémoire des hommes*. Alors que la mise en abyme se construit sous la forme de l'enclave, qui imbrique en le reproduisant un monde dans un autre monde, j'aimerais proposer la figure de l'enchevêtrement pour souligner la coprésence des mondes plutôt que leur intégration. Comme le faisait remarquer Jean-Frédéric Schaub lors de la rencontre scientifique dédiée à l'œuvre de Sarr qui a eu lieu en mai 2022, l'enchevêtrement se distingue de la mise en abyme et de l'enchâssement[8]. L'enchâssement, qui prend généralement la forme d'un récit dans le récit, fonctionne, tout comme l'enchevêtrement, par différenciation. Un récit enchâssé est un nouveau récit qui s'intègre à même un récit plus large, sans nécessairement en réitérer les motifs. Toutefois, les développements narratifs de *La plus secrète Mémoire des hommes* ne prennent pas la forme de poupées russes. Ils sont enchevêtrés plutôt qu'emboîtés ou enchâssés. Qu'est-ce à dire ? Alors que l'enchâssement se définit principalement par des positions de contenants et de contenus par lesquelles le contenu est subsumé sous un contenant, l'enchevêtrement consiste en une topologie différente où l'espace se constitue, comme nous le verrons, selon des principes d'interdépendances, de superpositions et d'hétérogénéité.

De plus, au contraire de la mise en abyme qui se base sur l'enclavement et la similitude, l'enchevêtrement procède par hétérogénéité et différence. En ce sens, l'enchevêtrement permettra de souligner un certain rapport qui

---

6   Dällenbach, *Le Récit spéculaire*, 18.

7   Mieke Bal, « Mise en abyme et iconicité », *Littérature* 29 (1978), 116-128.

8   Jean-Frédéric Schaub, « Un livre dans le temps : remarques d'un historien », *YouTube*, 17 mai 2022.

ne cherche plus à faire du microcosme une image du macrocosme, mais bien un rapport cosmopolitique où s'articule « un monde de plusieurs mondes »[9]. De là, il s'agit d'analyser une réactivation du politique dans l'écriture littéraire de Sarr. Cette réactivation passe en quelque sorte par le jeu même de la littérature qui, s'attachant à son histoire, se trouve inextricablement enchevêtrée avec ce qui n'est pas elle-même. Dans le cas particulier de *La plus secrète Mémoire des hommes*, il s'agit de la machine médiatique et institutionnelle qui l'entoure, mais aussi et *a fortiori* des relations de pouvoir entre centre et périphérie héritées du colonialisme et de son idéologie raciste. Cette analyse de l'enchevêtrement des mondes dans *La plus secrète Mémoire des hommes* permettra de réfléchir à l'apport du roman tant aux réflexions théoriques développées par Felwine Sarr et Achille Mbembe qu'aux réflexions des philosophes des sciences Isabelle Stengers et Karen Barad. L'enchevêtrement devient la forme littéraire qui permet de faire cohabiter une pluralité de modes d'existence. Ainsi, je propose de suivre Sarr dans son effort de pluralisation qui fait de l'enchevêtrement une forme cosmopoétique, mais aussi cosmopolitique[10]. Plutôt qu'un universalisme des similitudes, se dégage de l'écriture de Sarr une attention à l'hétérogénéité constitutive de la littérature. En faisant une lecture rapprochée des premières sections de *La plus secrète Mémoire des hommes*, j'espère montrer comment l'enchevêtrement rend possible la mise en dialogue des différentes oppositions (littéraire, linguistique, culturelle...) qui traversent l'œuvre.

J'utilise le terme d'enchevêtrement afin de traduire celui d'« entanglement » issu de la physique quantique. En mécanique quantique, l'enchevêtrement consiste en une action à distance par laquelle les états de deux particules sont corrélés de façon à former un système non local :

> What is a quantum entanglement ? Entanglements, like superpositions, are uniquely quantum mechanical – they specify a feature of particle

---

9   Isabelle Stengers, « La proposition cosmopolitique », dans Jacques Lolive et Olivier Soubeyran (ed.), *L'Émergence des cosmopolitiques*, Paris, La Découverte, 2007, 49 : « Le cosmos tel qu'il figure dans ce terme, cosmopolitique, désigne l'inconnue [sic] que constituent ces mondes multiples, divergents, des articulations dont ils pourraient devenir capable, contre la tentation d'une paix qui se voudrait finale, œcuménique, au sens où une transcendance aurait le pouvoir de demander à ce qui diverge de se reconnaître comme une expression seulement particulière de ce qui constitue le point de convergence de tous ».

10   Sur la cosmopoétique, voir Dénétem Touam Bona, *Sagesse des lianes : Cosmopoétique du refuge, tome 1*, Paris, Post-éditions, 2021.

behavior for which there is no classical physics equivalent. In essence, the notion of an entanglement is a generalization of a superposition to the case of more than one particle[11].

Cette citation permet d'appréhender l'enchevêtrement quantique comme une superposition d'états de particules[12]. Selon cette théorie, l'observation produite par le dispositif intervient dans l'image perçue. Il y a donc enchevêtrement des savoirs avec les dispositifs de mesure et enchevêtrements des particules qui agissent l'une sur l'autre même lorsqu'elles sont séparées par de longues distances. Bien sûr, la littérature ne s'applique pas au même domaine que la physique. Toutefois, les propositions de la physique quantique invitent à reconsidérer le terme d'enchevêtrement autrement que dans sa définition qui l'associe au désordre et à l'incohérence. Comme le suggère Barad, l'enchevêtrement modifie notre compréhension de l'agentivité afin d'appréhender l'effectivité d'une action à distance. Cette notion souligne la réciprocité entre ce qui affecte et ce qui est affecté. Plutôt qu'une interaction où chacun demeure intact afin de produire un effet qui leur est extérieur, l'enchevêtrement nomme une relation qui modifie les deux termes en relation sans avoir recours à un troisième terme. L'analyse de quelques enchevêtrements présents dans *La plus secrète Mémoire des hommes* permettra de souligner comment le roman se construit à partir de ces 'actions à distance'. En ce sens, le roman, au lieu d'une structure linéaire où le protagoniste progresse dans sa quête, consiste en un champ de forces où des éléments interagissent et interfèrent à distance les uns avec les autres. Ainsi, en plus de la conception narratologique qui suit la ligne du récit, il convient d'ajouter que le roman se construit aussi en déployant ce champ de forces d'éléments enchevêtrés. En ce sens, l'enchevêtrement permet de penser le rapport d'éléments hétérogènes sans passer par une relation de causalité stricte ni par la contradiction dialectique. Comme l'a montré Abibou Samb dans son analyse des variations génériques et des oppositions intergénérationnelles, la « cohabitation des différents discours » s'inscrit dans une réflexion sociale et politique qui sous-tend l'écriture de Sarr[13].

Certaines scènes de *La plus secrète Mémoire des hommes* rompent avec l'homogénéité de lieu et de temps. Ces scènes entrelacent des espaces-temps différents afin de montrer, non pas à la manière d'un flashback pour reconstruire

---

11   Karen Barad, *Meeting the Universe Halfway*, Durham/London, Duke UP, 2007, 270.

12   Voir Barad, *Meeting the Universe Halfway*, 284-285, 317 ; Debbie Lisle, « A Speculative Lexicon of Entanglement », *Millenium* 49,3 (2021), 435-461.

13   Abibou Samb, « *La plus secrète Mémoire des hommes* de Mohamed Mbougar Sarr entre virtuosité esthétique et péril de l'autarcie identitaire », *Ziglôbitha* RA2LC 07 (2023), 283-292.

la chronologie et montrer que le passé contient en germe le présent, mais pour montrer l'interaction transversale de l'un sur l'autre, transversale dans le sens où l'interaction n'est pas unilatérale, mais mutuelle, chacun étant informé par l'autre. Un espace ou un temps lointain vient interférer dans le présent de la scène. Le premier livre intitulé « La toile de l'araignée-mère » a recours à cette forme de composition. Comme son titre l'indique, cette partie du roman tente de suivre les fils sur lesquels les protagonistes évoluent et s'entrecroisent. Mon analyse porte spécialement sur ce premier livre de l'ouvrage et particulièrement sur deux scènes qui me semblent correspondre à la figure de l'enchevêtrement. Une analyse plus longue permettrait de montrer comment cet enchevêtrement se poursuit tout au long du roman, notamment celui qui noue les destins tragiques d'Elimane et de son éditeur Charles Ellenstein. Après quelques remarques sur l'incipit et l'épigraphe du roman, j'invoquerais les jeux de coprésence anachronique où passé et présent s'entrelacent dans la scène de la rencontre avec Siga D. et celle de la rencontre avec Jésus-Christ. En reprenant l'image de la toile, on peut dire que les composantes de cette section sont distribuées sur la surface réticulaire du champ de forces évoquée plus haut. Dans le cadre de cette recherche, au lieu de faire une analyse du schéma narratif en place, j'aimerais attirer l'attention sur ces scènes où les espaces-temps de même que les langues, les corps et les cultures s'enchevêtrent.

Les premières lignes du roman mettent en place l'opposition entre la vie et la littérature :

> D'un écrivain et de son œuvre, on peut au moins savoir ceci : l'un et l'autre marchent ensemble dans le labyrinthe le plus parfait qu'on puisse imaginer, une longue route circulaire, où leur destination se confond avec leur origine : la solitude[14].

Cette amorce, qui n'est pas sans rappeler les écrits de Maurice Blanchot, articule deux figures – le labyrinthe et le cercle – qui convergent vers la solitude. Cette circularité labyrinthique du retour à l'origine annonce déjà la quête du jeune écrivain en plus du titre du livre de T.C. Elimane qui guide sa recherche, *Le Labyrinthe de l'inhumain*. À ces références proleptiques, il convient aussi de signaler le glissement qui s'opère entre l'épigraphe tirée des *Détectives sauvages* de l'écrivain chilien Roberto Bolaño et l'incipit. Alors que l'incipit présente la solitude comme fin mot de la trajectoire de l'écrivain, l'épigraphe annonce le mouvement de l'œuvre vers la mort et l'effacement du monde par-delà le

---

14   Sarr, *La plus secrète Mémoire des hommes*, 15.

lecteur et la critique. À l'amorce du roman, l'ambiguïté demeure à savoir à qui s'appliquent ces remarques ; à la figure mythique d'Elimane et à son livre, au jeune auteur Diégane, ou encore, au lecteur à la manière d'un commentaire général que l'on pourrait trouver au sein d'un essai littéraire ?

Le premier livre raconte comment Diégane obtient le livre de T.C. Elimane des mains de la romancière Siga D. Celle-ci, par la position qu'elle occupe dans le récit et l'attrait qu'elle suscite chez le narrateur, se voit attribuée le titre d'Araignée-mère. Ainsi, lorsque le jeune littéraire se retrouve dans la chambre d'hôtel de la romancière, située au treizième étage, il est comparé à une mouche prise dans les fils de sa toile. Avant de s'enlacer, Siga D. et Diégane échangent quelques mots. La romancière lui reproche de confondre la vie et la littérature parce qu'il vit chaque moment en pensant à la scène de roman qu'elle deviendra[15]. Ainsi, on glisse d'une opposition entre vie et littérature à une opposition entre sexualité et littérature. Il y a, comme nous le verrons plus loin, une tendance à faire de la sexualité le point d'orgue de la vie, ou du moins du sentiment d'être en vie. Alors qu'il passe à l'acte, le narrateur, intimidé et déconcerté, s'approche de ce que le texte nomme « l'Œil » en référence au sexe de Siga D. « J'étais proche du centre de la toile, moi la mouche, proche du centre létal et obscur de la demeure de l'Araignée-mère. Je voulus glisser vers l'Œil »[16]. L'« Œil » décrit comme un centre létal reprend notamment la thématique de la mort évoquée plus haut. Siga D. met subitement fin à leur rapport, comme si quelque chose était venu interférer dans leur dynamique. Mélancolique, elle se met alors à chanter. En contraste avec la sexualité associée à la mort, la chambre remplie du chant de la romancière, « devint vivante et triste et peuplée de souvenirs »[17]. La narration change subrepticement de perspective de manière à enchevêtrer l'espace de la chambre d'hôtel et l'espace de la chanson :

> Je fermai les yeux. Siga D. finit de se vêtir en fredonnant le dernier couplet. La barque s'éloignait sur l'océan calme et le pêcheur scrutait l'horizon avec des yeux durs et brillants, prêt à affronter la fabuleuse déesse[18].

La phrase qui commence par « la barque » est construite de manière à reproduire l'espace de la chanson. D'une façon qui s'apparente au style indirect libre, on peut aussi dire qu'il s'agit de l'espace mental du narrateur qui s'imagine la

---

15   *Ibid.*, 38.
16   *Ibid.*, 40.
17   *Ibid.*, 40.
18   *Ibid.*, 40.

scène les yeux fermés. Toutefois, en omettant le verbe introducteur, les différents espaces (espace de la chambre, espace mental et espace de la barque) s'enchevêtrent en se superposant.

La scène insiste sur le lien particulier qui unit Siga D. à Diégane. L'enchevêtrement qui avait jusque-là porté sur des espaces extérieurs vient, quelques pages plus loin, lier les espaces intérieurs. Dans un passage remarquable, Diégane a accès à la subjectivité de la romancière. Après une courte description de ses impressions, le narrateur conclut : « *je voyais une introspection* »[19]. La description et le vocabulaire assimilent cette vision à une vision de mort dont la clé de voûte est Elimane, comme l'indiquera Siga D. Alors que Diégane se dit témoin de cette introspection, Siga D., elle, semble comprendre le lien qui l'unit au jeune écrivain. C'est ce constat qui la décide à lui offrir le livre. Elle affirme, en lui remettant l'ouvrage mythique :

> Je te connais à peine, et pourtant je te donne ce que je possède sans doute de plus précieux. Peut-être devons-nous le partager. Notre rencontre est insolite, elle est passée par de curieux chemins de traverse, mais elle tend vers ça : ce livre. C'est peut-être un hasard. C'est peut-être le destin[20].

Voilà que les destins de Siga D. et de Diégane se croisent comme les fibres d'un fil tendu vers la figure fantomatique d'Elimane. Même si le narrateur ne se présente que comme témoin de l'introspection de Siga D., la suite de *La plus secrète Mémoire des hommes* déploiera ultérieurement l'enchevêtrement des deux personnages. Il s'agit de deux trajectoires qui s'articulent l'une à l'autre sans jamais se confondre, mais qui n'en demeurent pas moins inséparables. Bien que la rencontre entre Siga D. et Diégane se fasse à travers des effets de superposition, les deux demeurent hétérogènes. C'est ce que viendra confirmer la dernière phrase du chapitre qui insiste sur la solitude dans laquelle Diégane se retrouve après sa rencontre avec Siga D. : « Tels furent, après ma soirée dans la toile de l'Araignée, mes premiers pas sur le cercle de solitude où glissaient *Le Labyrinthe de l'inhumain* et T.C. Elimane »[21]. L'étrange composition qui tisse ensemble le destin de ces deux solitudes n'est pas une mise en abyme, car la trajectoire de l'une ne répète pas celle de l'autre. Leurs trajectoires ne sont pas non plus parallèles, parce qu'elles s'entrecroisent dans leur subjectivité même. Malgré la superposition des espaces extérieurs et intérieurs

---

19 *Ibid.*, 44. Ses italiques.
20 *Ibid.*, 45.
21 *Ibid.*, 48.

une certaine hétérogénéité et une dissimilitude demeurent entre eux qui permettent de parler d'enchevêtrement.

Une autre scène articule l'opposition entre la vie et la littérature dans un enchevêtrement d'espaces hétérogènes. Cette scène reprend de nombreux motifs, mais vient ajouter une dimension religieuse qui permet de croiser l'espace de la littérature avec celui de la culture animiste et du christianisme. Elle se présente sous la forme d'une entrée de journal, datée du 5 août. Dans cette entrée, le narrateur fait le récit d'une soirée chez Béatrice où il a été invité avec Musimbwa pour discuter du sort du *Labyrinthe de l'inhumain*. Béatrice et Musimbwa font partie de cette coterie de jeunes écrivains à laquelle participe Diégane. Après le repas, Béatrice les invite à la rejoindre dans sa chambre. Musimbwa accepte, mais Diégane s'abstient malgré les encouragements de son ami. Notre protagoniste circonspect se retrouve donc seul dans le salon devenu une antichambre de l'amour. Alors que la scène entre Siga D. et Diégane mettait en lumière le « partage » de leur destin respectif, celle-ci souligne plutôt la séparation des destins des deux jeunes hommes : « Il [Musimbwa] est ensuite allé vers son destin dans la chambre de Béatrice et je suis resté seul dans le salon, mollement enfoncé dans le fauteuil, ivre et légèrement triste... »[22]. Si elle s'amorce sur une séparation, la phrase continue sur un peu plus de cinq pages, rassemblant en un seul souffle les pensées du narrateur dans le salon et les bruits qui parviennent de la chambre à coucher. Dans une forme près du flux de conscience, le narrateur raconte comment, d'abord triste puis jaloux, il se retrouve en tête à tête avec Jésus-Christ qui viendra en quelque sorte combler sa solitude.

Pour se distraire de ce qui se passe dans la chambre, le personnage de Diégane, fidèle à lui-même, cherche d'abord à s'abriter « sous [s]es paupières comme un enfant sous sa couette »[23]. Alors que Béatrice accompagne Musimbwa du premier au septième cercle de l'amour charnel, l'apprenti écrivain s'enlise dans la grandeur de l'esprit littéraire. La narration évoque d'abord le livre d'Elimane puis Edmond Teste, le personnage de Paul Valéry, et Héraclite, le philosophe présocratique, comme points de comparaison. La répartition des deux espaces est claire et la cloison qui les sépare l'est tout autant. Grâce aux sons qui en sortent et à l'imagination du narrateur, les deux espaces contigus de la chambre de Béatrice et du salon se superposent. Il ne s'agit pas simplement d'un montage parallèle où deux scènes sont juxtaposées en les présentant en alternance, car ce qui se passe dans l'une interfère dans ce qui se passe dans l'autre.

---

22   *Ibid.*, 89.
23   *Ibid.*, 91-92.

Tout d'abord, les deux espaces se construisent par une opposition. À l'inverse de l'isolement de Diégane, les deux amants sont décrits comme ne formant plus qu'un seul corps, « le corps » des amants. Ainsi, il y a d'un côté un espace fusionnel de la sexualité (on se souvient comment la tentative de fusion de Diégane avec Siga D. a échoué) et un espace de fission où règne la solitude. Toutefois, les deux espaces se superposent à travers les sons et les affects qui circulent malgré leur séparation. La solitude de Diégane est exacerbée par son contraste avec l'union des amants. Dans un excès de jalousie et de ressentiment, le jeune écrivain a des lubies meurtrières. Il s'imagine alors les assassiner à coups de couteau. Diégane, à ce moment du récit, se présente comme celui qui agit contre les liaisons, contre le lien, et par extension, comme celui qui résiste à l'enchevêtrement. S'il ne franchit pas le seuil de la porte, il formule le souhait de trancher le corps entrelacé des amants. Toutefois, ce premier mouvement de violence sera tempéré de manière à rendre possible la cohabitation des deux espaces.

C'est une troisième référence littéraire, celle d'Emmanuel Lévinas, et son concept du regard de l'autre, qui atténue ses ardeurs. Il convient de remarquer qu'outre l'auteur fictif Elimane, les trois écrivains évoqués dans ce passage sont trois penseurs de l'infini : l'infini esthétique chez Valéry, l'infini ontologique chez Héraclite et l'infini éthique chez Lévinas.

Aux différents éléments littéraires de cette scène, s'entrecroisent aussi les langues. Le lingala de Musimbwa, dont les épanchements sont retranscrits directement dans le texte, vient intégrer la narration. Ainsi, la scène se construit en tissant ensemble de nombreux enchevêtrements : des corps amoureux, du corps et de l'esprit, du français et du lingala, du désir et du meurtre. À ceux-ci vient s'ajouter celui du christianisme et de l'animisme lorsque Diégane est rejoint dans le salon par nul autre que Jésus-Christ. Il ne s'agit pas exactement d'une épiphanie. Le Christ animé est présenté avec humour, et le passage est entrecoupé par les sons de la fornication issus de la chambre mitoyenne. Le registre humoristique pervertit la tonalité mystique et solennelle de la rencontre avec le Christ tout en lui conférant un certain naturel. Loin d'être sous le choc, Diégane accepte la situation sans trop se surprendre. Étrangement, et non sans ironie, ce sont les deux figures de Lévinas et de Jésus qui viennent apaiser sa colère meurtrière. De plus, comme l'indique la prochaine citation, les croyances animistes de Diégane l'empêchent de s'étonner de voir la figure du crucifié prendre vie devant lui :

[J]e rouvris les yeux et vis devant moi Jésus-Christ qui bougeait sur la grande croix fixée au mur et, par réflexe, même si je ne suis pas chrétien, même si je suis un pur animiste sérère qui croit d'abord aux Pangols et à

Roog Sèn (*Yirmi inn Roog u Yàl* !), je me suis signé et j'ai attendu, je n'avais étrangement pas peur, j'étais simplement un peu surpris, mais je croyais aux apparitions et à la manifestation physique de la transcendance, alors j'ai attendu que Jésus finisse de se déclouer et de descendre de sa croix, ce qu'il fit avec beaucoup d'élégance et d'agilité vu les circonstances, après quoi il s'assit sur le canapé qui me faisait face, releva le diadème d'épines ensanglantées qui lui tombait sur les paupières, et jeta sur moi son regard doux et bleu, havre où je me suis aussitôt réfugié ; cependant la tête du lit cognait avec fureur contre un mur, *To liama ti nzala ésila, Nzoto na yo na yanga, etutana moto epela, maman*, mais je n'y accordais plus d'importance, car seul comptait celui qui était là, et sans ouvrir la bouche il m'a parlé, il m'a parlé par la *vox cordis* et cela me consolait de toute la misère de l'âme, renvoyait au néant mes pulsions de meurtre, ma détresse, ma minable petite jalousie, ma solitude[24].

La longueur de cette phrase, qui continue encore sur plusieurs lignes, a pour effet d'accentuer la superposition des différentes composantes de la scène. Alors que la scène évoquée précédemment glissait d'un espace physique à un espace mental, ici le texte insiste sur la « manifestation physique » du Christ en indiquant que le narrateur a bien les yeux ouverts. Cependant, comme avec Siga D., la scène enchevêtre intériorité et extériorité, car les paroles du Christ lui parviennent « par la *vox cordis* », la voix du cœur, plutôt que par la bouche. L'espace intérieur partagé avec le Christ devient le pendant de l'intimité des amants de la chambre voisine. Ainsi, il y a tissage, réticulation sur une surface où des lignes font communiquer des nœuds. Ces enchevêtrements ont d'ailleurs une effectivité qui interfère dans les différentes composantes.

Ce travail d'écriture qui superpose des réalités hétérogènes n'est bien sûr pas une invention de Sarr. Mais s'il convient de souligner l'aisance avec laquelle il construit ses figures, il me semble tout aussi pertinent d'apercevoir que son usage de l'enchevêtrement dépasse les considérations d'ordre strictement formelles. À mon sens, cette esthétique de l'enchevêtrement que j'ai tenté de faire apparaître comporte aussi une dimension éthique et politique. Ainsi, Sarr intervient en écrivain dans un contexte et des discussions sur, pour le dire de manière sommaire, la mondialisation et les rapports entre le continent africain et le continent européen. Cette proposition qui se construit à travers l'enchevêtrement des cultures et des langues, des histoires et des espaces tout autant que de la vie et de la littérature, apparaît comme le pendant littéraire de

---

24   *Ibid.*, 93.

la pensée pluraliste telle qu'elle se formule chez les penseurs Achille Mbembe et Felwine Sarr. Parce qu'il fonctionne par dissimilitude et hétérogénéité, l'enchevêtrement devient une façon de penser autrement que par des effets de miroir, comme le fait la mise en abyme. Il semble que le récit de Diégane par le foisonnement et la mise en dialogue des références, des genres, mais aussi de différentes cultures symboliques soit une tentative de « naître-avec-d'autres » comme l'explique Mbembe :

> Il s'agit, avant tout, d'apprendre à naître-avec-d'autres, c'est-à-dire à briser sans concession tous les miroirs dont on attend qu'ils nous renvoient inévitablement une image de nous-mêmes[25].

Pour un écrivain, cette naissance qui se construit avec l'altérité passe tout d'abord par une manière de traiter et d'incorporer l'histoire littéraire. Cependant, écrire à partir et avec d'autres livres, ne se fait pas seulement dans le cercle fermé de la mise en abyme, mais aussi dans le labyrinthe des enchevêtrements. Ainsi, le roman de Sarr tente justement non pas de rompre avec le passé dans une quête d'absolu, mais de briser les miroirs d'une littérature autoréflexive. C'est en ce sens que la trajectoire de Diégane, le jeune narrateur, bien qu'elle tende vers sa solitude, témoigne d'un effort moins de faire de cette solitude un monde que de l'ouvrir à la cohabitation, d'en faire un monde parmi d'autres mondes[26]. L'enchevêtrement permet d'établir des relations d'interdépendance sans le déterminisme d'une relation de cause à effet. Cette figure est en ce sens la figure d'un pluralisme. Ni simple juxtaposition ni inventaire, elle crée un espace de possibles où sont mis en relief par les moyens de la littérature et du style ce que Felwine Sarr appelle « la pluralité des aventures de la pensée humaine »[27]. Comme je crois l'avoir démontré, l'enchevêtrement souligne la position du protagoniste selon une « égalité de principe des différentes traditions de pensée, en prenant acte de leur incommensurabilité »[28]. Cette trajectoire, son récit et le style de son écriture deviennent des façons de donner vie à cette pluralité. Il ne s'agit pas pour autant d'une forme de tourisme culturel ou de diplomatie, car les personnages, le style, le récit se voient

---

25   Achille Mbembe, *La Communauté terrestre*, Paris, La Découverte, 2023, 183.

26   Cette expression traduit celle de Mario Blaser et Marisol de la Cadena, qui propose le concept de plurivers en réponse au monisme propre au mode d'habiter colonial et à l'extractivisme qui le sous-tend. Mario Blaser et Marisol de la Cadena, « Introduction », dans idem, *A World of Many Worlds*, Durham/London, Duke UP, 2018, 3-4.

27   Felwine Sarr, « Penser la pluralité des aventures de la pensée », *Présence africaine* 1-2,195-196 (2017), 701.

28   *Ibid.*, 701.

transformer par les enchevêtrements auxquels ils participent. Cette participation à l'enchevêtrement semble servir de contrepoint à l'attitude d'Elimane qui, comparable à la figure mallarméenne d'Igitur, sombre dans sa quête d'absolu et son rêve d'une synthèse du monde et de l'œuvre. Plus particulièrement, c'est ce rêve de l'œuvre comme entéléchie du monde qui semble mis à mal par l'enchevêtrement. Ainsi, les derniers mots du roman « écrire, ne pas écrire » évoquent moins la séparation entre les deux termes que leur caractère inextricable[29]. Aussi hétérogènes soient-ils, ils participent à un même ensemble qui forme et met en tension leur propre interdépendance. Écrire, ne pas écrire, sont irréductibles l'un à l'autre, mais ils ne sont pas pour autant scindés, la vie les traverse tous les deux, ils sont tous deux des manières parmi d'autres d'être vivant. Avec l'enchevêtrement, c'est un style de la pensée qui s'ordonne par le milieu. Écrire et ne pas écrire ne sont pas des extrémités qu'il suffirait de faire se rejoindre. Entre la vie et la littérature, on est toujours dans le milieu, parmi d'autres vies et d'autres littératures.

Bibliographie

Auriau, Orane, « *La plus secrète Mémoire des hommes* de Mohamed Mbougar Sarr », *Toute la culture* 30 novembre 2021, https://toutelaculture.com/livres/la-plus-secrete -memoire-des-hommes-de-mohamed-mbougar-sarr/ (consulté le 28 novembre 2023).

Bal, Mieke, « Mise en abyme et iconicité », *Littérature* 29 (1978), 116-128.

Barad, Karen, *Meeting the Universe Halfway*, Durham/London, Duke UP, 2007.

Beigbeder, Frédéric, « L'Ultime Mise en abyme », *Le Figaro* 29 octobre 2021, https:// www.lefigaro.fr/livres/frederic-beigbeder-l-ultime-mise-en-abyme-20211029 (consulté le 28 novembre 2023).

Bertho, Elara, « Écrivains 'noirs' et prix littéraires : enquête et contre-attaque selon Mohamed Mbougar Sarr », *Annales HSS* 77,3 (2022), 491-507.

Blaser, Mario et Marisol de la Cadena (ed.), *A World of Many Worlds*, Durham/London, Duke UP, 2018.

Bonells, Jordi, « De l'utilisation du micro-ondes en littérature », *Diacritik* 12 janvier 2022, https://diacritik.com/2022/01/12/de-lutilisation-du-micro-ondes-en -litterature/ (consulté le 29 novembre 2023).

Dällenbach, Lucien, *Le Récit spéculaire : Essai sur la mise en abyme*, Paris, Seuil, 1977.

---

29   Mbougar Sarr, *La plus secrète Mémoire des hommes*, 566.

Lisle, Debbie, «A Speculative Lexicon of Entanglement», *Millenium* 49,3 (2021), 435-461.

Mbembe, Achille, *La Communauté terrestre*, Paris, La Découverte, 2023.

Robert-Tissot, Aude, «Le labyrinthe de l'humain», *Le regard libre* 7 décembre 2021 https://leregardlibre.com/litterature/le-labyrinthe-de-lhumain/ (consulté le 28 novembre 2021).

Rüf, Isabelle, «Mohamed Mbougar Sarr, un Goncourt de mémoire», *Le temps.ch* 3 novembre 2021, https://www.letemps.ch/culture/livres/mohamed-mbougar-sarr -un-goncourt-memoire (consulté le 28 novembre 2023).

Samb, Abibou, «*La plus secrète Mémoire des hommes* de Mohamed Mbougar Sarr entre virtuosité esthétique et péril de l'autarcie identitaire», *Ziglôbitha RA2LC* 07 (2023), 283-292.

Sarr, Felwine, «Penser la pluralité des aventures de la pensée», *Présence africaine* 1-2,195-196 (2017), 701-708.

Sarr, Mohamed Mbougar, *La plus secrète Mémoire des hommes*, Paris, Livre de Poche, 2023 [2021].

Schaub, Jean-Frédéric, «Un livre dans le temps : remarques d'un historien», *YouTube*, 17 mai 2022, https://www.youtube.com/watch?v=MDPUBOGLMiI (consulté le 28 novembre 2023).

Stengers, Isabelle, «La proposition cosmopolitique», dans Jacques Lolive et Olivier Soubeyran (ed.), *L'Émergence des cosmopolitiques*, Paris, La Découverte, 2007, 45-68.

Touam Bona, Dénétem, *Sagesse des lianes : Cosmopoétique du refuge, tome 1*, Paris, Post-éditions, 2021.

« Un écrivain africain aux prises avec la Shoah ». Mémoires afro-juives dans *La plus secrète Mémoire des hommes*

Alicia C. Montoya

Résumé

Par son choix de situer la trame de *La plus secrète Mémoire des hommes* en 1938, Mohamed Mbougar Sarr inscrit le roman de façon originale dans une tradition d'écriture de la Shoah. Au-delà des renvois explicites aux romans de Yambo Ouologuem et d'André Schwarz-Bart, c'est par le biais d'un jeu intertextuel poussé avec l'œuvre de Roberto Bolaño et de Jorge Luis Borges, et en suggérant aussi des échos de l'esthétique des identités fluides d'un Ben Okri ou d'un Léopold Sédar Senghor, qu'il bâtit une nouvelle « mémoire multidirectionnelle » postcoloniale. Les expériences juives et africaines sont alors réunies dans un même récit grâce au couple central Elimane Madag Diouf – Charles Ellenstein. Ce couple recèle cependant aussi un troisième partenaire bien plus troublant, le meurtrier nazi Josef Engelmann. La descente vers l'Enfer de la Shoah, avec Dante en poète-guide, et Homère en poète rendu muet par les ravages de l'histoire, fournit un dispositif de base structurant le récit. En réunissant tous ces éléments de façon palimpsestique, autour de l'image centrale du livre qui brûle en 1938, Sarr propose une réponse nouvelle à la question non seulement de la mémoire et des identités diasporiques, mais aussi de la place « résiduelle » du livre dans le monde moderne. Le labyrinthe montre donc la double face du livre, source de refuge d'un côté mais aussi tombeau de l'autre, avec le Minotaure au centre figurant à la fois l'auteur qui crée le labyrinthe, et le lecteur qui s'en libère, s'appropriant et reprenant à son propre compte la parole de l'auteur désormais enseveli.

Mots-clés

Mohamed Mbougar Sarr – *La plus secrète Mémoire des hommes* – bibliothèques – livre juif – Shoah – intertextualité

Dans un entretien avec Jean-Pierre Orban, en février 2022, Mohamed Mbougar Sarr expliquait ses raisons pour situer la trame de *La plus secrète Mémoire des hommes*[1] non pas à l'époque où avait vécu Yambo Ouologuem, l'écrivain qui aurait servi de modèle pour le protagoniste fictif Elimane, mais à une époque antérieure :

> Il m'a toujours semblé qu'il y avait un angle mort, non abordé par les intellectuels noirs, à savoir la trajectoire des Africains dans la Seconde Guerre mondiale confrontés à l'expérience des camps et de la Shoah. Je suis ainsi frappé que Senghor, qui parle par ailleurs de son engagement et son internement durant la guerre, ne s'est jamais exprimé sur cette question. En situant le personnage d'Elimane vingt-cinq à trente ans plus tôt que Ouologuem, il me fallait imaginer la trajectoire d'un écrivain africain dans l'histoire même de la colonisation mais aussi aux prises avec la Shoah[2].

Par son choix de cadre temporel, Sarr s'inscrit de la sorte dans une tradition bien établie d'écriture de la Shoah – comme en témoigne d'ailleurs aussi le rôle central dans son roman du *Devoir de violence* de Ouologuem, dont on sait comment la fortune critique fut déterminée par les accusations de plagiat à l'endroit d'un autre grand roman de la Shoah, *Le dernier des Justes* d'André Schwarz-Bart. Il est donc vraisemblablement question, dans l'évocation de la Shoah dans le roman de Sarr, d'un jeu complexe de mémoires et de généalogies littéraires à dépister. Mais si la généalogie et la mémoire constituent bien le dispositif de base de *La plus secrète Mémoire des hommes*, la mémoire n'y fonctionne justement pas de façon linéaire et suivant une chronologie historique usuelle. Au contraire, en entremêlant les souvenirs d'une manière associative et palimpsestique, tout en faisant appel à une esthétique « africaine » du paradoxe, et en opérant donc consciemment de façon anachronique, Sarr réussit à résoudre le problème avec lequel Schwarz-Bart s'est longtemps débattu, selon Michael Rothberg, à savoir « la difficulté de trouver une forme littéraire adéquate pour exprimer la parenté judéo-noire »[3]. Ce faisant, Sarr propose une réponse originale à la question non seulement de la mémoire et

---

1 Mohammed Mbougar Sarr, *La plus secrète Mémoire des hommes*, Dakar/Paris, Jimsaan/ Philippe Rey, 2021.

2 Jean-Pierre Orban, « Il faut préserver le futur des larmes du passé ». Entretien avec Mohamed Mbougar Sarr sur la relation Juifs-Noirs dans *La plus secrète Mémoire des hommes* et dans l'Histoire, le 18 février 2022.

3 Michael Rothberg, *Multidirectional Memory : Remembering the Holocaust in the Age of Decolonization*, Stanford, Stanford UP, 2009, 149. Nous traduisons de l'anglais.

des identités juives et africaines, mais aussi de la place « résiduelle » du livre dans le monde moderne.

1   Intertextualité et Shoah

Plusieurs éléments dans *La plus secrète Mémoire des hommes*, à part la référence à Ouologuem et à Schwarz-Bart, sont dès l'abord susceptibles d'évoquer une mémoire de la Shoah. Certains renvois sont superficiels. Comment ne pas lire, par exemple, dans l'évocation par l'enquêteuse Brigitte Bollème de l'un des employés de la maison d'édition Gemini, un certain « Pierre Schwarz – déporté à Dachau »[4], une référence à André Schwarz-Bart, dont Sarr avoue lui-même avoir lu avec attention l'œuvre ? D'un tout autre ordre sont les renvois à l'intertexte dantesque, qui traverse l'œuvre de Sarr au moins à partir de son *Silence du chœur*, roman dans lequel l'un des protagonistes ensevelis sous la fureur du volcan, Giuseppe Fantini, décrit comme « le plus grand poète vivant d'Italie »[5], rappelle clairement le Dante lui-même. *La plus secrète Mémoire des hommes* se laisse alors lire comme une quatrième descente dans l'enfer (car tous les romans de Sarr peuvent en effet être décrits comme tels), dans laquelle le protagoniste Diégane cherche l'aide dans son périple de toute une série d'auteurs-guides tutélaires, à l'instar de Dante guidé par Virgile dans la *Divina Commedia*. L'image du lecteur en descente vers l'enfer est rendue explicite dans le récit de Marème Siga D., l'autrice-guide ultime, lorsqu'elle évoque son douloureux trajet à elle en conseillant Diégane qu'« il y a plusieurs manières de traverser l'enfer et l'une d'elles est d'apprendre un livre par cœur »[6].

L'image éloquente de ces lecteurs qui apprennent un livre par cœur traverse de nombreux romans – pensons entre autres au *Fahrenheit 451* de Ray Bradbury, avec son évocation de la fragilité de l'objet-livre, si facile à brûler… – mais elle surgit surtout, de façon insistante, dans certains ouvrages issus de la Shoah. Dans l'un des classiques de la littérature des camps, *Si c'est un homme* de Primo Levi, c'est par le biais d'une citation de l'*Inferno* que le narrateur arrive à envisager, même si ce n'est qu'un seul moment fuyant, sa sortie éventuelle de ce monde d'horreur. Ainsi, le chapitre 11, « Le Chant d'Ulysse », met en scène un interlocuteur alsacien, Jean, qui se souvient de quelques vers de Dante, expression de foi à la dignité humaine – « Considerate la vostra semenza / fatti non foste a viver come bruti, / ma per seguir virtute e canoscenza »[7] –, et produisant

---

4   Sarr, *La plus secrète Mémoire*, 221.
5   Mohamed Mbougar Sarr, *Silence du chœur*, Paris, Présence africaine, 2017, 25.
6   Sarr, *La plus secrète Mémoire*, 210.
7   Dante Alighieri, *Divina Commedia*, Inferno, XXVI, vv. 118-120.

de la sorte une ouverture infime vers un autre monde au sein même de l'univers concentrationnaire.

Au-delà de ces évocations ponctuelles du schéma classique du livre-talisman, guide pour traverser l'horreur, *La plus secrète Mémoire des hommes* renferme encore d'autres mémoires littéraires, sans doute plus obliques, de la Shoah. Celles-ci sont annoncées dès l'exergue et le titre, empruntés au vaste roman *Les Détectives sauvages* du romancier-poète chilien Roberto Bolaño. À part la trame très similaire des deux romans, qui portent tous deux sur la recherche par un groupe d'amis d'un grand auteur disparu, il y a un réseau de renvois plus poussés à l'*opus magnum* de Bolaño, resté inachevé à sa mort, à *2666*[8]. Comme *La plus secrète Mémoire des hommes*, en effet, *2666* est un énorme roman à structure emboîtée, comprenant cinq livres chacun dépliant une autre partie de la trame. Le récit-cadre raconte l'histoire de quatre universitaires (dont trois qui forment un trio érotique, comme le feront Elimane, Charles et Thérèse dans le roman de Sarr), à la recherche d'un grand auteur allemand disparu, Benno von Archimboldi. Ce dernier, de son vrai nom Hans Reiter, fils comme Elimane d'un ancien combattant de la Grande Guerre et d'une mère à moitié aveugle, devient soldat dans la Deuxième Guerre mondiale, prend part aux atrocités nazies, et trouve en Ukraine le manuscrit d'un auteur juif qui lui fournit son nom de plume. Après avoir abandonné définitivement la littérature, il finit sa carrière en Amérique du Sud. Détail particulièrement significatif, *2666* est aussi un roman comportant une riche réflexion sur le phénomène du plagiat littéraire, avec son postulat provocateur que « toute œuvre mineure, toute œuvre sortie de la plume d'un auteur mineur, ne peut qu'être un plagiat de quelque chef-d'œuvre »[9].

L'allusion au personnage de Hans Reiter, *alias* l'écrivain Benno von Archimboldi, meurtrier nazi, est renforcée davantage par la présence massive dans le roman de Sarr d'échos de l'œuvre de Jorge Luis Borges, notamment à ses multiples mises en scène de la figure du labyrinthe dans son recueil

---

8   Sur les rapports entre le roman de Sarr et ceux de Bolaño, voir Jordi Bonells, « De l'utilisation du micro-ondes en littérature », *Diacritik* 12 janvier 2022. Une analyse bien plus nuancée est proposée par Paulo Horta, « *The Most Secret Memory of Men* : Global South Print Culture Between Bolaño and Mbougar Sarr », dans Toral Jatin Gajarawala, Neelam Srivastava, Rajeswari Sunder Rajan et Jack Webb (ed.), *The Bloomsbury Handbook of Postcolonial Print Cultures*, London, Bloomsbury, 2023.

9   Roberto Bolaño, *2666*, Barcelona, Debolsillo, 2017, 1041. Je traduis librement de l'espagnol. Voir aussi 1038 : « Fulanito y zutanito existen, de eso no cabe duda, y sufren y trabajan y publican en periódicos y revistas y de vez en cuando incluso publican un libro que no desmerece el papel en el que está impreso, pero esos libros o esos artículos, si usted se fija con atención, *no están escritos por ellos*. Toda obra menor tiene un autor secreto y todo autor secreto es, por definición, un escritor de obras maestras ».

L'Aleph, par exemple dans les récits « Aben Hakam el Bokhari mort dans son labyrinthe » et « Les deux rois et les deux labyrinthes »[10]. Alors que les renvois aux labyrinthes borgésiens sont bien évidents dans *La plus secrète Mémoire des hommes*, d'autres renvois le sont peut-être moins. On y trouve entre autres un jeu intertextuel poussé avec le premier récit du recueil, « L'immortel », où le labyrinthe fait partie des ruines d'un grand empire autour desquelles rôde Homère, le grand poète aveugle, méconnu et rendu muet par les ravages du temps. Cette thématique des tombeaux littéraires[11] transforme le labyrinthe en figure ultime de la disparition de l'auteur. Renouant toutefois avec la thématique de la Shoah, « Deutsches Requiem », le récit au milieu exact de *L'Aleph*, paraît surtout révélateur. En effet, dans ce récit c'est un bourreau nazi qui raconte ses crimes, à la première personne, selon un schéma narratif qui aurait bien pu inspirer à une époque plus récente *Les Bienveillantes* de Jonathan Littell. Au centre mystérieux du recueil de Borges, le lecteur trouve donc bien un bourreau nazi, tout comme au centre du roman de Sarr, dans lequel la quête de l'auteur disparu se confond petit à petit avec la quête du meurtrier nazi de Charles Ellenstein, l'officier allemand Josef Engelmann, ange exterminateur qui réussit à réduire Elimane au silence de façon bien plus définitive encore que ne l'avaient fait avant lui les critiques littéraires parisiens.

2   La relation Elimane – Ellenstein

En effet, au centre du livre-énigme de Sarr se trouve la relation émouvante entre deux hommes, le jeune auteur sénégalais Elimane Madag Diouf et l'éditeur juif Charles Ellenstein. Leur relation prend la forme d'une amitié particulièrement forte, pour ne pas dire aux allures homo-érotiques par moments, notamment au sein du trio érotique que va constituer le couple avec Thérèse Jacob, l'amie de Charles, comme elle le racontera plus tard à Béatrice Bollème :

> Là [quand nous débattions de littérature], il s'animait et bougeait comme un prédateur, un taureau dans une arène. À la fin de ces vacances, je crois que nous étions devenus amis. Il s'était surtout beaucoup rapproché de Charles. Ils s'étaient découvert une communauté de goûts littéraires, bien que leurs débats à propos de certains auteurs fussent épiques. [...] Nous

---

10   Jorge Luis Borges, *L'Aleph*, trad. par Roger Caillois et René L.-F. Durand, Paris, Gallimard, 1967 [1949].

11   Voir à ce sujet la contribution d'Oana Panaïte dans le présent volume, 326-344

formions un trio d'amis, mais je sentais bien qu'ils se comprenaient un peu mieux tous les deux. Il y avait comme une symbiose[12].

« Taureau dans l'arène », selon l'image célèbre empruntée à la tauromachie par Michel Leiris[13] pour décrire le travail de l'auteur, voire le Minotaure dans son labyrinthe en voie de construction, Elimane trouve sa voix littéraire grâce à Charles. Comme le note encore Jean-Pierre Orban,

> Charles est l'homme qui donne vie éditoriale à Elimane. Avec Thérèse, il pousse ce dernier à aller au bout de l'écriture et le publie. Il apparaît donc comme l'aîné, sinon le père littéraire d'Elimane[14].

Et dans la seconde partie du roman, c'est sa volonté de venger la mort d'Ellenstein qui pousse Elimane, en espèce de Simon Wiesenthal africain, à partir à la recherche de son meurtrier à travers l'Amérique du Sud. Mais paradoxalement aussi, une fois sa mission accomplie, Elimane se cantonne dans le silence – comme si la rencontre profonde de deux êtres humains qui se reconnaissent l'un dans l'autre signifierait nécessairement la fin de la parole après la mort de l'un des deux.

Dans un entretien avec François Noudelman, Sarr précise que Charles est « quasiment un frère d'Elimane ». Non seulement les deux hommes ont-ils eu « la même expérience de perdre un père », Sarr les décrit aussi comme « deux personnes habitées par la littérature »[15]. Leur relation est exceptionnellement fusionnelle. « [Charles] voyait en lui une sorte de jumeau »[16], poursuit Thérèse dans l'enquête de Béatrice Bollème. Dans ce jeu de miroirs que nous propose Sarr, on pourrait sans doute postuler qu'Ellenstein est encore plus : en quelque sorte le double d'Elimane, dont il est une espèce de jumeau sans le savoir. Le nom de la maison d'édition responsable de la publication du *Labyrinthe de*

---

12   Sarr, *La plus secrète Mémoire*, 227.

13   « Ce qui se passe dans le domaine de l'écriture n'est-il pas dénué de valeur si cela reste 'esthétique', anodin, [...] s'il n'y a rien, dans le fait d'écrire une œuvre qui soit un équivalent [...] de ce qu'est pour le torero la corne acérée du taureau qui, seule – en raison de la menace matérielle qu'elle recèle – confère une réalité humaine à son art, l'empêche d'être autre chose que grâces vaines de ballerines ? » Michel Leiris, *« De la littérature considérée comme une tauromachie »* [1945], dans idem, *L'Âge de l'homme*, Paris, Gallimard Folio, 1973. Je remercie Emmanuelle Radar de m'avoir signalé cet écho littéraire.

14   Jean-Pierre Orban, « Les fantômes du dernier Goncourt », *Afrique XXI*, 25 mars 2022.

15   Mohamed Mbougar Sarr en conversation avec François Noudelmann, Maison Française de New York University, le 19 novembre 2021. Elimane lui-même décrit aussi Charles « comme un frère pour moi » (Sarr, *La plus secrète Mémoire*, 407).

16   Sarr, *La plus secrète Mémoire*, 231.

l'inhumain, Gemini, pointe d'ailleurs du doigt cette gémellité. Cette relation fusionnelle fait alors contraste avec les vrais jumeaux « biologiques » dans le roman, Assane est Ousseynou Koumakh, dont ce dernier avoue que

> nous étions tous deux aimés, mais nous ne nous aimions pas l'un l'autre. [...] Nous n'avions rien en commun. Physiquement, certes, nous étions de vrais jumeaux, semblables en presque tous points. Mais pour ce qui était du caractère, tout nous opposait, tout nous éloignait. Je n'ai jamais senti entre nous la relation forte et fusionnelle qu'on prête aux jumeaux[17].

Si Assane et Ousseynou Koumakh, malgré le lien biologique, se révèlent être de faux frères ou des frères rivaux, pourrait-on postuler inversement qu'Elimane et Charles seraient de « vrais » frères, en dépit de leurs différentes origines ? En réalité, leur rapport est plus complexe, car les gémellités cassées parsèment le roman. Charles et Elimane, les jumeaux spirituels, voient leur complicité troublée – ou justement mise en évidence, dans son aspect le plus homoérotique ? – lorsque leur relation vire vers le trio amoureux, avec Thérèse Jacob en troisième partenaire, selon l'équation Thérèse + Charles + Elimane = T.C. Elimane. Une autre espèce de gémellité spirituelle paraît se développer entre le narrateur Diégane Latyr Faye et Siga D., mais elle aussi aura besoin d'un troisième élément, la figure mystérieuse d'Elimane lui-même, pour se concrétiser. Dans tous ces cas donc, la gémellité ou la parenté spirituelle mène finalement à un troisième terme, sans pour autant gommer l'identité propre des deux parties originales. Cet acte fusionnel ou cette rencontre profonde avec l'Autre paraît de la sorte faire écho à l'évocation par Léopold Sédar Senghor de la négritude comme « la chaleur communielle, l'image-symbole et le rythme cosmique, qui, au lieu de stériliser en divisant, fécondaient en unissant »[18] :

> Voilà donc notre sujet qui quitte son moi pour *sym-pathiser* et s'identifier au Toi. Il meurt à soi pour renaître dans l'Autre. Il n'assimile pas ; il s'assimile. Il ne tue pas l'autre vie ; il en fortifie sa vie. Car il vit avec l'Autre d'une vie *communielle*. Il vit en *sym-biose* : il *co-naît* à l'Autre. Sujet et objet sont dialectiquement confrontés dans l'acte même de connaissance. C'est une

---

17   *Ibid.*, 145.
18   Léopold Sédar Senghor, *Pierre Teilhard de Chardin et la politique africaine*, Cahiers Pierre Teilhard de Chardin III, Paris, Seuil 1962, 20.

longue caresse dans la nuit, l'intimité de corps confondus, l'acte d'amour, d'où naîtra le fruit de la connaissance[19].

Senghor souligne encore dans un autre texte, dans une formule empruntée à Pierre Teilhard de Chardin, que « l'union (la *vraie* union) différencie »[20]. Cette fusion avec l'autre, qui diffère donc subtilement de la pensée de Lévinas (évoquée sur un registre ironique, d'ailleurs, par Sarr), et qui fait apparaître d'autant plus clairement l'être même de chacune des deux parties, est au centre même de *La plus secrète Mémoire des hommes*. Car dans la relation Elimane – Charles, on pourrait voir la première manifestation d'une mémoire multidirectionnelle, c'est-à-dire d'une relation dans laquelle se conjuguent deux mémoires et deux avenirs historiques distincts, dans une fusion qui rend plus prégnante chacune des identités des partenaires : chez Elimane, la mémoire de la colonisation française en Afrique ; chez Charles, la mémoire millénaire des persécutions subies par le peuple juif et la Shoah qui en constitue l'épisode ultime. En effet, Michael Rothberg, le théoricien du concept de la « multidirectional memory », propose que les mémoires historiques seraient « subject to ongoing negotiation, crossreferencing, and borrowing [...], productive and not privative »[21]. Aussi Rothberg montre-t-il comment la construction d'une mémoire collective de la Shoah à partir des années soixante en France a été renforcée et rendue possible par la réflexion sur la colonisation qu'ont entraîné les mouvements de décolonisation dans ces mêmes années. Dans cette optique, plutôt que de s'opposer les unes aux autres, les mémoires de ces différents traumas historiques se trouvent renforcées et secourues mutuellement dans leur accès à la parole.

Or, ce qui frappe le lecteur attentif de Sarr en s'appuyant sur l'analyse de Rothberg, c'est que l'un des auteurs qui selon lui auraient joué un rôle central dans la fabrication de ces nouvelles mémoires multidirectionnelles à l'époque des décolonisations est justement l'un de ceux dont le souvenir se trouve au centre même de *La plus secrète Mémoire des hommes* : André Schwarz-Bart. Dans son étude *Multidirectional Memory*, Rothberg propose une lecture très suggestive du roman de Schwarz-Bart qui fit suite au *Dernier des Justes*, *La Mulâtresse Solitude*, dans lequel l'auteur évoque le ghetto de Varsovie en conclusion du récit d'une révolte d'esclaves à la Guadeloupe (roman d'ailleurs, comme

---

19   Léopold Sédar Senghor, « De la négritude. Psychologie du Négro-africain », *Diogène* 32 (1962), 7.

20   Senghor, *Pierre Teilhard de Chardin*, 40.

21   Rothberg, *Multidirectional Memory*, 3.

le suggère l'analyse de Tessa van Wijk dans le présent volume, qui aurait bien pu servir d'inspiration lointaine à la première publication de Sarr, « La Cale »). Sarr reconnait lui-même qu'il a lu *Le dernier des Justes* plusieurs fois, une dette littéraire qui amène Jean-Pierre Orban à déclarer que dans Charles Ellenstein « l'on peut, si l'on veut, [...] voir le reflet d'André Schwarz-Bart. On pourrait même deviner dans le couple Charles-Thérèse celui qu'ont formé André et Simone Schwarz-Bart ». Même si Orban modifie tout de suite ses propos en précisant que « ce serait trop simpliste et une interprétation trop grossière », puisque le trio érotique pourrait également rappeler « des écrits érotiques de Ouologuem fondés, dit-on, sur des pratiques réelles »[22], c'est une identification qui n'a pas été démentie par Sarr lui-même par la suite[23].

3   Le rapport juif au livre : une réflexion sur la littérature et ses (im)puissances

En revanche, dans l'entretien déjà évoqué avec François Noudelmann, Sarr propose une autre identification. Selon ce deuxième schéma, Charles aurait été modelé sur l'auteur juif franco-égyptien Edmond Jabès, auteur du *Livre des questions* en plusieurs volumes, mi-roman, mi-texte philosophique aux accents parfois mystiques, dont la publication s'échelonne de 1963 à 1965[24]. En effet, la relation presque fusionnelle entre Charles et Elimane n'est pas sans rappeler certains passages dans son *Livre des questions* :

> 'Tu', c'est quelquefois 'Je'.
> Je dis 'Je' et je ne suis pas 'Je'. 'Je' c'est toi et tu vas mourir. Tu es vidé.
> Désormais, je serai seul[25].

Il s'agit donc d'une variante beaucoup plus sombre du rapport fusionnel entre les êtres théorisés par Senghor dans sa philosophie. Car dans *Le Livre des questions* comme dans *La plus secrète Mémoire des hommes*, il est question finalement de l'impuissance de la parole, qui ne fait qu'apparaître plus vivement

---

22   Orban, « Les fantômes du dernier Goncourt ».

23   Orban, « Il faut préserver le futur des larmes du passé ».

24   Pourtant, dans un entretien deux mois plus tard, Sarr se prononce de façon moins forte sur ces liens. Ainsi, en février 2022 il dit que Jabès « n'apparaît pas dans le roman, ou alors de façon très résiduelle », Orban, « Il faut préserver le futur des larmes du passé », 3.

25   Edmond Jabès, *Le Livre des questions, tome 1*, Paris, Gallimard, 1988 [1963-1965], 38.

encore le vide[26]. Au centre du *Livre des questions* se trouve le cri de la femme de Yukel, Sarah, rescapée des camps qui sombre dans la folie, tout comme au centre du roman de Sarr se trouve la folie de Mossane, mère d'Elimane et amante des deux jumeaux rivaux. Jabès établit un rapport direct entre « le cri » de la femme ravagée et vidée par l'histoire et « l'écrit » comme tentative en fin de compte impuissante à combler le manque.

Au-delà de la réflexion sur la Shoah, il existe un lien beaucoup plus profond entre Charles et Edmond Jabès, et entre le roman de Sarr et la tradition dont est issue *Le livre des questions*. Charles, tout comme Edmond Jabès, est décrit par Sarr comme « un homme qui forme son identité par rapport au livre », et il évoque à son sujet « une tradition religieuse où le livre a une valeur très forte »[27]. Si son identité juive est fluide, ou presque inexistante[28], elle fait bien une place centrale au livre. « Pour cette tradition d'intellectuels dont Jabès fait partie », précise Sarr, « ce qui compte avant tout dans l'identité juive, s'il y en a une, c'est la lecture »[29]. Ce rapport juif très particulier au livre, traduit par le syntagme-cliché « peuple du livre » (expression qui provient d'ailleurs du Coran, où elle évoque toutes les trois religions abrahamiques et monothéiques ...) vient se substituer à un rapport plus conventionnel entre le peuple juif et un cadre géographique précis, et emprunte par conséquent des images liées à l'idée d'hébergement ou au livre comme demeure :

> – Tu es Juif et tu t'exprimes comme tel. Mais j'ai froid. Il fait sombre.
> Laisse-moi entrer dans la maison.
> – Une lampe est sur ma table et ma maison est dans le livre.
> – J'habiterai enfin la maison[30].

Cette conceptualisation du livre ou de la bibliothèque comme demeure, ou même comme « pays » ou patrie ultime, revient de façon insistante dans

---

26   La bibliographie sur Jabès est très riche, et fait surtout apparaître la composante religieuse dans sa réflexion sur le livre. Pour une illustration de cette approche, voir Matthew Del Nevo « Edmond Jabès and the Question of the Book », *Literature & Theology* 10,4 (1996), 301-316.

27   Entretien avec François Noudelmann.

28   « De toutes manières, Ellenstein n'est pas *vraiment* juif. Il n'a pas de pratique culturelle. Son intérêt pour la Torah et le Talmud est limité, et d'ordre strictement intellectuel. Comme Thérèse, son identité juive ne l'obsède pas, son imaginaire ne l'habite pas, il ne le revendique pas et n'y songe presque jamais, bien que le climat antisémite des dernières années l'ait attristé et même indigné. En réalité, la judéité de Charles ne lui est rappelée que par d'autres, qui l'entendent dans son nom ; et lorsque ceux-ci l'évoquent, Ellenstein répond, en souriant, qu'il est juif sans le penser », Sarr, *La plus secrète Mémoire*, 245.

29   Orban, « Il faut préserver le futur des larmes du passé », 3.

30   Jabès, *Le Livre des questions*, 22.

l'œuvre de Sarr. Elle est incarnée, dans *La plus secrète Mémoire des hommes*, par Siga D. lorsque celle-ci explique pourquoi elle ne retournera jamais au Sénégal :

> J'écrirai donc comme on trahit son pays, c'est-à-dire comme on se choisit pour terre non le pays natal mais le pays fatal, la patrie à laquelle notre vie profonde nous destine depuis toujours [...]. Quelle est donc cette patrie ? Tu la connais : c'est évidemment la patrie des livres [...]. Oui, disais-je, oui : je serai citoyenne de cette patrie-là, je ferai allégeance à ce royaume, le royaume de la bibliothèque[31].

Image bien borgésienne, « le royaume de la bibliothèque » s'avère un lieu à deux faces, comme le suggèrent les mots « pays fatal ». Car le livre et la bibliothèque offrent à la fois un refuge, et une tombe. Ce double aspect est mis en avant dans la scène qui clôt *Silence du chœur*, lorsque sont décrits le poète italien ainsi que son chien fidèle, devant l'explosion du volcan :

> [T]els de vieux amis, [ils] entrèrent dans l'œuvre et disparurent dans les premiers vers du grand poème comme s'ils avaient été un passage vers un autre monde. Le poème les accueillait. C'était la preuve que c'était une grande œuvre d'art : on pouvait y rentrer et y vivre[32].

De la sorte, Sarr ajoute un nouvel élément, bien plus sombre, au *topos* propre à la culture juive, qui remonte au moins à Heinrich Heine, et qui a été expliqué par Daniel Boyarin, selon lequel « dans un certain sens profond, le livre [en l'occurrence, le Talmud] a été la patrie portative du peuple juif »[33]. L'originalité de l'analyse de Boyarin, toutefois, c'est de postuler que le topos juif du livre comme patrie portative offrirait un moyen nouveau de théoriser le concept de diaspora dans un cadre spécifiquement postcolonial. D'après lui, il faudrait donc concevoir la diaspora et la condition diasporique, juive mais aussi autre, comme « une forme particulière d'hybridité culturelle et un mode d'analyse plutôt que comme une chose essentielle ». Ainsi, poursuit-il :

---

31 Sarr, *La plus secrète Mémoire*, 318-320. – Voir encore Thérèse Jacob sur Elimane : « Il a trouvé dans la littérature son pays réel ; peut-être le seul » (*ibid.*, 242).

32 Sarr, *Silence du chœur*, 409.

33 Daniel Boyarin, *A Traveling Homeland : The Babylonian Talmud as Diaspora*, Philadelphia, University of Pennsylvania Press, 2015, 5. Nous traduisons de l'anglais.

> Diaspora is most usefully mobilized as a synchronic condition by which human groups are related to one another in space ; they may, and frequently do, have an origin in an actually shared past but need not and, moreover, need not even have a story of such a shared – traumatic – past[34].

En d'autres mots, la condition diasporique est constituée par le livre, qui devient un nouveau marqueur d'identité en l'absence d'une patrie géographique réelle à laquelle pourrait se rattacher le sujet. L'auteur africain postcolonial, à la recherche d'une allégeance littéraire comme Diégane, ou exilée comme Siga D., partage avec le « peuple du livre » une culture qu'on pourrait qualifier de diasporique, fondée sur un trauma historique ancestral, et qui fait que, selon l'expression d'Edmond Jabès s'adressant au protagoniste du *Livre des questions*,

> tu as toujours été mal dans ta peau, tu n'as jamais été *là*, mais *ailleurs* ; avant toi ou après toi, comme l'hiver au regard de l'automne, comme l'été au regard du printemps ; dans le passé ou dans l'avenir comme les syllabes dont le passage de la nuit au jour est si fulgurant qu'il se confond avec le mouvement de la plume[35].

De plus, ce vacillement géographique s'approche donc, aussi, de ce que Dominique Maingueneau a qualifié de paratopie, c'est-à-dire la position paradoxale de l'auteur qui hésite entre l'appartenance et la non-appartenance à un champ littéraire et à une société donnés, l'auteur à l'écart naviguant constamment entre sa société d'origine et sa société d'adoption[36]. Paratopies temporelle, identitaire, spatiale et linguistique se résument toutes dans une formule à l'allure presque fanonienne, celle de la paratopie identitaire, 'mon identité n'est pas ma (vraie) identité'. La notion de paratopie permet donc de mettre au clair ce qui constitue l'une des autres particularités du roman de Sarr, à savoir le mouvement géographique et les multiples déplacements du protagoniste Elimane, qui quitte le Sénégal pour la France, puis l'Amérique du Sud avant de rentrer finalement au Sénégal[37]. Dans une perspective plus régionale, la

---

34   Boyarin, *Traveling Homeland*, 3-4.
35   Jabès, *Le Livre des questions*, 37.
36   Dominique Maingueneau, *Le discours littéraire. Paratopie et scène d'énonciation*, Paris, Armand Colin, 2004.
37   C'est le mouvement inverse du commerce triangulaire, qui transportait ses marchandises humaines de l'Afrique aux Amériques, faisant un voyage de retour vers la France avec les denrées coloniales produites dans le sang – autre mouvement donc reliant potentiellement l'œuvre de Sarr à celle d'André Schwarz-Bart, avec son évocation de la traite.

paratopie est sans doute très proche également de cette « esthétique africaine »
décrite par l'auteur nigérian Ben Okri (dont on pourrait peut-être voir le souvenir lointain chez Sarr dans la figure de William K. Salifu, « un des auteurs les
plus connus de la littérature africaine contemporaine »[38], auteur d'un premier
roman célébré par tout le monde anglo-saxon) :

> I'd like to propose that we stop making so narrow what constitutes the
> African aesthetic. It is not something that is bound only to place, it's
> bound to a way of looking at the world. It's bound to a way of looking at
> the world in more than three dimensions. It's the aesthetic of possibili-
> ties, of labyrinths, of riddles – we love riddles – of paradoxes. I think we
> miss this element when we try to fix it too much within national or tribal
> boundaries[39].

Image évocatrice de T.C. Elimane, nouveau Thésée (T.C.) dans son labyrinthe,
auteur africain à la recherche de sa position et de son positionnement dans le
champ littéraire de son époque. Dernier détail significatif, sans doute, à noter
en passant : le premier auteur que cite Okri dans ce même entretien sur l'esthétique africaine, c'est... Homère, le poète aveugle fondateur de maintes lignées
littéraires, mais devenu muet en raison de l'inexorable passage du temps dans
le premier conte de *L'Aleph* de Borges, « L'immortel »[40].

4 Du livre-tombeau au biblicide : Le rapport à Josef Engelmann

Mais si Elimane et Charles Ellenstein se trouvent liés, dans leurs mémoires
historiques différentes, dans un rapport de quasi-gémellité brisé (ou comblé)
par Thérèse, il est une dernière figure qui intervient dans la trame romanesque
pour briser cette fusion des deux âmes : l'officier nazi Josef Engelmann. Décrit
comme « l'un des princes de l'état-major allemand à Paris », et dans un lointain écho de Werner von Ebrennac, cet autre officier nazi dans la célèbre nouvelle de Vercors, *Le silence de la mer*, compositeur épris de culture française, il
incarne un certain goût culturel et littéraire :

---

38   Sarr, *La plus secrète Mémoire*, 62.
39   Jane Wilkinson, *Talking with African Writers*, Oxford, James Curry, 2002 [1992], 87-88.
40   « I personally find the African aesthetic in Homer and in a lot of the Greeks, and that's not
      surprising because the Greeks got a lot of their aesthetics from Egypt, they got some of
      their gods from Egypt. So that's not surprising at all, that journey of world-views through
      world history and world literature », *Ibid.*, 87-88.

C'est un francophile déclaré qui a plusieurs fois séjourné à Paris avant la guerre, et qui connaît bien la poésie française. Il la lit en langue originale, même si le sens de certains mots et de certaines images lui échappe, notamment chez le poète qu'il juge supérieur à tous les autres, le plaçant même au-dessus de la constellation poétique et sacrée que dessinent Lautréamont, Baudelaire et Rimbaud : Mallarmé. [...] Il n'est pas écrivain et n'a pas la tentation de l'être. Lire et aimer la poésie lui suffit[41].

Engelmann développe une fascination particulière pour *Le Labyrinthe de l'inhumain* et son énigmatique auteur Elimane, qu'il désire vivement rencontrer, tant il voit en lui un nouvel avatar d'Igitur, et dont l'homophonie partielle mais troublante des noms (Engelmann – Elimane) suggère déjà des affinités plus profondes. Selon Engelmann, énième exégète du livre d'Elimane, « l'histoire même que racontait le livre était une puissante allégorie de la quête d'élévation morale et esthétique par le feu purificateur »[42]. Or le « feu purificateur » en 1938, année de publication du *Labyrinthe de l'inhumain*, nul besoin de le rappeler, c'est aussi une réalité historique, à savoir celle des bûchers publics des livres jugés nuisibles par les nazis :

FIGURE 15.1   Membres de la *Hitlerjugend* brûlant des livres.
                 Photographie datée de 1938
                 WORLD HISTORY ARCHIVE

41   Sarr, *La plus secrète Mémoire*, 252.
42   *Ibid.*, 254.

Cette image des livres qui brûlent, dans un « feu purificateur » joyeux, renvoie aussi à l'une des scènes les plus marquantes dans *Le dernier des Justes* d'André Schwarz-Bart :

> La Riggenstrasse étincelait comme en plein jour. Une barrière de feu, constituée de toutes les bibliothèques juives de la rue, s'y élevait en flamme purificatrice.
>
> – Depuis mille ans, hé, tous les jours les chrétiens essaient de nous tuer, hé, hé ! Et tous les jours nous essayons de vivre, hé, hé, hé !... Et tous les jours nous y arrivons, mes agneaux. Savez-vous pourquoi ?
>
> Soudain dressé contre la porte, la masse de fer tendue au fond et phylactères et bandeaux et châle de prière chutant dans son emportement :
>
> – Parce que nous ne rendons jamais les livres, s'écria-t-il avec une force effrayante, jamais, *jamais, jamais*[43] !

Or, ce qui rend le roman de Sarr si troublant, jouant de cette esthétique du paradoxe relevée par Okri, c'est que l'objet-livre revêt sans cesse un aspect double : lieu de refuge mais en même temps tombeau, synonyme de vie mais aussi de mort. Si les noms d'Engelmann et d'Elimane se ressemblent tant, et si l'officier allemand ressent une telle parenté affective avec l'auteur du *Labyrinthe de l'inhumain*, c'est peut-être aussi parce que la vocation littéraire d'Elimane connaît un versant néfaste. Dans la volonté de création d'Elimane, il y a un autre désir, celui du biblicide. Ainsi, il décrit son ambition littéraire comme celle d'

> écrire le biblicide, l'œuvre qui tuerait toutes les autres, effaçant celles qui l'ont précédée et dissuadant celles qui seraient tentées de naître à sa suite, de céder à cette folie. En un geste, abolir et unifier la bibliothèque[44].

Renouant avec l'*Aleph* de Borges, soit un point duquel on perçoit parfaitement tout ce qui existe dans l'univers, à l'image de l'infini, le livre d'Elimane se veut total, voire totalitaire. Les critiques français qui trouvent mystérieusement la mort après qu'ils se sont exprimés de façon négative sur *Le Labyrinthe de l'inhumain*, les suggestions de magie noire qui entourent Elimane, décrit comme « un démon », ou comme « un dévoreur d'âmes »[45], tout ceci évoque un personnage qui, comme le dit la formule limpide de Thérèse, « n'était pas

---

43   André Schwarz-Bart, *Le dernier des Justes*, Paris, Seuil, collection Points, 1996 [1959], 304-306.

44   Sarr, *La plus secrète Mémoire*, 119.

45   *Ibid.*, 326.

un homme aimable »[46]. Pourrait-il donc être question finalement d'une assimilation troublante entre Elimane et l'officier juif responsable de la mort de Charles ? Dans l'un des seuls, très rares passages où c'est Elimane lui-même qui tient la parole, ses mots paraissent plutôt équivoques :

> Il vient sur nous un autre Labyrinthe, plus inhumain. La gueule qui s'ouvre et qui se referme en son centre avale toutes les phrases du livre. Il ignore qu'il avale son poison. Le livre essentiel ne l'est que parce qu'il tue. Qui veut le tuer meurt. Qui l'accompagne dans la mort y vit.
>
> Je suis maintenant le Roi sanguinaire, ici en mon Labyrinthe. Que les vieilles peaux meurent sous mon feu. Je demande du nouveau[47].

Elimane dans son labyrinthe, tuant par le feu les vieilles peaux (faut-il rappeler que le parchemin, support physique des premiers livres en Europe, est fait de peau ... ?) se révèle dans ces passages assez proches, finalement, d'Engelmann, tous deux des hommes dont l'ambition est de faire brûler les livres des autres. Mais ici encore, curieusement, ce sont les mots d'un autre auteur, Ben Okri, qu'on pourrait entendre en filigrane, lorsque ce dernier adopte un registre particulièrement sinistre pour évoquer sa propre pratique d'écriture :

> The joy of transgressing beautifully, of taking readers to places they wouldn't willingly go, this joy of seducing or dragging readers in spite of themselves to places deep in them where wonders lurk beside terrors, this delicate art of planting delayed repeat explosions and revelations in the reader's mind, and doing this while enchanting them – this is one of the most mysterious joys of all. It suggests that, at bottom, and never wanting to admit it, we really want to face the hidden Minotaur within[48].

5   Conclusion : Le Minotaure dans son labyrinthe

Qui donc, finalement, est le Minotaure dans son labyrinthe ? L'auteur enseveli dans son tombeau, Homère, Elimane, ou encore bien d'autres ? Ou, comme le suggèrent les mots d'Okri, le lecteur lui-même devant son Minotaure intérieur ? Le ventriloquisme et les intertextualités mises en jeu dans *La plus secrète Mémoire des hommes* finissent par conduire le lecteur à un dernier élément

---

46   *Ibid.*, 240.
47   *Ibid.*, 271.
48   Ben Okri, *A Way of Being Free*, London, Phoenix, 1997, 65-66.

dans le rapport juif au livre, aussi pertinent pour une lecture des intertextes afro-juifs de *La plus secrète Mémoire des hommes*. En effet, derrière le culte juif du livre, on trouve aussi un rapport très particulier à la figure de l'auteur. Comme le signale le bibliographe Joshua Bloch,

> dans la littérature hébraïque, les titres des livres sont souvent mieux connus que les noms d'auteurs. Les citations et les références à des ouvrages hébraïques classiques sont souvent faites par des chercheurs sans mentionner le nom d'auteurs[49].

Il se pourrait bien, en effet, que la culture du livre juive soit marquée par une frappante absence : celle de la fonction-auteur foucaldienne[50]. Ceci se voit à un niveau très simple dans les pratiques bibliographiques juives, au moins avant le XIXᵉ siècle. En fait, il était longtemps d'usage, par exemple dans les catalogues de bibliothèques, de citer les titres des livres, mais pas les noms d'auteur. L'absence des noms d'auteur est d'autant plus gênante pour le bibliographe moderne que les titres eux-mêmes sont repris et se répètent d'une œuvre à l'autre, ce qui rend impossible la tâche d'identifier le « vrai » auteur[51]. Il s'agit, donc, d'une culture du livre où la parole semble n'appartenir à personne – et la disparition de l'auteur, on le sait bien depuis Barthes, c'est la libération du lecteur. Le plagiaire ultime, c'est donc le lecteur qui prend les paroles de l'auteur mort et les fait siennes. « Je vois le parchemin qui brûle », annonce le rabbin Chanina ben Teradion dans la scène finale du *Dernier des Justes*, « mais les lettres s'envolent[52] ... ». C'est le lecteur qui réussit finalement à se libérer du labyrinthe, s'appropriant et reprenant à son propre compte la parole de l'auteur désormais enseveli dans son tombeau. Ou comme le notent Amos et Fania Oz dans leur petit livre *Jews and Words* :

> Our words are not our words. They change as we utter them. They never stay long enough to 'belong'. A little like our offspring, in the already-quoted line of the wise Arab poet Gibran : Your children are not your children. We may wish our children to continue our words ; instead, they will author the book afresh.

---

49   Joshua Bloch, « Some Odd Titles of Hebrew Books », dans Charles Berlin (ed.), *Hebrew Printing and Bibliography*, New York, Oak Knoll Press, 1976, 151. Nous traduisons de l'anglais.

50   Je remercie Irene Zwiep, spécialiste du livre juif, pour cette idée.

51   Anna de Wilde, *Jewish Books at Auction. The Circulation of Knowledge as Reflected in the Catalogues of Jewish Private Libraries in the Dutch Republic (1637-1832)*, thèse de doctorat, dir. Alicia C. Montoya et Irene Zwiep, Université Radboud, Nimègue, 2024.

52   Schwarz-Bart, *Le dernier des Justes*, 424.

So it is with 'the Jews'. Often, in this essay and out there in the world, the Jews are not the Jews. They are all of mankind [*sic*] as it comes to grips with story, meaning, and law, laid down in writing. Try to replace the word *Jew* in this book with *reader*. In many places you'd be surprised how well it works[53].

Bibliographie

Bloch, Joshua, « Some Odd Titles of Hebrew Books », dans Charles Berlin (ed.), *Hebrew Printing and Bibliography*, New York, Oak Knoll Press, 1976.

Bolaňo, Roberto, *2666*, Barcelona, Debolsillo, 2017.

Bonells, Jordi, « De l'utilisation du micro-ondes en littérature », *Diacritik*, 12 janvier 2022, https://diacritik.com/2022/01/12/de-lutilisation-du-micro-ondes-en-litterature/ (consulté le 30 novembre 2023).

Borges, Jorge Luis, *L'Aleph*, trad. par Roger Caillois et René L.-F. Durand, Paris, Gallimard, 1967 [1949].

Boyarin, Daniel, *A Traveling Homeland : The Babylonian Talmud as Diaspora*, Philadelphia, University of Pennsylvania Press, 2015.

Del Nevo, Matthew, « Edmond Jabès and the Question of the Book », *Literature & Theology* 10,4 (1996), 301-316.

Horta, Paulo, « *The Most Secret Memory of Men* : Global South Print Culture Between Bolaňo and Mbougar Sarr », dans Toral Jatin Gajarawala, Neelam Srivastava, Rajeswari Sunder Rajan et Jack Webb (ed.), *The Bloomsbury Handbook of Postcolonial Print Cultures*, London, Bloomsbury, 2023.

Jabès, Edmond, *Le Livre des questions, Le Livre de Yukel, Le Retour au livre*, Paris, Gallimard, collection L'Imaginaire, 1988 [1963-1965].

Leiris, Michel, « De la littérature considérée comme une tauromachie » [1945], dans idem, *L'Âge de l'homme*, Paris, Gallimard Folio, 1973.

Maingueneau, Dominique, *Le discours littéraire. Paratopie et scène d'énonciation*, Paris, Armand Colin, 2004.

Okri, Ben, *A Way of Being Free*, Londres, Phoenix, 1997.

Orban, Jean-Pierre, « Les fantômes du dernier Goncourt », *Afrique XXI* 25 mars 2022, https://afriquexxi.info/Les-fantomes-du-Goncourt-de-Mohamed-Mbougar-Sarr (consulté le 30 novembre 2023).

Orban, Jean-Pierre, « Il faut préserver le futur des larmes du passé ». Entretien avec Mohamed Mbougar Sarr sur la relation Juifs-Noirs dans *La plus secrète Mémoire des hommes* et dans l'Histoire, le 18 février 2022, https://jeanpierre-orban.com/wp/portfolio_page/entretien-avec-mbougar-sarr/ (consulté le 30 novembre 2023).

---

53   Amos Oz et Fania Oz-Salzberger, *Jews and Words*, New Haven/London, Yale UP, 2012, 204.

Oz, Amos et Fania Oz-Salzberger, *Jews and Words*, New Haven/London, Yale UP, 2012.

Rothberg, Michael, *Multidirectional Memory : Remembering the Holocaust in the Age of Decolonization*, Stanford, Stanford UP, 2009.

Sarr, Mohamed Mbougar, *Silence du chœur*, Paris, Présence africaine, 2017.

Sarr, Mohamed Mbougar, *La plus secrète Mémoire des hommes*, Dakar/Paris, Jimsaan/Philippe Rey, 2021.

Schwarz-Bart, André, *Le dernier des Justes*, Paris, Seuil, collection Points, 1996 [1959].

Senghor, Léopold Sédar, *Pierre Teilhard de Chardin et la politique africaine*, Cahiers Pierre Teilhard de Chardin III, Paris, Seuil 1962.

Senghor, Léopold Sédar, « De la négritude. Psychologie du Négro-africain », *Diogène* 32 (1962), 3-16.

Wilde, Anna de, *Jewish Books at Auction. The Circulation of Knowledge as Reflected in the Catalogues of Jewish Private Libraries in the Dutch Republic (1637-1832)*, thèse de doctorat, dir. Alicia C. Montoya et Irene Zwiep, Université Radboud, Nimègue, 2024.

Wilkinson, Jane, *Talking with African Writers*, Oxford, James Curry, 2002 [1992].

Un crocodile peut en cacher un autre. Mohamed Mbougar Sarr lecteur de Paul Lomami Tshibamba

Bernard De Meyer

Résumé

L'intertextualité et sa contrepartie, le plagiat, se trouvent au cœur de *La plus secrète Mémoire des hommes* de Mohamed Mbougar Sarr (2021). Des liens évidents sont établis avec Yambo Ouologuem et son chef-d'œuvre de 1968, *Le Devoir de violence*. Or, dans le roman polyphonique de l'auteur sénégalais, les différentes parties empruntent des sources diverses et adoptent à chaque fois une écriture singulière, autorisant une lecture décoloniale. Cet article s'attarde sur l'utilisation de la figure du crocodile mangeur d'homme, qui revient dans plusieurs endroits du roman. Il étudie les liens qu'on peut établir avec *Crocodile-Ville* d'Abdoulaye Élimane Kane et en particulier avec *Ngando* (*Le Crocodile*) de Paul Lomami Tshibamba (1948), ce dernier étant considéré comme le premier véritable roman rédigé par un Congolais. Malgré les points communs qui existent entre les deux récits, Sarr, dans un jeu intertextuel subtil, se démarque de son prédécesseur pour attribuer d'autres caractéristiques au saurien, qui ne serait plus uniquement un esprit malfaisant manipulé par des sorciers, mais un animal vivant dans son milieu naturel, une zone liminale entre le monde animal et celui des humains. Cette analyse permettra de réfléchir d'une part sur la façon dont le lauréat du Goncourt inclut l'intertexte africain dans la composition de son roman et d'autre part sur sa manière de proposer une vision originale de l'espace africain décolonial et écologique.

Mots-clés

Mohamed Mbougar Sarr – *La plus secrète Mémoire des hommes* – crocodile – décolonialité – intertexte

L'écrivain contemporain, dans le sens attribué par Roland Barthes en opposition à l'écrivant[1], n'est jamais là où l'on croit le trouver. Il se plaît à jouer à
cache-cache avec son lecteur universitaire. Celui-ci, fort de son outillage critique (dans les meilleurs cas), mobilise son savoir pour offrir une lecture qui
permet de cerner l'œuvre en question. Dans l'espace postcolonial qu'Emmanuel Kayembe nomme « un fourre-tout justifiant toute rébellion périphérique,
c'est-à-dire un alibi qui empêche d'aborder les véritables questions qui se
posent sur la scène mondiale de la production culturelle et littéraire »[2], ces
analyses ont souvent un air de famille : tel auteur donne une voix à ceux qui
n'en ont pas, met en valeur la résilience d'un individu et du peuple qu'il représente ; bref, instaure, par la fiction interposée, un contrepouvoir. Cela rassure
tout le monde.

L'écrivain contemporain n'est jamais là où l'on croit le trouver. Il est souvent
critique littéraire lui-même : une formation en lettres, parfois jusqu'au doctorat, un poste d'enseignement dans une université pour certains. Il participe à
des colloques et des journées de recherche où on parle de littérature et d'écriture (et de son œuvre) et il écoute. Aussi s'imprègne-t-il de la critique, celle qui
fait de ses publications des objets d'investigation. Il peut ainsi, sournoisement,
orienter la lecture qui sera faite du roman qu'il s'apprête à sortir. Les outils
sont bien simples : quelques notations dans le paratexte suffisent. Le lecteur
universitaire, fier de cette trouvaille, appliquera cette découverte à sa lecture,
convaincu d'avoir saisi l'essence même de l'œuvre en question. Tout, dans le
roman sur le tapis, confirme ce qu'il croit être son intuition : les noms de certains personnages, quelques mots et phrases parsemés dans le récit, une image
ou un sociogramme (puisque la sociocritique de Claude Duchet a la vie dure).

L'écrivain contemporain n'est jamais là où l'on croit le trouver. Ceci est
particulièrement le cas pour les enfants de la postcolonie, selon l'expression
de Abdourahman Waberi, cette génération dont Tierno Monénembo est l'un
des plus illustres précurseurs. Elle s'est défaite de l'engagement de naguère
pour multiplier ses rapports avec le continent africain et avec sa diaspora,
une Afrique à la fois espace réel, imaginaire ou invention. C'est V.Y. Mudimbe
qui a insisté sur cette dernière notion dans *The Invention of Africa* (1988) : la

---

1 Pour Roland Barthes, l'écrivain produit un texte qui « frappe d'enchantement le sens inten-
   tionnel, retourne la parole vers une sorte d'en-deçà du sens » (Roland Barthes, *Le Degré zéro
   de l'écriture*, Paris, Seuil, 1953, 115). Voir aussi Roland Barthes, « Écrivains et écrivants », dans
   idem, *Essais critiques*, Paris, Seuil, 1964.
2 Emmanuel Kayembe, « Écrivain africain francophone et langue d'écriture : entre utopie et
   réalité », dans Raymond Mbassi Atéba (ed.), *Francophonie et francophilie littéraires*, Paris,
   Karthala, 2022, 273-274.

terre africaine est un berceau de savoirs qu'il s'agit de faire ressurgir[3]. Comme l'indique Kusum Aggarwal, cet essai a pour objectif « d'organiser les conditions épistémologiques de sa libération discursive et de sa restitution au sein de la communauté des hommes habilités à sortir des assignations culturalistes et idéologiques »[4]. C'est sur cette substruction que surgit une Afrique littéraire. Elle produit, comme l'a suggéré naguère Bernard Mouralis, une contre-littérature : « La protestation contre la situation coloniale, la valorisation de la culture négro-africaine, la neutralisation des différents discours européens caractérisent indéniablement un processus de contre-littérature »[5]. Ce processus est multiforme ; au fait, depuis les années 1970, quand Mouralis a introduit cette notion, cette contre-littérature s'est essaimée, elle va dans tous les sens, dans la postcolonialité, dans la décolonialité.

L'écrivain contemporain n'est jamais là où l'on croit le trouver. Mohamed Mbougar Sarr est un de ces écrivains contemporains. Malgré sa relative jeunesse, il a saisi les logiques de l'institution littéraire et de sa critique. Son parcours l'y a guidé : né à Dakar en 1990, il fait de brillantes études, d'abord dans sa ville natale, ensuite à l'EHESS (École des Hautes Études en Sciences Sociales), où il commence une thèse sur Léopold Sédar Senghor ; parallèlement il consacre de plus en plus de temps à l'écriture fictionnelle. Celle-ci renvoie, au départ, à des questions brûlantes : l'emprise des milices islamiques djihadistes dans *Terre ceinte* (2015), les migrants africains en Sicile dans *Silence du chœur* (2017), le sujet délicat de l'homosexualité au Sénégal dans *De purs hommes* (2018). *La plus secrète Mémoire des hommes* (2021), au titre délibérément polysémique, roman-fleuve, polyphonique, est résolument plus ambitieux ; c'est le résultat d'années de réflexion sur la littérature : d'une part l'institution, le champ avec sa dynamique et ses récompenses, d'autre part l'écriture même : le style et l'intertextualité. Comme le résume la quatrième de couverture : « un chant d'amour à la littérature et à son pouvoir intemporel »[6]. Tout cela déclamé dans un esprit de décolonialité, mot d'ordre des « Ateliers de la pensée » de Dakar, auxquels l'auteur sénégalais a participé.

Aussi fallait-il que Sarr situe son roman dans cette nébuleuse qu'est la littérature. C'est là qu'apparaît son coup de maître, sa griffe : le renvoi à Yambo

---

3   Valentin-Yves Mudimbe, *The Invention of Africa*, Bloomington & Indianapolis, Indiana UP, 1988.

4   Kusum Aggarwal, « *The Invention of Africa* de V. Y. Mudimbe : un manifeste pour la restitution du sujet africain », *French Studies in Southern Africa* 51,1 (2021), 98.

5   Bernard Mouralis, *Les Contre-littératures*, Paris, Hermann, 2011, 195.

6   Mohamed Mbougar Sarr, *La plus secrète Mémoire des hommes*, Dakar/Paris, Jimsaan/Philippe Rey, 2023, quatrième de couverture.

Ouologuem et, par ricochet, au roman de celui-ci, *Le Devoir de violence* (1968)[7].
La dédicace d'abord, trois mots sur une page autrement blanche, dans son
parfait dépouillement : *À Yambo Ouologuem*. Repris dans la critique journalistique et reformulé dans des entrevues[8], cet héritage a fait son bout de chemin,
quitte à se montrer dans la critique universitaire. Or, ne serait-ce pas un simple
appât, un attrape-nigaud, une façon de rassurer ? La littérature africaine d'expression française est structurée en générations, et l'établissement de ponts
entre ces époques est sécurisant. Par ailleurs, le roman contemporain, celui
du *global turn*, se distancie du roman « engagé » des décennies précédentes
(on l'a signalé). Il est le lieu d'un métissage. Qui dit métissage dit ascendances
multiples, et dans le contexte postcolonial à la fois l'Afrique et l'Europe. C'est
ce que Dominic Thomas, à la suite de Françoise Lionnet, nomme le transcolo-
nialisme, un foisonnement d'identités dans les mouvements tant historiques
que géographiques, se manifestant dans les littératures et dans sa critique[9].
Sarr situe son roman dans ces interstices, ces multiples références – et une
traversée de l'Atlantique pour faire bonne mesure.

Je ne parlerai donc plus de Yambo Ouologuem[10] ; il risque toutefois de
pointer du nez. On se laisse néanmoins influencer par cette perche tendue :
et si d'autres écrivains se dissimulaient derrière l'auteur du *Devoir de violence* ?
Ou plutôt, si d'autres récits ont marqué de leur empreinte le roman entre nos
mains ? Une trame, en effet, peut en cacher une autre. Cette intuition n'est
guère originale ; on ne fait que répondre à l'appel de pied lancé par Sarr. *La
plus secrète Mémoire des hommes* s'attarde sur la réécriture, le plagiat, dans une
« narration […] truffée d'emprunts »[11]. Quand le narrateur entame son enquête
sur T.C. Elimane, il déclare : « Je pastichais, parodiais, plagiais »[12] ; par là commence toute écriture (Proust l'avait déjà compris). De plus, *Le Labyrinthe de*

---

7   Yambo Ouologuem, *Le Devoir de violence*, Paris, Seuil, 2018 [1968].

8   Elara Bertho mentionne quelques exemples. Voir Elara Bertho, « Écrivains 'noirs' et prix
     littéraires. Enquête et contre-attaque selon Mohamed Mbougar Sarr », *Annales. Histoire,
     Sciences sociales* 77,3 (2022), 491-507.

9   Dominic Thomas, *Black France. Colonisation, Immigration, and Transnationalism*, Bloo-
     mington & Indianapolis, Indiana UP, 2007.

10   Cette piste est toutefois légitime et elle a déjà été explorée. Elara Bertho illustre judi-
     cieusement certaines similitudes entre le parcours d'Elimane et celui d'Ouologuem, mais
     également ceux de René Maran, Bakary Diallo et Camara Laye (Bertho, « Écrivains 'noirs'
     et prix littéraires »). Voir aussi Elgas, qui explore comment Ouologuem et Sarr, parmi
     d'autres écrivains, sont, par suite de leur succès, accusés de tous les maux à tel point qu'ils
     deviennent des aliénés (Elgas, *Les Bons Ressentiments. Essai sur le malaise post-colonial*,
     Paris, Riveneuve, 2023).

11   Bertho, « Écrivains 'noirs' et prix littéraires », 496.

12   Sarr, *La plus secrète Mémoire*, 21.

l'inhumain, le roman présumé d'Elimane, est, pour les critiques occidentaux, un plagiat. L'un d'eux déclare : « Être un grand écrivain n'est peut-être rien de plus que l'art de savoir dissimuler ses plagiats et références »[13] ; on ne pourrait pas mieux dire. Ouologuem l'avait déjà signalé dans sa *Lettre à la France nègre* : chaque écrivain est le nègre d'un autre, chaque écrivain noir est au départ le « pisse-copie nègre d'un écrivain célèbre »[14]. C'est la voie obligatoire vers le succès : on s'approprie les recettes de l'auteur établi, comme l'auteur de *Lettre à la France nègre* l'illustre avec le roman policier. Ainsi, « les vrais plagiats [sont] les plagiats littéraires »[15], selon un autre critique du *Labyrinthe de l'inhumain* ; ce sont ceux-là qui méritent qu'on s'y attarde. Suivons donc cette piste intertextuelle. En creux, dans un contexte décolonial, de ce que Homi Bhabha nomme le cosmopolitisme vernaculaire[16], on peut estimer que c'est un intertexte africain qui participe à l'élaboration du roman de Sarr.

La saga sarrienne, par son ampleur, propose de multiples itinéraires épistémologiques ; choisissons-en une, à partir d'une inscription, d'une image. D'un animal au fait. Le crocodile. Animal emblématique dans certaines traditions africaines, il est l'objet de nombreux contes, transmis de génération en génération. C'est un animal terrifiant, mais, il faut le reconnaître, pas toujours le plus intelligent. Il a intégré la littérature écrite, par les contes d'abord ; Diassigue-le-caïman dans « Maman caïman » ou encore « Le salaire » de Birago Diop[17] ; pensons également à *La mare aux crocodiles* de François-Joseph Amon D'Aby (1973)[18]. Pour Golo le singe, dans « Maman Caïman », « les Caïmans étaient les plus bêtes de toutes les bêtes, et cela, parce qu'ils avaient la meilleure mémoire du monde »[19] ; un lien est ainsi établi entre d'une part l'animal, porteur malgré sa sottise d'un long héritage, et d'autre part la souvenance, et en conséquence le mythe[20].

---

13   *Ibid.*, 129.
14   Yambo Ouologuem, *Lettre à la France nègre*, Paris, Edmond Nalis, 1968, 163.
15   Sarr, *La plus secrète Mémoire*, 268.
16   Homi Bhabha, « Avant-propos : un cosmopolitisme vernaculaire », dans idem, *Les Lieux de la culture*, Paris, Payot & Rivages, 2007, 9-25.
17   Birago Diop, *Les Contes d'Amadou-Koumba*, Paris, Présence africaine, 1961.
18   François-Joseph Amon d'Aby, *La Mare aux crocodiles, contes et légendes populaires de Côte-d'Ivoire*, Abidjan, Les Nouvelles Éditions Africaines, 1983. Ainsi dans « L'araignée et le crocodile », ce dernier est berné par l'arachnide qui profite de l'absence de la mère pour manger ses enfants.
19   Diop, *Les Contes*, 49.
20   Pour Lambert Konan Yao, « en plus de sa fonction de détenteur du savoir, le caïman, tout comme le crocodile, sert de passeur » (Lambert Konan Yao, « De la signification de quelques reptiles dans les contes africains », *Estudios Románicos* 20 [2011], 159-174, 167).

Il est toutefois sensiblement plus inquiétant dans la littérature écrite – je me limite ici aux textes en français. Il ne fait qu'une brève apparition dans *Le Devoir de violence* pour décrire la fin du sorcier Bourémi : « Un cri, des interpellations, une houleuse horreur écrasèrent la foule, car, déchiquetant d'un claquement puissant de leur queue le sorcier, immédiatement fendu en deux, trois crocodiles le happèrent »[21]. Sa présence est plus manifeste dans *Les Soleils des indépendances* d'Ahmadou Kourouma – autre roman incontournable de 1968 – où la bête apparaît dans le dénouement. Au retour de Fama dans son fief, le récit insiste sur la place centrale qu'occupe le reptile carnivore : « Fama était en terre Horodougou ! Tout lui appartenait ici, tout, même le fleuve qui coulait à ses pieds, le fleuve et les crocodiles sacrés qui l'habitaient en cet endroit. Bâtardise de la colonisation et des Indépendances ! »[22]. Or, l'animal préside à la fin du héros, comme le souligne Kourouma dans son style inimitable : « il était grièvement atteint à mort par le saurien »[23]. Dans ces deux romans, le crocodile porte un coup fatal ; de même, il surpasse son animalité pour se situer dans une sphère fantasmagorique.

Or, un roman, publié exactement vingt ans plus tôt, en 1948, lui offrait un rôle largement plus important. Pour Pius Ngandu Nkashama, dans son analyse de cet ouvrage,

> l'onirisme reptilien, et plus précisément saurien, [...] semble marquer, à lui seul, le thème et la trame essentielle du récit. Et le héros principal – cela apparaît même à une première lecture – n'est pas le jeune Musolinga, ni même son 'tendre et affectueux père' Munsemvola, mais bien le monstre 'ngando', le crocodile de l'affreuse mama Ngalube[24].

Ngando (*Le crocodile*)[25] de Paul Lomami Tshibamba, puisque c'est l'œuvre dont il est question, est considéré comme le véritable premier roman congolais en français, fortement imprégné par la vision du monde indigène. Pour Pierre Halen, « c'est un texte-charnière entre les 'contes indigènes' et le 'roman

---

21   Ouologuem, *Le Devoir de violence*, 85.

22   Ahmadou Kourouma, *Les Soleils des indépendances*, Paris, Seuil, « Points », 1995, 192.

23   *Ibid.*, 193.

24   Pius Ngandu Nkashama, « Le symbolisme saurien dans 'Ngando' de Lomami-Tchibamba », *Présence Africaine* 123,3 (1982), 153.

25   Paul Lomami Tchibamba, *Ngando* (*Le crocodile*), Bruxelles, Éditions Georges Deny, 1948. On note que le titre comprend la traduction française de ngando entre parenthèses.

africain' »[26] qui « favorise deux types de lecture »[27]. L'auteur est un parfait contemporain de T.C. Elimane, le personnage de Sarr. L'un est né en juillet 1914, exactement au même moment où l'autre a été conçu – Elimane a vu le jour neuf mois plus tard en mars 1915. En 1938, alors que paraît *Le Labyrinthe de l'inhumain*, Tshibamba devient typographe pour la compagnie du Chemin de Fer Bas-Congo ; il publiait déjà dans la revue catholique, *La croix du Congo*. Ce recoupement met en exergue le double parcours de l'écriture : inventer d'une part, retaper de l'autre. Ces coïncidences chronologiques, qui n'existent pas dans le cas d'Ouologuem[28], autorisent le rapprochement.

Ngando narre l'histoire du rapt d'un enfant, Musolinga, par un crocodile alors que l'adolescent, ayant décidé avec ses amis de faire l'école buissonnière, nageait dans le fleuve Congo à Léopoldville. Au-delà, c'est l'histoire d'une sorcellerie, car le saurien est le double maléfique d'une vieille dame sorcière qui veut « manger » l'enfant. Un féticheur indique au père de Musolinga le moyen de ramener son fils à la vie ; une opération nocturne subaquatique, durant laquelle l'équipée doit garder, tel Orphée aux enfers, le silence total. Or, ce féticheur veut se venger du père de Musolinga, car celui-ci a épousé Koso, qu'il convoitait – c'est l'intrigue romanesque. L'aventure se termine mal : l'enfant et les secouristes finissent tous par périr, car ceux-ci n'ont pu s'empêcher de parler (le premier mot est un simple « aille »). Ce récit se trouve à cheval entre le mythe, le conte et le roman moderne. L'auteur réutilise des techniques du roman colonial pour mieux décrier, sans en avoir l'air, les méfaits de la colonisation ; pour Halen, il s'agit d'une « parabole du Pouvoir »[29]. Il intègre les réalités historiques et géographiques (avec l'importance du fleuve) de son pays, mais aussi les mythes, le tout agrémenté d'une ironie qui met à mal le pouvoir colonial. En gros, Lomami Tshibamba remémore des récits ancestraux pour leur donner une nouvelle vie, un nouveau sens, pour évoquer ce qu'on a pu nommer le « fondamental » (par exemple quand Frantz Fanon évoque le rythme senghorien) : ils font partie du présent, de l'avenir aussi. En l'insérant dans le quotidien, ces récits sont actualisés et gardent toute leur signification.

---

26   Pierre Halen, « Relire *Ngando* de Paul Lomami-Tshibamba (1948), cinquante ans après », dans Hans-Jürgen Lüsebrink et Katharina Städtler (ed.), *Les Littératures africaines de langue française à l'époque de la postmodernité. États des lieux et perspectives de la recherche*, Oberhausen, Athena Verlag, 2004, 59.

27   *Ibid.*, 65.

28   Ainsi, la perception que *La plus secrète Mémoire des hommes* serait une biographie romancée de la vie de Yambo Ouologuem ne trouve aucun fondement dans le texte. On note toutefois que Ouologuem et Elimane sont morts la même année (2017).

29   Halen, « Relire *Ngando* », 76.

Instaurés dans un nouveau cadre marqué par cette rencontre entre l'Occident et l'Afrique, ces récits réapproprient l'espace qui est transformé : d'une part, la spatialité coloniale, marquée par les dualités et le rôle central de l'argent (thème principal de *Ah ! Mbongo*, un autre roman de Tshibamba, publié pos-thumement), d'autre part la spiritualité indigène, où tout est réuni dans un ensemble, qui souvent dépasse la compréhension du simple mortel.

Qu'en est-il du crocodilien mangeur d'hommes dans *La plus secrète Mémoire des hommes* ? Il apparaît dans deux sections du roman (en plus de deux renvois ponctuels). La première occurrence se trouve dans le chapitre III de la première partie du deuxième livre, intitulée « Le testament d'Oussey-nou Koumakh », le début d'un long retour en arrière. Ousseynou Koumakh est l'oncle de T.C. Elimane, et c'est lui qui a élevé ce dernier quand son père présumé, Assane, était parti comme tirailleur en France. Il raconte à sa fille Siga D. l'origine de T.C. Elimane (elle est la demi-sœur d'Elimane, mais ne l'a pas connu, car elle est née après le départ pour l'Europe de ce dernier). Voyons le début de la première occurrence.

> Nous sommes nés en 1888. Je précise – mais tu le sais peut-être déjà – que je ne suis pas né aveugle. J'ai vu. Les vingt premières années de ma vie, j'ai vu. Mais c'est une autre histoire qui arrivera plus tard. Nous sommes nés en 1888, donc. Nous n'avons pas connu notre père. Il était mort à la pêche entre les mâchoires d'un grand crocodile dont la légende terrifiante a tra-versé toute notre enfance. Notre mère, Mboyil, ta grand-mère, nous por-tait depuis six mois quand notre géniteur, on ignore pour quelle raison, était allé pêcher seul dans la plus dangereuse partie du fleuve. C'était le territoire du monstre. [...]. Du corps de [notre père], il n'était rien resté. Il n'y avait donc pas de tombe sur laquelle on aurait pu se recueillir, du moins pendant les premières années de notre vie[30].

Dans l'égrènement des souvenirs du vieil homme, le point de départ est cette scène fluviale (le crocodile, on l'a signalé, se situe plus souvent dans le dénouement, souvent fatidique). Ce récit semble à première vue réaliste ; il est toutefois narré à la première personne. Le narrateur joue sur l'ambiguïté de la notion « légende terrifiante » : une légende peut être à la fois un « récit à caractère merveilleux » ou la « représentation d'un fait, d'un événement réel, historique, déformé et embelli par l'imagination »[31]. Par rapport à Tshibamba, le récit est épuré : la motivation est inconnue (le grand-père a-t-il été ensorcelé

---

30   Sarr, *La plus secrète Mémoire*, 172.
31   « Légende », *La langue française*.

ou s'agissait-il d'un accès de folie ?) mais ce qui demeure est que le monstre possède un territoire qui est le sien, d'où les notions d'interdit, de transgression et de surnaturel (personne n'a vu « l'énorme crocodile qui régnait sur le fleuve »). Par ailleurs, il est promis un prolongement, comme l'indiquent les dernières lignes de cet extrait.

Continuons donc notre lecture. Comme dans *Ngando*, une mission est organisée pour tuer la bête monstrueuse, avec en son sein une figure paternelle ; dans le roman du Sénégalais, il s'agit de l'oncle Tokô Ngor, grand-oncle d'Elimane et de Siga D., la destinatrice privilégiée de ce récit. Voici l'extrait :

> À la fin de l'année 1898 – nous avions donc dix ans –, un groupe d'hommes, parmi lesquels celui qui nous a élevés, a mené une expédition de trois jours sur le fleuve. Le but de cette chasse était de tuer le crocodile qui terrorisait la région, et auquel on attribuait toutes les morts inexpliquées et disparitions du pays, même quand elles n'arrivaient pas sur le fleuve. Mais il fallait un bouc émissaire : ce fut le crocodile. Les hommes organisèrent une campagne fluviale et réussirent à tuer le monstre, après une lutte âpre et violente. Trois chasseurs furent tués et dévorés ; deux autres, amputés (l'un d'un bras, l'autre d'une jambe). Mais on tua finalement l'animal.
>
> Celui qui lui avait porté le coup de grâce fut notre oncle Ngor, Tokô Ngor, comme nous l'appelions. [...] Pendant dix ans, il avait nourri une rancune tenace contre l'animal, qu'il essaya d'abattre seul de nombreuses fois, en risquant sa vie. Cette fois-là il réussit. Quand il est revenu, vengé et victorieux, j'ai senti, même si j'étais un enfant, qu'il avait changé. Il ressemblait à un malade guéri après de longues années de souffrance. Mais j'ai surtout compris cette nuit-là que je me trompais : ce qui avait le plus peiné Tokô Ngor toutes ces années n'était pas que le crocodile fût toujours vivant ; c'était que son frère n'eût pas de tombe où il pût aller le pleurer[32].

Par rapport au roman de Tshibamba, on note des variations : l'expédition ne se fait pas immédiatement, mais dix ans après la mort cruelle de l'aïeul, et de plus, il s'agit, de la part de Tokô Ngor, d'une vendetta personnelle. La mission de sauvetage est devenue un acte de vengeance ; il ne s'agit pas de soutirer des crocs odieux un enfant innocent, mais de donner le coup de grâce au trouble-fête. Il faut dire que le crocodile est bien isolé et mystérieux : sans confrères – il n'est fait aucune mention d'un sabbat nocturne sous-marin comme chez

---

32   Sarr, *La plus secrète Mémoire*, 172-173.

Tshibamba –, il n'est pas au service d'un banal sorcier. Les croyances se limitent à la réputation de l'animal : on lui « attribuait toutes les morts inexpliquées et disparitions du pays », et, dès lors il devient le bouc émissaire. L'explication est d'ordre psychologique, non plus symbolique ou mythique. Malgré une issue dissemblable, il existe des similitudes : la « lutte âpre et violente », le nombre total de victimes, cinq. Force est de noter qu'on se situe néanmoins dans une autre sphère, qui est celle de la mythologie familiale : les générations qui vont suivre seront marquées par cet épisode déclencheur. Ainsi, la première décision prise après l'enterrement des entrailles du crocodile par Tokô Ngor est de séparer les parcours des deux fils : Ousseynou Koumakh va suivre la voie musulmane et traditionnelle, Assane ira à l'école française. Ce dernier prendra dès lors un prénom européen : nulle surprise que le choix se porte sur... Paul, le même prénom que celui de Lomami Tshibamba.

Il apparaît donc que le crocodile n'est qu'un animal, certes féroce et mystérieux, sans rapport ontologique avec les croyances ancestrales. Pas tout à fait. Le monstre réapparaît dans le chapitre suivant. On est une douzaine d'années plus tard et Ousseynou Koumakh, devenu pêcheur, retourne à l'endroit où la bête a été capturée. La « rumeur » autour de celle-ci persistait, mais il y a plus : « Je me trouvais », indique le narrateur, « dans ces eaux remplies de mythes et de souvenirs »[33]. Cette fois-ci, comme dans *Ngando*, on est entrainé sous la surface de l'eau, dans un univers onirique. Ne résistant pas à la « force » qui le submerge et le tient prisonnier, Ousseynou Koumakh fait un rêve dans lequel il aperçoit différentes personnes de son passé, de son présent et de son avenir, ainsi qu'« une créature monstrueuse à corps d'homme et à tête de crocodile »[34]. Quand le jeune pêcheur se retrouve dans sa barque, il est devenu aveugle : « À mon réveil j'étais de nouveau sur ma barque, comme si rien ne s'était passé et que je ne l'aie jamais quittée. Une seule chose avait changé : je ne voyais plus rien... »[35]. Que peut-on y lire ?

L'oncle de T.C. Elimane a suivi, on l'a indiqué, une formation traditionnelle : « Je croyais (j'y crois encore) aux *pangols* des eaux. J'étais attaché à nos traditions. J'étais un pêcheur. Et tout pêcheur d'ici sait qu'on voit parfois dans l'eau des choses surnaturelles »[36]. On passe dans cet extrait, comme dans le roman de Tshibamba et selon la théorie de Tzvetan Todorov, de l'étrange (une explication réaliste est envisageable), au fantastique d'abord (le doute s'installe chez le narrateur et le lecteur), au merveilleux ensuite, avec l'apparition

---

33   *Ibid.*, 184.
34   *Ibid.*, 185.
35   *Ibid.*, 185.
36   *Ibid.*, 184.

d'êtres surnaturels. On le sait, dans une confrontation avec un saurien, si on n'y laisse pas la vie, on risque de perdre soit un bras, soit une jambe ; la vue, c'est plus inattendu. De plus, il se produit une métamorphose et le jeune villageois fait face à un reptile humanoïde : « Il paraissait évident, par exemple, que l'homme-crocodile était l'incarnation hybride de mon père et du saurien qui l'avait dévoré »[37]. Une nouvelle fois, on se rapproche de l'univers tshibambien, dans lequel le crocodile se comporte tel un être humain : chez l'auteur congolais, il parle et possède des sentiments. Or, le saurien sarrien n'est pas le double d'une quelconque sorcière qui désire se venger. Le personnage se mesure à ses propres démons et au final, malgré la cécité, il les aura vaincus ; il deviendra un sage que les villageois pourront consulter pour tous leurs soucis quotidiens. Au final, l'harmonie, à la fois écologique et humaine, est rétablie. La section du fleuve (vers lequel l'on ne retourne plus) redevient le territoire attitré du crocodile. Ousseynou, le voyant aveugle, transmettra sa spiritualité à T.C. Elimane, l'auteur du *Labyrinthe de l'inhumain*.

Pour compléter le portrait du saurien chez Sarr, il faut s'arrêter à un roman sénégalais contemporain de *La plus secrète Mémoire des hommes* ; il s'agit de *Crocodile-Ville* d'Abdoulaye Élimane Kane, publié en 2020 chez L'Harmattan Sénégal[38]. Notons d'emblée deux variations importantes dans cet apparentement, au niveau du contexte d'émergence, l'une générationnelle et l'autre éditoriale. En premier lieu, Kane est ancien professeur de philosophie à l'Université Cheikh Anta Diop de Dakar et compagnon de route de Lilyan Kesteloot, et appartient donc à la génération qui a formé celle de Sarr. Ensuite, la maison d'édition Philippe Rey, pour la première édition de *La plus secrète Mémoire des hommes*, est bien plus prestigieuse que L'Harmattan. Alors que les deux romans sont publiés simultanément à Paris et à Dakar, c'est l'édition française qui est priorisée (et qui remporte le Goncourt) chez Sarr et c'est la publication sénégalaise qui est mise en valeur chez Kane ; son roman s'adresse en premier lieu à un public local.

Crocodile-Ville (on note que le nom de l'auteur, Élimane, devient celui du personnage sarrien – serait-ce un autre clin d'œil ?) se situe dans le monde de l'architecture et de l'urbanisme, une façon de créer une intrigue, vaguement policière. Le dénouement se situe dans une ville utopique, dans l'est du Sénégal, qui combine les technologies de pointe et les connaissances endogènes. Crocodile-Ville, c'est son nom, est « la conjonction de deux facteurs : la passion [...] pour les villes intermédiaires et [...] pour les constructions

37 *Ibid.*, 185.
38 Abdoulaye Élimane Kane, *Crocodile-Ville*, Dakar, L'Harmattan Sénégal, 2020.

à base de matériaux locaux »[39]. Cette cité s'est érigée à un endroit où a été enterré « l'ÉTALON-CROCODILE, NGARI MAYO [...] mort [...] à l'âge de 99 ans, deux semaines et trois jours »[40]. Ainsi, comme dans *La plus secrète Mémoire des hommes*, la sépulture du saurien est le lieu d'une convention, d'« un pacte entre le monde de l'eau et celui des humains »[41], qui noue un passé mythique aux futurs développements, d'une famille chez l'un et d'une agglomération chez l'autre. Le crocodile, une fois enseveli, marque de son sceau les communautés qui ont pris part à la cérémonie (réunissant tout le village chez Kane, plus intime chez Sarr). L'animal, en fin de compte, marque l'adhésion à un passé mythique et à un équilibre naturel où chaque créature trouve sa place.

Au terme de ce parcours, on ne prétend évidemment pas que Sarr se soit inspiré directement de *Ngando*[42]. Peut-être qu'il ne l'a même pas lu[43]. Dans ce sens, le titre de cet article est quelque peu provocateur. La question n'est pas là. Ce sont les romans eux-mêmes qui, aux dépens de leurs auteurs, communiquent, établissent des liens, se dévorent, tels des crocodiles s'en allant à la guerre, traînant la queue (comme le chante la comptine) ; c'est ce que le lecteur avisé ou candide se plaît à déceler[44]. L'écrivain décolonial se situe donc dans ce cosmopolitisme vernaculaire, qui, pour Bhabha, est « un droit à la différence dans l'égalité », une façon non élitiste de se situer dans plusieurs cultures[45]. Pour l'écrivain africain contemporain, dans un espace d'énonciation marqué par la décolonialité et l'écologie, les éléments culturels sont issus d'une historiographie et d'une géographie désoccidentalisées. Ils intègrent néanmoins un espace de référence parisien, ce centre de l'institution littéraire, capitale de la République mondiale des lettres, telle que perçue par Pascale Casanova. Tout comme l'homme-crocodile est une « incarnation hybride »[46], le roman de

---

39   Kane, *Crocodile-Ville*, 181.

40   *Ibid.*, 165.

41   *Ibid.*, 165.

42   Et encore moins de *Crocodile-Ville*, qui a paru alors que Sarr mettait la dernière touche à son opus.

43   Mohamed Mbougar Sarr me l'a d'ailleurs confirmé à la fin d'une communication que j'ai présentée sur le sujet. Il a ajouté qu'il allait certainement lire *Ngando*, tout en signalant qu'il a une phobie des crocodiles.

44   Citons Ahmadou Kourouma : « Et c'est précisément ce que l'écrivain a mis sans le savoir que les critiques relèvent et c'est ce qui permet une autre lecture du livre, l'élargit et l'approfondit. – Si un livre se limitait à ce que l'écrivain consciemment y a placé, rapidement il s'épuiserait ». Cité par Ingse Skattum, « Passion et poésie. Analyse stylistique d'un roman africain : *Les Soleils des Indépendances* par Ahmadou Kourouma », mémoire, Université d'Oslo 1981, 236.

45   Bhabha, « Avant-propos », 16. Bhabha cite Renée Balibar.

46   Sarr, *La plus secrète Mémoire*, 185.

Sarr, suivant la pensée de Bhabha (et de Glissant), met en rapport le local et le global, grâce à des flux identitaires. Dans le cas de *La plus secrète Mémoire des hommes* l'appel à *Ngando* se situe dans le local (pour les adeptes du panafricanisme), mais inclut le roman congolais publié près de trois quarts de siècle plus tôt dans une nouvelle sphère, plus englobante, celle baptisée « universel latéral » par Souleymane Bachir Diagne, expression reprise par Elara Bertho[47] ; c'est ce que le crocodile a permis d'établir.

Ainsi le crocodile mangeur d'homme, à la fois ancêtre et mythe, famille et peuple, inscrit-il ce roman dans une ascendance, redorant du coup le blason de Tshibamba. Sarr, écrivain-monde, dans « l'espace poétique », qui est à la fois « espace de la révélation »[48], nourrit son œuvre de bribes d'existences livresques. Grâce à lui, il est confirmé que la littérature est une mare aux crocodiles, peuplée de ces animaux à face humaine, ou, soyons plus précis, à face littéraire. C'est cela qui attire les lecteurs, parmi eux les dix qui se sont réunis en septembre 2021 au premier étage du restaurant Drouant, pour décerner un prix au « meilleur ouvrage d'imagination en prose, paru dans l'année » (je pèse chaque mot).

L'œuvre littéraire contemporaine n'est jamais là où l'on croit la trouver. Ce que l'on sait, c'est qu'elle vous croquera.

Bibliographie

Aggarwal, Kusum, « *The Invention of Africa* de V. Y. Mudimbe : un manifeste pour la restitution du sujet africain », *French Studies in Southern Africa* 51,1 (2021), 94-111.

Amon d'Aby, François-Joseph, *La Mare aux crocodiles, contes et légendes populaires de Côte-d'Ivoire*, Abidjan, Les Nouvelles Éditions Africaines, 1983.

Barthes, Roland, *Le Degré zéro de l'écriture*, Paris, Seuil, 1953.

Barthes, Roland, « Écrivains et écrivants », dans idem, *Essais critiques*, Paris, Seuil, 1964, 148-151.

Bertho, Elara, « Écrivains 'noirs' et prix littéraires. Enquête et contre-attaque selon Mohamed Mbougar Sarr », *Annales. Histoire, Sciences sociales* 77,3 (2022), 491-507.

Bhabha, Homi, « Avant-propos : un cosmopolitisme vernaculaire », dans idem, *Les Lieux de la culture*, Paris, Payot & Rivages, 2007, 9-25.

Diop, Birago, *Les Contes d'Amadou-Koumba*, Paris, Présence Africaine, 1961.

Elgas, *Les Bons Ressentiments. Essai sur le malaise post-colonial*, Paris, Riveneuve, 2023.

---

47   Bertho, « Écrivains 'noirs' », 506.
48   Radiofrance, « Mohamed Mbougar Sarr dans le labyrinthe littéraire », www.radiofrance.fr/.

Halen, Pierre, « Relire *Ngando* de Paul Lomami-Tshibamba (1948), cinquante ans après », dans Hans-Jürgen Lüsebrink et Katharina Städtler (ed.), *Les Littératures africaines de langue française à l'époque de la postmodernité. États des lieux et perspectives de la recherche*, Oberhausen, Athena Verlag, 2004, 59-79.

Kane, Abdoulaye Élimane, *Crocodile-Ville*, Dakar, L'Harmattan Sénégal, « Nouvelles lettres sénégalaises », 2020.

Kayembe, Emmanuel, « Écrivain africain francophone et langue d'écriture : entre utopie et réalité », dans, Raymond Mbassi Atéba (ed.), *Francophonie et francophilie littéraires*, Paris, Karthala, 2022, 267-287.

Kourouma, Ahmadou, *Les Soleils des indépendances*, Paris, Seuil, « Points », 1995 [1968, 1970].

« Légende », *La langue française*, https://www.lalanguefrancaise.com/dictionnaire /definition/legende (consulté le 26 novembre 2023).

Lomami Tshibamba, Paul, *Ah ! Mbongo*, Paris, L'Harmattan, 2007.

Lomami Tshibamba, Paul, *Ngando (Le crocodile)*, Bruxelles, Georges Deny, 1948.

Mouralis, Bernard, *Les Contre-littératures*, Paris, Hermann, 2011 [1975].

Mudimbe, Valentin-Yves, *The Invention of Africa*, Bloomington & Indianapolis, Indiana UP, 1988.

Ngandu Nkashama, Pius, « Le symbolisme saurien dans *Ngando* de Lomami-Tchibamba », *Présence Africaine* 123,3 (1982), 153-187.

Ouologuem, Yambo, *Le Devoir de violence*, Paris, Seuil, 2018 [1968].

Ouologuem, Yambo, *Lettre à la France nègre*, Paris, Edmond Nalis, 1968.

Radiofrance, « Mohamed Mbougar Sarr dans le labyrinthe littéraire », www.radio france.fr/franceculture/podcasts/la-grande-table-culture/mohamed-mbougar-sarr -dans-le-labyrinthe-litteraire-8539730 (consulté le 26 novembre 2023).

Sarr, Mohamed Mbougar, *Terre ceinte*, Paris, Présence africaine, 2015.

Sarr, Mohamed Mbougar, *Silence du chœur*, Paris, Présence africaine, 2017.

Sarr, Mohamed Mbougar, *De purs hommes*, Paris/Dakar, Philippe Rey/Jimsaan, 2018.

Sarr, Mohamed Mbougar, *La plus secrète Mémoire des hommes*, Paris, Le Livre de Poche, 2023 [2021].

Skattum, Ingse, « Passion et poésie. Analyse stylistique d'un roman africain : *Les Soleils des Indépendances* par Ahmadou Kourouma », mémoire, Université d'Oslo, 1981.

Thomas, Dominic, *Black France. Colonisation, Immigration, and Transnationalism*, Bloomington & Indianapolis, Indiana UP, 2007.

Yao, Lambert Konan, « De la signification de quelques reptiles dans les contes africains », *Estudios Románicos* 20 (2011), 159-174.

Interlude

∵

Comment naît un programme d'édition ?

Isabel Kupski

Les décisions concernant le programme d'édition sont prises par le comité de lecture, à l'intérieur duquel les éditeurs et éditrices employé·e·s par la maison d'édition (*Lektorinnen und Lektoren* en allemand) jouent un rôle central. Les scouts, quant à eux, sont free-lance. Les services marketing, distribution et presse sont intégrés dans le processus de décision et peuvent, le cas échéant, déconseiller une acquisition s'il n'est pas garanti que le titre s'imposera.

Les conditions préalables à un programme d'édition littéraire et économique sont (dé)favorisées par les contacts qu'ont les éditeurs et éditrices sur le marché national et international. Le processus de l'édition germanophone (cela concerne l'Allemagne, l'Autriche et la Suisse) diffère de celle de l'édition internationale. Je me concentrerai ici sur le marché international et francophone du livre.

Sur les différents marchés internationaux, l'éditeur ou l'éditrice a des contacts qui sont cruciaux pour son travail, c'est-à-dire
– les agences,
– les scouts et, évidemment,
– les maisons d'édition, où notamment le contact avec le service des droits et le comité de lecture est central.
Les contacts sont constants et renforcés lors de salons du livre à Londres, Francfort, Paris, Turin, Göteborg, Guadalajara, pour ne citer que les plus importants, ainsi que lors de visites régulières sur place.

Le scout travaille de manière indépendante. En général, il a des clients dans différents pays, tandis que dans un même pays, le scout travaille exclusivement pour une seule maison d'édition.

L'éditeur ou l'éditrice ne peut pas avoir une vue d'ensemble du marché francophone, qui comprend la France, la Belgique, la Suisse, le Canada et de plus en plus les pays africains francophones – je voudrais ici chaleureusement remercier le blogueur littéraire Réassi Ouabonzi, qui m'aide à avoir accès à cette vaste région, et l'agent Raphaël Thierry, qui m'ouvre un autre marché du livre – notamment parce que le quotidien d'une maison d'édition implique beaucoup plus que la simple prospection : c'est la raison pour laquelle l'éditeur ou l'éditrice travaille avec des scouts sur les principaux marchés du livre. Généralement, les maisons d'édition ont des scouts aux États-Unis, au Royaume-Uni, en France, en Espagne et/ou en Amérique latine, parfois en Asie. Les scouts américains travaillent de plus en plus à l'échelle mondiale. Reste à savoir si cela est judicieux.

Le scout entretient des contacts sur place avec les départements de droits et les éditeurs ou éditrices des maisons d'édition ainsi qu'avec les agences. En tant que scout, on devrait avoir vu tous les titres, du moins les connaître tous, ce qui est humainement impossible, mais il faut tenter une approximation. En tant que scout, on s'informe en outre via les journaux de la branche, les quotidiens, les magazines culturels, les émissions de télévision et de radio.

Le scout est en contact permanent avec les départements des droits des maisons d'édition et les agents et est informé des titres à paraître et des prix. Au cas où une première offre a été faite pour un titre, le scout doit immédiatement en informer son client pour que celui-ci puisse décider s'il souhaite participer aux enchères pour ce titre.

En outre, le contact avec les éditeurs ou éditrices est utile, car il permet de prendre connaissance des projets à venir.

Le scout participe également aux conférences des représentants de différentes maisons d'édition, désignées par le terme français de « rentrée », qui ont lieu deux fois par an. Contrairement aux conférences de représentants germanophones, où les éditeurs et éditrices, accompagnés de services commerciaux, marketing et presse, présentent les titres, en France, ce sont les auteurs eux-mêmes qui présentent leurs titres, parfois lors d'un entretien avec le comité de lecture ou avec un journaliste. En France également, les services marketing, commercial et presse n'apparaissent pas lors de ces conférences « rentrée », l'accent est mis plutôt sur la présentation des nouveaux titres. Ce sont surtout les libraires qui sont invités à ces réunions, les petites maisons d'édition se déplacent elles-mêmes chez les libraires pour présenter les nouveaux programmes.

Les scouts sont dans la boucle des ayants droit et reçoivent les manuscrits avant leur parution et avec les informations nécessaires : si un autre éditeur germanophone a déjà une option sur l'auteur parce qu'il a déjà des titres antérieurs de l'auteur dans son programme ; dans quels autres pays le titre a déjà été vendu ; des informations sur le premier tirage ; ce que l'on attend du livre ; si l'on pense qu'il 'marchera'. Le scout devra alors hiérarchiser les nombreux titres qui l'assaillent, et ce à plusieurs niveaux :

- Comment le titre est-il présenté dans le pays d'origine, quelle position occupe-t-il dans le programme, quel est son tirage ?
- Quelles sont les possibilités de publication de l'éditeur cible, dans mon cas Rowohlt ?

– Quelles sont les attentes du public francophone par rapport au public germanophone ?

En effet, si un titre connaît un grand succès sur le marché francophone, il ne doit pas nécessairement avoir du succès sur le marché germanophone et vice versa.

Le scout est en contact permanent avec les éditeurs et éditrices de son client dans les domaines divers du livre, de la littérature grand public, de la non-fiction et, parfois, du livre pour enfants. Comme mon client se trouve à Hambourg et à Berlin, et que les deux maisons travaillent indépendamment l'une de l'autre et tiennent des programmes différents, je parle certes des mêmes titres avec les éditeurs et éditrices de chaque maison, mais de possibilités de publication différentes. Je fais un rapport hebdomadaire – certains scouts font un rapport bimensuel ou seulement une fois par mois – avec un « report » détaillé dans lequel je fais des recommandations et où je souligne quel titre il faut considérer rapidement parce qu'il s'agit

– du titre d'un auteur qu'une autre maison d'édition a déjà sous contrat (dans ce cas, cet éditeur a une option, voir ci-dessus)
– d'un titre qui occupe une position privilégiée pour la maison d'édition étrangère
– d'un titre qui est susceptible d'être primé ou qui est, de manière générale,
– susceptible d'avoir du succès.

Parallèlement, je continue à réfléchir : à quel titre pourrait correspondre tel programme de la maison pour laquelle j'évalue les titres ?

Indépendamment du scout, les éditeurs et éditrices proposent également des titres au comité de lecture.

En tant que scout, on est conseiller et informateur et on doit veiller à avoir une vue d'ensemble sur des nouvelles parutions.

En tant qu'éditeur ou éditrice, on pèse le pour et le contre. L'impression de lecture personnelle est extrêmement importante, mais ne devrait pas être le seul facteur décisif lors de l'acquisition, car on porte une responsabilité programmatique et économique pour l'auteur comme pour la maison d'édition. Les éditeurs et éditrices gardent toujours en vue le profil de la maison d'édition et le lectorat. La publication d'un livre qui, bien que convaincant d'un point de vue littéraire, mais qui finira par rester bien en deçà d'un tirage économiquement et éditorialement profitable ne bénéficie ni à l'auteur ni à la maison d'édition.

Le scout a également cette perspective éditoriale à l'esprit, mais elle ne devrait pas être mise en avant, car le scout présente les titres sous les angles mentionnés ci-dessus, la décision de publier ou non revient à l'éditeur ou à l'éditrice ou alors aux départements de la presse, du marketing et de la distribution.

Ces trois départements décident si et comment ils peuvent travailler avec un titre présenté par les éditeurs et éditrices, c'est-à-dire de quelle manière ils peuvent présenter ce titre au public sur le marché du livre germanophone.

L'édition est un exercice de funambulisme entre la rentabilité et le profil de la maison d'édition. L'édition n'est pas envisageable si l'on perd de vue la perspective économique, car sans chiffre d'affaires il ne pourra pas y avoir d'investissement. Et en tant qu'éditeur ou éditrice, il faut d'abord investir, dans l'achat des droits, la traduction, l'impression, le marketing ou encore la distribution. Ce n'est qu'au moment de la parution qu'une maison d'édition peut voir si l'investissement a été rentable ou non. Mais même un investissement qui n'est pas rentable au départ peut l'être après des années, par exemple lorsqu'un auteur reçoit un prix prestigieux (comme le Nobel de littérature, le Georg-Büchner-Preis, le Goncourt, le Renaudot ou le Booker) après avoir publié plusieurs titres et lorsque la maison d'édition a entretenu son programme pendant des années.

Et en même temps, éditer signifie maintenir et développer le profil du programme, c'est-à-dire travailler sur le contenu aux niveaux social, politique et en ce qui concerne le pur plaisir de la lecture, c'est-à-dire le divertissement, la distraction.

Dans cette mesure, le succès doit être compris à deux niveaux, celui de l'économie et celui du programme éditorial.

Les best-sellers peuvent être des titres de littérature en général ou de grand public, mais il faut tenir compte du fait que seul le marché germanophone fait la différence entre littérature grand public et littérature tout court. Une lecture de Kafka peut également être divertissante pour un grand public et un titre « grand public » peut être exigeant sur le plan littéraire. Il est faux de croire qu'il est plus facile de produire de la littérature grand public qu'un titre de haute qualité littéraire ; les processus d'écriture sont fondamentalement différents.

Les best-sellers ne sont pas des titres que l'on 'trouve', mais ce sont des titres auxquels on offre les meilleures conditions possibles. Comment cela se passe-t-il ?
– les éditeurs et éditrices reconnaissent le potentiel du titre et l'imposent à la maison d'édition, cette étape est de la plus haute importance.
– il s'ensuit la décision de savoir si le meilleur moyen de faire parvenir le titre aux lecteurs est la presse ou le marketing.
– le service commercial cherche le meilleur moyen d'amener le titre dans les librairies, c'est-à-dire au client final, le lecteur.
Ces étapes sont complexes. L'éditeur ou l'éditrice peut certes créer les conditions pour qu'un livre devienne un best-seller, mais en fin de compte, c'est le lecteur qui décide du succès d'un livre.

En France, on travaille différemment, on mise avant tout sur la médiation entre le livre et le lecteur par l'entremise de libraires, raison pour laquelle ils sont invités aux conférences des représentants, comme nous l'avons déjà mentionné plus haut. D'après mon expérience, les titres littéraires atteignent souvent par cette entremise un tirage plus élevé que ce qui serait envisageable sur le marché germanophone.

La manière d'amener les livres à leurs lecteurs devient de plus en plus difficile. Le chemin classique par la presse, éventuellement le marketing, les librairies ne fonctionne plus ainsi. En outre, il ne faut pas oublier que depuis l'apparition des médias sociaux, le marché du livre a perdu environ 6 millions de lecteurs, indépendamment de l'âge, du sexe et de la formation. Les jeunes lecteurs sont de plus en plus difficiles à atteindre via les médias 'classiques', cependant, on les atteint le plus facilement via les médias sociaux.

L'édition est une folie économique. Malgré cela, le livre ne disparaîtra pas, le désir d'histoires fait partie de l'ADN de l'être humain moderne.

Le labyrinthe de l'édition (française)

∵

« Écrire, ne pas écrire ». Arthur Rimbaud, Mohamed Mbougar Sarr et la poétique de la Modernité

Sarah Burnautzki

Résumé

Le roman fictif *Le Labyrinthe de l'inhumain* du mystérieux T.C. Elimane rappelle de toute évidence, au niveau de l'histoire, le roman réel *Le Devoir de violence* (1968) et rend hommage à son auteur historique Yambo Ouologuem. Mais l'histoire de l'auteur méconnu et de son œuvre incomprise crée également une résonance intertextuelle avec le projet de la Modernité de Rimbaud. Mbougar Sarr imbrique le manifeste poétique de Rimbaud dans sa fiction de manière intertextuelle et accomplit, au niveau de la conception esthétique de son roman, ce que Rimbaud avait formulé dans ses « Lettres du voyant » comme condition préalable à l'émergence de la poésie de la Modernité. Sarr devient lui-même un « horrible travailleur », métaphore poétique de l'écrivain, afin de poursuivre et finir le projet littéraire inachevé du poète qui s'est effondré face à l'irreprésentabilité de sa vision poétique. Ainsi, l'intégration esthétique de l'œuvre inachevée dans son propre roman *La plus secrète Mémoire des hommes* fonde un nouveau sens qui ne peut certes pas prétendre à la véracité historique, mais qui, sur le plan métatextuel, libère l'œuvre ratée de la souillure de son échec, l'intertextualité réparatrice de la fiction fixant moins le processus de signification inachevé qu'elle ne le recompose.

Mots-clés

poétique – intertextualité – Arthur Rimbaud – Mohamed Mbougar Sarr – *La plus secrète Mémoire des hommes*

...

Le roman [V]iendront d'autres horribles travailleurs ;
ils commenceront par les horizons où l'autre s'est affaissé !
Lettre du voyant », ARTHUR RIMBAUD à PAUL DEMENY, le 15 mai 1871

..

La plus secrète Mémoire des hommes de Mohamed Mbougar Sarr est dédié à
Yambo Ouologuem, un auteur malien qui a connu un succès littéraire non
négligeable en France à la fin des années 1960, pour succomber peu de temps
après à un obscur scandale de plagiat[1], se détourner complètement de la littérature, mener la vie d'un ermite religieux dans la région du Sahel et finalement acquérir le statut d'auteur culte postcolonial[2]. La fictionnalisation de
« l'affaire Ouologuem » n'est cependant qu'une facette d'une composition littéraire dans laquelle la vie énigmatique, l'œuvre littéraire intrigante de Yambo
Ouologuem et leurs mystères deviennent les points de départ de la création
d'un réseau dense de références intertextuelles et métafictionnelles qui traversent le roman. À des niveaux différents du texte, ces références mettent en
scène non seulement le personnage fictionnel de T.C. Elimane, le double sénégalais de Ouologuem, mais aussi Diégane Latyr Faye, le personnage principal
de la fiction, et enfin l'auteur Mohamed Mbougar Sarr lui-même. L'objectif de
cet article est de montrer comment Sarr rend productive sur le plan littéraire
la mystérieuse ambivalence du Yambo Ouologuem historique, en travaillant
sur différentes facettes et en les prolongeant par des reflets métafictionnels sur
l'œuvre poétique de Rimbaud pour en faire un labyrinthe intertextuel qui, en
fin de compte, n'apporte rien de moins qu'une contribution poétologique à la
question de la possibilité d'une littérature de la Modernité.

1   Du radicalisme de l'avant-garde littéraire

Au-delà de l'intrigue de polar aux multiples rebondissements et de la réécriture créative de l'histoire de l'auteur malien, le roman participe, par un réseau
dense de références intertextuelles, à un débat poétologique central de la
Modernité. Au sein de cette discussion, les célèbres « Lettres du voyant » de
Rimbaud, deux lettres écrites en 1871 par Rimbaud à l'âge de 17 ans et dans
lesquelles il appelle à un renouvellement radical de la poésie, constituent

---

1   Marylin Randall, « Appropriate(d) Discourse : Plagiarism and Decolonization », *New Literary
     History* 22,3 (1991), 525-542 ; Sarah Burnautzki, « Yambo Ouologuem's struggle for recogni-
     tion in the field of 'African' literature in French », *Journal of Postcolonial Writing* 48,5 (2012),
     526-538.
2   Pour un aperçu de « l'affaire Ouologem », voir Sarah Burnautzki, *Les Frontières racialisées de la
     littérature française. Contrôle au faciès et stratégies de passage*, Paris, Honoré Champion, 2017.

un point de référence particulier dans le labyrinthe des textes cités[3]. Dans la recherche littéraire, ces lettres sont lues comme le manifeste de la Modernité de Rimbaud, comme l'expression précoce de sa prise de conscience du caractère illusoire d'un sujet présumé rationnel et de son exigence d'une libération radicale du langage poétique de la prémisse d'un sujet autonome qui ne peut plus être présupposé.

Dans une perspective sociologique, il est possible d'identifier une analogie tout à fait claire entre les positions de Rimbaud et de Ouologuem dans le champ littéraire. Tous deux entrent dans un champ de lutte métaphorique où le capital symbolique et économique est inégalement réparti et où la définition légitime des normes esthétiques en vigueur est déterminée par les auteurs reconnus déjà établis dans le champ[4]. Tous deux tentent de se positionner comme avant-garde par rapport à leurs prédécesseurs établis et d'imposer de nouveaux critères de perception et d'évaluation esthétiques[5]. Le geste radical de rejet de la poésie du premier romantisme dans le cas de Rimbaud ou de refus de la Négritude dans le cas de Ouologuem n'est donc pas original en soi, mais plutôt une opération nécessaire pour distinguer plus nettement son propre « coup » littéraire de ceux de ses prédécesseurs dans une dialectique de distanciation qui fonde la temporalité du champ littéraire[6].

La distanciation provocatrice de Rimbaud ne pourrait pas être plus catégorique : « [T]out est prose rimée, un jeu, avachissement et gloire d'innombrables générations idiotes »[7]. Alors que Rimbaud, dans sa lettre à Paul Demeny, rejette d'un geste radical la ligne de tradition poétique allant de l'Antiquité grecque au romantisme en passant par le classicisme français, Ouologuem formule dans une lettre du 18 mai 1968 à son éditeur Paul Flamand son rejet tout aussi intransigeant de la Négritude, ainsi que son ambition de renouveler esthétiquement la forme romanesque :

> Tout d'abord, je veux dire qu'il ne s'agit pas pour moi d'écrire 'des' romans :
> il me faut un système, à l'échelle de *la vision* que j'estime être celle des

---

3 L'écriture mystérieuse à l'arrière-plan du personnage sur la couverture du livre est d'ailleurs celle de Rimbaud. Bien qu'il soit difficile de savoir de quel texte ou quelle lettre il s'agit, cela n'en est pas moins un indice de la centralité de Rimbaud dans ce roman.

4 Pierre Bourdieu, *Les Règles de l'art. Genèse et structure du champ littéraire*, Paris, Seuil, 1998 [1992].

5 *Ibid.*, 261.

6 *Ibid.*, 259.

7 Arthur Rimbaud, « Lettre à Paul Demeny en date du 15 mai 1871 », dans idem, *Œuvres complètes. Poésie, prose et correspondance*, éd. de Pierre Brunel, Paris, Librairie Générale Française, 1999, 343.

Noirs en général. N'anticipons pas, et ne parlons pas de 'négritude'. Écrire en effet 'des romans', serait à mes yeux faire œuvre de rhapsode plutôt que d'assembleur. Ce n'est pas que je refuse la forme romanesque comme telle ; mais c'est plutôt en ce qui me concerne, *je la conteste comme inadéquate* dans l'optique *d'une œuvre totale*, qui n'est pas de me proposer un narrateur d'anecdotes, dont l'ensemble romancé, contribuerait à créer un muséum de l''espèce négritudo-épique'. [...]

Il ne s'agit pas, je vous l'ai expliqué, je crois, de s'enfermer dans la gaudriole de la 'négritude' et de ses éventuelles incidences épiques. Il s'agit de ne pas se condamner, dès le départ, à amener des briques isolées d'un édifice épars. Et c'est là un premier *travail fondamental*, que de s'entendre bien sur cette optique littéraire. J'avais déjà mis en sous-titre, dès 'le devoir de violence' 'La chair des civilisations'. Ce titre, 'La chair des civilisations' est la désignation générale de l'ensemble des 15 volumes que je veux écrire pour vous. J'envisage encore deux titres centrés sur l'Afrique ; ensuite ce sera de façon incidente. Il y faut les Etats-Unis, l'Amérique latine, et le monde occidental et Asiatique[8].

De même que Rimbaud se distancie des romantiques, Ouologuem s'oppose à la Négritude et la déclare inadéquate par rapport à la véritable (c'est-à-dire sa propre) « vision des Noirs en général », dont il rompt la norme esthétique – l'exaltation idéaliste d'une culture africaine monolithique – avec la représentation iconoclaste de la violence excessive dans *Le Devoir de violence*, la redéfinit et tente de l'imposer dans le champ littéraire, en s'opposant notamment à Senghor[9]. Ouologuem définit sa propre vision littéraire en termes imprécis mais

---

8 Cette lettre a été rédigée après la signature du contrat le 11 octobre 1967 et avant la publication du roman à l'automne 1968. L'article 12 du contrat accorde à l'éditeur un droit de préférence pour cinq œuvres de fiction de l'auteur. Ouologuem cherche alors apparemment à étendre cet engagement réciproque à 15 romans, « l'ensemble des 15 volumes que je veux écrire pour vous », afin de pouvoir publier son projet littéraire de grande envergure, son « œuvre totale », chez Seuil. Il était également stipulé qu'après deux refus successifs de nouvelles œuvres, l'auteur retrouverait sa liberté (Archives de l'Institut mémoires de l'édition contemporaine [IMEC], Dossier SEL 3772.2, Lettre de Yambo Ouologuem à Paul Flamand en date du 18 mai 1968. Mise en évidence de SB).

9 L'opposition de Ouologuem à Senghor, le « président-poète », cofondateur de la Négritude et ami de Flamand, est très claire dans cette même lettre. Ouologuem souligne qu'il n'aurait pas proposé son manuscrit au Seuil pour publication s'il avait eu connaissance de l'amitié étroite entre Flamand et Senghor, et laisse entendre que le personnage du roman Raymond Spartacus Kassoumi se réfère à Senghor ou est conçu comme une critique de sa personne, qui symboliserait « l'aliénation de l'évolué » (Archives de l'Institut mémoires de l'édition contemporaine [IMEC], Dossier SEL 3772.2, Lettre de Yambo Ouologuem à Paul Flamand en date du 18 mai 1968).

grandioses, comme un système, une œuvre totale aux dimensions universelles, qui ne se limite notamment pas au continent africain, mais s'étend au monde entier dans un cycle de 15 volumes prévus. Avec les expressions « vision » et « travail fondamental », Ouologuem fait allusion, au moins implicitement, au projet de Rimbaud et évoque le travail surhumain que le poète-voyant doit accomplir.

2   La littérature comme révélation rimbaldienne

Le renouvellement des critères de perception et d'évaluation esthétiques exige bien sûr aussi un contre-projet. Rimbaud poursuit le topos du poète comme prophète, comme voyant doté de capacités de perception particulières et élabore le paradoxe d'une capacité de connaissance poétique si absolument radicale qu'elle devient impossible, voire nécessairement fatale au poète, puisqu'elle passe par une forme de langage qui ne peut plus être comprise par lui-même :

> Le Poète se fait *voyant* par un long, immense et raisonné *dérèglement* de *tous les sens*. Toutes les formes d'amour, de souffrance, de folie ; il cherche lui-même, il épuise en lui tous les poisons, pour n'en garder que les quintessences. Ineffable torture où il a besoin de toute la foi, de toute la force surhumaine, où il devient entre tous le grand malade, le grand criminel, le grand maudit, – et le suprême Savant – Car il arrive à *l'inconnu* ! Puisqu'il a cultivé son âme, déjà riche, plus qu'aucun ! Il arrive à l'inconnu, et quand, affolé, *il finirait par perdre l'intelligence de ses visions, il les a vues* ! Qu'*il crève* dans son bondissement par les choses inouïes et innombrables : viendront d'autres horribles travailleurs ; ils commenceront par les horizons où l'autre s'est affaissé[10] !

Il est remarquable que la poésie en tant que processus de travail, (« un long, immense et raisonné dérèglement de tous les sens ») soit ici décrite comme une torture corporelle et psychique à laquelle le poète-voyant se soumet volontairement pour pénétrer dans des sphères inconnues de la connaissance poétique (« il arrive à l'inconnu »), qui lui font cependant perdre la capacité de comprendre sa vision (« il finirait par perdre l'intelligence de ses visions ») et de l'articuler de manière compréhensible, en raison du bouleversement des sens qu'il s'est imposé. Le poète-voyant s'effondre sur sa connaissance

---

10   Rimbaud, « Lettre à Paul Demeny en date du 15 mai 1871 », 344, italiques dans l'original.

artistique et ne peut plus la communiquer par le langage ; il « crève » littéralement. L'invitation de Sarr à placer Ouologuem, au niveau de l'histoire, dans une
relation poétique avec Rimbaud et à établir dans quelle mesure il est devenu
lui-même, au cours de sa carrière littéraire, ce « grand malade », « grand crimi-
nel », « grand maudit »[11], comme Rimbaud conçoit le poète-voyant, se laisse
déjà reconnaître par la mention explicite de Rimbaud à plusieurs reprises.
Dans les pastiches des réactions de la presse parisienne à la publication du
roman *Le Devoir de violence* en 1968, il imite de manière satirique les discussions des critiques blancs et européens sur ce que doivent écrire les auteurs
africains et comment ils doivent le faire[12]. Il fait disserter des journalistes fictionnels sur *Le Labyrinthe de l'inhumain* et se moque ainsi de leur tendance à
laisser apparaître des doutes sur le statut d'auteur, voire à le lui dénier totalement dès lors que l'écriture ne correspond pas à l'image eurocentrique de la
« littérature africaine ». Auguste-Raymond Lamiel, un journaliste du magazine
L'Humanité, apparemment orienté politiquement à gauche, associe Elimane
(dans le roman, il est « âgé d'à peine vingt-trois ans », alors que Ouologuem n'a
que vingt-quatre ans au moment de la publication du *Devoir de violence*) « par
sa jeunesse et l'éclat stupéfiant de ses visions poétiques »[13] – à Rimbaud. La
comparaison avec Rimbaud est également reprise et légitimée par la journaliste fictionnelle Brigitte Bollème dans le titre de son enquête[14]. Mais la poésie
de Rimbaud est également inscrite de manière intertextuelle dans l'histoire
de *La plus secrète Mémoire des hommes*. Faye et son ami Musimbwa sont tous
deux de jeunes premiers auteurs qui, à l'instar de Ouologuem, ont reçu une
première reconnaissance symbolique – précaire – à Paris et qui se trouvent
encore dans le doute poignant de savoir si, avec un deuxième roman, ils par-
viendront à s'établir durablement dans le champ littéraire.

---

11   Rappelons ici que l'on prête à Ouologuem diverses formes « d'amour, de souffrance, de
      folie », sans oublier un « dérèglement des sens » psychiatrique, et qu'il aurait même été
      interné à l'hôpital Saint-Anne après le scandale de plagiat (Burnautzki, *Les Frontières
      racialisées*, 29).
12   Comme le souligne János Riesz, le phénomène de remise en question du statut d'auteur
      des auteurs africains s'inscrit dans une tradition raciste qui remonte au colonialisme. Dès
      le XVIIᵉ siècle, l'écriture d'esclaves africains ou de leurs descendants a suscité des doutes
      chez les Européens quant à la paternité littéraire des textes. Riesz fait remarquer que l'ac-
      cusation de plagiat vise encore aujourd'hui à préserver un ordre littéraire racialisé (János
      Riesz, « Accusations de plagiat contre plusieurs auteurs africains et leurs contextes histo-
      riques », *Palabres. Art. Littérature. Philosophie*, Dossier spécial : *Intertextualité et plagiat en
      littératures africaines*, vol. I, 3-4 [1997], 145-164, 158).
13   Mohamed Mbougar Sarr, *La plus secrète Mémoire des hommes*, Dakar/Paris, Jimsaan/
      Philippe Rey, 2021 89.
14   *Ibid.*, 21.

Alors que Musimbwa commence à lire le roman légendaire *Le Labyrinthe de l'inhumain*, Faye passe d'abord son temps dans la vie nocturne parisienne, avant que le *spleen* baudelairien ne l'atteigne, qu'il ne s'assoie sur un banc et qu'il ne soit soumis de manière inattendue à une « épreuve »[15] à caractère révélateur (non pas par Dieu mais par la littérature personnifiée), qui le transforme symboliquement (non sans une pointe d'ironie) en poète-voyant :

> La littérature m'apparut sous les traits d'une femme à *la beauté* terrifiante. Je lui dis dans un bégaiement que je la cherchais. Elle rit avec cruauté et dit qu'elle n'appartenait à personne. Je me mis à genoux et la suppliai : Passe une nuit avec moi, une seule misérable nuit. Elle disparut sans un mot. Je me lançai à sa poursuite, empli de détermination et de morgue : Je t'attraperai, *je t'assiérai sur mes genoux*, je t'obligerai à me regarder dans les yeux, je serai écrivain[16] !

L'intertexte de Rimbaud présenté ici évoque les célèbres premières lignes du recueil de prose lyrique *Une Saison en enfer* (1873) :

> Jadis, si je me souviens bien, ma vie était un festin où s'ouvraient tous les cœurs, où tous les vins coulaient. Un soir, j'ai assis la Beauté sur mes genoux. – Et je l'ai trouvée amère. – Et je l'ai injuriée[17].

Sarr transforme la citation de Rimbaud, la métaphore de la vie comme un festin et le « dérèglement des sens » qui s'ensuit abruptement sont réduits pour Faye en l'expérience immédiate de la lassitude des excès de la vie nocturne parisienne[18]. La beauté, qui chez Rimbaud peut représenter l'harmonie des formes de la poésie traditionnelle, devient chez Sarr une allégorie de la littérature que Faye, le jeune auteur, comme Rimbaud avant lui, veut gagner pour lui (ou qu'il désire métaphoriquement asseoir sur ses genoux), mais qui,

---

15   *Ibid.*, 55.

16   *Ibid.*, 54, mise en évidence de SB.

17   Arthur Rimbaud : « Jadis, si je me souviens bien… », dans idem, *Œuvres complètes. Poésie, prose et correspondance*, éd. de Pierre Brunel, Paris, Librairie Générale Française, 1999, 245.

18   « Je le laissai et allai provoquer la nuit parisienne, son incandescence, ses flots de bière, sa joie pure, ses rires purs, sa drogue dure, ses illusions d'habiter l'éternité ou l'instant. Mais, très vite, le spleen de la fête m'envahit et m'éteignit », Sarr, *La plus secrète Mémoire*, 53. – Il est en outre remarquable que, d'un point de vue biographique, l'expérience de la vie comme « festin » de Rimbaud se rapporte probablement aussi à sa période vécue à Paris avec Verlaine, marquée par toutes les formes de « dérèglement des sens », qu'il transpose dans *Une Saison en enfer* et à laquelle Sarr fait allusion ici.

contrairement au cas de Rimbaud, le rejette. Faye vit une « révélation »[19] dans laquelle la littérature lui fait prendre conscience de la fatalité ou de l'échec nécessaire de l'écriture – par analogie à la voyance fatale du poète-voyant :

> Mais vient toujours ce terrible moment, sur le chemin, en pleine nuit, où une voix résonne et vous frappe comme la foudre ; et elle *vous révèle*, ou vous rappelle, que la volonté ne suffit pas, que le talent ne suffit pas, que l'ambition ne suffit pas, qu'avoir beaucoup lu ne suffit pas, qu'être célèbre ne suffit pas, que posséder une vaste culture ne suffit pas, qu'être sage ne suffit pas, que l'engagement ne suffit pas, que la patience ne suffit pas, que s'enivrer de vie pure ne suffit pas, que s'écarter de la vie ne suffit pas, que croire en ses rêves ne suffit pas, que désosser le réel ne suffit pas, que l'intelligence ne suffit pas, qu'émouvoir ne suffit pas, que la stratégie ne suffit pas, que la communication ne suffit pas, que même avoir des choses à dire ne suffit pas, non plus que ne suffit le travail acharné ; et la voix dit encore que tout cela peut être et est souvent une condition, un avantage, un attribut, une force, certes, mais la voix ajoute aussitôt qu'essentiellement aucune de ses qualités ne suffit jamais lorsqu'il est question de littérature, *puisque écrire exige toujours autre chose, autre chose, autre chose*[20].

« L'épreuve » spirituelle du jeune auteur, qui dure environ deux heures dans le roman, le conduit inéluctablement à la prise de conscience de Rimbaud : la littérature, l'écriture est un programme de « dérèglement des sens » permanent, certes, mais, pire encore, elle est un « horrible » travail dont le but n'est jamais atteint, car ce travail est inévitablement voué à l'échec. Les conversations des deux amis sur la littérature, qui font suite à la « révélation » poétique de Faye, laissent également apparaître que les deux hommes se considèrent dans une ligne de tradition avec Rimbaud. La lecture du monumental *Labyrinthe de l'inhumain* les fait tous deux douter de la possibilité d'écrire encore de la littérature après ce chef-d'œuvre et les oblige à se demander pourquoi ils devraient écrire, question à laquelle ils répondent à nouveau en s'inspirant de Rimbaud, en convoquant la métaphore du prophète et en lui opposant à leur tour l'image de la sentinelle :

> Alors pour quelle raison ? On ne savait pas ; et là était peut-être notre réponse : nous écrivions pour dire que nous ne savions plus ce qu'il fallait faire au monde, sinon écrire, sans espoir mais sans résignation facile,

---

19   Sarr, *La plus secrète Mémoire*, 54.
20   *Ibid.*, 55, mise en évidence de SB.

avec obstination et épuisement et joie, dans le seul but de *finir le mieux possible*, c'est-à-dire les yeux ouverts : tout voir, ne rien rater, ne pas ciller, ne pas s'abriter sous les paupières, courir le risque d'avoir les yeux crevés à force de tout vouloir voir, pas comme voit un témoin ou un prophète, non, mais comme désire voir une sentinelle, la sentinelle seule et tremblante d'une cité misérable et perdue, qui scrute pourtant l'ombre d'où jaillira l'éclair de sa mort et la fin de sa cité[21].

Même si Musimbwa et Faye ne se considèrent pas explicitement comme des prophètes, la métaphore du prophète se tisse tout au long du roman et est associée à la littérature : Ousseynou Koumakh perd la vue dans sa jeunesse lors d'un accident dans le fleuve, ce qui lui confère symboliquement le rôle de prophète[22], qu'il assume en tant qu'initié au soufisme[23], en prédisant par exemple le don littéraire de sa fille Marème Siga[24]. Son don poétique à proprement parler (il est analphabète toute sa vie) est apparemment décalé d'une génération et se retrouve, outre celui de sa fille, surtout chez son fils (ou neveu) Elimane, qui devient le révélateur de messages littéraires particuliers. Mais la conception de la littérature de Faye et Musimbwa cite encore d'une autre manière le manifeste de Rimbaud : « finir le mieux possible », leur objectif autoproclamé, est équivoque du point de vue sémantique et peut être compris dans un sens concret et dans un sens métapoétique. D'une part, « finir le mieux possible » représente un degré de déclin des formes antérieures d'« engagement », dans un monde où l'écriture n'est plus un moyen de changer le monde, mais seulement la possibilité de donner un sens minimal à sa propre existence. « Finir » fait ici également allusion à « l'affaissement » du poète-voyant, auquel les deux auteurs s'identifient manifestement. Mourir « les yeux ouverts » devient ici un but, un idéal, qui évoque le « terrible travail » du poète-voyant.

D'autre part, le verbe « finir » renvoie, au-delà de la fiction, au texte luimême et à sa meilleure fin possible (nous apprenons ici implicitement que la fin ou l'échec du poète pourrait être la meilleure fin possible d'un roman). De même, « les yeux crevés » renvoie, au-delà de la cécité du voyant, à l'inévitable effondrement mental et physique du poète-voyant évoqué par Rimbaud (« il finirait par perdre l'intelligence de ses visions, il les a vues ! Qu'il crève dans son bondissement par les choses inouïes et innombrables »). La réflexion sur les « ambiguïtés parfois confortables, souvent humiliantes, de notre situation

---

21   *Ibid.*, 56, mise en évidence de SB.
22   On pense au voyant aveugle Tirésias.
23   Sarr, *La plus secrète Mémoire*, 138.
24   *Ibid.*, 132.

d'écrivains africains (ou d'origine africaine) dans le champ littéraire »[25] formulée un peu plus tard, conduit les deux jeunes auteurs au diagnostic :

> [N]ous prononcions des sentences de mort contre ceux qui avaient
> renoncé à se demander ensemble ce que signifiait être dans leur situa-
> tion littéraire, impuissants à créer les conditions pour des esthétiques
> novatrices dans nos textes, trop paresseux pour penser et se penser par
> la littérature[26].

En particulier, l'expression « se penser *par* la littérature » fait cette fois-ci allusion à la formulation de Rimbaud dans sa lettre à Georges Izambard, dite première lettre du voyant : « Les souffrances sont énormes, mais il faut être fort,
être né poète, et je me suis reconnu poète. Ce n'est pas du tout ma faute. C'est
faux de dire : Je pense. On devrait dire : On me pense »[27]. L'idée, formulée dans
la deuxième lettre du voyant par la célèbre expression « Car Je est un autre »,
met en avant l'autonomie du langage poétique par rapport à un sujet dont
l'intégrité supposée ne semble plus garantie, ce qui se traduit par l'inversion
déconcertante de la relation grammaticale sujet-objet. Cette forme de soumis-
sion radicale du sujet-poète à la domination du langage poétique a pourtant
été manquée par les « aînés » des deux jeunes auteurs, « les auteurs africains
des générations précédentes », comme on le voit ici. La jeune génération se
prépare toutefois à poursuivre le projet de ses aînés à cet endroit – mais non
sans être sans cesse en proie au doute.

3   La crise ou l'essoufflement poétique

La lutte de l'avant-garde pour introduire et imposer de nouveaux critères
esthétiques de perception et d'évaluation est empreinte d'une indétermination pleine de tension, provoquée par la possibilité immanente d'échec de
toute l'entreprise esthétique. Que se passe-t-il si la nouvelle vision littéraire
reste définitivement incomprise ? Si elle provoque un scandale ? S'il est établi
que la révolution de la norme esthétique s'est soldée par un échec ? Qu'est-ce
qui distingue le jeune rénovateur de l'art, encore incompris, de *l'artiste maudit*

---

25   *Ibid.*, 56.
26   *Ibid.*, 57-58.
27   Arthur Rimbaud, « Lettre à Georges Izambart en date du 13 mai 1871 », dans idem, *Œuvres*
      complètes. Poésie, prose et correspondance, éd. de Pierre Brunel, Paris, Librairie Générale
      Française, 1999, 339-340.

qui devient lui-même victime de la réaction à la révolution symbolique qu'il voulait accomplir[28] ? Au moment de l'indétermination, où l'on ne sait pas si le coup esthétique va finalement réussir ou échouer, deux possibilités s'offrent à l'artiste : « s'arrêter ou s'obstiner » – c'est à ces deux possibilités, ainsi qu'à la proximité inquiétante entre le génie et la folie, voire leur similarité, que s'intéresse Sarr dans *La plus secrète Mémoire des hommes*. Sur le plan de l'histoire, Sarr rend productif ce moment de crise littéraire, cette tension extrême et cette indistinction lancinante entre une révolution symbolique encore incertaine et l'aveu d'un échec littéraire, en le transformant en élément central de l'intrigue romanesque. Il place le poète Rimbaud, l'auteur historique Ouologuem et l'auteur fictif Elimane dans une constellation, dans laquelle chaque position exprime une autre attitude au sein du champ littéraire, une autre réponse à la question « s'arrêter ou s'obstiner ». Le fait que Rimbaud lui-même ait interrompu son œuvre littéraire à l'âge de 19 ans seulement est un acte fascinant qui se distingue dans l'histoire littéraire par son caractère superlatif. Un « coup » littéraire extrême, si l'on peut encore l'appeler ainsi, qui, en tant que forme la plus radicale de dépassement poétique de soi, met en œuvre de manière performative, dans l'abandon de l'écriture, les exigences des « Lettres du voyant » et qui, en se tournant vers la vie, conduit à une ultime poétisation de la vie.

Dans le cas de l'auteur Ouologuem, la recherche de la dernière décennie a contribué à nuancer l'image d'un auteur intransigeant, incompris dans ses véritables ambitions. Avant même la publication du *Devoir de violence*, un long processus de négociation de la distance esthétique adéquate de ses projets de roman par rapport aux normes littéraires en vigueur a eu lieu, un processus d'africanisation au cours duquel Ouologuem a remanié plusieurs fois ses manuscrits pour les adapter aux attentes des lecteurs et de son éditeur[29]. Sa technique de compilation, l'incorporation de passages entiers de textes d'auteurs français dans son manuscrit, qu'il avait lui-même décrite de manière

---

28   Bourdieu décrit l'incertitude du succès d'une nouvelle stratégie littéraire comme suit : « Il n'est sans doute pas facile, même pour le créateur lui-même dans l'intimité de son expérience, de discerner ce qui sépare l'artiste raté, bohème qui prolonge la révolte adolescente au-delà de la limite socialement assignée, de l'artiste maudit, victime provisoire de la réaction suscitée par la révolution symbolique qu'il opère. Aussi longtemps que le nouveau principe de légitimité, qui permet de voir dans la malédiction présente un signe de l'élection future, n'est pas reconnu de tous, aussi longtemps donc qu'un nouveau régime esthétique ne s'est pas instauré dans le champ, et, au-delà, dans le champ du pouvoir lui-même [...], l'artiste hérétique est voué à une extraordinaire incertitude, principe d'une terrible tension », Bourdieu, *Les Règles*, 111.

29   Burnautzki, *Les Frontieres racialisées*, 151-178 et Burnautzki, « Yambo Ouologuem au seuil des Éditions du Seuil », *Fabula / Les colloques, L'œuvre de Yambo Ouologuem. Un carrefour d'écritures (1968-2018)* (2019).

sarcastique comme un procédé pragmatique de production littéraire efficace et qui peut être interprété à la fois comme un commentaire critique sur le fonctionnement raciste des mécanismes de reconnaissance des institutions littéraires françaises et comme l'expression d'une révolte contre la demande sans cesse renouvelée d'authenticité africaine, ne sera dénoncée comme plagiat qu'en 1972[30]. Entre 1968 et 1972, le jeune auteur semble entrer dans une crise de créativité, durant laquelle il continue d'écrire (et publie plusieurs fois sous pseudonyme)[31], sans pour autant parvenir à renouer avec le succès du premier roman qui avait obtenu le Prix Renaudot à sa parution en 1968. Il n'aspire manifestement pas à poursuivre la stratégie esthétique du *Devoir de violence*, mais s'efforce plutôt de se surpasser sur le plan littéraire. La correspondance et les fragments de textes archivés fournissent des indices montrant qu'il cherche à se libérer de la technique de compilation qui avait conduit au résultat radical que l'on sait dans *Le Devoir de violence*, et qu'il veut essayer quelque chose de nouveau, peut-être même tenter de réaliser cette « œuvre totale » qu'il avait annoncée dans sa lettre à Paul Flamand comme un cycle romanesque en quinze volumes sous le titre *La Chair des civilisations*. Dans la correspondance de Ouologuem avec Paul-André Lesort, lecteur du Seuil en 1971, il est question d'un nouveau manuscrit, *Les Pèlerins du Capharnaüm*, mais il ne parvient plus à convaincre son éditeur de sa vision littéraire. Lesort émet des réserves prudentes après la lecture du manuscrit :

---

30   Burnautzki, *Les Frontières racialisées*, 104, 168.

31   La stratégie de publication erratique de Ouologuem fait douter qu'il se soit rendu compte de l'opposition des codes esthétiques entre la haute littérature et la littérature populaire. Ou alors il entendait jouer avec ces codes esthétiques, ce qui est resté incompris jusqu'aujourd'hui. Dès 1968, Ouologuem publie le roman d'amour *Le Secret des orchidées* sous le pseudonyme blanc et féminin de Nelly Brigitta aux Éditions du Dauphin, la même année qu'il publie son pamphlet *Lettre à la France nègre* aux Éditions Nalis. Suivront d'autres publications dans le domaine de la 'paralittérature', dont le roman pornographique *Les Mille et une bibles du sexe*, qu'il publie en 1969 sous le pseudonyme d'Utto Rodolph, et *Les Moissons de l'amour*, également signé Nelly Brigitta, publié comme *Les Mille et une bibles du sexe* en 1970 aux Éditions du Dauphin. Il ressort de la correspondance avec l'éditeur, que Ouologuem n'a pas compris (ou refuse de comprendre) la distance esthétique qui séparait ses publications ultérieures d'un roman comme *Le Devoir de violence*. Il s'indigne du fait que Le Seuil refuse ses romans suivants et que, manifestement, le droit de préférence pour cinq œuvres de fiction prévu par le contrat n'oblige pas l'éditeur à publier n'importe quel texte de Ouologuem. De son côté, il fait remarquer, apparemment sans comprendre, que l'on s'est inquiété de ses possibilités futures en tant qu'écrivain, au vu de ses publications de romans populaires. Voir Burnautzki, *Les Frontières racialisées*, 171-173.

Paris, le 23 février 1971

Cher Ami,

J'ai attendu un certain temps avant de me mettre à la lecture des Pèlerins de Capharnaüm. [...] Je comprends, car vous me l'avez expliqué, votre dessein de mêlée de légendes sacrées et de temps et de pays où elles ont pris naissance. Mais je dois dire que je crains que le lecteur ne puisse pas, lui, saisir ce dessein. Et quand je dis 'je crains', c'est un peu par prudence par rapport à mon propre jugement. Si je vais jusqu'au bout de ma pensée, je crois que le lecteur ne s'y retrouvera pas.

Il me semble qu'il y a deux difficultés principales pour le lecteur :

D'une part celle du fil de l'histoire. Bien sûr, cette 'histoire' que vous créez est pour vous à l'image de l'histoire humaine que vous voulez évoquer, et *le chaos en est une figure essentielle*. Mais le problème de la création, qu'elle soit romanesque ou sans doute dans tous les arts, est de composer une image qui fasse vivre ce chaos (je simplifie, bien sûr, en employant ce terme) dans la conscience du lecteur, à travers la composition qu'on lui donne. Ici je crains que le lecteur ne puisse pas entrer dans cette composition, parce qu'il ne peut pas saisir de fil. *Les rapports entre les personnages sont indiscernables*. Cela tient peut-être au fait qu'ils entrent dans le récit les uns après les autres, *sans qu'on sache les rapports chronologiques et topographiques de leurs rôles et de leurs déplacements*. Cela tient peut-être aussi à ce qu'ils sont désignés tantôt par des noms, tantôt par des qualificatifs symboliques ou fonctionnels, de sorte que le lecteur ne sait pas exactement s'il retrouve ou ne retrouve pas telle ou telle figure qu'il a déjà eu du mal à fixer (parmi les différentes petites notes que j'ai jetées au crayon sur le texte, vous verrez qu'assez souvent je pose des questions sur cette identité. Parfois j'ai en réalité, en relisant soigneusement, compris, mais je me suis mis à la place du lecteur à qui on n'a pas à demander de revenir scrupuleusement en arrière pour pouvoir suivre le fil du récit).

Les deux problèmes que je soulève là m'ont d'autant plus frappé que souvent je suis emporté, non seulement par la *splendeur de certaines images*, mais par le *rythme de la prose*, qui a une résonance, des accents, sourds ou éclatants. Et l'on a envie de se laisser porter. Et puis on se trouve arrêté par des passages *où on ne sait plus ni qui parle, ni quand, ni où, ni de quoi, ni même parfois comment s'enchaînent les mots*. [...]

Voilà, je m'arrête là. Je vous retourne le manuscrit pour que vous puissiez prendre connaissance dans le détail des différents points que j'ai soulignés et à partir desquels je me suis posé des questions que je vous pose à mon tour aujourd'hui. Dites-vous bien que j'ai essayé de me mettre à la place du lecteur, et que le problème n'est donc pas de pouvoir justifier rationnellement ou artistiquement ce qui fait question pour le lecteur. Le problème c'est que celui-ci puisse lire, et entrer dans l'univers que vous voulez lui communiquer.

J'espère que je peux ainsi vous être utile. Dans le cas contraire, dites-le-moi bien franchement, car je ne désire certes pas vous faire la leçon. Un artiste est maître de ses moyens et est finalement juge de ce qu'il veut créer. Toute la question pour moi est, encore une fois, de me mettre au point de vue du lecteur.

Croyez, cher Ami, à mes sentiments bien cordiaux

Paul-André Lesort[32]

La difficulté qu'éprouve Lesort à identifier une intrigue et des personnages à travers le chaos d'images splendides et d'une prose rythmée renvoie à une expérience de lecture désorientante (peut-être intentionnelle), quasi mystique, qui dépasse une compréhension rationnelle du texte et s'avance dans des régions textuelles où l'on ne sait pas qui, quand, où et de quoi il est question, ni même parfois comment les mots s'enchaînent[33]. Mais s'agit-il ici d'un dépassement de soi esthétique radical, dans lequel Ouologuem atteint finalement « l'inconnu », un domaine sémantique pour la compréhension duquel les catégories de perception adéquates ne sont pas encore disponibles ? Ouologuem comprend-il encore vraiment sa propre vision littéraire, apparemment « celle d'une histoire humaine dont le chaos est la figure principale »[34], comme il l'affirme dans une réponse contrariée à Lesort, ou a-t-il déjà perdu « l'intelligence de ses visions » ? Irrité par le fait que Lesort lui reproche la difficulté de l'intrigue et un « obscurantisme de l'image »[35] excessif, il défend une « technique » littéraire, ainsi que son ambition personnelle inconditionnelle :

J'aimerais que vous me compreniez : j'étais et je suis certain de tenir là un grand sujet. [...]. Je savais que mon projet était fou, ambitieux, hors-série. Justement, c'était cela qui m'attirait. [...] or, je ne veux à ce livre nulle bavure ; il faut qu'il soit de loin supérieur au premier, et à tous égards[36].

---

32   Archives de l'Institut mémoires de l'édition contemporaine (IMEC), dossier SEL 2923.3, lettre de Paul-André Lesort à Yambo Ouologuem en date du 23 février 1971. Mise en évidence de SB.

33   *Ibid.*

34   Archives de l'Institut mémoires de l'édition contemporaine (IMEC), dossier SEL 2923.3, lettre de Yambo Ouologuem à Paul-André Lesort en date du 26 février 1971.

35   *Ibid.*

36   *Ibid.*

Bien sûr, il n'y a pas de réponse univoque à la question de savoir si Ouologuem a épuisé sa créativité littéraire après *Le Devoir de violence*, ou s'il devient définitivement *l'artiste maudit* incompris. Ce qui est fascinant dans ce conflit de signification qui se déclenche entre Lesort et Ouologuem, c'est la possibilité de considérer le même texte comme une audace littéraire extrême ou comme un trivial « navet ». Tout ce que l'on sait à ce jour, c'est que *Les Pèlerins du Capharnaüm* est resté un fragment, que Ouologuem s'obstine encore un certain temps à tenter de reprendre pied dans le champ littéraire, jusqu'à ce que le scandale de plagiat mette un terme à ces tentatives (en annulant également le succès de 1968) et qu'il cesse d'écrire en français, laissant définitivement sans réponse la question du génie éventuellement incompris de Ouologuem, et donc ouverte à toutes les interprétations[37].

4   Une poétique de l'intertextualité réparatrice

Dans *La plus secrète Mémoire des hommes*, c'est précisément cette fascinante indétermination sémantique que Sarr rend productive sur le plan littéraire. Il s'intéresse manifestement aux chemins de traverse, aux aberrations, aux voies à sens unique et aux impasses dans le labyrinthe de la littérature, aux projets avortés, aux révélations poétiques déviées, qui fascinent par le fait que l'indistinction entre le coup de génie et la folie devient cognitivement insupportable. L'auteur maintient cette tension jusqu'à ce que Faye trouve à la fin du roman l'héritage littéraire d'Elimane, une collection de documents manuscrits, dont une lettre apparemment adressée à lui-même. Alors qu'il ressort de la lettre qu'Elimane/Madag a tenté en vain toute sa vie de renouer avec *Le Labyrinthe* sur le plan littéraire et qu'il n'a pas eu la force d'avouer son échec et d'arrêter, mais qu'il a plutôt espéré jusqu'à sa mort que ses manuscrits seraient un

---

37   Le fait que Christopher L. Miller ait découvert en 2023 un texte de Ouologuem jusqu'alors inconnu complique encore la dynamique ambivalente d'une éventuelle tentative de retour de Ouologuem sur la scène littéraire. Il s'agit d'un essai poétique paru dans *Jeune Afrique* en 1974, deux ans après que les accusations de plagiat à son encontre aient été rendues publiques. Il date donc de la phase où Ouologuem est considéré comme 'disparu', probablement déjà retourné au Mali, mais avant qu'il ne fasse de timides tentatives de prise de contact avec Le Seuil en 1975 et 1976 (Burnautzki, *Les Frontières racialisées*, 178). Miller interprète le texte comme une réflexion poétique sur son expérience dans le champ littéraire français : « It is a remarkable document, part confession, part conversion narrative ; a sort of mini-autobiography without names, dates or places. In style, tone, and even content, this text resembles nothing so much as Fanon's chapter 'L'Expérience vécue du Noir' in *Peaux noire, masques blancs*, the narrative of a consciousness that dilates and contracts as the world affects it [...]. » Christopher L. Miller, « Ouologuem's Forgotten Farewell : 'The World is False' », *Continents manuscrits online*, 2023.

jour découverts et publiés, Sarr résout la question de la qualité littéraire du manuscrit et élimine l'ambivalence. Faye lit le manuscrit, le trouve mauvais et en conclut tristement qu'Elimane a échoué :

> J'ai lu plusieurs fois le manuscrit de Madag ces deux derniers jours. Le texte n'est pas une suite du *Labyrinthe*, mais un récit autobiographique proche, dans certaines pages, d'un journal intime. Il débute somptueusement. J'étais persuadé de tenir là le chef-d'œuvre véritable que je cherchais. Mais après quelques pages tout change : le livre s'égare et ne retrouve jamais sa voie [...]. Je crois qu'il a très tôt compris ce qui lui arrivait, mais s'est obstiné. Parfois, oui, au milieu de paragraphes erratiques, je lisais quelques pages, quelques phrases, je voyais une image, un tableau, j'entendais une musique ; et dans ces moments, Madag me soulevait violemment de terre et me rappelait l'étoffe dont il était ceint. Mais ces fulgurances n'illuminaient que plus cruellement l'épaisseur de la nuit littéraire alentour, avant de s'éteindre[38].

Il se rend compte qu'il lui rend le plus grand service en détruisant l'héritage pour ne pas nuire à la réputation de l'auteur : « Je ne pouvais accepter sa demande. Publier ce qu'il y avait dans ce carnet aurait détruit son œuvre » et il détruit donc le manuscrit. Mais alors que le roman se conclut sur le plan textuel par la reconnaissance de l'échec d'Elimane, un processus poétique se déroule sur le plan métafictionnel, qui fait le lien avec Rimbaud et réalise de manière performative ce que ce dernier avait autrefois prophétisé et exigé :

> et quand, affolé, il finirait par perdre l'intelligence de ses visions, il les a vues ! Qu'il crève dans son bondissement par les choses inouïes et innombrables : viendront d'autres horribles travailleurs ; ils commenceront par les horizons où l'autre s'est affaissé[39] !

Après l'effondrement inévitable du poète-voyant, d'autres « horribles travailleurs » doivent venir poursuivre le projet poétique du voyant là où il a été interrompu.

Sarr prend lui-même la place de cet horrible travailleur en transposant « l'horizon où [Ouologuem] s'est affaissé » dans son propre projet littéraire – l'histoire d'Elimane/Madag – et en le parachevant, lui attribue une signification finale. La résolution de l'ambivalence, qui consiste à déclarer en définitive

---

38 Sarr, *La plus secrète Mémoire*, 455.
39 Rimbaud, « Lettre à Paul Demeny en date du 15 mai 1871 ».

l'échec des tentatives d'écriture d'Elimane, clôt un processus de signification resté inachevé et crée de l'univocité. En même temps, la réécriture de l'œuvre ratée dans la fictionnalisation que représente l'histoire d'Elimane/Madag crée une *nouvelle signification* qui dépasse largement l'indétermination sémantique des efforts d'écriture ultérieurs de Ouologuem et qui résulte de la structure de sens fictionnelle que le texte source reçoit désormais. Sarr remplit ainsi l'une des conditions formulées par Rimbaud pour l'émergence de la poésie de la Modernité et donne à voir sa propre réflexion théorique sur la littérature, qui peut également être lue comme une réponse dans le dialogue poétologique avec Rimbaud[40]. Comme Rimbaud l'avait reconnu, le sujet-écrivant n'est pas l'origine absolue du texte, et le poète ou l'auteur n'est pas un génie qui s'engendre lui-même à partir de rien. Le sujet 'Je' requiert 'l'autre', une vision que Rimbaud exprime dans la célèbre citation « Je est un autre » et que Sarr déploie dans *La plus secrète Mémoire* dans une poétologie de la réécriture par l'altérité. Sarr développe l'idée de cet autre écrivain et fait de lui un travailleur qui lit et écrit et dont le travail est « horrible » parce que, comme Elimane et Faye, il est hanté par la littérature et doit se poser la lancinante question existentielle « écrire ou ne pas écrire », conscient de ne pouvoir prétendre à une 'vérité' métaphysique ou à une 'originalité' littéraire pour son œuvre. Mais au moment où l'autre renoue avec la trace de signification interrompue, son travail déploie son pouvoir réparateur essentiel – et c'est en cela que l'on peut finalement reconnaître le sens de la littérature. Car la nouvelle œuvre n'acquiert un sens (voire une fin) que dans sa dépendance intertextuelle du texte de départ, dans la mesure qu'elle complète l'œuvre inachevée de l'autre.

Ainsi, Sarr conçoit la fin de son roman comme une mise en abyme ingénieuse qui fait de l'intertextualité réparatrice le sens même de la littérature. Lorsque Sarr réécrit 'l'œuvre' de Ouologuem et la mène à *sa* fin – le sens de cette 'fin' se dédouble et les niveaux de la réalité et de la fiction se mêlent de manière métapoétique : *la même fin* de la destruction du manuscrit inédit d'Elimane est *à la fois*, sur le plan de l'intrigue, l'achèvement symbolique de l'œuvre inachevée de Ouologuem *et* la réponse à la question métapoétique 'comment finir le mieux possible ?' – car le récit de la destruction du manuscrit s'avère, sur le plan de la construction, la meilleure façon de boucler le roman *La plus secrète Mémoire des hommes*.

---

40   Pour une remarque sur le fait que l'intérêt pour la quête d'absolu littéraire de Ouologuem a été pour Sarr un point de départ pour le projet littéraire de travailler sur Ouologuem, et qu'il le voyait peut-être déjà en rapport avec la quête d'absolu des poètes romantiques, voir Mohamed Mbougar Sarr : « Une solitude peuplée », *Hommes & migrations*, 2019.

Bibliographie

Bourdieu, Pierre, *Les Règles de l'art. Genèse et structure du champ littéraire*, Paris, Seuil, 1998 [1992].

Burnautzki, Sarah, « Yambo Ouologuem's struggle for recognition in the field of 'African' literature in French », *Journal of Postcolonial Writing* 48,5 (2012), 526-538, DOI :10.1080/17449855.2012.720800.

Burnautzki, Sarah, *Les Frontières racialisées de la littérature française. Contrôle au faciès et stratégies de passage*, Paris, Honoré Champion, 2017.

Burnautzki, Sarah, « Yambo Ouologuem au seuil des Éditions du Seuil », *Fabula / Les colloques, L'œuvre de Yambo Ouologuem. Un carrefour d'écritures (1968-2018)* (2019), https://www.fabula.org/colloques/document6018.php (consulté le 15 décembre 2023).

Dossier Yambo Ouologuem à l'IMEC, correspondance et documents. SEL 2923.3 – SEL 3772.2.

Miller, Christopher L., « Ouologuem's Forgotten Farewell : 'The World is False' », *Continents manuscrits online*, (2023), https://journals.openedition.org/coma/11324 (consulté le 20 décembre 2023).

Ouologuem, Yambo, *Le Devoir de violence*, Paris, Seuil, 1968.

Ouologuem, Yambo, *Lettre à la France nègre*, Paris, Edmond Nalis, 1968.

Randall, Marylin, « Appropriate(d) Discourse : Plagiarism and Decolonization », *New Literary History* 22,3 (1991), 525-542.

Riesz, János Riesz, « Accusations de plagiat contre plusieurs auteurs africains et leurs contextes historiques », *Palabres. Art. Littérature. Philosophie*, Dossier spécial *Intertextualité et plagiat en littératures africaines*, vol. I, 3-4 (1997), 145-164.

Rimbaud, Arthur, « Lettre à Paul Demeny en date du 15 mai 1871 », dans idem, *Œuvres complètes. Poésie, prose et correspondance*, éd. de Pierre Brunel, Paris, Librairie Générale Française, 1999, 342-345.

Rimbaud, Arthur, « Jadis, si je me souviens bien... », dans idem, *Œuvres complètes. Poésie, prose et correspondance*, éd. de Pierre Brunel, Paris, Librairie Générale Française, 1999, 245.

Rimbaud, Arthur, « Lettre à Georges Izambard en date du 13 mai 1871 », dans idem, *Œuvres complètes. Poésie, prose et correspondance*, éd. de Pierre Brunel, Paris, Librairie Générale Française, 1999, 339-341.

Sarr, Mohamed Mbougar, *La plus secrète Mémoire des hommes*, Dakar/Paris, Jimsaan/ Philippe Rey, 2021.

Sarr, Mohamed Mbougar, « Une solitude peuplée », *Hommes & migration en ligne*, (2019), https://journals.openedition.org/hommesmigrations/8963 (consulté le 6 janvier 2024).

'Goncourables' à tout prix : Mohamed Mbougar Sarr et la connexion polonaise. De quelques triangles transatlantiques

Kathleen Gyssels

Résumé

Dans *La plus secrète Mémoire des hommes*, Mohamed Mbougar Sarr présente au public une vaste cartographie intertextuelle de la littérature mondiale. Celle-ci inclut des lauréats de prix prestigieux tels que le Nobel, le Goncourt et le Renaudot. Dans cet article, je réévalue tout d'abord la désacralisation du Goncourt, les effets secondaires cachés et parfois imprévisibles de l'obtention du « prix le plus prestigieux » de la littérature française et francophone. Deuxièmement, je me concentre sur la connexion judéo-polonaise, en m'intéressant aux raisons pour lesquelles André Schwarz-Bart et Witold Gombrowicz apparaissent dans la vaste galerie d'écrivains étrangers publiés à Paris que le roman mentionne. Je suggère que Sarr reflète la relation difficile et ambivalente entre lui-même (un auteur français sénégalais ou afropéen) et la patrie (la France), questionnant par-là l'exil dans un schéma triangulaire transatlantique ainsi que la méfiance envers l'Autre (Juif, Noir, Noir-Juif).

Mots-clés

Mohamed Mbougar Sarr – *La plus secrète Mémoire des hommes* – intertextualité – appropriation culturelle – études postcoloniales et post-Shoah – antisémitisme – prix Goncourt – L.-P. Dalembert

1   Introduction

Je considère *La plus secrète Mémoire des hommes*[1] comme un roman stratégique avec lequel Mohamed Mbougar Sarr s'inscrit d'office dans le canon de la *World Literature* (ou Littérature-monde, terme qu'il se garde d'employer). La stratégie, on l'a vu avec d'autres lauréats (notamment Patrick Chamoiseau), s'avère

---

1   Mohamed Mbougar Sarr, *La plus secrète Mémoire des hommes*, Dakar/Paris, Jimsaan/Philippe Rey, 2021.

payante : l'auteur afropolitain « s'autodécoloniserait », estime Mbembe[2]. Franco-Sénégalais, Sarr se défait du label « afropéen » et se déclare un écrivain tout court.

En même temps, l'auteur sait qu'il est exposé au « régime néo-libéral » et qu'il a le choix entre (sur)exposition médiatique[3] et intertextualité mirobolante, ou une combinaison des deux.

Après une introduction sur les mécanismes et les avantages et inconvénients de la plus prestigieuse distinction, j'avance prudemment les revers du prix. Dans la deuxième partie, tout en relativisant l'importance du prix Goncourt, à la suite de Pierre Jourde[4] et d'autres voix à contre-courant, je montre que Sarr joue habilement sur une cascade d'auteurs tombés dans l'oubli, noyés dans le labyrinthe de maisons de presse et d'éditeurs et de leurs 'combines'.

Enfin, dans ma troisième partie, je montre que les 'fantômes' de Sarr ne sont peut-être pas, ou pas seulement, ceux que la critique a fièrement dépistés : Yambo Ouologuem, René Maran... Il y a aussi dans le « labyrinthe » des auteurs embrouillés et endommagés par la carte qu'ils ont tirée, des auteurs qui ont démêlé les rapports tendus, vicieux, entre victimes directes et victimes collatérales de génocides (Juifs et Noirs, Juifs et Polonais). C'est ici que je m'intéresse en particulier à la présence d'André Schwarz-Bart, d'une part, et de Witold Gombrowicz, de l'autre. Ces deux écrivains d'origine polonaise ont bataillé toute leur vie contre l'antagonisme entre Juif et 'Gentiles'.

Dans *Juifs et Noirs, Histoire d'une relation*, Edith Bruder s'intéresse au rapport tantôt amical tantôt conflictuel entre Juifs et Noirs dans la littérature postcoloniale[5]. C'est ici qu'entre en scène un axe de l'intertextualité foisonnante de Sarr : les échos avec l'œuvre schwarz-bartienne, emblématique du dialogue de sourds ou en sourdine entre sur/doués, Juifs et Noirs. Comme entrée en matière, il convient de comprendre pourquoi Sarr s'intéresserait à André

---

2 Achille Mbembe, *Sortir de la grande nuit*, Paris, La Découverte, 2010. Sarr se réclame en revanche de cet auteur.

3 Jérôme Meizoz, *Faire l'auteur en régime néo-libéral, rudiments de marketing littéraire*, Genève, Slatkine érudition, 2020.

4 Pierre Jourde, *La Culture bouge encore*, Paris, Hugo Doc, 2015.

5 Edith Bruder, *Juifs et Noirs, histoire d'une relation*, Paris, Albin Michel, 2023. – J'ai pour ma part approché cette commune condition d'opprimés et de « déportés » sous la métaphore de la réversibilité : Kathleen Gyssels, *Marrane et marronne. La co-écriture réversible d'André et de Simone Schwarz-Bart*, Leiden, Brill, 2014. Voir aussi mes articles sur Louis-Philippe Dalembert qui pratique le même procédé arborescent (je n'emploie pas à dessein « rhizomatique ») qui relie l'homme aux semelles du vent au *Luftmensch* (le Juif aux racines aériennes) : Kathleen Gyssels, « Rastafarisme et sionisme dans le cycle schwarz-bartien », dans Odile Hamot (ed.), *Terre(s) promise(s)*, Paris, Classiques Garnier, 2021, 133-152 ainsi que Kathleen Gyssels, « 'Jubanidad' dans *Avant que les ombres s'effacent* de Louis-Philippe Dalembert », *French Studies in Southern Africa* 50 (2020), 38-58.

Schwarz-Bart. Ce dernier a vécu en Casamance, au sud du Sénégal ; il est aussi l'ami du poète (et ex-président) du Sénégal, Léopold Sédar Senghor, le premier Noir admis à l'Académie française. Senghor exprima sa profonde admiration pour chacun des romans d'André Schwarz-Bart. Enfin, Sarr sait que Schwarz-Bart est le Goncourt malheureux, marqué à vie par cette distinction honori-fique qui donna lieu à des polémiques au lendemain de sa victoire grisante.

2   Le Goncourt : Nouveaux membres, nouveaux critères de sélection

Il va de soi que la composition d'un jury est de la plus haute incidence. Avant Didier Ducoin, Bernard Pivot présida l'Académie Goncourt : sa démission fit grand bruit[6]. En 2012, c'est au tour de Pierre Assouline d'entrer à l'Académie Goncourt. Écrivain prolifique, son blog, « La République des lettres » est très suivi. Il représente (en ce qui me concerne) une valeur sûre quant au jugement sur la littérarité. Il fait le tri dans le roman contemporain dans ses diverses manifestations avec discernement. Christine Angot, Virginie Despentes, Éric-Emmanuel Schmitt, et le nouveau président, Philippe Claudel, changent aussi la donne.

Assouline est un fidèle lecteur des romans d'André Schwarz-Bart. Il est l'ins-tigateur d'un autre article qui m'a marquée : « L'édition est-elle trop blanche »[7], titre *Le Nouvel Obs* en avril 2021, c'est-à-dire juste avant qu'on n'entame la lec-ture de la multitude de romans qui seront en lice pour le « prix le plus presti-gieux ». L'article assume qu'on manque de diversité dans le monde de l'édition, et la photo qui accompagne l'article fait référence à la polémique qui a éclaté autour d'Amanda Gorman lorsqu'elle récita de la poésie pour l'intronisation du président Joe Biden. Le portrait de famille montre que parmi les dix membres du Jury Goncourt il manque non seulement des membres afropéens, mais aussi des femmes. Lors d'une soirée à la Maison de la francité à Bruxelles, en 2022, je proposai autour d'un verre à certains membres de l'Académie Goncourt qu'un Antillais, Africain ou Asiatique rejoigne leur comité : la question aurait été posée à Sarr qui aurait poliment refusé ! Avec un jury blanc, majoritairement masculin, les auteurs non blancs, ainsi que les autrices, de couleur ou non, res-teraient encore invisibles. David Diop avec *Frère d'âme*[8] (Goncourt des lycéens) et Sarr en 2021 sont de notables exceptions. La monochromie étant reconnue,

---

6   Mohammed Aïssaoui, « Bernard Pivot quitte l'Académie Goncourt », *Le Figaro* 3 décembre 2019.

7   Elisabeth Philippe, « L'édition est-elle trop blanche ? », *Le Nouvel Obs* 2948, 29 avril 2021, 72-74.

8   David Diop, *Frère d'âme*, Paris, Seuil, 2018.

cette année y aura remédié en couronnant un auteur afropéen. L'académie Goncourt a, dans la foulée, honoré deux auteurs au profil atypique, étrangers, qui tous deux se sont sentis des « incompris du Goncourt »[9].

3   Un prix peut en cacher un autre

De fait, derrière cette distinction honorifique, un autre lauréat appartenant à une autre minorité, afro-caribéenne, est « rattrapé ». Il s'agit de René Maran (1887-1960) qui a eu droit, tout au long du Centenaire de *Batouala*[10] en 2021, à une déferlante de colloques et activités de toutes sortes[11]. C'est aussi dans cette perspective-là qu'il faut comprendre qu'Assouline salue le lauréat guyanais qui a été vilipendé pour son audace (dénoncer le colonialisme français en Oubangui-Chari, l'excision féminine, la corruption des fonctionnaires, etc.). Si René Maran a été vite déclassé pour son roman au lendemain de la Première Guerre mondiale, il est réhabilité en 2021 entre autres par la réédition d'*Un homme pareil aux autres* (1947)[12], avec une préface de Mohamed Mbougar Sarr. Ce péritexte par ailleurs peu novateur, commandé avec l'appui de l'ayant droit de Maran, contribue à la consécration du jeune auteur 'goncourable'. Sarr « embobine » d'autres Goncourt noirs, comme Marie NDiaye (*Trois femmes puissantes*[13]) ou d'autres confrères et consœurs qui auraient été parfaitement 'goncourables' (comme Léonora Miano et Ken Bugul, compatriote de Sarr, qu'il a déguisée dans le personnage de Siga D.)[14]. Dès septembre, Assouline promeut le roman de Sarr sur son blog, « La République des livres ». L'impact est indéniable...

Pour revenir à Schwarz-Bart, Assouline affirme qu'il était l'écrivain qui contre toute attente se vit décerner le prix Goncourt avec *Le Dernier des Justes*[15], puis ne fit plus parler de lui, ou à peine. Avec *La Mulâtresse Solitude* (1972)[16], il ne trouva pas grâce auprès de son lectorat contrarié tantôt par la lamentation des *Justes*, tantôt par la fictionnalisation de la traite négrière. Sarr prophétise

9   Claire Devarrieux, « Schwarz-Bart, l'incompris Goncourt », *Libération* 30 octobre 2019.

10   René Maran, *Batouala*, Paris, Albin Michel, 1921.

11   Kathleen Gyssels et Kanaté Dahouda, « Liaisons dangereuses : relire Maran après les fastes du Centenaire de *Batouala* », *Études caribéennes* 8 (2021).

12   René Maran, *Un homme pareil aux autres*, Marseille, Les Éditions du Typhon, 2021.

13   Marie NDiaye, *Trois femmes puissantes*, Paris, Gallimard, 2009.

14   Ken Bugul (de son vrai nom Mariétou MBaye) me confirme s'être reconnue dans le personnage dans un courriel du 14 avril 2023.

15   André Schwarz-Bart, *Le Dernier des Justes*, Paris, Seuil, 1959.

16   André Schwarz-Bart, *La Mulâtresse Solitude*, Paris, Seuil, 1972.

le même risque de disparaître du jour au lendemain du radar, tant il sait que tout est éphémère. Il conjure en même temps le gouffre du « labyrinthe » de la République des lettres. Attaqué déjà pour *De purs hommes*[17], il porte en lui des 'blessures' qui demeurent 'irréparables'.

Avec ce prix-ci, le monde littéraire français et francophone a en quelque sorte expié une double faute de lèse-majesté. En 1921, René Maran remporta le Goncourt avec *Batouala* ; en 1959, quarante ans après, c'est au tour de l'écrivain d'ascendance juive et franco-polonaise d'être couronné, puis « lynché » (c'est le verbe employé par son épouse guadeloupéenne, Simone Schwarz-Bart) au lendemain du Goncourt. Tous deux ne se sont jamais remis de l'offense : ils n'étaient qu'après tout que « des hommes pareils aux autres » et leur inventivité, leur « inclusivité » abordant des sujets souvent tabous dans leur société d'origine comme dans la société d'accueil, la République française, n'ont pas trouvé grâce parmi les esprits étriqués.

Dans son roman, Sarr a absorbé tous les textes mentionnés ci-dessus. Dans un entretien avec Jean-Pierre Orban pour *Afrique XXI*[18], il avoue qu'il a lu *Le Dernier des Justes*, mais l'intervieweur ne pousse pas plus loin son investigation : qu'est-ce que Sarr a précisément fait de / avec *Le Dernier des Justes* et à quel but ? Dans *La plus secrète Mémoire des hommes*, le « Troisième biographème » nous expose la fin de Charles Ellenstein. Selon certains, ce personnage serait basé sur Edmond Jabès, le poète emblématique de l'union entre deux cultures, l'Égypte (ottomane) et la culture juive européenne, au-delà de la francophonie. Marié avec Arlette Jabès qui, selon Daniel Lançon, « avait tout partagé : les combats antifascistes, les épreuves de la guerre, l'exil », elle était la « première lectrice des livres d'E. Jabès, […] le plus actif défenseur auprès des éditeurs et des critiques »[19]. On retrouve donc des duos, miroir des Schwarz-Bart. De plus, dans le roman, Thérèse Jacob est l'épouse d'Ellenstein, un Juif qui s'ignore : tous deux éditeurs de leur état et obligés de quitter Paris sous l'Occupation, ils évoquent plusieurs couples (Aragon et Elsa Triolet par exemple) « planqués » sous la Seconde Guerre. S'y ajoutent aussi les allusions à des couples de création et /ou d'éditeurs, renforcées par le fait que le nom de leur maison d'édition est italien, « Gemini », et signifie jumeaux.

Dans *Le Dernier des Justes*, le Marais, quartier de la « menuaille étoilée »[20], est décrit comme une « énorme souricière », syntagme qui apparaît sous la plume

---

17   Mohamed Mbougar Sarr, *De purs hommes*, Dakar/Paris, Jimsaan/Philippe Rey, 2018.

18   Jean-Pierre Orban, « Les fantômes du Goncourt de Mohamed Mbougar Sarr », *Afrique XXI*, mars 2022.

19   Daniel Lançon, *Edmond Jabès*, Albias, Jean-Michel Place, 1998, 8.

20   Schwarz-Bart, *Le Dernier des Justes*, 289.

du narrateur[21]. Les deux associés Jacob et Ellenstein craignent aussi pour leur vie et se réfugient en province. Ils auraient pris sous leurs ailes l'Africain Elimane ou Elimane Madag Diouf. Dans la vraie vie, André et Simone Schwarz-Bart ne sont certes pas éditeurs, mais ils sympathisent avec ceux qui se fraient un chemin dans le « labyrinthe inhumain » qu'est la compétition littéraire, qu'elle soit francocentrée ou postcoloniale. Lorsque Yambo Ouologuem est complimenté par André Schwarz-Bart contre les mauvaises langues, félicité d'avoir « plagié » son bestseller sur la Shoah, une filiation s'établit : le Malien réfléchit dans *Lettre à la France nègre*[22] à ces unions qui dérangent dans le monde littéraire.

Qui plus est, le retour de Charles à son ancienne adresse semble calqué sur le chapitre de Schwarz-Bart où la concierge reçoit Ernie Lévy et lui annonce que ses « Juifs » ont été raflés. Chez Sarr, c'est Elimane qui a disparu et est vainement recherché : la concierge apprend à Charles Ellenstein qu'Elimane est parti avant la guerre[23]. Autre parallèle, Ellenstein complote son suicide, exactement comme le fait le protagoniste schwarz-bartien qui ne se voit plus d'issue face à la ville occupée et la menace nazie :

> À la fin de la lettre, il confie à Thérèse qu'en traversant Paris occupé, rempli d'officiers et de soldats allemands, placardé d'affiches nazies et de croix gammées, presque vide de monde, constellé de jaune, il a eu le sentiment de *devoir* – il hésite longuement, en ce point, entre devoir, vouloir et pouvoir, et choisit finalement devoir pour son ambiguïté – *mourir*[24].

Cela dit, il me semble que, tout ambitieux qu'il soit, l'écrivain afropolitain relativise le prix Goncourt : Sarr n'est pas dupe que les références à Ouologuem (décédé en 2017, moment où Sarr est en train de préparer une thèse à l'EHESS sur son œuvre, celle de Kourouma et de Malick Fall – auteur de *La Plaie* incarnant la « mauvaise conscience des lettres ouest-africaines »[25]) intrigueront aisément le jury français qui peut ainsi se 'racheter'. Mais Sarr sait aussi qu'il court le même risque que l'auteur du *Devoir de violence*[26] : les humeurs changeant vite dans ce milieu frileux, il peut être considéré comme un « traître » le lendemain, et par les siens d'abord. Puisqu'il s'attaque aux mythes de l'Afrique, qu'il met en question la mentalité homophobe, la radicalisation, l'inégalité

---

21   Sarr, *La plus secrète Mémoire*, 239.
22   Yambo Ouologuem, *Lettre à la France nègre*, Paris, E. Nalis, 1968.
23   *Ibid.*, 247.
24   *Ibid.*, 248.
25   Malick Fall, *La Plaie*, Paris, Albin Michel, 1967.
26   Yambo Ouologuem, *Le Devoir de violence*, Paris, Seuil, 1968.

entre les sexes, etc., il est le sonneur d'alerte. Comme V.Y. Mudimbe, autre mentor, il interroge les idées reçues sur une Afrique précoloniale harmonieuse et l'universalité européenne, à ses risques et périls.

Il n'est pas non plus l'auteur qui dépend à tout prix de son éditeur : il ne jure pas fidélité à Présence Africaine, ce qui me paraît en revanche un énorme « rendez-vous manqué » dans l'histoire des Goncourt (aucun roman sorti de la maison mère d'Alioune Diop n'ayant remporté le Goncourt ou le Renaudot). Étrangement, le transfert à Philippe Rey/Jimsaan est passé sous silence dans la critique, universitaire ou non. Après deux romans publiés chez la maison 'souche', il s'est associé à Philippe Rey/Jimsaan à qui il exprime sa gratitude d'avoir peaufiné le manuscrit. Quel fâcheux manque-à-gagner pour Présence Africaine !

4   La connexion polonaise

Un autre auteur polonais est important pour comprendre les enjeux symboliques des prix littéraires. Sarr multiplie les allusions à Witold Gombrowicz, l'auteur controversé depuis *Ferdydurke*[27]. Nominé quatre fois pour le prix Nobel sans jamais le remporter, il est plus 'juif' que Bruno Schulz, le peintre et écrivain auquel je propose d'associer Schwarz-Bart : se réfugiant dans l'art, il se sent déconnecté de la Pologne juive et fraternise avec l'"esclave', où qu'il soit. Mais d'autres confluences entre eux se manifestent, que Sarr a probablement prisées.

5   L'Abbaye de Royaumont

Refusé par Calman-Lévy et par Lindon (éditeurs juifs), le « manuscrit embrouillé » est accepté par Paul Flamand qui propose qu'Abraham Szwarcbart devienne André Schwarz-Bart. L'éditeur du Seuil suggère donc non pas un nom de plume, mais une retouche quitte à ce que l'auteur sonne davantage comme un écrivain de 'souche'. Mal nommés, ces étrangers issus de l'immigration en France se sont beaucoup réfugiés loin de l'épicentre parisien.

Les trois auteurs, Schwarz-Bart, Sarr et, à un moindre degré, Gombrowicz, ont profité de différentes résidences d'écriture : André Schwarz-Bart a séjourné dans l'Abbaye de Royaumont, comme l'indique nonchalamment Jean Lacouture dans *Paul Flamand, éditeur*[28]. Schwarz-Bart a aussi séjourné à la Villa Ciotat de

---

27   Witold Gombrowicz, *Ferdydurke*, Varsovie, Towarzystwo Wydawnicze, 1937.
28   Jean Lacouture, *Paul Flamand, éditeur*, Paris, Les Arènes, 2010, 109.

Daniel Guérin, auteur des *Antilles décolonisées*[29], mais la résidence d'écrivains qui est d'une incidence capitale dans son œuvre, c'est le Moulin d'Andé[30]. À son tour, Sarr remercie en note en fin du roman, *Silence du chœur* ses hôtes de résidence[31], les rencontres qu'il y a faites ayant été extrêmement importantes pour lui.

Enfin, c'est surtout au Moulin d'Andé que le cycle antillais de Schwarz-Bart va connaître une extension rhizomatique vers l'Amérique latine, notamment vers Bogotá[32]. Au moment où l'Argentine devient une plaque tournante pour des auteurs fuyant les régimes totalitaires et pour des criminels nazis, la Colombie (la Caraïbe continentale) accueille aussi des « étrangers » aux origines et idéologies diverses. Dans le roman de Sarr, le personnage d'Elimane se trouve à cette même intersection de cultures élitaires et populaires, européennes et afro-caribéennes. Le milieu que fréquentera Elimane est également celui de Gombrowicz pour qui les salons littéraires autour de la revue *Sur* ont compté énormément. S'il y a rencontré et vénéré Borges, Gombrowicz s'agace que le monstre sacré ne jure que par la supériorité européenne (Paris) et l'élite. Lui, le bohémien polonais fréquente les bas-fonds et les parcs nocturnes, en quête de beaux garçons (n'oublions pas que Gombrowicz admire Genet et sans doute aussi Lorca). Ce milieu bohème plaît à l'auteur qui se meut dans les bouges de Buenos Aires où l'on joue et danse les tangos des frères Gardel. C'est là un autre lien de partage avec André Schwarz-Bart qui, dans *L'Étoile du matin*[33], évoque aussi un des frères Schuster, Juif polonais qui aurait « établi » dans le *barrio* un bar de tango. Un triangle géopolitique et culturel s'esquisse, de l'est de l'Europe à l'Amérique du Sud en passant par l'Afrique dont est originaire Elimane.

6   (S)élections affectives

André Schwarz-Bart était féru d'intermédialité et se passionnait pour le cinéma, le théâtre (dans le roman) ou encore le dessin. La preuve en est son

---

29   Daniel Guérin, *Les Antilles décolonisées*, Paris, Présence Africaine, 1955. Préface Aimé Césaire.

30   Kathleen Gyssels, « André Schwarz-Bart au Moulin d'Andé : de quelques rencontres déterminantes », *Relief. Revue électronique de littérature française* 15,2 (2021), 142-153. À propos, Anne et Daniel Guérin ont signé le Manifeste des 121 contre la torture en Algérie et pour « le droit à l'insoumission », comme Schwarz-Bart. Et Guérin a fait homologuer son essai par Césaire, tout comme les Schwarz-Bart ont dédié au poète martiniquais *Un plat de porc aux bananes vertes* (1967).

31   Mohamed Mbougar Sarr, *Silence du chœur*, Paris, Présence Africaine, 2017, 415.

32   André et Simone Schwarz-Bart, *Adieu Bogota*, Paris, Seuil, 2017.

33   André Schwarz-Bart, *L'Étoile du matin*, Paris, Seuil, 2009.

croquis de Mariotte dans *Un plat de porc aux bananes vertes*[34] comme décrit dans *Marrane et marronne*[35]. A l'instar des figures effrayantes dessinées par Bruno Schulz, dans son journal, Mariotte avait dessiné des égarés et romancé des existences rongées par les stigmates, évoquant *Les Boutiques de cannelle*[36]. Schulz reste dans l'esprit de Gombrowicz et de Schwarz-Bart un des nombreux plasticiens victimes d'antisémitisme. Tardivement traduit et découvert en France[37], Schulz est comme l'un des « fantômes » qui rôde dans le narratif labyrinthique de Sarr. Quant à Gombrowicz, il s'est lui aussi senti, toute sa vie, déraciné. Il est attesté que l'auteur de *Ferdydurke* souffrait de dépression, comme Schwarz-Bart[38]. À Berlin, Paris, Buenos Aires, Gombrowicz était de surcroît en proie à un « labyrinthe diabolique de maux »[39] et se reconnaissait, de ce fait, dans la « littérature hermétique » d'un Bruno Schulz : angoissé de ne pas connaître la « gloire » de son vivant, il s'est calfeutré tout en travaillant inlassablement à une oeuvre inachevée.

En revanche, Sarr est un auteur beaucoup plus confiant et sympathique que le Polonais qui compensa par sa faconde ce qui pouvait ressembler à un 'complexe d'infériorité'. À quoi est dû ce complexe ? Bien que n'étant pas juif lui-même, Gombrowicz est déchiré par la réputation antisémite de son pays. Il considère Schulz comme son *dibbouk* qui le poursuit car son œuvre était géniale, ce qui rend d'autant plus douloureux le fait qu'il a été tué à la fleur de l'âge par les nazis. Il est le Polonais qui lutte contre son double qui se niche dans son for intérieur, le Juif qui, minoritaire dans son pays, a souffert de l'ostracisme et de la déportation. Dans un article de son *Journal*, Gombrowicz estime que le Juif appartient à un peuple « supérieur »[40].

Schwarz-Bart de son côté se trouve entre deux « légendes vivantes » du boom latino-américain : Borges et García Márquez[41], Le labyrinthe de Sarr ajoute de la complexité à la géographie de leurs œuvres pour former avec eux ce même triangle transatlantique d'auteurs 'enlaçant' racisme et fascisme,

---

34   André et Simone Schwarz-Bart, *Un plat de porc aux bananes vertes*, Paris, Seuil, 1967.

35   Gyssels, *Marrane et marrone*, 7, 97, *et passim*.

36   Bruno Schulz, *Les Boutiques de cannelle*, Paris, Denoël, 1974.

37   Gyssels, *Marrane et Maronne*, 232.

38   Yann Plougastel et Simone Schwarz-Bart, *Nous n'avons pas vu passer les jours*, Paris, Grasset, 2019.

39   Lettre à François Bondy, cité par Rita Gombrowicz, *Gombrowicz en Europe. 1963-1969*, Paris, Denoël, 1988, 90.

40   Witold Gombrowicz, « De la supériorité des Juifs », *Journal, tome 1*, Paris, Folio, 1995, 179-181.

41   Seymour Menton, *Historia Verdadera del Realismo Mágico*, México, Fondo de Cultura Económica, 1998.

discrimination contre les Noirs et les Juifs, et des romances ou liaisons entre ces deux 'minorités'.

7   Concurrences victimaires : le Juif et la Pologne, le Noir et l'Europe

La poétesse haïtienne qui aurait vécu avec Elimane donne de son amoureux le portrait suivant :

> [I]l admirait l'œuvre de Borges : mais ses plus proches amis étaient Gombrowicz et Sábato. Je crois qu'il a couché avec tout ce que l'intelligentsia portègne comptait de belles femmes à l'époque, et de laides également. Je suis convaincue qu'il a couché avec Victoria Ocampo[42].

La poétesse haïtienne assure que Gombrowicz est son maître en littérature, avec Sábato. La Pologne natale qu'il maudit est aussi le pays qu'il aime, tout de même : « le sol polonais lui manque ! »[43]. Se peut-il que le pays dévasté par les plus féroces vengeances antisémites, la Pologne, soit à Gombrowicz ce que le Sénégal serait à Sarr ? La capitale, Varsovie à jamais souillée par le sort qu'on a réservé aux Juifs polonais ressemblerait à Dakar où des activistes comme Fatima Diop préfèrent se suicider plutôt que de continuer à vivre dans un pays qu'elle considère oppressif. De ce fait, Gombrowicz me paraît le fantôme le plus puissant dans la fiction de Sarr : malgré tout ce qu'il a « vomi » sur la Pologne, Gombrowicz fut nommé plusieurs fois au prix Nobel, bien qu'il ne l'obtienne jamais ! Jusqu'où peut-on maudire son Heimat ?

Le grand écrivain polonais, écrasé par la culpabilité, quitta son pays qui n'avait pas su apprécier « la supériorité des Juifs ». Comme Cioran, Gombrowicz déteste mais est séduit tout aussi bien par l'autre en lui[44]. L'émotion forte peut à jamais gâcher l'envie du retour, surtout que vingt ans après la Shoah, la Pologne affichait à nouveau un antisémitisme radical qui fit frémir (et fuir à nouveau) Zygmunt Bauman (et son épouse), Marek Halter – et Gombrowicz. Comme de nombreux auteurs d'origine polonaise (surtout s'ils sont de surcroît juifs), il en est de même pour Schwarz-Bart, qui entretient avec le pays de ses ancêtres un rapport de haine et de peur viscérales.

---

42   Sarr, *La plus secrète Mémoire*, 338-339.
43   *Ibid.*, 359.
44   Gombrowicz, « De la supériorité des Juifs », dans idem, *Journal, tome 1*, Paris, Folio, 1995, 179-181.

Pour Gombrowicz, le même rapport ambigu de répulsion, voire de haine est manifeste (avec toutefois du côté schwarz-bartien quelque mélancolie pour les contes folkloriques du Baal Chem Tov)[45]. Ce Gombrowicz aime de surcroît la poétesse haïtienne, comme l'Autre absolu. Il la voyait autour du périodique *Sur*, revue d'avant-garde. Mais Gombrowicz est aussi l'auteur qui doit tout à son traducteur et le reconnaît : dans une lettre il remercie Maurice Nadeau[46], et affirme que c'est grâce à son dévouement qu'il a accédé à la célébrité. Ce dernier a fait plus que le traduire, il le préface et il le « défend pied à pied face à l'émigration polonaise »[47]. Gombrowicz est enfin celui qui abjure toute « nationalité », mieux, celui qui rejette violemment tout pathos national[48]. Il serait, de ce fait, le Polonais qui se renie, qui ne sait pas comment se comporter :« quelle attitude adopter envers la Pologne ? »[49]. C'est effectivement un sentiment qu'on reconnaît chez des auteurs et critiques, et c'est ce que Joseph Kwaterko, qui l'a bien connu, confirme[50].

8   Louis-Philippe Dalembert et Mohamed Mbougar Sarr : Interalliés triomphants des mécanismes de consécration

Bien sûr, Sarr n'est ni le premier, ni surtout le plus original à montrer ces liaisons atypiques dans un monde français huppé, dans les milieux bariolés et esthètes de la Ville Lumière et de ses « antennes » dans l'Autre Monde, la communauté européenne recréée outre-Atlantique. Sur ce plan aussi, il me semble que Louis-Philippe Dalembert l'a devancé. À vrai dire, je peux soutenir que l'Haïtien avait aussi une grande chance de remporter le Goncourt et qu'au niveau des sujets abordés, il y a des parallèles intéressants avec le dernier roman en date de Sarr[51]. Dans *Avant que les ombres s'effacent*[52], l'auteur imagine aussi un, voire plusieurs, triangles Juifs-Noirs. Il y a d'abord le docteur Schwarzberg qui va s'installer en Haïti, pays qui accordait automatiquement la nationalité à tout réfugié juif. Le Juif polonais s'adapte tellement bien à la culture créole

---

45   Odile Caillat-Magnabosco, « La Pologne postcommuniste. Mémoire et puissance, misère et consommation », *Études* 402,3 (2005), 297-307.
46   Maurice Nadeau, *Grâces leurs soient rendues*, Paris, Albin Michel, 1990.
47   Pascale Casanova, *La République mondiale des lettres*, Paris, Seuil, 1999, 203.
48   *Ibid.*, 254.
49   *Ibid.*, 255.
50   Courriel du 11 juillet 2023.
51   Kathleen Gyssels, « Dalembert et Sarr et le palimpseste schwarz-bartien », *Interfrancophonies* numéro spécial sur L.P. Dalembert, sous la direction d'Alessia Vignoli (sous presse).
52   Louis-Philippe Dalembert, *Avant que les ombres s'effacent*, Paris, Sabine Wespieser, 2017.

qu'il devient adepte du vaudou, et qu'il épousera Sara, une métisse d'origine arabe. Parallèlement, Dalembert imprègne son roman de l'entre-deux-guerres 'métissé' dans les hauts lieux de la culture française. Autrement dit, l'imaginaire juif surgit dans ses romans d'exode et de transplantation, que ce soit dans le bassin méditerranéen (*Mur Méditerranée*[53]) ou en Afrique. Dalembert a d'ailleurs une plus vaste œuvre que Sarr, mais il a également prouvé son *fair play* en avouant que *La plus secrète Mémoire des hommes* est un roman très bien composé, qui méritait le prix[54].

Dans *Avant que les ombres s'effacent*, l'amour est non seulement interethnique, mixte, mais encore entre des partenaires de différentes religions, voire quelquefois de même sexe : Ruben Schwarzberg se mettra en ménage avec Sara, une Palestinienne musulmane, pendant que Camille Roussan, le poète rentré au pays après un interlude parisien, s'éprend d'un ouvrier agricole lorsqu'il fait voir du pays au Juif polonais. L'amour entre Juif et Noir le titillait déjà dans *Rue du Faubourg Saint-Denis* (2005), hommage à Romain Gary. Le lauréat à deux reprises du Goncourt imagine dans *La Vie devant soi* (1975) que la Juive rescapée de la Shoah, Mme Rosa, se lie d'amitié avec une dénommée Mme Bouchereau[55]. Ce nom de famille appartient à une prestigieuse famille de l'élite de couleur de Port-au-Prince : les enfants de Georges Sylvain ont tous fait de brillantes carrières dans les domaines de l'anthropologie, de la sociologie, de la médecine, de l'économie. La fille Madeleine Sylvain devient Mme Bouchereau en épousant Max Bouchereau, un Haïtien, fils du ministre de l'Education avec qui elle s'installera à Hambourg (port d'où part le S.S. St Louis qui est le navire d'*Avant que les ombres s'effacent*, surchargé de 600 émigrés juifs). Bref, sans qu'il ne sache que Max Bouchereau signa en son rang de Consul d'Haïti des visas pour sauver des Juifs, Dalembert nous embarque dans un labyrinthe qui n'a rien à envier à celui de Sarr. Les familles noires et blanches, Juives et *gentiles* se croisent, que ce soit sur un palier d'appartement, Rue Faubourg Saint-Denis, quartier hautement habité par des petits Juifs, ou Belleville (comme chez Perec), pour encore tisser un lien dans la toile d'araignée. Et si Mme Rosa est nommée d'après la protagoniste de *La Vie devant soi*[56] d'Émile Ajar, pseudonyme de Romain Gary, Goncourt 1975, c'est que Dalembert se met sur les épaules du géant de Vilnius. Bref, l'intertextualité est une stratégie d'autohomologation et elle intensifie le plaisir du texte.

---

53   Louis-Philippe Dalembert, *Mur Méditerranée*, Paris, Sabine Wespieser, 2019.
54   Échange mail le 4 août 2023.
55   Louis-Philippe Dalembert, *Rue du Faubourg Saint-Denis*, Paris, Éditions du Rocher, 2005, 146-153.
56   Émile Ajar, *La Vie devant soi*, Paris, Mercure de France, 1975.

Tout ceci illustre comment les auteurs « en lice pour le Goncourt 2021 » sont sur la même longueur d'onde. Un partage particulièrement net est leur recours à la notion de «noeud de mémoire» (d'après Michael Rothberg)[57], d'autre part. En effet, les romans trament toujours de manière subtile mais constante, des 'liaisons dangereuses' parce qu'entre partenaires de différentes ethnies, religions … L'amour mixte revient dans des constellations toujours différentes. Dans *Milwaukee blues*[58], en lice pour le Goncourt 2021, Emmett aime Nancy, une Blanche mais leur bel amour métissé a échoué ; couvé par Ma Robinson, ancienne matrone de prison devenue pasteure, le garçon qui s'éprend d'une Blanche, rappelle le drame d'Emmett Till. Cet adolescent du Nord tombe victime d'une société raciste qui ne supporte aucune attention de la part de l'homme de couleur à l'égard d'une femme blanche. Comme Sarr, Dalembert rappelle le climat ségrégationniste et « radical », l'intolérance envers la transgression « raciale ». Des individus non hétéronormés aussi (dans *Terre ceinte*[59], dans *De purs hommes*) se font terrasser, poursuivre, tuer. *Milwaukee blues* nous confronte avec l'Amérique malade de la question raciale à l'heure de l'assassinat de Georges Floyd, mais tout aussi bien avec le passé nauséabond de la véritable histoire d'Emmett Till. Sur fond de ségrégation, sur fond de l'Amérique post-Martin Luther King et toujours raciste, la « Black Minister » Ma Robinson organise la grande marche pour l'égalité comme un cri d'espoir et de fraternité/sororité lancé à la face du monde. *La plus secrète Mémoire des hommes* prend aussi l'entre-deux-guerres comme intervalle bouillonnant de rencontres de cultures et de civilisations : premier «joint» entre les deux romans. Le deuxième est l'amour mixte dans ses constellations diverses (ethniques, religieuses, sexuelles). Le troisième est le « roman mémoriel » avec comme fil rouge chez Dalembert, le livre d'Anténor Firmin, et l'auteur calomnié à cause d'un livre à scandale, Elimane chez Sarr.

9 Conclusion : Qui était vraiment le Rimbaud nègre ?

Labyrinthique, le roman primé en 2021 par le Goncourt est d'abord événementiel : il tombe à pic dans les commémorations de René Maran et Yambo Ouologuem. D'autres Goncourt se cachent dans son « palimpseste » dont André Schwarz-Bart. Sarr s'inscrit dans le canon avec la stratégie intertextuelle

---

57   Michael Rothberg, « Between Memory and Memory. From Lieux de mémoire to Nœuds de mémoire », *Yale French Studies* 118/119 (2010), *Multidirectional Memory in Postwar French and Francophone Culture*, 3-12.

58   Louis-Philippe Dalembert, *Milwaukee blues*, Paris, Sabine Wespieser, 2021.

59   Mohamed Mbougar Sarr, *Terre ceinte*, Paris, Présence Africaine, 2014.

et aborde audacieusement une extension du domaine : tricontinentale, sa connexion avec un autre grand auteur polonais, qui se hait par la 'question juive'. La relation Juif-Noir est également envisagée de manière surprenante, voire transgressive. Des couples mixtes peuplent le roman d'une quête d'assouvissement tant identitaire, sexuelle, que spirituelle. Sarr déjoue les « labels » et s'est inspiré entre autres de l'œuvre schwarz-bartienne, jusque dans le récit à multiple signature : *Un plat de porc aux bananes vertes* salue un certain tirailleur sénégalais parti de Casamance et dont Mariotte (descendante de Solitude, la métisse moitié Diola moitié européenne) n'a plus de nouvelles. De surcroît, le mari de Mossane chez Sarr s'appelle *Assane* Koumakh, ce qui est assez proche d'Alassane (Al Hassan) Badje qui en 1915 se sépare de Mariotte (qui l'aurait trahi ou l'inverse ?). Sarr s'est ingénieusement armé contre l'accusation capitale d'être le plagiaire d'un autre grand auteur. N'a-t-il pas parsemé son vaste roman initiatique d'une multitude de sources qui toutes finissent par asseoir solidement la posture de l'écrivain encyclopédique ? Celui qui a tout lu, tout absorbé et qui, à la façon de Borges, en détricote avec les doubles et les individus « réversibles », se met à l'épreuve de très grands auteurs pour gagner l'estime du jury Goncourt.

Dans « On ne choisit pas une identité littéraire comme on choisit un chapeau », le Soudanais Jamal Mahjoub témoigne de l'influence de la bibliothèque essentiellement anglophone qu'il lui a été donné de consommer en tant que jeune Africain anglophone avant qu'il ne se mette à l'écriture[60]. À défaut d'une thèse, vaste avant-texte pour le roman, Sarr agence sa « bibliothèque idéale africaine » et mondiale : il réfléchit sur son propre parcours dans un labyrinthe très métatextuel. Quel type d'écrivain veut-il devenir, avec quel type de roman ? En établissant des liens avec des anglophones/francophones et des écrivains du Maghreb, mais aussi des contemporains comme Léonora Miano, Ken Bugul, Mudimbe et Boubacar Boris Diop, Sarr se présente comme le Socrate du XXIe siècle postcolonial. Il est la contre-voix qui sort de tous les sentiers battus.

Bibliographie

« Choix Goncourt de la Belgique », *Académie Goncourt*, https://www.academiegon court.com/choix-goncourt-belgique (consulté le 17 décembre 2023).

Aïssaoui, Bernard, « Bernard Pivot quitte l'Académie Goncourt », *Le Figaro* 3 décembre 2019, https://www.lefigaro.fr/culture/bernard-pivot-quitte-la-presidence-de-l-aca demie-goncourt-20191203 (consulté le 17 décembre 2023).

---

60   Jamal Mahjoub, « On ne choisit pas une identité littéraire comme on choisit un chapeau », *Notre Librairie* 155-156 (2004).

Ajar, Émile, *La Vie devant soi,* Paris, Mercure de France, 1975.

Bruder, Edith, *Juifs et Noirs, histoire d'une relation*, Paris, Albin Michel, 2023.

Caillat-Magnabosco, Odile, « La Pologne postcommuniste. Mémoire et puissance, misère et consommation », *Études* 402,3 (2005), 297-307.

Casanova, Pascale, *La République mondiale des lettres*, Paris, Seuil, 1999.

Dalembert, Louis-Philippe, *Rue du Faubourg Saint-Denis*, Éditions du Rocher, 2005.

Dalembert, Louis-Philippe, *Avant que les ombres s'effacent*, Paris, Sabine Wespieser, 2017.

Dalembert, Louis-Philippe, *Mur Méditerranée*, Paris, Sabine Wespieser, 2019.

Dalembert, Louis-Philippe, *Milwaukee blues*, Paris, Sabine Wespieser, 2021.

Devarrieux, Claire, « Schwarz-Bart, l'incompris Goncourt », *Libération* 30 octobre 2019.

Diop, David, *Frère d'âme*, Paris, Seuil, 2018.

Fall, Malick, *La Plaie*, Paris, Albin Michel, 1967.

Gombrowicz, Witold, *Ferdydurke*, Varsovie, Towarzystwo Wydawnicze, 1937.

Gombrowicz, Witold, « De la supériorité des Juifs », dans idem, *Journal, tome 1*, Paris, Folio, 1995, 179-181.

Gombrowicz, Rita, *Gombrowicz en Europe. 1963-1969*, Paris, Denoël, 1988.

Gyssels, Kathleen, *Marrane et marronne*, Leyde, Brill, 2014.

Gyssels, Kathleen, « 'Jubanidad' dans *Avant que les ombres s'effacent* de Louis-Philippe Dalembert », *French Sudies in Southern Africa* 50 (2020), 38-58.

Gyssels, Kathleen, « Rastafarisme et sionisme dans le cycle schwarz-bartien », dans Odile Hamot (ed.) *Terre(s) promise(s)*, Paris, Classiques Garnier, 2021, 133-152.

Gyssels, Kathleen, « André Schwarz-Bart au Moulin d'Andé : de quelques rencontres déterminantes », *Relief. Revue électronique de littérature française* 15,[2] (2021), 142-153, DOI : https://doi.org/10.51777/relief11463.

Gyssels, Kathleen, « Dalembert et Sarr et le palimpseste schwarz-bartien », *Interfrancophonies* 2024 (sous presse).

Gyssels, Kathleen et Kanaté Dahouda, « Liaisons dangereuses : relire Maran après les fastes du Centenaire de *Batouala* », *Études caribéennes* 8 (2021), DOI : https://doi.org/10.4000/etudescaribeennes.23994.

Jourde, Pierre, *La littérature sans estomac*, Paris, L'Esprit des péninsules, 2002.

Jourde, Pierre, *La Culture bouge encore*, Paris, Hugo Doc, 2015.

« LITTÉRATURE. Les fantômes du Goncourt de Mohamed Mbougar Sarr », *Afrique XXI*, https://afriquexxi.info/Les-fantomes-du-Goncourt-de-Mohamed-Mbougar-Sarr (consulté le 17 décembre 2023).

Lacouture, Jean, *Paul Flamand, éditeur*, Paris, Les Arènes, 2010.

Lançon, Daniel, *Edmond Jabès*, Albias, Jean-Michel Place,1998.

Mahjoub, Jamal, « On ne choisit pas une identité littéraire comme on choisit un chapeau », *Notre Librairie* 155-156 (2004).

Maran, René, *Batouala*, Paris, Albin Michel, 1921.

Maran, René, *Un homme pareil aux autres*, Marseille, Les Éditions du Typhon, 2021.

Mbembe, Achille, *Sortir de la grande nuit*, Paris, La Découverte, 2010.

Meizoz, Jérôme, *Faire l'auteur en régime néolibéral, rudiments de marketing littéraire*, Genève, Slatkine érudition, 2020.

Menton, Seymour, *Historia Verdadera del Realismo Mágico*, México, Fondo de Cultura Económica, 1998.

Nadeau, Maurice, *Grâces leur soient rendues*, Paris, Albin Michel, 1990.

NDiaye, Marie, *Trois femmes puissantes*, Paris, Gallimard, 2009.

Orban, Jean-Pierre, « Les fantômes du Goncourt de Mohamed Mbougar Sarr », *Afrique XXI*, mars 2022, https://afriquexxi.info/Les-fantomes-du-Goncourt-de-Mohamed -Mbougar-Sarr (consulté le 17 décembre 2023).

Ouologuem, Yambo, *Le Devoir de violence*, Paris, Seuil, 1968.

Ouologuem, Yambo, *Lettre à la France nègre*, Paris, E. Nalis, 1968.

Philippe, Elisabeth, « L'édition est-elle trop blanche ? », *Le Nouvel Obs* 2948, 29 avril 2021, 72-74.

Plougastel, Yann et Simone Schwarz-Bart, *Nous n'avons pas vu passer les jours*, Paris, Grasset, 2019.

Sarr, Mohamed Mbougar, *Terre ceinte*, Paris, Présence Africaine, 2014.

Sarr, Mohamed Mbougar, *Silence du chœur*, Paris, Présence Africaine, 2017.

Sarr, Mohamed Mbougar, *De purs hommes*, Dakar/Paris, Jimsaan/Philippe Rey, 2018.

Sarr, Mohamed Mbougar, *La plus secrète Mémoire des hommes*, Dakar/Paris, Jimsaan/ Philippe Rey, 2021.

Schulz, Bruno, *Les boutiques de cannelle*, Paris, Denoël, 1974.

Schwarz-Bart, André, *Le Dernier des Justes*, Paris, Seuil, 1959.

Schwarz-Bart, André, *La Mulâtresse Solitude*, Paris, Seuil, 1972.

Schwarz-Bart, André, *L'Étoile du matin*, Paris, Seuil, 2009.

Schwarz-Bart, André et Simone, *Un plat de porc aux bananes vertes*, Paris, Seuil, 1967.

Schwarz-Bart, André et Simone, *Adieu Bogota*, Paris, Seuil, 2017.

'Courir' derrière l'immense littérature occidentale ? Le palimpseste de Mohamed Mbougar Sarr

Joanne Brueton

Résumé

Cet article s'interroge sur *La plus secrète mémoire des hommes* de Mohamed Mbougar Sarr au prisme du palimpseste : une figure littéraire de la transtextualité, où un texte se superpose à un autre pour créer une mise en contact et une transformation textuelle à travers des temps et des espaces multiples. En m'appuyant sur la théorisation du palimpseste de Gérard Genette, qui le présente comme un geste constitutif de l'acte littéraire, je m'attèle à une lecture décoloniale de Sarr qui puise dans un catalogue de références littéraires du canon français afin de remettre l'hégémonie de ses ancêtres en question. Cette analyse commencera avec le chiasme d'Édouard Glissant autour de la « mesure » et la « démesure », c'est-à-dire des modulations de la littérature autour d'une volonté de maîtriser le monde par l'expression littéraire et une volonté de se mettre en relation avec la diversité du monde. Cette analyse nous permettra de réfléchir d'une part sur les universalismes oppressifs qui marquent l'histoire du plagiat dans le roman de Sarr. Grâce à l'interconnectivité des textes dans la réécriture du palimpseste, Sarr dévoile la pratique mimétique au sein des textes classiques qui crée et renforce des fixités épistémologiques. D'autre part, en m'inspirant de la « démesure » de Glissant, aussi bien que de la critique de Derrida concernant la domination européenne de l'esprit logique et rationnel, je retrace ensuite la manière dont Sarr se tourne vers Mallarmé en quête d'une relation poétique qui dépasse les frontières nationales, identitaires, et ethnocentriques.

Mots-clés

Édouard Glissant – Palimpseste – Décolonial – Classique – Mohamed Mbougar Sarr – Démesure – Réécriture – *La plus secrète Mémoire des hommes*

∙∙∙

Lorsque plus tard, bien plus tard, j'ai lu cette phrase de A. Thibaudet « Il conviendra de chercher la mesure dans laquelle fut ou non française l'œuvre de Mallarmé », je me suis demandé quelle serait, à mon tour, ma place d'otage dans la langue française et sa littérature.

ABDELKÉBIR KHATIBI[1]

∴

1   Affronter le canon

Le 16 février 2023, Mohamed Mbougar Sarr livre son discours inaugural à Sciences Po, où il a été nommé à la chaire d'écrivain en résidence au printemps 2023. Dans une leçon qui s'intitule « Pour une vraie Bibliothèque de Babel », il plaide en faveur de « la guerre des canons » car

> [e]lle prouverait au moins qu'ils sont multiples. Guerre a ici une valeur évidemment provocatrice, il ne s'agit pas d'opposer les canons littéraires, de les mettre en compétition, mais de les confronter, mais de ce mot, celui d'une mise en relation féconde. Ce que je dis là n'est pas une idée abstraite, ou un vœu pieux, cela se joue concrètement dans la composition de la bibliothèque de chacun ou chacune de nous et dans les possibilités qui s'y trouvent, des généalogies d'autant plus puissantes, secrètes, anciennes en leur existence mais récemment découvertes que les œuvres qui les tissent sont éloignées dans le temps et dans l'espace[2].

En prenant au sérieux la proposition borgesienne que notre monde est une bibliothèque totale et infinie, qui contient tout ce qui peut être exprimé dans toutes les langues du monde, Mohamed Mbougar Sarr nous incite à réfléchir aux lacunes épistémiques qui se trouvent dans les étagères[3]. Il remet en cause la cécité de cette universalité, autant chez Borges que chez Goethe dans sa conception d'une littérature mondiale qui surpasserait les frontières nationales, culturelles, et linguistiques, car elle procède des rapports de force qui s'exercent au sein des conditions matérielles, commerciales, et culturelles qui octroient de la « valeur » littéraire à certaines œuvres plus qu'à

---

1   Abdelkébir Khatibi, « La langue de l'autre : Exercices de témoignage », dans idem, *Œuvres Complètes III : Essais*, Paris, La Différence, 2008, 121.

2   Mohamed Mbougar Sarr, « Pour une vraie Bibliothèque de Babel », *Sciences Po* (2023), minutes 27.04-27.30.

3   Jorge Luis Borges, « La Bibliothèque de Babel », dans idem, *Fictions*, trad. par Nestor Ibarra et Paul Verdevoye, Paris, Gallimard, 1952.

d'autres[4]. C'est, en effet, le propos sociologique de Pascale Casanova dans le quatrième chapitre de *La République mondiale des lettres*, qui dévoile comment les textes qui entrent dans le territoire invisible d'un espace international littéraire, sont fabriqués par des mécanismes de consécration situés dans les centres de pouvoir culturel dominants européens. Les institutions, les prix littéraires, les médiateurs, les traducteurs, tout le marché culturel qui, ensemble, définissent les critères qui « universalisent » les œuvres, bien au-delà de leurs contextes nationaux de production, ne font que creuser les inégalités violentes des langues et des littératures condamnées à l'invisibilité sur le plan mondial[5]. S'astreindre à ces critères, comme l'implique ici Sarr, ne fait qu'induire la marginalisation d'autres canons littéraires : des textes transmis oralement ou des littératures « mineures »[6] ; dans une violence épistémique qui exclut même la différence culturelle dans un champ littéraire mondial dominé par les modèles occidentaux.

La guerre des canons suscitée par Sarr vise à affronter ce caractère unilatéral, voire moniste, d'une bibliothèque mondiale qui oublie les paroles qui n'ont ni la reconnaissance du marché culturel occidental, ni la logique d'un « classicisme » qui prétend à l'universel à partir d'une « vue partiale ou partielle »[7].

---

4 Pour approfondir le débat autour de la littérature mondiale, voir David Damrosch, *What Is World Literature ?* Princeton, Princeton UP, 2003 et Emily Apter, *Against World Literature : On the Politics of Untranslatability*, London, Verso, 2013.

5 Pour une introduction au concept de la République mondiale des lettres, voir Pascale Casanova et Tiphaine Samoyault, « Entretien sur *La République mondiale des lettres* », dans Christophe Pradeau et Tiphaine Samoyault (ed.), *Où est la littérature mondiale ?* Saint-Denis, Presses universitaires de Vincennes, 2005, 139-150. Voir aussi Jane Hiddleston, « Writing World Literature : Approaches from the Maghreb », *PMLA* 135,5 (2016), 1386-1395. Elle met en perspective de façon limpide les débats autour de la « World Literature » : « Casanova and Damrosch in their different ways leave out the question of what constitutes the worldliness of the text, and for a better understanding of the text's worldly engagement, as opposed to its perception by the critic, we might turn back to Edward Said. His reappraisal of worldliness might also challenge the false universalism of world literature, since worldliness suggests a way of thinking, an alertness to different cultures but also a worldly wisdom about the text's limits that attenuates the utopianism of some theories of world literature », 1388.

6 Le concept de « littérature mineure » se lance en 1975 par Deleuze et Guattari, qui le définissent ainsi : « Une littérature mineure n'est pas celle d'une langue mineure, plutôt celle qu'une minorité fait dans une langue majeure. Mais le premier caractère est de toute façon que la langue y est affectée d'un fort coefficient de déterritorialisation », Gilles Deleuze et Félix Guattari, *Kafka, pour une littérature mineure*, Paris, Minuit, 1975, 29. Voir aussi Lise Gauvin, « Autour du concept de littérature mineure. Variations sur un thème majeur », dans *Littératures mineures en langue majeure*, éd. Jean-Pierre Bertrand et Lise Gauvin, Presses de l'Université de Montréal, 2003.

7 Alain Viala, « Qu'est-ce qu'un classique ? », *Bulletin des bibliothèques de France* 37,1 (1992), 6-15. Viala écrit : « Adversaires et partisans disent la même chose, que la grandeur, la clarté, et la raison classiques seraient expression de l'universel ; mais à partir de là, de l'un et l'autre

Sarr cherche ici une conception de la littérature qui s'ouvre à la différence infinie, grâce à la contiguïté « concrète » des formes poétiques qui dialogueraient les uns avec les autres. C'est cette « relation féconde » entre des littératures singulières que nous souhaitons sonder dans ce chapitre, qui prend pour outil critique la figure du palimpseste dans *La plus secrète Mémoire des hommes*. Les références textuelles tirées du canon littéraire français, textes devenus « classiques » issus d'une métropole coloniale, s'entrelacent et se transforment à travers la voix du jeune romancier sénégalais, Diègane Faye, qui se met en quête de la « valeur », ou la « mesure », de la littérature à l'ombre de « l'immense littérature occidentale »[8]. Dans un premier temps, afin de mieux comprendre cette proposition guerrière de Sarr, nous aborderons comment Édouard Glissant analyse le besoin de la littérature contemporaine francophone d'échapper à la violence symbolique d'un classicisme dont le désir d'universalité, d'ordre, et de maîtrise crée des fixités épistémologiques qui étouffent les auteurs postcoloniaux. Nous montrerons ensuite comment Sarr affronte le canon littéraire français hégémonique dans son propre chef-d'œuvre, en s'attelant à ce qu'Elara Bertho appelle son « accumulation joyeuse et vorace »[9] d'un panthéon littéraire et philosophique européen dont Pascal, Héraclite, Aristote, Gary, Kundera, Valéry, Rimbaud, Mallarmé, Sartre, pour n'en citer que quelques-uns[10]. J'avancerai l'argument qu'à travers le mécanisme du palimpseste, où un texte se superpose à un autre, Sarr se lance à la poursuite d'une décolonisation du savoir littéraire et voit naître une relation poétique qui s'attaque à toute logique de domination[11].

---

bords, ils font la même entorse à la logique, ils théorisent à partir de leur vue partielle et partielle », 7-8.

8   Sarr, *La plus secrète Mémoire*, 422.

9   Elara Bertho, « Écrivains 'noirs' et prix littéraires : enquête et contre-attaque selon Mohamed Mbougar Sarr », *Annales, Histoire, Sciences Sociales* 3, (2022), 491-507, 505. Elle s'interroge aussi sur la proposition d'un « universel latéral » : Souleymane Bachir Diagne, *En quête d'Afrique(s) : universalisme et pensée décoloniale*, Paris, Albin Michel, 2018.

10   Sarr, *La plus secrète Mémoire*, 49, 52, 82, 86, 93.

11   Cette lecture s'apparente à celle de Lionnet (Françoise Lionnet, « World Literature, Francophonie, and Creole Cosmopolitics », dans Theo D'haen, David Damrosch, Djelal Kadir [ed.], *The Routledge Companion to World Literature*, London, Routledge, 2022, 267-276, ici 267-268) qui propose qu'un enjeu majeur de « Francophone criticism [is] that of 'palimpsestic writing,' an expression that defines the bi-or multilingual strategies of postcolonial authors [...]. A palimpsest under the pen of the Francophone writers who wrestle with it, transform it, and keep it polyphonically alive, French bears the traces of its innumerable encounters with other oral and written traditions ». Cet accent sur les empreintes linguistiques et génériques dans la littérature francophone, qui transforment la dialectique du centre et de la périphérie, me sert d'outil critique dans ma propre analyse du transfert des modèles classiques français dans l'œuvre de Sarr. Voir aussi Lise

2 Sortir des fixités épistémologiques : le chiasme de Glissant

Dans son séminaire autour de l'esthétique de la Relation, reproduit dans *Introduction à une poétique du divers*, Édouard Glissant examine comment les traditions littéraires sont organisées autour de la « mesure ». S'appuyant sur l'étymologie du canon comme règle et mesure, aussi bien que sur la « mesure métrée » d'un verset, et sur la mesure de notre souffle, Glissant explique comment le classicisme se dresse comme « la mesure de la mesure » : une volonté de maîtriser le souffle, la capacité même de parler, et d'inscrire ses propres valeurs dans une métrique classique afin de les proposer au monde comme des valeurs universelles[12]. À titre d'exemple, il soutient que dans l'histoire de la littérature française, la fonction de la littérature s'éloigne d'un entassement des mots, cultures, lignes de sensibilité, ce que Glissant présente comme un processus extractif « de piochage des cultures, de ramassement de terre, de ramassement du terreau, de ramassement des œuvres fécondes »[13], afin de mener à une épuration d'accumulation dans un geste de clarté, de raison, et de grandeur. L'anaphore de la terre, du terreau, du sol fécond met en relief une littérature avant le classicisme qui s'ouvre au monde, mais afin d'en extraire des richesses symboliques qui se transforment ensuite en valeurs particulières d'une littérature « classique » qui prétend à l'universel. Les fixités épistémologiques qui s'ensuivent n'induisent que de l'exclusion et de la répression de la différence culturelle et esthétique. De plus, cette façon particulière de « comprendre » le monde à l'ordre de sa propre mesure, sera élevée au rang de modèle littéraire dans une forme d'impérialisme culturel. Glissant revient régulièrement au sens répressif du terme « comprendre », dont l'étymologie qui vise à prendre, saisir, inclure, rassembler montre la domination épistémologique d'un classicisme qui enferme et réduit tout autre au modèle de sa propre transparence[14].

Glissant rêve plutôt d'une littérature francophone contemporaine qui s'inspire de la « démesure », c'est-à-dire de l'appropriation de la parole par tout le monde dans tous les pays où la parole a été confisquée et exclue, et la

---

Gauvin, Cécile Van den Avenne, Véronique Corinus et Ching Selao (ed.), *Littératures francophones : Parodies, pastiches, réécritures*, Paris, ENS Éditions, 2013.

12   Édouard Glissant, *Introduction à une poétique du divers*, Paris, Gallimard, 1996, 93.
13   *Ibid.*
14   Édouard Glissant, *Poétique de la Relation*, Paris, Gallimard, 1990, 206 : « Il y a dans ce verbe 'comprendre' le mouvement des mains qui prennent l'entour et le ramènent à soi. Geste d'enfermement sinon d'appropriation. Préférons-lui le geste de donner-avec ». Voir aussi Glissant, *Introduction à une poétique du divers* : « je réclame pour tous le droit à l'opacité. Il ne m'est plus nécessaire de 'comprendre' l'autre, c'est-à-dire de le réduire au modèle de ma propre transparence, pour vivre avec cet autre », 71.

mise en contact de toutes les paroles sans prétention à l'universel. Il en propose un chiasme : Mesure de la Mesure (MM – la profondeur du classicisme), Démesure de la Mesure (DM – la dénégation du canon opérée par le baroque), Mesure de la Démesure (MD – la découverte du monde par une littérature axée sur la volonté de mesure, ou d'ordre), Démesure de la Démesure (DD – plus de prétention à l'universel, mais à la diversité et au monde). C'est celle-là où se trouvent les littératures francophones contemporaines pour Glissant, qui réclame un remaniement radical de l'objet littéraire pour tous les intellectuels, artistes, écrivains et poètes du Sud qui ont souffert des principes universalisants qui leur ont été imposés, et qui, de plus, ont « tâché de se libérer au nom même des principes »[15]. Pour l'auteur postcolonial, nous rappelle Glissant, « remettre les principes en question c'est peut-être lutter et rêver »[16].

C'est dans ce sens que je comprends le retentissement de Sarr qui veut faire la guerre aux canons, qui veut entrer dans une mise en relation violente de la diversité des paroles qui peuvent enfin remettre en question un seul canon érigé en absolu et imposé comme modèle de référence de la Culture. Cela n'est pas un geste dialectique qui vise à « remplacer » des « classiques » occidentaux par des œuvres méconnues « du Sud / des Suds ». Cela renforcerait l'idée d'un seul canon autoritaire et équivaudrait à un renvoi en filigrane à « La » littérature française en son principe d'identité, cette mesure de la mesure, par rapport à laquelle Réda Bensmaïa soutient que, « les autres littératures seraient venues pour ainsi dire se 'greffer' en tant qu'idiomes [...] de 'boutures' greffées sur l'arbre français »[17]. C'est la même logique unilatérale que l'on retrouve chez le critique littéraire américain Fredric Jameson qui passe outre « [t]he third-world novel [because it] will not offer the satisfactions of Proust or Joyce »[18]. Cette structure d'aliénation épistémique conditionne et l'universalité et l'exemplarité[19].

Cela étant, cette guerre des canons n'est pas non plus un geste négatif, qui vise à nier le processus vertical et extractif de la production d'un canon qui est censé incarner l'esprit d'un nationalisme ethnolinguistique. Cela ne serait qu'une dénégation de la mesure, qui s'intéresse plus à l'étendue qu'à la profondeur, plus au style ou à l'esthétique en soi, à la répétition, la redondance, qu'à une vision sociale. Comme le remarque le penseur décolonial Walter Mignolo dans sa réplique à Jameson : « human communities [have a need]

---

15   Glissant, *Introduction*, 95.

16   *Ibid.*, 95.

17   Réda Bensmaïa, « La langue de l'étranger ou la Francophonie barrée », *Rue Descartes* 3,37 (2002), 65-73, 66.

18   Fredric Jameson, « Third-World Literature in the Era of Multinational Capitalism », *Social Text* 15 (1986), 65-88, 65.

19   Bensmaïa, *La langue de l'étranger*, 70.

for a canon [and yet...] the colonization of languages and the imposition of Western literacy [has impacted on] our current conceptualization of canon a(nd)cross-cultural boundaries »[20]. Sarr effectue un détournement de la violence épistémique de l'impérialisme culturel occidental, afin d'imaginer une valorisation de la différence littéraire seulement lorsqu'il va « à l'encontre de » l'autre. Ce n'est qu'à travers l'hostilité que nous pouvons commencer à déterminer nos propres limites dans le sens étymologique d'une *confrontation* qui appartient et à la langue du droit, c'est-à-dire la partie limitrophe de deux propriétés (là où elles sont front à front), et au figuré, c'est-à-dire le rapprochement de deux choses que l'on veut comparer. Selon Mireille Rosello,

> [l]'encontre est l'endroit où nous nous demandons comment concilier ce qui va à l'encontre (d'une idée, d'un projet) mais aussi ce qui va à la rencontre (d'un autre, d'une langue, d'une culture)[21].

Seulement le croisement et l'antagonisme simultanés des littératures peuvent engendrer une vraie ouverture sur l'extérieur, sur le monde ; une vraie « mise en relation féconde » qui reprend les termes de la quête extractive des « ouvrages féconds » qui s'inspirent du classicisme (MM), pour s'ouvrir à la « démesure », à la diversité, et à « l'objet que cette démesure propose désormais à la littérature »[22]. Autrement dit, cette « encontre » textuelle tant vantée chez Sarr ne doit seulement remettre en cause la logique de domination d'un canon autoritaire et classique, qui sert de règle, mais elle doit aussi engendrer « des généalogies d'autant plus puissantes [...] que les œuvres »[23].

L'objet littéraire en tant que Relation, donc, à travers l'espace et le temps, se matérialise « concrètement », dans la « composition » et le « tissage », plutôt que dans le monde idéologique des abstractions (« l'idée abstraite », le « vœu pieux », ou même le monument de la littérature occidentale « l'œuvre »

---

20   Walter Mignolo, « Canons A(nd)Cross-Cultural Boundaries (Or, Whose Canon are we Talking About ?) », *Poetics Today* 12,1 (1991), 1.

21   Mireille Rosello, *Encontres méditerranéennes : Littératures et cultures France-Maghreb*, Paris, L'Harmattan, 2006, 4.

22   Glissant, *Introduction*, 95.

23   Sarr, « Pour une vraie Bibliothèque de Babel », 27-25. Concernant la domination de l'histoire littéraire blanche, voir Claire Ducournau, *La fabrique des classiques africains : écrivains d'Afrique subsaharienne francophone, 1960-2012*, Paris, CNRS éditions, 2017 ; François Dosse, *Les vérités du roman : une histoire du temps présent*, Paris, Éditions du Cerf, 2023 ; Étienne Achille et Oana Panaïté, *Fictions of Race in Contemporary French Literature : French Writers, White Writing*, Oxford, Oxford UP, 2024. Pour une distinction entre « canon » et « classique », voir Clare Siviter, *Tragedy and Nation in the Age of Napoleon*, Liverpool, Liverpool UP, 2020.

elle-même). Nous arrivons alors à mon propos : l'objet littéraire comme palimpseste chez Sarr, où la superposition des textes sur le même parchemin crée
une mise en contact des voix, des « mesures », et du dialogue qui propose une
forme vivable de la violence épistémologique du centre et de la périphérie[24].
Le palimpseste dans *La plus secrète Mémoire des hommes* sera analysé sous
deux angles : d'abord, je m'interrogerai sur « la mesure de la mesure » qui nous
renvoie à l'expropriation coloniale de la littérature française ; puis, j'analyserai
la « démesure » chez Sarr qui s'inspire de Mallarmé, en faisant l'éloge d'une littérature qui dépasse les frontières nationales, identitaires, et ethnocentriques.

3   Le palimpseste

Commençons par la définition du palimpseste formulée par le théoricien de la
littérature, Gérard Genette :

> [i]l n'est pas d'œuvre littéraire qui, à quelque degré et selon les lectures,
> n'en évoque quelque autre et, en ce sens, toutes les œuvres sont hypertex-
> tuelles. [...] l'hypertextualité à sa manière relève du bricolage [...]. Cette
> duplicité d'objet, dans l'ordre des relations textuelles, peut se figurer par
> la vieille image du palimpseste, où l'on voit, sur le même parchemin, un
> texte se superposer à un autre qu'il ne dissimule pas tout à fait, mais qu'il
> laisse voir par transparence[25].

Le schéma géométrique du palimpseste est, paradoxalement, vertical dans
son arborescence textuelle, et rhizomatique dans son bricolage. En soulignant
d'emblée l'ordre des relations textuelles, Genette s'intéresse à l'antécédence, à
l'origine unique et originale d'un premier texte parental d'où provient un autre.
Tout ce qui s'inscrit ensuite serait conditionné par le créateur / la créatrice de
l'hypotexte, l'ancêtre littéraire, ne produisant qu'un hypertexte dérivé. Autant
dire qu'un texte empêtré dans la dialectique de la « mesure » et la « démesure
de la mesure ».

C'est ce que Musimbwa reproche à la littérature « francophone » dans sa
vitupération à la fin du roman, dont la forme épistolaire s'adresse à un « tu »
qui nous interpelle en tant que lecteur. Musimbwa, l'écrivain congolais

---

24   Voir l'intervention d'Édouard Glissant, dans Catherine Depelch et Maurice Roelens
      (ed.), *Société et littérature antillaises aujourd'hui*, Perpignan, Presses Universitaires de
      Perpignan, 1997, 64-68.
25   Gérard Genette, *Palimpsestes. La littérature au second degré*, Paris, Seuil 1982, 18, 556.

qualifié de façon satirique de « locataire du fauteuil du jeune écrivain africain prometteur »[26], dénonce cette histoire littéraire dérivée qui s'annonce
dans l'accusation de plagiat du livre d'Elimane, et qui rebondit sur celle du
célèbre auteur malien, Yambo Oulouguem. Remarquons ici la causticité de
Sarr concernant la fugacité de l'écrivain africain qui ne peut que « louer » son
espace littéraire, espace qui appartient à l'héritage d'un ancêtre toujours plus
authentique parce qu'originel. Musimbwa explique l'histoire du plagiat ainsi :

> Il voulait montrer l'énergie créatrice du mimétisme ? Échec. Sa tentative
> a tourné à l'artifice d'une construction brillante et érudite mais vaine en
> fin de compte, tristement vaine. Il voulait rendre hommage à toute la lit-
> térature des siècles qui l'ont précédé ? Mat. On a tenu pour un plagiat
> minable ce qui était une longue référence, et personne n'a vu qu'il était
> riche avant d'avoir emprunté quoi que ce soit[27].

Sarr expose ici l'injustice structurelle d'une tradition mimétique qui, depuis
Platon, sous-tend « toute l'histoire de l'interprétation des arts littéraux »[28]. La
mimesis est subordonnée à la vérité, nous dit Derrida, « elle nuit au dévoile-
ment de la chose même en substituant sa copie ou son double à l'étant »[29].
Le roman palimpseste d'Elimane, que le critique Albert Maximin appelle
la « grande doublure », ne peut être que l'illusion qui doit être distinguée
de la vérité, de la réalité de ces « grands textes » qu'il a réécrits, issus « des
auteurs européens, américains, orientaux du passé de l'Antiquité à l'époque
moderne »[30]. C'est un exemple de deux poids, deux mesures : le fait d'être une
inscription « originale » ennoblit ces livres-là comme étant le véritable tissu de
la Littérature (occidentale), leur propre mimesis prouvant leur statut d'« art »
qui imite le réel. En revanche, le geste mimétique d'Elimane fait du *Labyrinthe
de l'inhumain* une double mimesis : une copie vide, « tournée à l'artifice »,
un « plagiat minable », « une doublure », qui évoque une copie, mais aussi la
doublure d'un vêtement, comme si son texte exposait le schéma du processus mimétique de toute littérature. L'histoire du plagiat du *Labyrinthe* révèle,
donc, moins les hypotextes européens ou africains qui servent de vrai héritage
intellectuel, que le catalogue de références des critiques littéraires tourné en

---

26   Sarr, *La plus secrète Mémoire*, 51.
27   Sarr, *La plus secrète Mémoire*, 421-422.
28   Jacques Derrida, *La Dissémination*, Paris, Seuil, collection « Tel Quel », 1972, 372.
29   *Ibid.*, 372.
30   Sarr, *La plus secrète Mémoire*, 107.

ridicule par Sarr à cause de son exoticisme (« mythes bassères »)[31], son racisme
(« Rimbaud nègre »)[32], et son imprécision (« certains auteurs pillés » ou « des
auteurs européens, américains, orientaux »)[33]. Elle met en évidence le fait que
le palimpseste du *Labyrinthe* dévoile le processus mimétique de toute production littéraire. Pourtant, cette mimesis ne réserve le droit à l'« art » qu'aux
« classiques » généralisés et dominants, la « mesure de la mesure » dont la prétention à la profondeur se manifeste par la disposition en plusieurs couches du
palimpseste lui-même.

En outre, cette réinscription éclipse la propre profondeur d'Elimane parce
qu'elle privilégie une origine, ou « l'ordre des relations textuelle » dans la définition du palimpseste chez Genette. Sarr met l'accent sur le tissu matériel
de son œuvre : Elimane qui « était riche avant d'emprunter » et dont le récit
autobiographique « débute somptueusement », « un véritable chef-d'œuvre »,
« jadis grand », « l'étoffe dont il était ceint »[34]. La texture, la profondeur, l'étoffe,
mettent l'accent sur la matérialité afin de faire contrepoids à un Elimane en
tant que simulacre ou calque insaisissable dont les traces individuelles sont
toujours gommées par l'autorité d'un héritage littéraire qui lui sert de règle[35].
Le choix onomastique d'Elimane fait écho à l'élimination du sujet colonisé,
pour qui les codes épistémologiques de l'érudition, ou du rôle du « savant »,
seront appropriés par la « mesure » de l'universalisme des Lumières. Ou bien,
ces codes deviendront le fardeau de l'auteur écrivain francophone qui est ici
privé de la maîtrise de la culture littéraire, d'être « lettré ».

C'est un héritage d'aliénation qui nous rappelle le « monolinguisme de
l'autre » de Derrida, où l'imposition violente de l'aliénation linguistique dans
la colonisation, ne devient qu'une intensification, « une surenchère de la
violence, emportement jaloux d'une *colonialité* essentielle, comme les deux
noms l'indiquent, de *la Culture* »[36]. Cultiver et coloniser viennent de la même

---

31   *Ibid.*, 104.
32   *Ibid.*, 89.
33   *Ibid.*, 110.
34   *Ibid.*, 432, 455.
35   Sur ce point, Khalid Lyamlahy qui s'appuie sur l'héritage senghorien écrit : « Mbougar
      Sarr ne fait pas que citer Senghor : il réinscrit sa poésie dans le texte et traduit la conti-
      nuité de son influence. En cherchant à s'émanciper de l'héritage senghorien, la nouvelle
      génération d'auteurs africains, dont Mbougar Sarr, ne peut que constater et reconnaître
      ce qu'elle lui doit. On l'aura compris : ce type de références qui travaillent le texte de l'in-
      térieur est beaucoup plus intéressant que le catalogue des autres références qui flottent
      à la surface du texte, souvent sans réel ancrage ni articulation ». Khalid Lyamlahy, « Pour
      une lecture textuelle et critique de Mbougar Sarr », *Zone Critique*, Juillet 2022.
36   Jacques Derrida, *Le Monolinguisme de l'autre, ou la prothèse d'origine*, Paris, Galilée 1996,
      104 : « jamais on n'habitera la langue de l'autre, l'autre langue, alors que c'est la seule

famille en latin : « colo, colere, cultum », qui veut dire à la fois et indissociablement colonial et culture. C'est ainsi que cette aliénation se manifeste sur le plan systémique, si nous pensons à Diégane Faye qui critique le néocolonialisme du monde d'édition et le sort de l'écrivain africain contemporain qui cherche « l'adoubement du milieu littéraire français [...] la reconnaissance du centre – la seule qui compte »[37]. Comme le dit Réda Bensmaïa, très peu d'écrivains francophones ont pu échapper à « la littérature française présentée comme 'référence' ou modèle et cette espèce de 'paw-waw' que les écrivains francophones ont été obligés de faire autour de cet 'Intelligible' »[38]. Ou encore, la diatribe rhétorique de Diégane et Musimbwa contre une génération d'ancêtres francophones, dont Senghor, qu'ils imaginent réduits en esclavage par un néo-exotisme français qui continue à donner un caractère ontologique à la différence culturelle, à violer, ou à entraver toute intégrité littéraire. Ils nous expliquent qu'« on voyait qu'ils n'avaient publié que les bons petits livres qu'on attendait d'eux [...] en se croyant libres quand de robustes fers enserraient leurs poignets leurs chevilles leurs cous et leurs esprits »[39].

Il faut également noter que cette colonisation de la culture opère aussi sémantiquement. À titre d'exemple, prenons la réplique d'Auguste-Raymond Lamiel, responsable du surnom d'Elimane comme le « Rimbaud nègre », qui note l'hypocrisie qui entoure le plagiat. Il nous rappelle les pratiques littéraires fondatrices de Joachim Du Bellay et des poètes de la Pléiade qui sublimaient l'imitation par « le vocable plus littéraire, plus savant, plus noble, en apparence au moins, d'innutrition »[40]. C'est un néologisme nourricier qui fait référence à l'ingestion littéraire, qui incitait les futurs poètes à suivre les auteurs de l'Antiquité gréco-latine « se transformant en eux, les dévorant, et après les avoir bien digérés les convertissant en sang et nourriture »[41]. Sarr montre comment le groupe de la Pléiade, mine d'un canon français métropolitain, désormais métonymique des « classiques » littéraires français, n'est pas seulement un palimpseste qui réinscrit les traces textuelles des auteurs grecs et latins institués à l'école en France, dans une pratique d'admiration et d'imitation qui

---

langue que l'on parle, et que l'on parle dans l'obstination monolingue, de façon jalousement et sévèrement idiomatique, sans pourtant y être jamais chez soi ».

37   Sarr, *La plus secrète Mémoire*, 72.

38   Réda Bensmaïa, « La langue de l'étranger ou la Francophonie barrée », *Rue Descartes* 2,37 (2002), 65-73.

39   Sarr, *La plus secrète Mémoire*, 58.

40   *Ibid.*, 109.

41   Joachim Du Bellay, *Défense et illustration de la langue française, œuvres poétiques diverses*, Paris, Larousse, 1971, 60.

renforce la grandeur de leurs empires[42]. Il montre aussi que cette littérature canonique s'érige en parasite qui se nourrit d'ancêtres littéraires, en les assimilant comme inspiration, afin d'institutionnaliser l'unicité d'un corps littéraire qui s'affirme à travers la maîtrise de ces valeurs impériales. Le canon français en tant que parasite diffère donc du plagiat d'Elimane précisément en raison de cette absorption corporelle. Pour Sarr, dans la Pléiade, les traces des auteurs précédents sont violemment effacées et intégrées dans le texte, afin de fabriquer une relation de sang *a posteriori* qui réunit les auteurs autour du terme « classiques ». Cette généalogie artificielle se naturalise parce que la trace des « emprunts » disparaît et l'unicité d'un classicisme s'annonce. Cela produit alors l'aliénation qui sépare le « grand écrivain » qui, comme le critique Sarr de manière aphoristique, « n'a rien de plus que l'art de savoir dissimuler ses plagiats et références »[43], et l'« autre » racialisé et colonisé, dont la pratique imitative menace de devenir un substitut de la culture dominante, dangereusement proche, en imitant cette « innutrition », qui génère la profondeur universalisante qui le maîtrise et l'exclut en tant qu'« autre ».

Elimane fait office d'un faire-valoir, d'un héros tragique qui « maîtrisait peut-être l'Europe mieux que les Européens »[44]. Son palimpseste le martyrise afin de révéler les ambitions coloniales-cultivatrices de ce que Glissant décrit comme l'émergence du classicisme français en tant que « modèle de référence »[45]. Rappelons les paroles de Glissant dans son *Introduction à une poétique du divers* :

> [T]ous les entassements culturels, la création de mots par Ronsard et la Pléiade [...] tendent à un moment [qui change la fonction de la littérature ...] à en venir à cette mesure de la mesure qu'est un classicisme, qui propose au monde ses valeurs particulières comme valeurs universelles[46].

Doublement éloigné de son propre discours, d'abord par le style indirect libre de ses éditeurs, Charles et Thérèse, et puis par la critique littéraire, Brigitte Bollème, Elimane ne sert que d'exemple de cette fonction de la littérature comme « un jeu de pillages », une maraude violente, « un vol », « une imposture malhonnête », par laquelle « avoir le génie du collage » devient un acte

---

42   Dans « Qu'est-ce qu'un classique ? » (7), Alain Viala donne trois significations du terme 'classique' : des modèles qui s'offrent à l'admiration et à l'imitation ; les auteurs étudiés en classe ; et la grandeur esthétique au moment où la grandeur politique s'affirmait.

43   Sarr, *La plus secrète Mémoire*, 109.

44   *Ibid.*, 422.

45   Glissant, *Introduction*, 93.

46   *Ibid.*

colonial d'extraction, au service de la transformation de valeurs particulières en valeurs universelles[47]. Tel est le propos indirect de Thérèse : « il disait que l'un de ses objectifs était d'être original sans l'être, puisque c'était une définition possible de la littérature et même de l'art »[48]. C'est donc faire échec et mat, mais dans l'autre sens, car Sarr utilise le palimpseste d'Elimane pour révéler que le monolithe de la littérature européenne, cette « immense littérature occidentale », est en soi, syncrétique, non-exemplaire, et non-originelle.

Telle est la problématique soulevée par Derrida dans *l'Autre Cap*, sa réflexion sur l'identité culturelle européenne publié en 1991. En s'appuyant sur la définition de l'Europe de Paul Valéry en 1924, qui l'appelle un « cap du vieux continent, un appendice occidental de l'Asie », mais aussi un esprit de la logique, un cap de la raison, Derrida se met à déconstruire le désir d'exemplarité d'Europe[49]. Il fait ressortir les connotations de la domination au cœur du terme « cap » en tant que « la tête ou l'extrémité de l'extrême, mais aussi d'une pointe avancée, dite d'un phallus [...] donc d'un cap encore pour la civilisation mondiale ou la culture humaine en général »[50]. Capitaine, commandement, direction, phallocentrisme : Derrida décline toutes les significations du « cap » afin de montrer l'idée phallique de vouloir s'approprier le monde par un logocentrisme mondialisé, et comme point de départ pour l'invention, la découverte, et la colonisation. Pourtant, Derrida montre que l'Europe en tant que raison s'inspire de la philosophie grecque qui se constitue par son propre rapport à l'autre, au Non-Européen, au dialogue avec l'autre. L'origine de l'Europe en tant que logocentrisme n'est donc ni « originale », ni exemplaire ; et donc, en s'ouvrant à l'autre, Derrida plaide pour un « autre du cap », une déconstruction de la logique phallique du cap.

Cela m'amène à la dé-cap-itation que fait Sarr grâce au palimpseste dans *La plus secrète Mémoire des hommes*. Il déconstruit cette prétention européenne à la Culture et à l'Intelligibilité en parodiant sa logique phallique de domination. Dans la scène du ménage-à-trois raté entre la bande d'écrivains africains francophones contemporains, nous voyons l'impuissance de l'esprit intellectuel. La raison et le logos qui font le « cap » de l'Europe, s'incarnent dans le personnage de Diégane en tant que spectateur pudique des relations humaines ouvertes et génératives dans lesquelles il refuse de s'engager. Dans un flux de conscience, Diégane nous dit :

---

47   Sarr, *La plus secrète Mémoire*, 232.
48   *Ibid.*, 232.
49   Paul Valéry, *La Crise de l'esprit*, dans idem, *Variété 1*. Paris, NRF Gallimard, 1924, 321-337.
50   Jacques Derrida, *L'Autre Cap*, Paris, Minuit 1991, 14.

J'ai eu la tentation d'ouvrir *Le Labyrinthe de l'inhumain* pour m'y perdre, c'est-à-dire m'y abriter, mais je me suis ravisé car je savais que c'était peine perdue : je n'arriverais pas à lire avec ce bruit [...]. Béatrice qui barrissait et Musimbwa qui glapissait, *Bomanga, Béa, Bomanga*, et moi qui regrettais d'être ainsi, toujours trop timide, trop compliqué, trop retenu, trop détaché, trop cérébral, trop Edmond Teste, trop enfoncé dans une fière et bête solitude[51].

Intercalé dans son angoisse existentielle est l'hypotexte de Paul Valéry, *La Soirée avec monsieur Teste* (1896), personnage qui incarne la raison, l'intellectualisme pur. Teste signifie tête, ou cap, pour renvoyer au logocentrisme européen. Pour Walter Benjamin, Teste est pourtant la négation de l'humain car il pense que les idées les plus importantes sont celles qui contredisent nos sentiments. Sa misanthropie relègue la raison et la culture à un éloignement asocial, déshumanisé et contraire à l'éthique des codes humains de l'affect, de l'érotisme, de l'incarnation, de la vitalité elle-même. Sarr se moque du despotisme de l'esprit sur le corps. Diégane en tant que Teste est impuissant, réduit au silence par le bruit d'une relation sexuelle qu'il ne peut pas rendre intelligible. « Barrir » et « glapir » sont des sons gutturaux, peu intelligibles, alors que la diglossie de la scène, qui passe du lingala au français, fait aussi s'effondrer sa compréhension linguistique.

L'abri que cherche Diégane dans la littérature, comme une façon d'escamoter le monde au profit du livre, au profit d'un fétichisme absolu de la littérature, ne livre qu'un sentiment, au mieux, d'exclusion et, au pire, d'inhumanité. En effet, avec la déshumanisation fasciste et coloniale en arrière-plan de ce roman, on ne peut s'empêcher d'entendre la critique de Béatrice sur les tentatives de Diégane en tant que Teste, de « connaître, de se posséder, de se maîtriser soi-même » comme un antihumanisme qui transforme les gens en « bêtes de laboratoire », « rat d'expérience », et « matière littéraire » pure[52]. C'est bien ce que son chiasme nous montre : « Tu te crois écrivain. L'homme en toi en meurt »[53]. J'avancerai même que l'exploitation de la littérature en tant qu'outil de domination épistémique, et d'abstraction, risque d'entraîner la violence des régimes génocidaires au sein de ce texte.

Et c'est là où le bricolage textuel de Sarr devient essentiel pour sa pensée décoloniale. Car à l'hypertextualité de cette scène en répond une autre qui met Mallarmé et la métaphysique de la littérature au service de la question

---

51   Sarr, *La plus secrète Mémoire*, 77.

52   *Ibid.*, 113.

53   *Ibid.*, 113.

de la décolonisation. C'est l'assassin nazi, Josef Engelmann, « un francophile déclaré », le « doux et sensible esthète », qui établit explicitement un lien entre Elimane et une série de poètes symbolistes, Lautréamont, Baudelaire, Rimbaud[54], et notamment Mallarmé (bien que la structure de *La plus secrète Mémoire des hommes* produise une glose du « Livre » de Mallarmé dans le chapitre d'Elimane intitulé « Les trois notes sur le livre essentiel »)[55]. La qualité heuristique de la citation qui suit est ici essentielle. Engelmann prétend résoudre l'énigme d'une différence raciale fictive entre Elimane et lui-même, son bilinguisme nous rappelle sa domination, sa condescendance paternaliste, et son expropriation coloniale de mythes culturels français qu'il transforme en arme avec les conséquences flagrantes que cela entraîne :

> [I]l avait retrouvé Elimane par hasard, comme un poème mallarméen [...]. Elimane était bien, à sa grande surprise, un nègre, mais que c'était aussi Igitur, celui qui a descendu les escaliers de l'esprit humain, qui est allé au fond des choses, Igitur, *mein Liebchen*, qui a bu la goutte de néant qui manque à la mer, Igitur, donc, celui qui s'est retiré dans la nuit [...]. Elimane est en train de l'écrire, Claire, *mein Schatz*, je l'ai vu écrire le Livre, celui auquel le monde doit aboutir[56].

Igitur, que Mallarmé compose entre 1867 et 1870, met en scène le hasard et le néant que cherche à vaincre le personnage abstrait à souhait d'Igitur. Elimane, en tant qu'Igitur, devient alors un fantasme d'Engelmann car il se met en quête de la maîtrise épistémique ultime qui est la compréhension de ce qu'est un sujet humain. D'une part, Elimane est privé de son statut d'être humain en se transformant, comme Igitur, en personnification impersonnelle de la conscience elle-même. D'autre part, il est fétichisé parce qu'il est condamné, comme Igitur, parce qu'il choisit la négation, le suicide, et l'objectivation de l'en-soi, de la conscience indifférenciée, plutôt que l'angoisse du « pour-soi »[57].

---

54   À propos de Rimbaud et *La plus secrète Mémoire des hommes*, voir aussi la contribution de Sarah Burnautzki dans le présent volume, 273-290.
55   Sarr, *La plus secrète Mémoire*, 253.
56   *Ibid.*, 255.
57   Voir Leo Shtutin, *Spatiality and subjecthood in Mallarmé, Apollinaire, Maeterlinck, and Jarry : Between Page and Stage*, Oxford, Oxford UP, 2019, 178-180. Shtutin explique *Igitur* ainsi : « This is a drama of self-consciousness, of the anguish that results from apprehension of the self's otherness, and of the 'will-to-impersonality'. The young Igitur comes into an awareness of his own duality – His capacity to reflect upon his own self ; he knows that 'il peut causer l'ombre en soufflant sur la lumière' [Mallarmé 1985 : 373]. Later he articulates a desire to 'rentrer en mon Ombre incréée et antérieur' [*Ibid.*] – that is, to return to

Mais *Igitur* pourrait tout aussi bien se lire comme une allégorie de l'écrivain qui sait que tout acte linguistique n'est qu'un jeu de hasard, joué avec des potentialités de la langue qui dépasseront toujours son savoir et son contrôle. Le bricolage hypertextuel de Sarr dans *La plus secrète Mémoire des hommes* ici s'inspire de Mallarmé sur le plan épistémique : le travail littéraire ne peut pas être lié à 'un' territoire, ou à la 'colonialité' de la culture, mais à une poétique qui dépasse toujours la maîtrise de l'auteur. Engelmann interprète mal l'énergie absolutiste du « Livre, celui auquel le monde doit aboutir ». Car, entre ces deux citations, d'*Igitur* et de *Divagations*, Mallarmé a fait le deuil de l'absolu. Si Mallarmé tenait que « tout, au monde, existe pour aboutir à un livre » dans *Le Livre Instrument spirituel*, ce Livre n'a rien d'ambition transcendantale[58]. Mallarmé s'intéresse avant tout à la symbolique du livre-objet : il voit dans le pliage, la matérialité, la feuille imprimée, l'espacement des mots, l'ombre éparse en noirs caractères, le signe du mystère constitutif de la littérature[59]. Et ce travail sur les mots, un travail sur la matérialité du livre, qui est lié à la matérialité de la lettre, et des lettres, ou de la littérature en tant que discipline scientifique, nous mène au mystère essentiel qui est que « le livre, expansion totale de la lettre, doit instituer un jeu, qui confirme la fiction »[60]. La fiction n'est pas enracinée, elle n'appartient ni à une assignation identitaire, ni à une patrie, malgré la tentation inévitable de toute fiction de se donner comme un absolu.

Lorsqu'Elimane nous dit que « le livre essentiel ne s'écrit pas », il fait écho au Livre de Mallarmé qui supprime l'écrivain au profit des mots qui ne cherchent pas la maîtrise du monde, mais qui cherchent plutôt à saisir les rapports qui foisonnent entre nous et la diversité du monde. On conçoit alors, dit Bertrand Marchal, « que cet espace [du Livre...] soit rêvé comme l'espace non de la fête nationale, à moins que la nation ne soit la nation terrestre, mais de la fête humaine »[61]. Le palimpseste de Sarr qui nous mène au Livre de Mallarmé, nous mène à une conception de la littérature qui vise à dépasser les frontières nationales, identitaires, ethnocentriques, afin de fêter la « démesure » des rapports humains qui cherchent à authentiquer leur séjour sur terre.

---

an undifferentiated state not of his own making, a state antecedent to reflexive consciousness ». Voir aussi Frederic Chase St. Aubyn, *Stéphane Mallarmé*, Boston, Twayne, 1989, 129.

58   Stéphane Mallarmé, « Le livre instrument spirituel », dans idem, *Igitur, Divagations, Un coup de dés*, éd. de Bertrand Marchal, Paris, Gallimard, Bibliothèque de la Pléiade, 2003, 274-280, 274.

59   *Ibid.*, 277.

60   *Ibid.*, 277.

61   Bertrand Marchal, « Préface », dans Stéphane Mallarmé, « Le livre instrument spirituel », dans idem, *Igitur*, 7-19, 18.

En guise de conclusion, c'est cette mondialité relationnelle que salue Siga D., « l'ange noir de la littérature française »[62], lorsqu'elle salue la patrie des livres. En rebondissant sur mon épigraphe de l'écrivain postcolonial marocain, Abdelkébir Khatibi, qui aborde le risque d'otage dans une littérature empêtrée dans des rapports coloniaux, Siga D. soutient que « la seule patrie que je trouvais *habitable* [...] impossible à prendre comme prétexte ou otage [... c'est] la patrie des livres : [...] citoyenne de cette patrie [...] le royaume de la bibliothèque »[63]. Cet éloge de Siga D. à l'espace matériel de la littérature, à la bibliothèque comme lieu de contact qui rend « vivable » la violence de la diversité des imaginaires, des épistémologies, des paroles, fait donc écho à notre point de départ. Au sein du bricolage textuel de ce roman, Sarr met constamment des œuvres littéraires en dialogue : *Anatomie du vide ; Le labyrinthe de l'inhumain ; Élégie pour une nuit noire ;* la série des critiques de journaux ; les textes dans les salons de Buenos Aires ; la traduction de Gombrowicz ; Senghor et la négritude ; l'épigraphe de Roberto Bolaño ; la dédicace à Yambo Ouologuem. En tant que bricoleur, je soutiens que Sarr fait du palimpseste un outil de démantèlement et de réparation : les « classiques » se dégagent de leurs anciennes fixités universelles, de leur « mesure » violente d'un centre impérial, afin d'exister à côté de la diversité des paroles littéraires trop longtemps mises à l'ombre dans la patrie des livres.

Bibliographie

Achille, Étienne et Oana Panaïté, *Fictions of Race in Contemporary French Literature : French Writers, White Writing*, Oxford, Oxford UP, 2024.

Apter, Emily, *Against World Literature : On the Politics of Untranslatability*, London, Verso, 2013.

Bensmaïa, Réda, « La langue de l'étranger ou la Francophonie barrée », *Rue Descartes* 3,37 (2002), 65-73.

Bertho, Elara, « Écrivains 'noirs' et prix littéraires : Enquête et contre-attaque selon Mohamed Mbougar Sarr », *Annales, Histoire, Sciences Sociales* 3 (2022), 491-507.

Borges, Jorge Luis, « La Bibliothèque de Babel », dans idem, *Fictions*, trad. par Nestor Ibarra et Paul Verdevoye, Paris, Gallimard, 1952.

Casanova, Pascale, *La République mondiale des lettres*, Paris, Seuil, 1999.

---

62   Sarr, *La plus secrète Mémoire*, 27.
63   *Ibid.*, 319-320.

Casanova, Pascale et Tiphaine Samoyault, « Entretien sur *La République mondiale des lettres* », dans Christophe Pradeau et Tiphaine Samoyault (ed.), *Où est la littérature mondiale ?* Saint-Denis, Presses universitaires de Vincennes, 2005, 139-150.

Damrosch, David, *What Is World Literature ?* Princeton, Princeton UP, 2003.

Derrida, Jacques, *L'Autre Cap*, Paris, Minuit, 1991.

Derrida, Jacques, *La Dissémination*, Paris, Seuil, collection « Tel Quel », 1972.

Derrida, Jacques, *Le* Monolinguisme *de l'autre, ou la prothèse d'origine*, Paris, Galilée, 1996.

Deleuze, Gilles et Félix Guattari, *Kafka, pour une littérature mineure*, Paris, Minuit, 1975.

Dosse, François, *Les Vérités du roman : une histoire du temps présent*, Paris, Éditions du Cerf, 2023.

Du Bellay, Joachim, *Défense et illustration de la langue française, œuvres poétiques diverses*, Paris, Larousse, 1971.

Ducournau, Claire, *La fabrique des classiques africains : écrivains d'Afrique subsaharienne francophone, 1960-2012*, Paris, CNRS éditions, 2017.

Gauvin, Lise, « Autour du concept de littérature mineure. Variations sur un thème majeur », dans Jean-Pierre Bertrand et Lise Gauvin (ed.), *Littératures mineures en langue majeure*, Presses de l'Université de Montréal, 2003, https://books.openedition.org/pum/15718.

Gauvin, Lise, Cécile Van den Avenne, Véronique Corinus et Ching Selao (ed.), *Littératures francophones : Parodies, pastiches, réécritures*, Paris, ENS Éditions, 2013.

Genette, Gérard, *Palimpsestes. La littérature au second degré*, Paris, Seuil, 1982.

Glissant, Édouard, *Introduction à une poétique du divers*, Paris, Gallimard, 1996.

Glissant, Édouard, *Poétique de la relation*, Paris, Gallimard, 1990.

Glissant, Édouard, *Traité du Tout-Monde*, Paris, Gallimard, 1997.

Hiddleston, Jane, « Writing World Literature : Approaches from the Maghreb », *PMLA* 135,5 (2016), 1386-1395.

Jameson, Fredric, « Third-World Literature in the Era of Multinational Capitalism », *Social Text* 15 (1986), 65-88.

Khatibi, Abdelkébir, « La langue de l'autre : Exercices de témoignage », dans idem, *Œuvres Complètes III : Essais*, Paris, La Différence, 2008, 115-161.

Lionnet, Françoise, « World Literature, Francophonie, and Creole Cosmopolitics », dans Theo D'haen, David Damrosch et Djelal Kadir (ed.), *The Routledge Companion to World Literature*, London, Routledge, 2022, 267-276.

Lyamlahy, Khalid, « Pour une lecture textuelle et critique de Mbougar Sarr », *Zone Critique*, Juillet 2022, https://zone-critique.com/critiques/pour-une-lecture-textuelle-et-critique-de-mbougar-sarr/ (consulté le 18 décembre 2023).

Marchal, Bertrand, « Préface », dans Stéphane Mallarmé, « Le livre instrument spirituel », dans idem, *Igitur, Divagations, Un coup de dés*, ed. de Bertrand Marchal, Paris, Gallimard, Bibliothèque de la Pléiade, 2003, 7-19.

Mignolo, Walter, « Canons A(nd)Cross-Cultural Boundaries (Or, whose canon are we talking about ?) », *Poetics Today* 12,1 (1991), 1-28.

Rosello, Mireille, *Encontres méditerranéennes : Littératures et cultures France-Maghreb*, Paris, L'Harmattan, 2006.

Sarr, Mohamed Mbougar, « Pour une vraie Bibliothèque de Babel », dans, *Sciences Po* (2023), https://www.youtube.com/watch?v=41xHqQvQyvM (consulté le 18 décembre 2023).

Sarr, Mohamed Mbougar, *La plus secrète Mémoires des hommes*, Dakar/Paris, Jimsaan/ Philippe Rey, 2021.

Shtutin, Leo, *Spatiality and subjecthood in Mallarmé, Apollinaire, Maeterlinck, and Jarry : Between Page and Stage*, Oxford, Oxford UP, 2019.

Siviter, Clare, *Tragedy and Nation in the Age of Napoleon*, Liverpool, Liverpool UP, 2020.

St Aubyn, Frederic Chase, *Stéphane Mallarmé*, Boston, Twayne, 1989.

Stéphane Mallarmé, « Le livre instrument spirituel », dans idem, *Igitur, Divagations, Un coup de dés*, ed. par Bertrand Marchal, Paris, Gallimard, Bibliothèque de la Pléiade, 2003.

Valéry, Paul, « La Crise de l'esprit », dans idem, *Variété 1*, Paris, NRF Gallimard, 1924.

Viala, Alain, « Qu'est-ce qu'un classique ? », *Bulletin des bibliothèques de France 1*, Paris, 1992, 6-15.

Sortir du labyrinthe de l'histoire littéraire (blanche)

Oana Panaïté

Résumé

À travers une lecture centrée sur la dimension nécrofictionnelle du labyrinthe litté-raire bâti par Mohamed Mbougar Sarr dans son roman *La plus secrète Mémoire des hommes* (Prix Goncourt 2021), ce chapitre examine l'ambiguïté inhérente au sta-tut d'écrivain « francophone » perçu, selon les contexte, comme génie ou plagiaire, modèle exemplaire mais frappé du sceau de l'illégitimité et du scandale, représentant d'une mondialité sans universalité car confiné à des catégories « marquées » telles que noir, africain, francophone ou postcolonial. Certes, le récit dé-naturalise les présuppo-sés sur la race ou l'identité qui participent à la précarisation du statut de l'écrivain noir pour exhiber, au contraire, la nature sociale, construite et intentionnelle des stratégies d'infériorisation et de marginalisation dans l'histoire et la critique littéraire française. Toutefois, le roman semble souscrire à la doxa esthétique dominante dans le champ littéraire français qui met en avant la liberté de l'art et la valeur intrinsèque de l'œuvre au risque d'occulter les conditions matérielles et les contraintes idéologiques détermi-nantes. Le chapitre invite à considérer l'effet de convergence entre, d'une part, l'histoire littéraire ponctuée par les « affaires » déclenchées autour d'écrivain·e·s noir·e·s comme René Maran, Yambo Ouologuem dont l'exemple nourrit l'inspiration de Mbougar Sarr, ou encore Calixthe Beyala et, d'autre part, sa représentation métafictionnelle, afin de réexaminer les dynamiques qui conditionnent la praxis, l'épistémologie et l'axiologie de l'histoire littéraire hexagonale et de son champ d'action.

Mots-clés

Mohamed Mbougar Sarr – *La plus secrète Mémoire des hommes* – affaires littéraires – plagiat – race – nécrofiction – histoire

Alors qu'il remporte le Prix Goncourt un siècle après René Maran, grâce à un roman lui-même inspiré d'une autre « affaire » littéraire, celle qui avait déferlé la chronique en 1968 autour du Prix Renaudot décerné à Yambo Ouologuem, Mohamed Mbougar Sarr se retrouve porté aux nues et monté en épingle d'une façon qui rappelle à bien des égards mais avec des effets d'époque

indéniablement différents, l'accueil dont bénéficièrent ses précurseurs martiniquais et malien. Génies ou plagiaires, modèles exemplaires mais frappés
du sceau de l'illégitimité et du scandale, représentants d'une mondialité sans
universalité car confinés à des catégories « marquées » telles que noir, africain,
francophone ou postcolonial, les trois auteurs nous engagent à envisager une
histoire littéraire non blanche pour sortir enfin du « labyrinthe » qui depuis au
moins un siècle écarte de ce domaine, par un étrange mélange de préjugé idéologique et de paresse intellectuelle, la production dite francophone ou postcoloniale. Aussi grâce à l'effet de convergence entre l'histoire et sa re-présentation
métafictionnelle, il est loisible de lire *La plus secrète Mémoire des hommes*[1]
comme le reflet critique des dynamiques qui conditionnent la praxis, l'épistémologie et l'axiologie de la critique et de l'histoire littéraire hexagonales et de
leur champ d'action.

Lorsqu'il se lance à recherche d'un chef-d'œuvre méconnu intitulé *Le
Labyrinthe de l'inhumain*, paru en 1938, et de son insaisissable auteur, le
Sénégalais T.C. Elimane, le narrateur du roman, Diégane Latyr Faye reçoit d'en-
trée de jeu cet avertissement amical :

> Méfiez-vous, vous écrivains et intellectuels africains, de certaines recon-
> naissances. Il arrivera bien sûr que la France bourgeoise, pour avoir
> bonne conscience, consacre l'un de vous, et l'on voit parfois un Africain
> qui réussit ou qui est érigé en modèle. Mais au fond, crois-moi, vous êtes
> et resterez des étrangers, quelle que soit la valeur de vos œuvres. Vous
> n'êtes pas d'ici[2].

Et la réception élogieuse du roman dans la presse littéraire française de se faire
non seulement l'écho du discours fictif mais encore de l'idéo-scénographie qui
lui rend toute son actualité :

> À l'heure où Mbougar Sarr vient d'être gratifié du Goncourt 2021, faut-il
> prendre à la lettre ces mots prononcés par un traducteur et ami du nar-
> rateur, lui-même écrivain africain à Paris. Le propos serait, aujourd'hui,
> malvenu, non ? Par ailleurs, son excès en circonscrit d'emblée la portée.
> Pour autant, il a le mérite de (re)poser la question des ambiguïtés de la

---

1   Mohamed Mbougar Sarr, *La plus secrète Mémoire des hommes*, Paris/Dakar, Philippe Rey/
     Jimsaan, 2021.
2   *Ibid.*, 72.

réception en France des auteurs francophones, africains notamment –
du nord au sud du Sahara[3].

Ou encore, comme le souligne un autre entrefilet, sur le mode assertif cette
fois-ci : « [i]l verse toujours dans une ambiguïté inconfortable, qui consiste à
être à la fois authentique, vraiment africain, et pas trop en même temps pour
pouvoir espérer séduire un public occidental »[4].

Autant dire que la presse littéraire française n'est pas dupe des contradictions discursives et institutionnelles dont elle se fait pourtant complice lorsqu'elle allie le panégyrique concessif à l'effet d'écran des origines devant un
roman qui propose un réquisitoire de ces mêmes contradictions et de ses ava-
tars historiques.

L'ancrage factuel de l'intrigue de La plus secrète Mémoire des hommes relève
d'un épisode d'autant plus révélateur de l'histoire littéraire récente qu'il s'inscrit
dans une sérialité historique et sociale réactivée par l'« affaire Ouologuem ». Il y
a plus d'un demi-siècle, celle-ci déferla la chronique autour du roman Le Devoir
de violence. Publié par l'écrivain malien Yambo Ouologuem à la rentrée littéraire 1968, dans la collection « Cadre rouge », entouré d'une bande-annonce
sur laquelle on pouvait lire « [c]'est le sort des Nègres d'avoir été baptisés dans
le supplice », le livre est salué dans Le Monde comme « peut-être le premier
roman africain digne de ce nom » et récompensé ensuite par le Prix Renaudot.
Dirigeant sa portée accusatrice tout autant contre les notables africains et les
conquéreurs arabes que les colonisateurs blancs, le récit mobilise la parodie
pour imaginer une saga mythique dont l'intrigue remonte au XIIIe siècle. Cette
« aventure sanglante de la négraille », pour reprendre l'une des expressions
les plus célèbres du livre, se distingue par son style singulier et par son ironie

3 Mustapha Harzoune, « Mohamed Mbougar Sarr, La plus secrète Mémoire des hommes »,
   Hommes & Migrations 1335 (2021), 213-214, 213. – Le florilège des commentaires figurant sur
   le site de Radio France, joue (auto-)ironiquement la gamme des poncifs critiques qui vont de
   l'admiration pour la réussite d'un canular d'autant plus « savoureux que le milieu littéraire
   français s'extasie devant ce livre alors que c'est un livre d'une cruauté abyssale contre l'édition
   française » à l'inévitable question rhétorique sur « comment on peut être écrivain africain ».
   Sur un ton plus sérieux, on souligne que « [l]e roman incarne une vision qui fait de la littérature un pillage, considérant que toute littérature se nourrit de tous les livres. Il y a beaucoup
   de théories sur la littérature. Et même si le livre ne se montre pas toujours à la hauteur de
   son ambition (d'où un style souvent ampoulé avec plusieurs voix qui ne sonnent comme
   s'il n'y en avait qu'une en réalité) c'est un récit choral constitué de différents types de textes
   (critiques de livres, extraits de journaux intimes...) qui parle du statut de l'écrivain africain
   francophone dans le champ littéraire français » (Radiofrance, « La plus secrète Mémoire des
   hommes : Le Masque fasciné par le prodige littéraire de Mohamed Mbougar Sarr »).
4 Radiofrance, « La plus secrète Mémoire des hommes ».

mordante. La presse française lui réserve un accueil élogieux mais largement descriptif et perplexe ; l'auteur lui-même explique qu'il veut proposer « une image renversée » de l'histoire africaine[5], mais il faut noter que certains critiques repéreront derrière cette volonté de renverser la donne du récit anti-colonial le risque de « *disculper* les anciennes métropoles de leurs crimes... »[6]. Deux ans après la parution du roman, frappé par des accusations d'emprunts à André Schwarz-Bart[7] et à Graham Greene[8] et menacé d'un procès par l'éditeur de ce dernier, le livre est retiré des librairies. L'affaire Ouologuem divise les critiques et alimente le débat sur le choc culturel qui oppose la tradition de l'oralité africaine à la primauté de l'originalité européenne. Ouologuem lui-même publie une « [l]ettre aux pisse-copie, nègres d'écrivains célèbres »[9] qui propose une plongée polémique dans le temps long d'une tradition littéraire occidentale fondée sur l'imitation des modèles classiques, sur les rapports de domination entre les grands écrivains et leurs scribes, les nouveaux entrants ou les auteurs mineurs et sur des contraintes marchandes qui obligent les écrivains à composer des œuvres à la chaîne pour leurs patrons. L'écrivain nigérian Wole Soyinka rejoint le débat en soulignant la différence entre la contribution esthétique de l'œuvre et son mode de fabrication[10]. Pour le critique Christopher L. Miller, la question de l'authenticité introduit une perspective forcément binaire, voire manichéenne entre le vrai ou le faux, la vérité ou le mensonge alors que le travail littéraire, à la fois artisanal et artistique, invite à prendre en considération la spécificité des pratiques culturelles locales et l'intention subversive de l'auteur[11]. En 2003, le roman sera republié au Serpent à Plumes accompagné d'un dossier qui explique et défend les stratégies intertextuelles de l'auteur les situant aussi dans le contexte de sa publication initiale, tout en soulignant l'influence de l'éditeur responsable d'avoir enlevé les marques citationnelles du manuscrit[12].

---

5   « Prix Renaudot : Yambo Ouologuem – entretien avec Pierre Hahn », *Le Magazine littéraire*, décembre 1968, 20.

6   Aliko Songolo, « Fiction and Subversion : *Le Devoir de violence* », trad. par Jo Anne Cornwell, *SubStance* 6/7, 21 (« Literature and Its Others »), (1978-1979), 141-15.

7   André Schwartz-Bart, *Le Dernier des justes*, Paris, Seuil, 1959.

8   Graham Greene, *It's a Battlefield*, Londres, Heinemann, 1934.

9   Yambo Ouologuem, *Lettre à la France nègre*, Paris, Edmond Nalis, 1968.

10   Wole Soyinka, *Myth, Literature and the African World*, Cambridge, Cambridge UP, 1976.

11   Christopher L. Miller, *Impostors : Literary Hoaxes and Cultural Authenticity*, Chicago, University of Chicago Press, 2018.

12   Voir le dossier HS | 2018 Hors-série Yambo Ouologuem (openedition.org). C'est Christopher Wise, auteur d'un livre qui, s'appuyant sur un travail d'archive, revisite et recadre les termes de la polémique, *Yambo Ouologuem : Postcolonial Writer, Islamic Militant* (Boulder,

Dès lors, au cœur de la fiction que Mohamed Mbougar Sarr tisse à partir de cette « affaire » et de ses autres hypostases (« l'affaire Maran » en 1921,
« l'affaire Beyala » en 1996 …) se trouve précisément la double injonction
faite à l'écrivain noir, laquelle pourrait être glosée de la manière suivante :
montrez-vous digne de la confiance que la République des Lettres a placée
en vous, mais sachez que vous n'aurez jamais l'entière confiance du public
français. Deux axes du discours critique sur la littérature francophone prédo-
minants pendant la seconde moitié du vingtième siècle sous-tendent cette
injonction paradoxale. Le premier est celui de l'équilibre instable voire de la
dichotomie qui s'établit entre les poétiques qui privilégient le travail esthétique et celles qui reposent sur l'engagement littéraire : un livre signé par un·e
écrivain·e non-blanche qui met en avant la question du style risque de faire
passer au second plan sa portée éthique, alors qu'un engagement trop marqué relègue le livre au domaine sinon mineur du moins plus circonscrit de
la littérature documentaire ou ethnographique. Un facteur dérivé de cette
dichotomie est la question de la langue chez les auteur·e·s francophones : si
elle sous-tend un discours critique qui légitime leur place dans la tradition
littéraire française et dans le champ de la création contemporaine, franco-
graphe ou postcoloniale, elle peut susciter pourtant des réactions polémiques
autour de la maîtrise du français par l'écrivain·e exophone tout en attirant
aussi des critiques sur l'usage du langage littéraire comme une stratégie auctoriale pour briguer la consécration au risque de l'assimilation néocoloniale
(en pratiquant un français « malinkisé » ou « persillé de créole ») et de la
commercialisation postcoloniale. De plus, la réflexion critique sur l'innova-
tion stylistique de ces écrivain·e·s tend à souligner leur exceptionnalité – ce
qui ne présente en soi rien de surprenant dans le domaine littéraire – mais
d'une exceptionnalité qui loin d'être exemplaire, à savoir porteuse de norme
(comme celle de Proust, Breton ou Céline) s'avère atypique, marginalisante
ou isolante, plaçant ces créateurs, -trices dans une catégorie à part plutôt que
de les intégrer à la tradition de la langue littéraire française[13].
    Je propose d'aborder l'ambiguïté inhérente au traitement que le roman
réserve à ces interrogations autour du statut d'écrivain noir à travers une
lecture qui s'attache à dégager la dimension nécrofictionnelle du labyrinthe

---

CO, Lynne Rienner Publishers, 1999) qui signe la préface de la nouvelle édition du roman
publiée en 2003 aux éditions Serpent à plumes.

13   Voir Oana Panaïté, « La querelle des bibliothèques ou la gêne de la critique française
face à la littérature en français », *Nouvelles Études Francophones* 28,2 (2013), 145-161. Les
concepts d'écrivain blanc et d'écrire-blanc dans le contexte hexagonal sont introduits et
développés dans l'ouvrage signé par Étienne Achille et Oana Panaïté, *Fictions of Race in
Contemporary French Fiction. French Writers, White Writing*, Oxford, Oxford UP, 2024.

littéraire bâti par Mohamed Mbougar Sarr. La nécrofiction ou le tombeau littéraire contemporain désigne à la fois une pratique d'écriture et une forme
narrative qui conjugue à des fins littéraires les antinomies de la mélancolie
paralysante et de la nostalgie génératrice. Le récit devient dès lors un lieu com-
mémoratif qui rassemble les restes de l'Histoire et de l'histoire littéraire pour
combler les oublis et redresser les injustices de la première tout en faisant
valoir la force créatrice de la seconde. Le tombeau permet d'opérer une restitution, une recomposition et un réagencement du grand corpus – du corps
textuel et du corps symbolique – de la tradition littéraire et historique. Il est
important de noter que l'intervention de la *persona auctoriale* qui se démultiplie par moments en plusieurs figures concomitantes ou concurrentes, fournit
un contrepoint à la doxa traditionnelle sur le sujet traité ; aussi, la nécrofiction participe-t-elle davantage des pratiques de réinvention que de transcrip-
tion de l'histoire. Car, si la matière de l'invention est historique et que l'auteur
manifeste son engagement d'entrée de jeu, sa disposition reste toutefois émi-
nemment fictionnelle et littéraire. Dotée d'une dimension cérémonielle ou
rituelle, la nécrofiction opère à la manière d'une oraison funèbre où la rhétorique de la louange et du blâme est coulée dans les formes métafictionnelles
issues du creuset postmoderne, lesquelles fonctionnent sur deux voire sur
plusieurs niveaux interprétatifs en proposant des textes à la fois lisibles et
scriptibles. La nécrofiction émerge ainsi comme un tour de force structurel
et rhétorique, reposant sur un assemblage scripturaire parfois extrêmement
élaboré, voire vertigineux qui invoque faits et paroles historiques, preuves et
contrepreuves, vérités et mensonges, les mettant au service d'une poétique de
récupération et de réparation. Enfin, il s'agit d'un lieu monumental qui permet
que le présent et le passé se confondent dans un même geste d'offrande. Le
livre ne se contente pas de travailler dans les marges de l'histoire, mais interroge et déplace ce qui est considéré comme son centre, proposant une vision
simultanément du dedans et du dehors. Le péritexte composé d'épigraphes, de
dédicaces, de notes, de quatrième de couverture visant à renseigner la lecture
voire à encadrer ou contenir le sens de l'h/Histoire trahit le désir d'articuler des
perspectives tenues auparavant pour incompatibles[14].

L'épigraphe empruntée aux *Détectives sauvages* de Roberto Bolaño[15] nous
avertit sur l'importance des liens qui se tissent entre l'œuvre et la mort, la
mort en tant qu'œuvre, l'œuvre de la mort dans ce récit polyphonique aux

---

14   Voir Oana Panaïté, *Necrofiction and The Politics of Literary Memory*, Liverpool, Liverpool
      UP, 2022.

15   Roberto Bolaño, *Les Détectives sauvages*, trad. par Robert Amutio, Paris, Christian
      Bourgois, 2006.

chronotopes multiples, qui déploie un dense réseau autour des champs lexi-
caux et sémantiques de la mort, de l'enterrement, du déterrement et du recueil-
lement sur la tombe : « sur cette piste d'ossements l'Œuvre poursuit son voyage
vers la solitude. S'approcher d'elle, naviguer dans son sillage est signe indiscu-
table de mort certaine [...] »[16]. La poétique du tombeau sous-tend la structure
narrative de l'ensemble, ainsi que l'attestent les parties qui retranscrivent une
parole d'outre-tombe comme « Le Testament d'Ousseynou Koumakh », l'oncle
d'Elimane. Des références à l'ensevelissement ou à la quête d'un lieu funéraire
apparaissent souvent dans la trame lexicale et symbolique du texte, reliant
entre eux les différents fils narratifs allant de l'histoire de Mossane, la mère
d'Elimane, qui « cherchait à offrir un cimetière mental, une tombe de pensée
aux deux corps qu'elle avait tant aimés et qui l'avaient abandonnée. Son esprit
fut leur tombeau commun »[17] au cénotaphe de Charles Ellenstein[18], éditeur,
ami et compagnon d'Elimane dans la recherche échouée de la tombe du père
de celui-ci, avant qu'il ne rejoigne lui-même la foule de victimes disparues
dans la Shoa pendant la Seconde Guerre Mondiale. Le symbolisme funéraire
et funèbre irrigue aussi l'abondant appareil critique imaginé par Sarr, comme
par exemple, dans le « [p]remier biographème » où l'on retrouve « [t]rois notes
sur le livre essentiel (extraits du journal de T.C. Elimane) » où le « *biblicide* »[19]
surgit comme la clé secrète de la profession de foi artistique du disparu sous la
plume duquel on lit également cette phrase ô combien significative : « [*l*]e *livre
essentiel s'écrit avec la langue des morts* »[20].

D'entrée de jeu, T.C. Elimane émerge comme une figure tutélaire qui dérive
sa force phénoménale, tout autant inspirante qu'inhibante, de sa condition
spectrale : auteur-fantôme[21] d'un « livre-fantôme »[22]. Pour plusieurs générations d'écrivains africains dont celle du narrateur, la grandeur de son legs
littéraire est inséparable de l'imaginaire funéraire : « [s]on livre tenait de la
cathédrale et de l'arène ; nous y entrions comme au tombeau d'un dieu »[23].
L'œuvre-tombeau d'Elimane renferme le secret de son auteur, décrit tel qu'un
Minotaure phagocytant sa postérité ou un vampire auquel les jeunes générations se voient forcées de sacrifier leur « sang versé en libations »[24]. Son titre

---

16   *Ibid.*, 9.
17   Sarr, *La plus secrète Mémoire*, 185.
18   *Ibid.*, 263.
19   *Ibid.*, 119.
20   *Ibid.*, 120.
21   *Ibid.*, 22.
22   *Ibid.*, 24.
23   *Ibid.*, 17.
24   *Ibid.*, 17.

implacable – *Le Labyrinthe de l'inhumain* – semble le prédestiner à un sort d'autant plus paradoxal qu'il est loin d'être isolé. D'une part, aux yeux de la postérité, le livre est figé dans une position classique qui le dévitalise, le momifiant pour mieux l'asseoir dans le mausolée des manuels où trop souvent la littérature est enterrée vivante : « [i]l figurait dans le *Précis des littératures nègres*, une de ces increvables anthologies qui, depuis l'ère coloniale, servaient d'usuels de lettres aux écoliers d'Afrique francophone »[25]. D'autre part, érigé en objet d'adoration quasi religieuse au prix du sacrifice de tout ce qui le relie à l'expérience vécue de ses lecteurs et lectrices, le chef-d'œuvre méconnu d'Elimane rejoint dans le panthéon des lettres sénégalaises « l'encombrant spectre de Senghor »[26]. Si fonction rédemptrice il y a du travail didactique qui enterre plus qu'il ne révèle, elle est activée *a contrario* chez le lecteur scandalisé, le provoquant à prendre le contre-pied de la lettre morte du livre d'école et se lancer sur « la piste de son fantôme »[27] à la recherche du vivant enseveli sous le monument/la pierre tombale en guise de réponse, mais réponse contestataire, à l'enquête qu'avait menée la journaliste Brigitte Bollème soixante-dix ans plus tôt sous le titre : « [q]ui était vraiment le Rimbaud nègre ? Odyssée d'un fantôme »[28].

La rencontre du narrateur avec l'écrivaine Siga D. entérinera, grâce au témoignage personnel de celle-ci, l'idée que T.C. Elimane est « un fantôme », tout en réactivant sa force agissante. Pour la formidable femme que des liens ataviques, mémoriels et artistiques relient à son célèbre cousin, celui-ci n'est ni la résultante passive de la volonté, des désirs ou des actions des autres – parents, amis, confrères, critiques, détracteurs ou disciples –, ni une effigie que d'aucuns brandissent pour asseoir leur vérité ou faire avancer leurs ambitions. Selon la formule pénétrante de la journaliste Brigitte Bollème, ceux-là ne voient pas Elimane « comme écrivain, mais comme phénomène médiatique, comme nègre d'exception, comme champ de bataille idéologique »[29]. Bien au contraire, avance Siga D., l'auteur du *Labyrinthe de l'inhumain* est toujours à l'œuvre grâce à son pouvoir de présence et à l'effet qu'il exerce sur les autres : « [o]n ne rencontre pas Elimane. Il vous apparaît. Il vous traverse. Il vous glace les os et vous brûle la peau. C'est une illusion vivante. J'en ai senti le souffle sur ma nuque, son souffle surgi d'entre les morts »[30].

---

25   *Ibid.*, 20.
26   *Ibid.*, 20.
27   *Ibid.*, 22.
28   *Ibid.*, 218.
29   *Ibid.*, 235.
30   *Ibid.*, 39-40.

Mais de quelle illusion vivante Elimane est-il le nom ? De l'aliénation coloniale, tout autant imposée que consenti, adoptée de gré ou de force après des décennies d'imposition ou d'une volonté de transcender les frontières tracées par cette aliénation au moyen de stratégies d'(auto-)universalisation ?

Dans l'histoire enchâssée d'Assane et d'Ousseynou Koumakh, père et oncle d'Elimane, nombreuses sont les références aux Blancs : leur spectre plane sur la vie de leur oncle Tokô Ngor qui, témoin des débuts du colonialisme dans son pays, les met en garde sur « l'épine de la civilisation blanche plantée dans la chair de la nôtre, sans retrait possible »[31]. De ces sages paroles la vérité sera avérée par le destin des générations suivantes à commencer par l'histoire d'Assane dont l'école française « fit un petit Noir blanc »[32] et ensuite un tirailleur sénégalais qui sacrifie sa vie pour la France, prolongée dans celle de Madag/Elimane et dont on retrouve encore les échos dans l'histoire de Marème Siga/Siga D., et même dans celle du narrateur, Diégane. À la guerre comme en littérature : « [q]uelle plus belle manière pour lui de devenir blanc que de mourir dans une guerre de Blancs, chez des Blancs, d'une balle ou d'une lame de baïonnette blanche ? »[33]. Le regard excoriant qu'Ousseynou, le guérisseur aveugle, porte sur le père d'Elimane les enveloppe tous les quatre :

> Il lui en fallait une autre : une vie dans la peau d'un intellectuel blanc, puisque c'était ça, pour lui, le sommet de l'accomplissement existentiel. Pas être père, pas aimer Mossane : être un Blanc intelligent qui lit ou écrit des livres[34].

Quelles que soient les différences entre leurs trajectoires de vie ou le degré d'intensité avec lequel chacun·e poursuit cette illusion voire ce fantôme, ils cherchent, ne fût-ce que pendant un certain temps, à « devenir des savants dans la culture qui a dominé et brutalisé la leur »[35]. Telle est l'inévitabilité de ce destin intergénérationnel que le clairvoyant Ousseymane adresse à sa fille, la future écrivaine Siga D., moins une mise en garde qu'une accusation avant la lettre lorsqu'il lui dit :

> [J]'ai vu ton visage entre les leurs, Elimane (Madag) et Assane [...]. ton destin passerait loin de notre culture [...] tu chercherais à trouver

---

31   *Ibid.*, 170.
32   *Ibid.*, 150.
33   *Ibid.*, 169.
34   *Ibid.*, 170.
35   *Ibid.*, 181.

l'intelligence dans la langue des Français. Tu serais écrivain. [...] Tu serais
la troisième maudite de la famille. [...] Je te crains[36].

Maudite, la filiation qui s'établit entre les trois générations le serait-elle à
cause de l'aliénation dont font preuve les membres de cette lignée – et dont
la responsabilité leur incomberait en tout ou en partie ? Ou cette malédiction
est-elle l'œuvre des engrenages qui entraînent l'écrivain africain dans la logique
labyrinthique de la reconnaissance sans conséquence ? Cette logique alimente
une pratique de l'exceptionnalité exclusive qui isole et écarte au lieu d'inclure,
faisant de l'écrivain primé l'exception qui confirme la règle et renforçant le
caractère endogame de la culture hexagonale. En instaurant une circularité
nuisible qui fait entrave à la libre circulation des œuvres et des expériences
littéraires, les dispositifs de reconnaissance, de réception et de consécration
emprisonnent les écrivain·e·s issu·e·s de l'espace postcolonial dans le dédale,
aussi monumental qu'il puisse paraître, de la génialité orpheline et stérile. Le
narrateur prend acte de ce phénomène lorsqu'il décrit l'émerveillement que
lui et ses confrères éprouvent à la découverte de l'écriture d'Elimane : « [u]ne
seule page suffisait à nous donner la certitude que nous lisions un écrivain,
un hapax, un de ces astres qui n'apparaissent qu'une fois dans le ciel d'une
littérature »[37]. Certes, la singularité du génie est un lieu commun de la pensée sur l'art et l'artiste en général, mais dans sa version « universelle » elle est
dotée d'un pouvoir matriciel, qui fait école, fonde une nouvelle tradition ou
engendre un modèle : homérique, shakespearien, racinien, balzacien, prous-
tien, ernaldien... Néanmoins, le portrait que Diégane Latyr Faye dresse de son
héros littéraire souligne bien que celui-ci représente une figure « pas classique
mais culte » – et, en effet, selon la boutade de Barthes, son œuvre ne s'enseigne
pas en classe. Elimane représente bien au contraire l'icône d'une théologie
négative car ses « trois atouts » – son nom mystérieux et indéchiffrable, son
unique livre et sa disparition sans trace – relèvent tous de la sphère privative,
l'écartent du Panthéon plutôt qu'ils ne l'y intègrent. Un professeur de littérature, ami du père du narrateur, propose cette interprétation qui relie la vie
à l'œuvre :

> [L]'éphémère vie d'Elimane dans les lettres françaises (il insista bien sur
> 'françaises') n'avait pas permis la découverte de son œuvre au Sénégal.
> 'C'est l'œuvre d'un dieu eunuque. On a parfois parlé du *Labyrinthe de l'in-
> humain* comme d'un livre sacré. La vérité est qu'il n'a engendré aucune

---

36   *Ibid.*, 181-182.
37   *Ibid.*, 17.

religion. Plus personne ne croit à ce livre. Personne n'y a peut-être
jamais cru'[38].

L'évanescence voire l'insignifiance de l'œuvre de l'écrivain africain – que
souligne la remarque sur son incapacité à « engendrer » une religion ou une
croyance – découle directement de son destin d'étoile filante sur le firma-
ment littéraire français. Maintes fois glosé par les spécialistes, le processus de
légitimation hexagonale dont les auteur·e·s francophones doivent impérati-
vement s'assurer avant de prétendre à une quelconque reconnaissance dans
leur propre pays apparaît, est signalé ici au détour d'une phrase, à travers une
formule cruellement simple : il « avait été effacé de la mémoire littéraire, mais
aussi, semblait-il, de toutes les mémoires humaines, y compris celle de ses
compatriotes »[39]. Plus irrévocable encore que la disparition physique de l'écrivain, l'effacement de sa trace au pays natal parachève son assassinat littéraire
aux mains de la critique française et entérine sa mise à mort symbolique. Alors
qu'il prétend ranimer la mémoire de T.C. Elimane, le fameux manuel escamote
cette mise à mort derrière un verbiage esthétisant qui la décrit comme un
insondable mystère ou une inévitable tragédie et reste aveugle à ses dimensions sociales ou à ses raisons idéologiques :

> un livre dont le destin a été frappé au coin de la singularité tragique [...].
> Et quel livre ! Le chef d'œuvre d'un jeune nègre d'Afrique ! En naquit
> une de ces querelles littéraires dont ce pays seul a le secret et le goût. [...]
> Mais alors que la rumeur promettait à l'auteur et à son livre de presti-
> gieux prix, une ténébreuse affaire de littérature brisa leur envol[40].

Un des effets insidieux des comportements ataviques et des dispositifs ins-
titutionnels est de faire porter à la victime la responsabilité directe ou indirecte de son échec, ce qui en l'occurrence réduit Elimane à « un craquement
d'allumette dans la profonde nuit littéraire »[41]. Son destin plane d'ailleurs sur
son avatar contemporain, le narrateur, lorsque le roman de celui-ci, *Anatomie du vide*, chroniqué dans « *Le Monde* (Afrique) »[42] par un « spécialiste des
littératures dites francophones »[43], fait l'objet d'une « louange [...] assassine ». Présenté comme une « promesse à suivre de la littérature africaine

---

38   *Ibid.*, 22.
39   *Ibid.*, 22.
40   *Ibid.*, 21.
41   *Ibid.*, 24.
42   *Ibid.*, 26.
43   *Ibid.*, 25.

francophone »[44], le livre de Diégane Latyr Faye menace de jeter son auteur dans un état de précarité pérenne le vouant au purgatoire de ceux et celles qui, associé·e·s à un état naissant si ce n'est primitif de la création littéraire, doivent encore et toujours faire leurs preuves :

> Je devins, dans les festivals, rencontres, salons et foires littéraires où l'on m'invitait, le préposé naturel à ces inusables tables rondes intitulées 'nouvelles voix' ou 'nouvelle garde', ou 'nouvelles plumes' ou je ne sais quoi d'autre de prétendument neuf mais qui, en réalité, semblait déjà si vieux et fatigué en littérature[45].

Quand bien même l'héritier d'Elimane serait entraîné dans la vieille rengaine de la modernité « universelle » et confronté au dilemme de l'écrivain·e « tout court », quelle que soit son pays d'origine ou sa couleur de peau, impossible de séparer le sentiment de honte qui l'amène à vouloir « ensevelir » son premier roman devenu sans valeur en l'absence d'un « autre grand roman, ambitieux et décisif »[46] de la promesse méliboriste et messianique offerte par la mission civilisatrice qui repousse toujours plus loin, dans un avenir indéfini et indéfinissable, la reconnaissance de l'Autre colonisé comme un individu à part entière digne d'une relation de « fraternité sans paternité »[47], voire sans paternalisme.

C'est le paradoxe de l'écrivain africain, orphelin et eunuque littéraire, de rester dans un état d'« hapax »[48] perpétuel. On a beau redécouvrir régulièrement – en 1921, en 1968, en 2021… – son génie artistique en refaisant à chaque fois le geste du fictionnel mais très véridique Auguste-Raymond Lamiel devant Elimane, le « Rimbaud nègre », qui l'aurait étonné par son invraisemblable érudition : « [c]et Africain a tout lu, d'Homère à Baudelaire, absolument tout »[49]. Issue d'une répétition sans mémoire, cette découverte ne modifie guère en profondeur les pratiques et les réflexes de la critique et de l'histoire littéraire hégémoniques, autrement dit blanches et hexagonales.

On n'en voudra pour preuve que l'importante étude (de plus de 650 pages), intitulée *Les Vérités du roman. Une histoire du temps présent*, que François Dosse consacre en 2023 aux rapports complexes entre la fiction et l'histoire contemporaine. Organisant son livre autour des grandes interrogations qui

---

44   *Ibid.*, 26.
45   *Ibid.*, 26.
46   *Ibid.*, 26.
47   Ferroudja Allouache, *Archéologie du texte littéraire dit « francophone ». 1921-1970*, Paris, Classiques Garnier, 2018, 431.
48   *Ibid.*, 17.
49   *Ibid.*, 297.

définissent le paysage culturel de notre époque comme les liens entre fait et fiction, histoire et mémoire, ou encore les problèmes actuels de la responsabilité littéraire, l'éminent spécialiste d'histoire intellectuelle dresse la fresque critique des thèmes et formes romanesques, du récit de la fracture sociale et du traumatisme historique, en passant par les formes du témoignage et de l'autobiographie, jusqu'à la dystopie et au roman de la catastrophe climatique. La matière (post-)coloniale apparaît de manière récurrente dans les références aux traces de l'empire colonial et notamment de la guerre d'Algérie dans la prose romanesque de Pierre Michon, Dominique Kalifa, Yannick Haenel, Pierre Lemaitre, Alexis Jenni, Jonathan Littell, Ivan Jablonka, Thierry Jonquet, Régine Robin, Virginie Despentes, Maylis de Kerangal, Marie Darrieussecq, Nicole Caligaris, Michel Houellebecq ou Annie Ernaux. Cependant, le corpus postcolonial constitué de textes et d'auteur·e·s repérables en tant que tel·l·e·s – autrement dit, le corpus non blanc – est limité à un quatuor dont la présence est d'autant plus confondante qu'elle reste inexpliquée : Heddi Kaddour, Kamel Daoud, Nina Bouraoui, et, à l'occasion, Marie NDiaye, qui frôle la surface de quelques rares pages à la manière d'un fantôme insaisissable, sans avoir droit à une entrée propre. Dans l'absence de la quasi-moitié du corpus contemporains publié par des dizaines de romanciers et romancières comme Patrick Chamoiseau, Gisèle Pineau, Daniel Maximin, Frankétienne, Yannick Lahens, Mackenzy Orcel, Lyonnel Trouillot, Fatou Diome, Tierno Monénembo, Rachid Boudjedra, Véronique Tadjo, Fabienne Kanor, Bessora, Alain Mabanckou, Dany Laferrière, Léonora Miano ou Patrice Nganang, quel sens peut-on donner à la présentation de la quatrième de couverture qui synthétise d'ailleurs l'ambition globale affichée à plusieurs reprises dans l'ouvrage : « [l]a littérature française contemporaine atteste en réalité la richesse sans pareil de la fiction et son lien sans cesse renouvelé avec la société pour en dire les malaises, les déchirements, les souffrances » ? On se croirait projetée dans le monde imaginaire du roman de Sarr à côté du narrateur qui épluche fiévreusement les sources d'histoire et de critique littéraire en quête de références au roman d'Elimane, paru en 1938 :

> Elles m'ont révélé une promotion littéraire, poétique et philosophique française de premier plan : Bernanos, Alain, Sartre, Nizan, Gracq, Giono, Aymé, Troyat, Ève Curie, Saint-Exupéry, Caillois, Valéry... Rien de moins. Mais pas l'ombre d'un T.C. Elimane ni d'un *Labyrinthe de l'inhumain*[50].

---

50   François Dosse, *Les Vérités du roman. Une Histoire du temps present*, Paris, Les Éditions du Cerf, 2023, 49.

Sortir du labyrinthe de l'histoire littéraire hégémonique exige un double geste : prendre en compte la racialisation de la littérature en français et rendre compte du potentiel épistémologique des manières dont les écrivain·e·s racialisé·e·s réimaginent et démantèlent les structures, principes et réflexes critiques sur lesquels cette même histoire repose[51].

Dans le roman de Sarr, le mystère du devenir-écrivain est celui du devenir de la littérature elle-même telle qu'elle se constitue à travers des relations de filiation et de compagnonnage ainsi que des rapports d'antagonisme et de revalorisation polémique. Sa dimension de « sentimenthèque » rejoue la scène primitive du débat autour de la notion d'auteur classique dans laquelle le désir qu'éprouve l'écrivain francophone contemporain de s'inscrire dans une tradition littéraire célébrée se heurte aux arguments sur la différence culturelle qui cachent mal ou dévoilent au grand jour des préjugés racistes.

Cependant, le livre apporte-t-il une réponse contestataire ou compensatoire – et, dès lors, consentante – à la question que le roman soulève : « [e]st-ce que les choses ont changé aujourd'hui ? »[52].

D'une part, le récit recourt à la satire, souvent impitoyable, pour dé-naturaliser les présupposés sur la race ou l'identité qui attribuent, implicitement ou explicitement, l'échec de l'écrivain·e africain·e à une faiblesse constitutive, à une carence naturelle, comme s'il s'agissait d'une tare littéraire héréditaire et pour exhiber, au contraire, la nature sociale, construite et intentionnelle des stratégies d'infériorisation et de marginalisation. De plus, il exploite avec une ironie décapante l'imaginaire raciste lorsqu'il évoque le trope éculé du « récit cannibale »[53] ou, pour expliquer la disparition tragique des zoïles d'Elimane, le stéréotype de l'Africain doté d'un pouvoir magique et funeste : « [u]n écrivain qui s'estime incompris, mal lu, humilié, commenté par un prisme autre que littéraire, réduit à une peau, une origine, une religion, une identité, et qui se met à tuer les mauvais critiques »[54]. Une histoire aussi vieille que celle de la littérature occidentale – le critique vénéneux succombant à une mort atroce – devient ici une forme de vengeance symbolique aux connotation raciales.

D'autre part, le roman emprunte au répertoire de « la position 'esthète' »[55] et de l'approche « internaliste »[56] lesquelles, remportant le consensus dans le champ littéraire français, mettent en avant la liberté de l'art et la valeur

---

51   Sarah Burnautzki, *Les Frontières racialisées de la littérature francophone : contrôle au faciès et stratégies de passage*, Paris, Honoré Champion, 2017.

52   Sarr, *La plus secrète Mémoire*, 307.

53   *Ibid.*, 52.

54   *Ibid.*, 307.

55   Gisèle Sapiro, *Peut-on dissocier l'œuvre de l'auteur ?*, Paris, Seuil, 2020, 17.

56   *Ibid.*, 230.

intrinsèque de l'œuvre et occultent les conditions matérielles et les contraintes
idéologiques dont elles dépendent :

> Est-ce que les choses ont changé aujourd'hui ? Est-ce qu'on parle de litté-
> rature, de valeur esthétique, ou est-ce qu'on parle des gens, de leur bron-
> zage, de leur voix, de leur âge, de leurs cheveux, de leur chien, des poils de
> leur chatte, de la décoration de leur maison, de la couleur de leur veste ?
> Est-ce qu'on parle de l'écriture ou de l'identité, du style ou des écrans
> médiatiques qui dispensent d'en avoir un, de la création littéraire ou du
> sensationnalisme de la personnalité ?
>   W est le premier romancier noir à recevoir tel ou à entrer dans telle
> académie : lisez son livre, forcément fabuleux[57].

La diatribe du narrateur flétrit la prison identitaire comme la spécularité
médiatique mais si elle dénonce avec éclat leur caractère réducteur, elle risque
de faire long feu sur les effets encore perceptibles de l'hégémonie blanche.
Celle-ci influence directement ou indirectement les postures et le poétiques
littéraires des écrivain·e·s amené·e·s de gré ou de force à se situer en tant que
« minoritaires » par rapport aux valeurs et aux attitudes dominantes. Aussi les
créateurs francophones sont-ils obligés de mobiliser des stratégies de résistance, de subversion et d'(auto)légitimation pour accéder au « coefficient
d'universalité »[58] qui reste encore le privilège de leurs confrères et consœurs
blanc·h·e·s. Grâce à l'emploi savamment dosé des techniques de télescopage
temporel, d'emboîtement narratif et de distanciation-rapprochement critique,
le roman remet en cause le paradigme qui érige la différence entre savoirs, pratiques et valeurs « universels » et « situés » en stratégie d'exclusion et de mise à
l'écart. Accorder à ceux-ci une voix au chapitre ne saurait représenter un geste
simplement additif, par effet d'ajout ou de supplément pour compléter une
case vide mais l'effet d'un changement constitutif, intrinsèque qui vienne cor-
riger une lacune fondatrice, une fissure dans la fondation même de l'édifice
littéraire soi-disant « universel ».

De même, l'inscription du livre d'Elimane dans une « autre histoire de la littérature (qui est peut-être la *vraie* histoire de la littérature) : celle des livres perdus dans un couloir du temps, pas même maudits, mais simplement oubliés,
dont les cadavres, les ossements, les solitudes jonchent le sol de prisons sans
geôliers, balisent d'infinies et silencieuses pistes gelées »[59] relie son histoire

---

57   *Ibid.*, 307.
58   Désiré Nyela, *Les Littératures de la traversée*, Paris, Karthala, 2021, 147.
59   Sarr, *La plus secrète Mémoire*, 22.

à une riche et vénérable tradition des récits compensatoires conçus pour honorer les chefs-d'œuvre inconnus ou les testaments trahis de la littérature. Ce désir de soustraire l'œuvre à sa contingence est renforcé par le motif de la littérature – entéléchie de la vie dans laquelle Elimane « a trouvé [...] son pays réel ; peut-être le seul »[60] et le narrateur « la seule patrie [...] *habitable* »[61].

Offrant à la fois le reflet d'une impasse bien réelle et une réflexion sur les façons d'en sortir, la mise en scène fictive d'une « autre histoire » de la littérature nous engage à dépasser les inerties et les réflexes d'une critique habituée à envisager l'évolution de la littérature française ou universelle, d'une part, et des écritures francophones ou situées, de l'autre, selon deux trajectoires largement parallèles sans être indépendantes, car conditionnées par une dynamique qui voue celles-ci à la dépendance matérielle et symbolique de celle-là laquelle, au contraire, jouit du privilège de ne se pencher qu'occasionnellement et distraitement sur tout ce qui sort du domaine de ses préoccupations artistiques supérieures. Cette approche dissociative entre deux types de littérature – l'une : paradigmatique et désintéressée, l'autre : subalterne et contingente – est à la fois le résultat et le suppôt d'un ségrégationnisme idéologique qui à son tour escamote les effets littéraires de la fracture coloniale. Par ailleurs, quand bien même le succès public et critique du roman de Sarr signalerait le changement qui laissait son narrateur dubitatif, le discours d'accueil révèle, comme nous l'avons vu au début de ce chapitre, une prise de conscience de la situation ambiguë avec laquelle son auteur doit composer.

On peut alors se demander si nous sommes face à un roman « extraverti »[62] qui tente de sublimer l'expérience particulière de l'écrivain·e africain·e et de son statut subalterne par le truchement d'un registre thématique universalisant ou, au contraire, face à une revendication du droit à une histoire littéraire relationnelle fondée sur un universalisme pluriel, « à la mesure du monde »[63], et appelant à une « convivialité transversale »[64].

L'histoire littéraire hégémonique est le tour de force du roman lui-même. *La plus secrète Mémoire des hommes* rallie aussi bien la force spéculaire de la fiction que le pouvoir spéculatif de la métafiction pour nous faire témoigner du courage – aussi parenthétique fût-il – avec lequel nous sortons du labyrinthe et « (osons le mot : blancs) »[65].

---

60   *Ibid.*, 242.
61   *Ibid.*, 319.
62   Eileen Julien, « The Extroverted African Novel, Revisited : African Novels at Home, in the World », *Journal of African Cultural Studies* 30,3 (2018), 371-381.
63   Julien Suaudeau et Mame-Fatou Niang, *Universalisme*, Paris, Anamosa, 60.
64   Voir l'article de Lena Seauve dans ce volume, 164-178.
65   Sarr, *La plus secrète Mémoire*, 59.

Bibliographie

« *La plus secrète Mémoire des hommes* : Le Masque fasciné par le prodige littéraire de Mohamed Mbougar Sarr », *radiofrance.fr*, https://www.radiofrance.fr/franceinter /la-plus-secrete-memoire-des-hommes-le-masque-fascine-par-le-prodige-litte raire-de-mohamed-mbougar-sarr-3405348 (consulté le 29 avril 2024).

« Prix Renaudot : Yambo Ouologuem – entretien avec Pierre Hahn », *Le Magazine litté-raire*, décembre 1968, p. 20.

Achille, Étienne et Oana Panaïté, *Fictions of Race in Contemporary French Fiction. French Writers, White Writing*, Oxford, Oxford UP, 2024.

Allouache, Ferroudja, *Archéologie du texte littéraire dit « francophone ». 1921-1970*, Paris, Classiques Garnier, 2018.

Bolaño, Roberto, *Les Détectives sauvages*, trad. par Robert Amutio, Paris, Christian Bourgois, 2006.

Burnautzki, Sarah, *Les Frontières racialisées de la littérature francophone : contrôle au faciès et stratégies de passage*, Paris, Honoré Champion, 2017.

Dosse, François, *Les Vérités du roman. Une Histoire du temps présent*, Paris, Les Éditions du Cerf, 2023.

Greene, Graham, *It's a Battlefield*, Londres, Heinemann, 1934.

Harzoune, Mustapha, « Mohamed Mbougar Sarr, *La plus secrète Mémoire des hommes* », *Hommes & Migrations* 1335 (2021), 213-214, https://journals.openedition .org/hommesmigrations/13463?lang=en (consulté le 29 avril 2024).

Julien, Eileen, « The Extroverted African Novel, Revisited : African Novels at Home, in the World », *Journal of African Cultural Studies* 30,3 (2018), 371-381.

Miller, Christopher L., *Impostors : Literary Hoaxes and Cultural Authenticity*, Chicago, University of Chicago Press, 2018.

Nyela, Désiré, *Les Littératures de la traversée*, Paris, Karthala, 2021.

Ouologuem, Yambo, *Lettre à la France nègre*, Paris, Edmond Nalis, 1968.

Panaïté, Oana, « La querelle des bibliothèques ou la gêne de la critique française face à la littérature en français », *Nouvelles Études Francophones* 28,2 (2013), 145-161.

Panaïté, Oana, *Necrofiction and The Politics of Literary Memory*, Liverpool, Liverpool UP, 2022.

Sapiro, Gisèle, *Peut-on dissocier l'œuvre de l'auteur ?*, Paris, Seuil, 2020.

Sarr, Mohamed Mbougar, *La plus secrète Mémoire des hommes*, Paris/Dakar, Philippe Rey/Jimsaan, 2021.

Schwarz-Bart, André, *Le Dernier des justes*, Paris, Seuil, 1959.

Songolo, Aliko, « Fiction and Subversion : *Le Devoir de violence* », trad. par Jo Anne Cornwell, *SubStance* 6/7, 21 (« Literature and Its Others »), (1978-1979), 141-15.

Soyinka, Wole, *Myth, Literature and the African World*, Cambridge, Cambridge UP, 1976.

Suaudeau, Julien et Mame-Fatou Niang, *Universalisme*, Paris, Anamosa, 2022.

Wise, Christopher, *Yambo Ouologuem : Postcolonial Writer, Islamic Militant*, Boulder, Lynne Rienner Publishers, 1999.

Interlude

∴

Une boussole pour mieux s'orienter au milieu des livres. Itinéraire d'un agent littéraire

Raphaël Thierry

Aborder le rôle d'un agent littéraire dans le cadre d'un colloque dédié à l'œuvre de Mohamed Mbougar Sarr représente pour moi une opportunité à plus d'un titre. Premièrement, lors de ma collaboration passée avec l'agence littéraire Astier-Pécher, j'ai, pendant une courte période, eu la chance de me voir chargé des droits étrangers des deux premiers romans de l'auteur qui ont été publiés par les éditions Présence Africaine : *Terre ceinte* et *Silence du chœur*. Chacun de ces romans a depuis été 'cédé' dans plusieurs langues étrangères et pays, parmi lesquels l'Italie, les États-Unis, le Royaume Uni, le Brésil et la Pologne. L'immense vague qui a entouré le prix Goncourt décerné au dernier roman de l'auteur[1] en 2021 nous a alors tous emportés dans une frénésie significative du rythme et des logiques de l'industrie du livre international moderne. Lorsque la nouvelle du prix Goncourt est arrivée, j'étais plongé dans une formation professionnelle à Mayotte, dont l'enjeu était précisément d'aborder la question des droits et du désenclavement de certaines régions trop souvent placées en périphérie d'une industrie des lettres encore très (trop) centralisée économiquement. Je me souviens avoir alors tout interrompu pour me consacrer jusque tard dans la nuit et avec mes collègues à la mise sur pieds d'une vaste campagne de propositions de ces deux premiers romans à des éditeurs (et scouts littéraires) à travers le monde. Alors que je me trouvais en plein milieu de l'Océan Indien, c'était pour moi un étrange sentiment que d'être dans un sens aspiré par cette même frénésie que l'auteur met en scène dans son dernier roman, et de voir ce prix Goncourt, décerné à Paris, cette vieille « capitale mondiale des lettres », nous emporter tous dans un seul mouvement, du centre vers l'ensemble de ces horizons de traduction à travers le monde, et de devenir aussi, à mon tour, un 'outil' de ce même centralisme, encore bien vivant. Avec le recul, c'était à la fois un privilège et un apprentissage accéléré pour moi, mais également un sentiment d'ambiguïté, qui n'a cessé de m'interpeller depuis. Quel aurait été mon travail autour de l'œuvre de Mohamed Mbougar Sarr, s'il était demeuré publié par les éditions Présence Africaine, avec qui je

---

1 Mohamed Mbougar Sarr, *La plus secrète Mémoire des hommes*, Paris/Dakar, Philippe Rey/Jimsaan, 2021.

poursuis aujourd'hui ma collaboration pour mon plus grand bonheur ? Quelle place demeure en effet pour une édition spécialisée en France, dans les prix littéraires les plus importants et prescripteurs ? Quelles sont nos marges de manœuvre pour justement échapper à ces centralismes, et proposer d'autres chemins de traduction ? Comment valoriser une production littéraire et une diversité éditoriale qui ne sont pas irréductiblement liées et, en quelque sorte, enfermées dans un centre toujours plus étroit et où toujours plus de livres sont publiés au sein de ces singulières rentrées littéraires françaises de plus en plus courtes ? Comment, enfin, ne pas nous-mêmes enfermer à notre tour les œuvres dans des espaces de référentialité restreints qui conditionneront l'inscription, les regards et les discours qui les accompagnent ?

Deuxièmement, Mannheim est pour moi un point central de mon parcours professionnel et de ma réflexion, puisque j'ai eu la chance d'y être chercheur et enseignant pendant plusieurs années sous la direction de Cornelia Ruhe, consacrant ce temps à développer mes réflexions autour de l'espace littéraire et éditorial, en lien avec mes collègues. C'est à Mannheim que j'interrogeais pour la première fois les étudiants sur ce qu'est pour eux l'édition en Afrique (ces « autres espaces »), et c'est à Mannheim que je découvrais pour la première fois et grâce à Sarah Burnautzki la trajectoire de l'œuvre de T.C. Elimane – pardon (celui-ci n'existe pas) : de Yambo Ouologuem. C'est aussi à Mannheim que j'explorais une histoire du livre allemand dont j'ignorais jusqu'alors l'influence : à quelques encablures, Janheinz Jahn et Ulrich Beier avaient en effet amorcé un tournant dans les années 1950, en posant des ponts décisifs pour la traduction d'œuvres de la « galaxie Présence Africaine » à partir du Congrès des Artistes et Écrivains Noirs tenu à la Sorbonne à Paris, en 1956. Ils iront ensuite cofonder en 1957 à Ibadan (Nigéria) la mythologique revue *Black Orpheus*[2] (inspirée de la revue *Présence Africaine* et de la préface de Jean-Paul Sartre à l'influente anthologie de Léopold Sédar Senghor de 1948[3]), suivie par le Mbari Club, dont les publications serviront de limon à la future collection « African Writers Series » des éditions britanniques Heinemann, laquelle allait représenter le plus grand tremplin international pour des œuvres africaines[4].

---

2   Peter Benson, *Black Orpheus. Transition, and Modern Cultural Awakening in Africa*, Berkeley, University of California Press, 2021 (deuxième édition).

3   Jean-Paul Sartre, « Orphée Noir », dans Léopold Sédar Senghor (ed.), *Anthologie de la nouvelle poésie nègre et malgache*, Paris, Presses Universitaires de France, 1948, IX-XLIV.

4   Raphaël Thierry, *Le marché du livre africain et ses dynamiques littéraires*, Pessac, Presses Universitaires de Bordeaux, 2015, 163.

Quelques années plus tard (à partir de 1968[5]), un programme prenait forme sous l'égide d'un groupe de consultants et avec l'appui des directeurs successifs de la Foire du livre de Francfort, Siegfried Taubert et Peter Weidhaas[6], qui allait concrétiser le plus grand évènement dédié aux littératures africaines de l'histoire : cette *Frankfurter Buchmesse* 1980 dédiée à l'Afrique, où Mariama Bâ allait recevoir le premier Prix Noma pour l'édition en Afrique[7]. Son roman *Une si longue lettre* sera traduit dans une dizaine de langues immédiatement (une trentaine aujourd'hui) : l'ouvrage était publié au Sénégal, aux Nouvelles Éditions Africaines. Cette histoire que j'ai pu explorer à partir de Mannheim est fondamentale, car elle incarne ces « autres chemins » des lettres et des mouvements inattendus de l'édition, qui nous rappellent la dimension organique que prennent ces dynamiques du livre. Ceci éclaire par ailleurs le fait que l'économie, le capital symbolique, les logiques de *soft power*, sont aussi simplement des constructions et qu'à la base de toute construction, il y a une multitude d'investissements individuels dont la convergence renforce les fondations, lesquelles deviennent à leur tour des références dont on ne discute plus la légitimité, par habitude. Et pourtant …

Ceci m'amène à évoquer la création de mon agence littéraire Ægitna en 2023, dont le nom fait référence à ces villes et ces langues qui échappent à une histoire et à des géographies fermées[8]. À travers cette aventure, il s'agit pour moi de réfléchir désormais au quotidien à mon propre métier d'agent littéraire, à cette fonction créée par un certain Émile Aucante à Paris en 1858 (pour défendre les intérêts de George Sand[9]), et aux enjeux qui se présentent à ces « petites mains » que nous sommes tous à l'intérieur de l'industrie des lettres. Nous sommes effectivement dans un contexte où la prise en compte de cette diversité des productions littéraires postcoloniales se fait de plus en plus importante. Et si mon point de départ se situe en 2007, lorsque, étudiants,

---

5 Raphaël Thierry, « Francophone African Publishing », dans Christian Moraru, Nicole Simek et Bertrand Westphal (ed.), *Francophone Literature as World Literature*, New York, Bloomsbury, 2020, 71.

6 Peter Weidhaas, *See You in Frankfurt ! Life at the Helm of the Largest Book Fair in the World*, New-York, Locus Publishing, 2010, 147, 193.

7 Barbara Harrell-Bond, « Africa : A Continent Asserts Its Identity. Part 1-2 », *American Universities Field Staff Reports* 9 (1981).

8 Emma Shercliff et Raphaël Thierry, « A #ReadingAfrica Conversation : Literary agents Raphaël Thierry and Emma Shercliff Discuss Representing African Writers », 10 décembre 2022.

9 Jean-Yves Mollier, « George Sand et les éditeurs de La Petite Fadette », dans George Sand, *La Dame de Nohant. Les romans champêtres*, Universitat de Lleida, 2009, 254.

nous analysions le manifeste « Pour une littérature-monde en français »[10], j'avais alors été rapidement interpellé par le fait que la majorité de ces auteurs prenant position vis-à-vis de ces étiquettes (« francophone », « africain », etc.) étaient publiés par des éditeurs parisiens. *Quid* d'une plus grande représentativité éditoriale ? Je découvrirai par la suite les mouvements de l'édition indépendante, les dynamiques professionnelles et militantes liées à la « bibliodiversité » issues du monde latino-américain[11], et toutes ces réflexions associées aux relations économiques, politiques et symboliques entre les centres présupposés, et leurs éventuelles « périphéries », dont la marginalité demeure encore souvent entretenue par le maintien et la reproduction d'une histoire et d'habitudes, qui confèrent souvent à l'anachronisme. Surtout, grâce au travail fondamental mené par Hans Zell depuis les années 1970[12], je commençais à mieux percevoir une histoire éditoriale plus large que je ne l'imaginais, avec d'autres « centres » de cette cartographie de l'édition : Ife-Ife, Tachkent, Ibadan, Kampala, Yaoundé ... En construisant mon futur métier d'agent littéraire, il s'agira donc par la suite pour moi de constamment me référer à « ces autres histoires », en l'occurrence à ces mouvements littéraires et éditoriaux qui ont en permanence montré que le centre n'existe pas nécessairement et, dans le cas précis de l'espace éditorial associé à la langue française, de me souvenir de tous ces moments clés d'une vie littéraire qui ne positionnait pas systématiquement Paris au cœur des enjeux, cette ex-capitale coloniale, certes trop souvent demeurée centre névralgique d'un monde des lettres de langue française.

Mon expérience d'agent littéraire est donc aujourd'hui un questionnement permanent au sujet de ma position au sein de ce « labyrinthe éditorial », et me pousse chaque jour à décider si je dois, au final, me résigner à mon petit niveau en m'inscrivant dans une forme de permanence économique et de pragmatisme, ou bien chercher quelques alternatives qui permettront à des œuvres issues de l'ensemble de ces autres centres de circuler quelque peu différemment, vers des horizons de publication et de traduction singuliers, ou devrais-je plutôt écrire, « des horizons normalisés » ? Un exemple concret pourrait être ce roman de l'auteur béninois Stephens Akplogan qui paraîtra en 2024. Voici un roman qui a démarré son histoire à partir d'une conversation entre l'auteur et moi, autour d'un passage d'un texte publié en 2018, et qui imaginait le retour de Yambo Ouologuem dans son pays après la fameuse « affaire », et sa vie future à Sévaré, au Mali. Ce passage par la suite deviendra

---

10   Collectif, « Pour une « littérature-monde » en français », *Le Monde* 15 mars 2007, 2.

11   Luc Pinhas, « Indépendance éditoriale et défense de la bibliodiversité en Amérique latine », *Communication & Langages* 170 (2011), 47-62.

12   https://www.hanszell.co.uk/repository.htm (consulté le 19 décembre 2023).

un roman, qui a déjà trouvé deux éditeurs dans deux pays différents. Ce texte de la « réinstallation » d'une histoire individuelle trop souvent fantasmée à l'intérieur de la littérature, réimpose Ouologuem, celui des récits, comme une figure littéraire dont la légitimité n'aurait jamais dû lui être contestée. Un des fondements de la littérature, n'est-il pas de prendre une saine distance avec le réel ? C'est exactement un tel projet qui me permet de croire en l'importance du travail d'agent littéraire : il s'agit ici de donner confiance à des auteurs et de les accompagner dans la maturation de projets que, sans doute, ce « marché des lettres » toujours trop pressé et étouffant n'aurait pas laissés s'épanouir. Il est ici question de redonner un peu de permanence au travail d'écriture et de sortir des textes de l'urgence éditoriale pour, espérons-le, les voir s'imposer ensuite dans le temps long de la littérature. Le travail que j'ai la chance de réaliser avec les éditions Présence Africaine me donne tout autant confiance dans cet horizon. Voici l'immense trilogie quasiment oubliée de Bernard Dadié : *Un nègre à Paris* (1959), *Patron de New York* (1964) et *La ville où nul ne meurt. Rome* (1968) rééditée par la maison d'édition en 2023-2024[13] : traduite aux USA uniquement dans les années 1980-90[14] et en nulle autre langue, l'enjeu est énorme pour « l'autre trilogie » littéraire africaine, à côté de Chinua Achebe[15]. Toujours avec Présence Africaine, voici *Ngando* de Paul Lomami Tshibamba[16], cette novella qui imposait dès 1948 une forme de réalisme magique avant l'heure, à la lisière du conte et du roman, et ce dans un temps de décolonisation[17], traduite pour la première fois de son histoire, en néerlandais, et immédiatement installée au panthéon littéraire par une critique plaçant par certains aspects l'ouvrage au-dessus des travaux d'un Joseph Conrad ou d'un Cyriel Buysse et le rapprochant de l'œuvre ultérieure d'Achebe[18]. D'un roman longtemps oublié et jamais traduit, voici qu'un fil d'histoire se renoue à partir de ce travail sur les droits étrangers de Présence Africaine et de l'engagement d'une maison d'édition néerlandaise pionnière (De Geus et sa brillante éditrice Jacoba Casier). Je

---

13   https://www.agenceaegitna.com/bernard-dadies-legendary-trilogie-reissued/ (consulté le 19 décembre 2023).

14   *The City where No One Dies* aux Three Continents Press en 1986 et *One Way : Bernard Dadie Observes America* (1994) ainsi que *An African in Paris* (1994) aux Illinois University Press.

15   *Tout s'effondre* (Paris, Présence Africaine, 1966, original : *Things Fall Apart* en 1958), *Le malaise* (Paris, Présence Africaine, 1974, original : *No Longer at Ease* en 1960) et *Flèche de dieu* (Paris, Présence Africaine, 1978, original : *Arrow of God* en 1964).

16   https://www.singeluitgeverijen.nl/de-geus/boek/ngando/ (consulté le 19 décembre 2023).

17   Pierre Halen, « Relire *Ngando* de Paul Lomami-Tchibamba (1948), cinquante ans après », dans Hans-Jürgen Lüsebring et Katharina Städtler (ed.), *Les littératures africaines de langue française à l'époque de la postmodernité*, Bielefeld, Wissenschaftliche Buchgesellschaft, 2004, 59-78.

18   Toef Jaeger, « Krokodillen eten de spijbelaars op », NRC *Handelsblad* 5 mai 2023, 10.

pourrais aussi parler de l'*Évocation d'un mémorial à Venise* de Khalid Lyamlahy, qui a reçu la mention spéciale du Prix des 5 continents de la Francophonie et qui explore le rôle de la littérature pour inspecter les angles morts de la mauvaise conscience européenne et d'une ultra-médiatisation désincarnée de la tragédie de la migration, confrontée au symbole de ces villes-musées sans âme. Ce roman fait désormais son chemin en « droits étrangers » … Oui, tout ceci mérite que l'on y croie.

En rédigeant ce bilan, je me rends compte que la diversité est une boussole, même si cela peut sembler un poncif exprimé ainsi. Mes débuts comme agent littéraire indépendant dans ce labyrinthe remontent à mes premiers contrats signés début 2023 en Australie et au Maroc, explorant ces autres géographies à partir de romans d'auteurs de différents horizons et que j'ai le privilège de représenter au sein de mon agence littéraire. Des auteurs tels que Stephens Akplogan, Lucy Mushita, Khalil Diallo, Solo Niaré, Carl Pierrecq, Hyam Yared, Sami Tchak, Pierre Pascual, Christian Eboulé ou Mutt-Lon, de même que mes collaborations étroites avec des éditeurs comme Présence Africaine, Metalúcida (Argentine), les éditions Frantz Fanon (Algérie), me font toucher à cette autre géographie de l'édition. Voici des contrats signés pour des traductions en asturien, portugais, japonais, coréen, lingala, anglais, espagnol, italien, arabe, swahili, français, créole, néerlandais, qui me permettent de percevoir d'autres horizons et d'envisager un investissement sur des droits qui ne soit pas prisonnier d'un quelconque centralisme. Le travail d'un agent littéraire est indépendant, par principe, et décentralisé par essence : de Sharjah à Rabat, en passant par Londres, Nairobi, Bologne, Bamako, Abidjan ou Francfort, j'ai le sentiment que le monde littéraire devient progressivement moins un mystérieux labyrinthe qu'une Babel borgésienne qu'il m'appartient d'essayer de toujours mieux saisir dans son « infinitude ». Les collaborations que je bâtis avec des maisons d'édition au Ghana, au Nigéria, au Kenya, en Égypte, et avec des collègues au Royaume-Uni ou bien aux Pays Bas me permettent de penser que non, je ne suis plus cet agent français enfermé dans cette discutable « république mondiale des lettres » et que voici peut-être la réponse que je cherchais à apporter depuis 2007 à ce paradigme entourant cette « littérature monde en français » – publiée à Paris. Cette réponse, c'est simplement celle d'un agent littéraire qui vient de signer un contrat de traduction vers l'anglais pour un auteur mahorais-comorien – à Mayotte, une fois encore – publié par une maison d'édition mauricienne : les éditions Atelier des Nomades[19]. L'auteur en question, Nassuf Djailani, sera donc publié par les éditions Narrative Landscape

---

19   Patrice Elie Dit Cosaque, « Nassuf Djailani dévoile *Cette morsure trop vive* dans l'Oreille est hardie », *Portail des Outre-Mer La 1ère*, 4 juin 2021.

à Lagos (Nigéria) pour son magnifique roman *Cette morsure trop vive*, d'ailleurs récompensé, non à Paris, mais à Bamako au Mali, du prix Ahmed Baba (anciennement prix Yambo Ouologuem) en 2022. Il y a un peu plus de 60 ans, deux intellectuels allemands, que certains pensaient sans doute un peu illuminés, allaient co-fonder au même Nigéria un pôle littéraire et éditorial à Ibadan, dont l'influence allait porter jusqu'à cette fameuse collection « African Writers Series », pour laquelle j'ai aujourd'hui le plaisir de contribuer à la réédition de plusieurs titres de langue française d'auteurs majeurs (Mongo Beti, Williams Sassine, David Mandessi Diop) dans une filiale du groupe Penguin Random House[20], et ce, grâce à la confiance que m'accordent les éditions Présence Africaine. Une manière pour moi de m'inscrire à mon tour dans une histoire, et de rendre hommage à tous ces pionniers : Christiane Yandé Diop et Alioune Diop[21], Ulrich Beier et Janheinz Jahn, Saïd Mzee[22], John Nottingham[23], Hans Zell[24], Henry Chakava[25], Walter Bgoya[26], Mary Jay[27], Gérard Markhoff[28] : ces derniers ont pavé un monde littéraire plus vaste, et nous empruntons ces chemins qu'ils ont tracés, parfois sans même nous en rendre compte. Cette riche et belle histoire de l'édition appelle à l'humilité et à garder confiance en l'avenir.

Bibliographie

Benson, Peter, *Black Orpheus. Transition, and Modern Cultural Awakening in Africa*, Berkeley, University of California Press, 2021 (deuxième édition).
Collectif, « Pour une 'littérature-monde' en français », *Le Monde* 15 mars 2007, 2.

---

20 https://www.bloomsbury.com/uk/discover/head-of-zeus/ (consulté le 19 décembre 2023).

21 Co-fondateurs de la revue (1947) et des éditions Présence Africaine (1949).

22 L'un des principaux artisans des relations de la Foire du livre de Francfort avec les marchés du livre africains dans les années 1970.

23 John Nottingham, « Establishing an African Publishing Industry : A Study In Decolonization », *African Affairs* 68,271 (1969), 139-44.

24 Co-fondateur de l'African Books Collective en 1989, auteur et éditeur de la plus vaste bibliographie de travaux dédiés à l'industrie du livre en Afrique depuis les années 1970.

25 Ancien responsable éditorial d'Heinemann Educational Books (1972) et directeur de l'East African Educational Publishers depuis 1992, l'une des principales maisons d'édition d'Afrique de l'Est, notamment pour la langue Gikuyu, et éditeur de Ngũgĩ wa Thiong'o.

26 Fondateur de Mkuki na Nyota (1981), l'une des principales maisons d'édition d'Afrique de l'Est, en particulier pour la langue Swahili.

27 Co-fondatrice de l'African Books Collective en 1989.

28 Directeur des éditions Clé de Yaoundé de 1968 à 1978, qui publieront notamment la première traduction en français de Wole Soyinka, *Le lion et la perle* (1973) et le premier roman de Henri Lopes *Tribaliques* (1971).

Cosaque, Patrice Elie Dit, « Nassuf Djailani dévoile *Cette morsure trop vive* dans l'Oreille est hardie », *Portail des Outre-Mer La 1ère* 4 juin 2021, https://la1ere.francetvinfo.fr /nassuf-djailani-devoile-cette-morsure-trop-vive-dans-l-oreille-est-hardie-1026175 .html (consulté le 19 décembre 2023).

Halen, Pierre, « Relire *Ngando* de Paul Lomami-Tchibamba (1948), cinquante ans après », dans Hans-Jürgen Lüsebring et Katharina Städtler (ed.), *Les littératures africaines de langue française à l'époque de la postmodernité*, Bielefeld, Wissenschaftliche Buchgesellschaft, 2004, 59-78.

Harrell-Bond, Barbara, « Africa : A Continent Asserts Its Identity. Part 1-2 », *American Universities Field Staff Reports* 9 (1981).

Jaeger, Toef, « Krokodillen eten de spijbelaars op », NRC *Handelsblad* 5 mai 2023, 10.

Mollier, Jean-Yves, « George Sand et les éditeurs de La Petite Fadette », dans George Sand, *La Dame de Nohant. Les romans champêtres*, Lérida, Universitat de Lleida, 2009, 251-265.

Nottingham, John, « Establishing an African Publishing Industry : A Study In Decolonization », *African Affairs* 68,271 (1969), 139-44.

Pinhas, Luc, « Indépendance éditoriale et défense de la bibliodiversité en Amérique latine », *Communication & Langages* 170 (2011), 47-62.

Sarr, Mohamed Mbougar, *La plus secrète Mémoire des hommes*, Paris/Dakar, Philippe Rey/Jimsaan, 2021.

Sartre, Jean-Paul, « Orphée Noir », dans Léopold Sédar Senghor (ed.), *Anthologie de la nouvelle poésie nègre et malgache*, Paris, Presses Universitaires de France, 1948, IX-XLIV.

Shercliff, Emma et Raphaël Thierry, « A #ReadingAfrica Conversation : Literary agents Raphaël Thierry and Emma Shercliff Discuss Representing African Writers », 10 décembre 2022, https://www.catalystpress.org/a-readingafrica-conversation -literary-agents-raphael-thierry-and-emma-shercliff-discuss-representing-african -writers/ (consulté le 19 décembre 2023).

Thierry, Raphaël, *Le marché du livre africain et ses dynamiques littéraires*, Pessac, Presses Universitaires de Bordeaux, 2015.

Thierry, Raphaël, « Francophone African Publishing », dans Christian Moraru, Nicole Simek et Bertrand Westphal (ed.), *Francophone Literature as World Literature*, New York, Bloomsbury, 2020.

Weidhaas, Peter, *See You in Frankfurt ! Life at the Helm of the Largest Book Fair in the World*, New-York, Locus Publishing, 2010.

Index